高职高专物流管理类“十三五”规划教材

物流营销实务

主　编　陶小恒
副主编　陈英华

WUHAN UNIVERSITY PRESS
武汉大学出版社

图书在版编目(CIP)数据

物流营销实务/陶小恒主编．—武汉：武汉大学出版社,2016.5
高职高专物流管理类“十三五”规划教材
ISBN 978-7-307-17864-9

Ⅰ.物…　Ⅱ.陶…　Ⅲ.物资市场—市场营销学—高等职业教育—教材
Ⅳ.F252.2

中国版本图书馆 CIP 数据核字(2016)第 108093 号

责任编辑:黄金涛　　　责任校对:李孟潇　　　版式设计:马　佳

出版发行:**武汉大学出版社**　(430072　武昌　珞珈山)
(电子邮件:cbs22@whu.edu.cn　网址:www.wdp.com.cn)
印刷:湖北省京山德兴印务有限公司
开本:787×1092　1/16　印张:23.25　字数:548 千字　插页:1
版次:2016 年 5 月第 1 版　2016 年 5 月第 1 次印刷
ISBN 978-7-307-17864-9　定价:44.80 元

总　　序

近年来，随着经济的快速发展，现代物流逐渐成为我国经济生活中的热点，社会需求日趋旺盛。与此相适应的，社会对物流人才的需求也逐年增加。基于此，许多高职高专院校作为职业人才的培养基地，纷纷开设了物流管理专业。

从高职高专人才培养方向来看，物流管理专业培养的主要是物流各功能岗位的操作人员，从事运输管理、仓储管理、报关、理货、配送、客户关系管理等方面的工作。这些岗位的人员必须熟悉物流行业，掌握运输、仓储、包装、装卸、流通、加工、商贸等方面的专业技能知识，并能熟练地运用到实际工作中。因此，在教学过程中，需要重点提高学生的动手能力，提升学生的综合素质，以培养适合社会需求的专业人才，使学生能学有所需，学有所用。

然而，在实际应用中，适用于高职高专人才培养目标的精品教材却非常匮乏。因此，探索和编写技能型、实践型、创新型的精品教材以促进高职高专人才培养目标的实现，是目前高职高专物流管理专业教学的当务之急。

针对上述情况，我们从物流管理专业所需的教育教学技能角度出发，结合物流行业的现实需求，紧密围绕培养高等技术应用型专门人才这一目标，编写了本系列教材。本套教材包括物流管理专业基础课与必修课等核心课程，其编写特点如下：

- **理论“够用”**

区别于以往教材理论部分占比较重，本套教材从岗位能力出发，精选“管用”、“够用”、“适用”的理论知识，从而更好地指导学生的学习，提高学习的效率。

- **突出技能**

内容编写上以高职高专学生必备的职业技能为主线，通过“情境设置”、“项目驱动”、“教学做结合”等形式，以便于学生轻松掌握。

- **讲究实践**

按照培养应用型人才的特点，充分考虑行业、企业所要完成的典型任务，在书中安排实训的环节，激发学生参与教学其中，以提高其动手的能力、解决问题的能力。

- **力求创新**

编写理念的滞后、缺乏创新是导致教材不能发挥应有作用的内在原因。本套教材在编写方式上创新使用了“理论+实例+案例”的形式，并且把枯燥的文字表述转换为图、表的形式，使得全书图文并茂，便于教学，学生使用时也能一目了然。同时，教材中尽量吸收最新的发展成果，以保证教材的时代感。

- **服务教学**

本套教材配有辅助教师教学的丰富的教学资源包，包括技能训练指导、课后习题答案及相关教学资源库等，这些配套的资料，将极大方便教师使用这套教材。

本系列教材主要适用于高职高专学校物流管理专业学生的教学，并可供相关从业人员自学使用。

高职高专物流管理类教材编委会

2015 年 3 月

前　言

物流是社会经济活动的基础，物流业的发展水平可以衡量一个国家或一个经济体的经济发展水平。自改革开放以来，我国物流业发展迅速，特别是近十年，我国物流业进步巨大，但是和发达国家的物流业相比，依然有较大差距，难以满足社会需求和国家经济发展的要求。物流业的健康发展离不开物流人才，物流市场营销作为物流管理专业的核心课程，在物流人才培养的过程中起着重要作用。

目前我国物流营销教材存在以下问题。

（1）教材存在名不副实的问题。目前教材内容和物流没有太大的关联性，有部分物流营销教材直接引用了市场营销教材的内容，将市场营销替换成物流营销，完全不能突出物流产品作为服务产品的特性，同时有损市场营销理论体系的完整性。

（2）教材内容物流案例相当缺乏。目前大部分物流营销教材理论知识很丰富，但是物流营销相关案例却相当少，非常不利于教师的课堂教学和学生的课后自学。

（3）教材人为地将市场营销与物流市场营销的联系割裂。目前大部分物流营销教材内容的编排给人造成物流营销知识独立于市场营销理论之外的错觉，这是错误的。物流营销是市场营销理论在物流行业的具体应用，而不是独立于市场营销理论之外的新理论。

本教材的编写力求有所创新和突破，主要表现在以下几个方面：

（1）保证市场营销理论的完整性。本教材在编写的过程中确保市场营销理论体系的完备性，同时通过物流营销案例的应用，保证能体现物流营销的特殊性。

（2）引用大量物流营销案例。本教材引用了大量的物流营销案例，可以满足教师的教学活动，既解决了教师无案例可用的困境，又开阔了学生的专业视野。

（3）方便教学与学习。在教材的编排上，理论上由浅入深，加入了知识目标、能力目标、课前预习思考题、案例引入、案例分析、知识拓展、复习思考、实习与实训等环节，方便老师的教学和学生的自学。

本教材由陶小恒主编，陈英华参编。在编写过程中，编者得到了武汉大学出版社编辑多方面的指导和帮助，在此深表感谢！编者尽可能详尽地在参考文献中列出，谨向这些文献的编著致以诚挚谢意！对可能由于工作疏忽或转引原因没有列出的，在此表示诚挚歉意。

由于时间紧迫，编写力量有限，加之物流行业的迅猛发展，本书难免存在不足之处，恳请读者给予批评和指正，以便再版时改正。编者邮箱：261526793@qq.com，欢迎读者来信交流。

编　者

2016年3月

目　录

第一章　物流营销认知

☞知识目标

1. 了解市场营销学的发展。
2. 理解市场营销学的基本概念。
3. 理解市场营销指导思想的演变过程和变化背后的原因。
4. 熟悉物流市场营销的特点、原则以及物流企业的服务内容。

☞能力目标

1. 能够初步运用营销思想指导个人的工作和生活。
2. 能够熟练分析、辨别现实生活中企业的营销观念。
3. 能够清晰地认识到物流服务产品营销的差异性。

第一节　市场营销概述

【课前预习思考题】

1. 什么是市场营销？请用你自己的语言描述你对市场营销的理解，并列举生活中的实例说明。

2. 市场营销是如何成为一门学科的？它为何会成为一门学科？与会计、财务管理、人力资源管理、物流管理等学科有何联系？

3. 你认为学习好市场营销应该掌握哪些相关知识呢？

4. 你认为在市场营销工作的开展过程中有哪些工作要做呢？

5. 在开展市场营销工作的过程中，我们要掌握和使用哪些常见的方法和工具呢？

【案例引入】

日本马桶盖确系国产 国内产国人买

2015 年春节过后，“马桶盖”突然成了个热门词，原因是中国游客跨洋去日本购买马桶盖，还买断了货。不久，网上又多了一则消息——“热销日本马桶盖疑似产自杭州”，被网友们戏称这是一只“马桶盖的日本自由行”。

在日本抢到的马桶盖产自杭州？记者在杭州下沙车间确认，是真的！

在网上的信息中，王先生称，在春节前夕，他报名旅行社跟团到日本旅游，身负许多亲朋好友的代购任务，在大阪的电器商场，王先生惊奇地发现，一款松下牌的马桶盖外包装上赫然印着“Made in China”，产地竟是杭州下沙。

为此，王先生还拍下了照片，一款贴有大阪某商场标签的马桶盖，外包装盒上有很多中文字，上面印有“松下电化住宅设备机器（杭州）有限公司”、“浙江省杭州市杭州经济技术开发区松乔街2号”。这让王先生很费解，“兜了一大圈，买到的居然还是自家门前生产的东西，那不是等于当了回人肉搬运工”。

（摘自《钱江日报》）

问题：

1. 为什么这么多中国消费者会在日本抢购马桶盖？
2. 得知在日本购买的马桶盖是国产的，你有何感想？
3. 结合市场营销知识，分析市场营销的重要性和市场营销的本质？
4. 你还能联想到一些相关的案例吗？通过这些案例你得到哪些启发？

一、市场营销的概念

市场营销一词的英文为 Marketing。过去我国对此词的翻译不一，有的译为销售、行销；有的译为市场经营、市场营销、营销等。后经国内理论界反复研讨，最终取得基本一致的认识，译成市场营销，在本书中，为叙述简便，营销与市场营销具有相同的含义。

（一）市场营销的含义及特点

1. 市场营销的含义

国外学者对市场营销下过上百种定义，企业界的理解更是各有千秋。美国学者基恩·凯洛斯曾将各种市场营销定义分为三类：一是将市场营销看作是一种为消费者服务的理论；二是强调市场营销是对社会现象的一种认识；三是认为市场营销是通过销售渠道把生产企业同市场联系起来的过程。这从一个侧面反映了市场营销的复杂性。

本教材采用著名营销学家菲利普·科特勒教授的定义：市场营销是个人和群体通过创造并同他人交换产品和价值以满足需求和欲望的一种社会和管理过程。从这个定义中，可以归纳出市场营销概念的三个要点：

（1）市场营销的最终目标是“满足需求和欲望”。

（2）市场营销的核心是“交换”，交换过程是一个主动、积极地寻找机会，满足双方需求和欲望的社会过程和管理过程。

（3）交换过程能否顺利进行，取决于企业创造的产品和价值满足顾客需求的程度和交换过程的管理水平。

2. 市场营销的特点

作为一种综合性市场经营活动，现代市场营销与一般或传统意义上的经营活动相比，有着显著的区别和鲜明的特点。

（1）市场营销是包括市场营销战略决策、生产、销售等阶段在内的总循环过程。这一过程涉及生产、流通和消费各个领域。作为市场营销过程的第一阶段——市场营销战略决策，主要是解决制订或调整经营方向、进行经营规模的合理优化、选择有利的经营时机、评价市场营销战略方案的经济效益等重大战略问题。市场营销战略决定着企业市场营销活动的方向和效果。为保证战略决策科学正确，必须进行科学的调查和预测，在市场细分的基础上选定目标市场，根据目标市场的需求决定企业的经营方向和经营规模，制订相应的市场营销战略方案。因此，市场是企业开展市场营销活动的起点和制订市场营销战略的根本依据。第二阶段即生产阶段的市场营销活动，主要在生产领域进行。这一阶段的重点是根据市场分析与预测的结果，确定产品品种组合决策，制订新产品开发计划，注重产品生产和经营的数量、质量、包装、商标等的设计与实施。同时加强生产过程中的各项管理，降低生产成本和经营费用，为提高产品的市场竞争力和经济效益奠定坚实基础。销售阶段作为市场营销过程的第三阶段，主要在流通领域完成，同时向消费领域延伸。在激烈竞争的市场环境中，产品能否销售出去，直接决定企业市场营销活动的成效与经济效益。因此，在这一阶段需要综合运用价格、促销、渠道、储运、广告、服务等各种市场营销手段和策略，在全面满足消费者需求的基础上，促成产品的最终销售。以上三个阶段在时间上继续，在空间上并存，既紧密联系，又相互制约，从而实现和保证市场营销过程的循环往复，连续不断。

(2) 市场营销是以消费者需求为基点和中心的企业经营行为。与传统的经营活动相比，现代市场营销的一个显著特点是以消费者需求为中心，需求成为左右企业一切生产经营活动的出发点。从事市场营销的企业仍以盈利为基本目标，但这一目标的实现，必须以满足消费者需求为基础，获取利润的手段必须有利于消费需求的满足。因此，在营销活动中，企业追求的首先是商品或服务对满足消费需求的功效，然后根据需求的被满足程度来确定企业的盈利。事实上，满足需求与获取盈利并非相互对立的，而是彼此依存、相辅相成的。消费者需求被满足的程度越高，企业的盈利随之越多；反之，需求被满足的程度越低，企业的盈利也只能减少。基于上述认识，企业在市场营销中，无论从事市场调研、产品开发，还是确定价格、广告宣传，都强调以消费者的需求为出发点，不仅满足已有的现实需求，还要激发、转化各种潜在需求，进而引导和创造新的需求；不仅满足消费者的近期、个别需求，还要顾及消费者的长远需要，维护社会公众的整体利益。

(3) 市场营销是以整体营销组合作为运行手段和方法的有机系统。传统的经营活动中，企业往往集中运用一种或几种经营手段达成预定目标，例如仅借助产品本身来扩大市场，只依靠推销手段来促进销售。与传统方式不同，市场营销不主张采用单一手段从事经营活动，而认为应在产品设计、包装、商标、定价、财务、销售、服务、公关、分销渠道、仓储运输等各个环节和方面都要制订相应的市场营销策略，以综合性的策略组合进行整体营销。这些策略和手段又归结为几个方面，即商品策略、定价策略、分销渠道策略、促销策略，以及近年来迅速发展的公共关系策略和财务控制策略等。整体营销组合即由这些策略组合而成。不仅如此，在每种策略中又包含了一系列具体手段，如产品策略中包含产品组合、产品寿命周期、新产品开发、包装、商标等手段。关系策略中包含政府关系、新闻界关系、社区关系、顾客关系、经销商关系等。这些具体手段又构成该策略的下一层次的组合。整体营销组合与各个策略组合相互联系，共同作用，构成市场营销手段和方法的完整系统。

（二）研究市场对企业营销的意义

在市场经济条件下，市场是配置社会资源的基础。企业作为资源配置与运用的基本单位和经济活动的主体，必然要被推向市场，在复杂的商品交换关系和市场体系构成的经济环境中运行。市场营销是企业根据市场需求组织生产经营，通过满足消费者需求而满足自身追求的行为过程。作为市场经济条件下企业的一种管理职能，市场营销要解决的是企业生产与消费者需求之间的适应、企业的产品与消费者货币之间的交换问题。因此，在市场环境中，企业市场营销活动的能力，势必对企业的生存和发展产生举足轻重的影响。总体而言，研究市场对企业营销的作用主要表现在以下几个方面。

第一，有助于企业树立市场导向型的现代经营思想。经营思想所反映的是一定条件下企业对其自身与市场关系的一种理性认识。在市场营销中，首先需要解决的核心问题是市场与生产的关系，需求与产品的关系，顾客与企业的关系。市场需要什么就生产什么；产品以需求为中心；顾客是企业的上帝。上述关系的明确，为树立以市场为导向的现代经营思想奠定了基础，并通过营销活动使这一思想得以贯彻实现。

第二，有助于企业建立环境决定型的科学决策模式。决策是企业经营管理的首要职能，采用何种决策模式，直接影响着决策的科学性和有效性，在市场营销中，强调遵循市场环境作为决策的出发点和基本依据。首先对企业所处的政治、经济、法律、社会等环境进行分析，从中发现企业的市场机会，然后根据机会选择决定企业的经营目标，并对实现目标的策略、组织、制度等做出抉择。这种决策模式为企业灵活适应市场环境变化，制订最佳决策方案提供了保证。

第三，有助于企业正确选择目标市场，扩大市场规模，提高竞争能力。现代社会消费需求复杂多样，任何企业都不可能独占全部市场，满足所有消费者的各种需求，只能选择部分市场作为目标市场，在目标市场领域中求得发展。在市场营销中，运用市场细分理论，可以帮助企业正确选择目标市场，把市场机会转变为企业机会，集中人力、财力、物力从事生产和市场营销，提高产品竞争能力，使自己在整体市场上的劣势变为局部市场上的优势；运用市场发展理论，可以帮助企业选择适宜的市场发展战略，通过密集化、一体化、多元化和扩展、维持、收缩等战略选择，扩大企业的市场规模，提高市场占有率；运用市场竞争理论，可以帮助企业掌握制订市场竞争战略的原则和对竞争战略的组合运用，根据企业与市场的相对位置选择和采用进攻型、防守型、渗透型、低成本、产品差异、优势经营等战略，从而大大提高企业的竞争能力。

第四，有助于企业建立需求管理型的市场营销管理体制。在市场营销中，企业要直接面对市场，以满足需求作为一切活动的中心。为此，需要建立相应的管理体制，从组织和制度上明确市场营销职能与其他经营管理职能，市场营销部门与其他职能部门之间的关系。发达国家的企业实践表明，建立需求管理型的营销管理体制，使整个企业成为一个市场营销组织，是企业主动适应和有效驾驭市场的理想体制模式。这一体制可以保证以承担市场营销职责的部门为纽带，直接建立企业与市场的联系；可以确立市场营销职能的核心地位，以市场营销为中心，协调与计划生产、财务、人事等各职能部门的关系；可以按照营销活动的内在联系，建立从市场调研、确定目标市场、制订市场营销战略、运用市场营销组合，到对市场营销过程进行信息反馈和控制等一整套科学系统的管理程序。因此，需求型营销管理体制的建立，对于企业适应市场经济的要求，提高管理现代化水平具有重要意义。

二、市场营销学的形成与发展

市场营销学在20世纪初起源于美国。一直以来，随着客观形势和工商企业的市场营销活动的发展变化，市场营销学在美国有了很大发展。一般来说，其发展大致可分为以下三个阶段。

（一）起源阶段

19世纪末、20世纪初是市场营销学的形成阶段。当时，以美国为代表的一些主要资本主义国家，由于工商业的发展十分迅速，商业广告的运用和销售技术的研究逐步受到社会各界的重视，许多经济院系都开设了广告学和销售技术等课程。从1902—1903年度起，美国密歇根、加利福尼亚和伊利诺斯州的三所大学的经济学系正式设置了市场营销学课程，并把市场营销问题当作了一门学科来研究。此后，美国的高等财经院校普遍重视研究市场营销学。市场预测也开始成为一个热门的研究课题，其代表人物巴布生，首次运用市场物价指数编制市场预测图表，并设立商业服务社，为工商企业提供商情资料，引起企业界的重视。1912年，美国哈佛大学出版了赫杰特齐编写的《市场营销学》，使市场营销学从经济学中分离出来，成为一门独立的学科。在这一阶段，市场营销学的研究具有较大的实用性，内容主要是商业销售实务方面的问题，虽有实用价值，但在理论上尚未形成完整的体系，且仅限于大学讲坛，还未引起社会的普遍重视。

（二）应用阶段

从20世纪30年代到第二次世界大战结束，是市场营销学的应用阶段。在这一时期中，1929—1933年，资本主义世界爆发了严重的经济危机，市场商品堆积如山，销售困难，商店纷纷倒闭，工厂停工减产，劳动者大量失业，幸存企业都面临十分严重的销售问题。在这一形势下，市场营销学受到社会公众广泛的重视，各种市场营销学理论相继进入应用领域，普遍为工商企业用来指导实践，以帮助解决产品的销售问题，由此逐步建立了市场营销学的理论体系。这一时期，美国的高等院校和工商企业建立的各种市场研究机构，有力地推动了市场营销学的普及和研究。例如，1915年，美国正式成立“全美广告协会”，1926年，改组为“全美市场营销学和广告学教师协会”；1937年，全美各种市场研究机构联合组成“美国市场营运协会”，不仅有工商企业家和经济学家参加，还吸收了市场行情、广告、行销、信托等方面的专家人士，共同研讨市场营销学的实际运用问题。此外，很多高等院校也发起组织了市场营销学研究团体，经常研讨市场营销学的理论和应用问题，并为企业提供咨询服务。在这一时期，企业虽然引进了市场营销理论，但所研究的内容，仍局限于流通领域，重点仍在于研究广告和推销术等商业推销实务和技巧。

（三）发展繁荣阶段

20世纪50年代初至今，是市场营销学的发展繁荣阶段。20世纪50年代初，美国结束了战后的恢复时期，大量的军事工业转向民用，随着战后科学技术的深入发展，劳动生产率大大提高，经济迅速增长，市场态势发生了重大变化：一方面，商品供应数量空前增加，新产品、新品种不断涌现，买方市场已经形成；另一方面，由于资本主义政府汲取了

20世纪30年代大危机的教训，推行了一整套高工资、高消费和高福利的社会经济政策，以刺激和提高居民的购买力，使消费者对于商品的购买选择性日益增强，挑选时越来越苛求。在这种情况下，企业之间市场竞争愈演愈烈，使得原来的市场营销学理论和实务，不能适应当时企业市场营销活动的需要。于是，在市场营销的理论上出现了一项重大突破，形成了“以消费者为中心”的现代市场营销观念。市场营销学的研究突破了流通领域，深入到生产领域和消费领域中去，形成了现代市场营销学体系。

第二次世界大战后，在美国，各种市场营销著作纷纷出版；市场营销学的地位空前提高，受到社会各界的普遍重视。特别是1960年尤金·麦卡锡的《基础市场学》一书的问世，对市场营销学的发展有重要意义。20世纪70年代，市场营销学又与消费经济学、心理学、行为科学、社会学、统计学等应用科学相结合，发展成为一门新兴的综合性的应用科学，先后传入日本、西欧、东欧、前苏联等国家，并被世界各国所接受。可以说，这一阶段是现代市场营销学走向成熟的阶段。

进入20世纪80年代，市场营销学在理论研究的深度和学科体系的完善上得到了极大的发展，市场营销学的概念有了新的突破。1986年，菲利普·科特勒在《哈佛商业评论》(3—4月号)发表了《论大市场营销》。他提出了“大市场营销”概念，即在原来的4P组合的基础上，增加两个P：“政治力量”(Political Power)、“公共关系”(Public Relations)。这一概念的提出，是20世纪80年代市场营销战略思想的新发展。用菲利普·科特勒自己的话说，这是“第四次浪潮”。1984年夏，他在美国西北大学说：“我目前正在研究一种新观念，我称之为‘大市场营销’：第四次浪潮。我想我们学科的导向，已经从分配演变到销售，继而演变到市场营销，现在演变到‘大市场营销’。”

1986年，加拿大工业市场营销学会主席埃恩·戈登又提出了以“竞争观念”取代“市场营销观念”。这一新的提法，在美国学术界引起一定的反响。1987年5月27日。菲利普·科特勒在加拿大蒙特利尔为纪念美国市场营销协会成立50周年而举行的世界市场营销学大会上，作了题为《市场营销思想新领域》的学术报告。在报告中他预言，20世纪90年代将出现一系列新的市场营销观念，如定制营销、营销网络、纯粹营销公司等。

市场营销学于20世纪初在美国产生以来发展迅速，著作浩繁，影响深广，受到各界普遍重视。究其原因，就在于它适应了社会化大生产和市场经济高度发展的客观需要。在西方，每个人都生活在高度发达的市场经济之中，离开市场便无法进行生产和生活。市场成为整个社会经济的主宰者，它指挥和调节着国民经济的发展，影响到每一个人的经济生活，决定着每一个企业的生存和发展、前途和命运。因此，每一个生产者和经营者都不能不关心市场，不能不研究市场营销学。这就是市场营销学在西方国家受到普遍重视和迅速发展的根本原因。

（四）市场营销学的传播

第二次世界大战后的20世纪五六十年代，市场营销学开始从美国传播到日本、西欧、苏联和东欧国家。日本在20世纪50年代开始引进现代美国市场营销学。法国也在二战后才开始引进现代美国市场营销学，起初在一些公司的市场营销中应用现代美国市场营销学的原理和技术；1969年，巴黎高等商业学校最先开设市场营销学课程，20世纪70年代以来，法国其他大学陆续开设了市场营销学课程。苏联和东欧国家在二战后的五六十年代也开始引进现代美国市场营销学。目前，许多国家的高等学校的管理学院和管理学系都普遍开设市场营销学课程，工商企业的高级管理人员一般都学过市场营销学。它对于提高企业管理人员的经营管理能力和企业经营效益，促进经济发展，改善人民生活起着重要作用。

早在20世纪30年代，我国就有市场营销学的译本。中华人民共和国成立后，这门学科曾受到冷落而销声匿迹。党的十一届三中全会以后，由于实行对外开放政策，我国同欧美、日本等资本主义发达国家发展经济贸易往来，利用它们的资金和技术来建设社会主义现代化国家，于是，我国重新引进现代美国市场营销学。改革开放以来，随着国民经济发展，我国市场形势发生了很大变化，许多商品由过去长期供不应求、凭证凭票限量购买发展为市场上供应充足。随着经济体制改革的深入发展，企业经营机制的转换，使工商企业回到内有动力、外有压力的状态，因而有越来越多的工商企业开始重视市场营销问题。在这种新的形势下，20世纪80年代以来，我国理论界和工业、商业、外贸、银行等业务部门开始重视引进、学习、研究和应用现代西方市场营销学所阐明的市场营销原理和技术。现在，我国几乎所有综合大学、工科大学、高等财经院校和广播电视大学等都已开设市场营销学课程，市场营销学的知识正在我国迅速传播，并已开始运用于我国企业的国内、国际市场营销活动之中。我国市场营销学的研究也取得了极为可喜的成果。

但是，总的说来，在市场营销学教学研究方面，我国尚处于介绍、传授现代西方市场营销学的阶段。至于如何根据我国国情，走出自己的路，建立起具有中国特色的社会主义市场营销学，继往开来，尚在探索之中。

随着社会主义市场经济体制在我国的建立和发展，市场营销学在我国有了更加广阔的发展前景。它的研究会更加突出中国特色，在边引进、边消化、边吸收的基础上，逐步建立起切合我国国情的、中国化的市场营销学。

三、与市场营销学相关的重要概念

（一）市场

任何一个企业，无论其规模、实力如何，它的生产经营活动都离不开市场，正是通过市场，大大小小的企业不断上演“几家欢喜几家愁”的悲喜剧。特别是国际经济日趋融为一体，市场的地域界限越来越模糊的今天，企业要想求生存、图发展，就必须认识市场、了解市场、分析市场，遵循恰当的营销观念，采用适宜的战略与策略去适应市场、引导消费。

1. 市场的界定

（1）从商品交换地点的角度，市场是指商品交换的具体场所。

（2）从经济学角度，市场是指商品和劳务从生产领域向消费领域转移过程中所发生的一切交换和职能的总和，是各种错综复杂交换关系的总体，它包括供给和需求两个相互联系、相互制约的方面，是两者的统一体。

（3）从市场营销者角度，市场是指某种商品的现实购买者和潜在购买者需求的总和，市场专指买方，即不包括卖方，专指需求而不包括供给。

（4）从管理学角度，市场是指那些具有特定需要或欲望，而且愿意并能够通过交换来获取这种需要或欲望的全部顾客。

菲利普·科特勒指出："市场是由一切具有特定欲望和需求，并且愿意和能够以交换来满足这些需求的潜在顾客所组成。"由此可见，从管理学角度看，市场是指营销市场，是指广义的市场，这种市场的大小取决于人口、购买力和购买欲望三个要素，即市场=人口+购买力+购买欲望。人口、购买力和购买欲望三个要素互相制约，缺一不可。

一个国家或地区的人口总量、增长速度、自然构成、民族构成、教育程度、地区分布以及地区间的移动等因素，都会对消费需求的变化产生直接或间接的影响。

购买力是指一定时期由社会各方面用于购买商品或劳务的货币支付能力，包括消费者市场购买力和组织市场购买力。而一定时期由社会各方面用于购买商品或服务的货币支付能力的购买力，其大小主要取决于一个国家或地区国民经济的发展水平的高低以及由此决定的人均国民收入水平的高低。国民经济发展速度快，人均收入水平高，社会购买力就大，市场规模也会随之扩大。购买力的实现与市场供求状况密切相关，当商品供需关系处于协调状态时，就会促进购买力的实现；反之，就会使一部分社会购买力的实现遇到严重障碍。

消费者购买力水平由消费者收入水平决定。消费者收入主要形成消费资料购买力，它是社会购买力的主要组成部分。组织购买力是指包括各类工商企业、政府机构和其他非盈利性社会机构在内的社会组织的货币支付能力。它不仅包括各类组织购买消费资料的能力，也包括购买生产资料的能力。

购买意向是指消费主体购买商品和服务的动机、愿望或要求，是消费主体把潜在的购买力变为现实购买力的重要条件。

2. 市场类型

从不同的角度可以分为不同类型的市场。在市场营销学中，主要根据以下几类标准来划分市场。

（1）按照产品或服务供给方的情况可分为完全竞争市场、完全垄断市场、垄断竞争市场和寡头垄断市场。

（2）按照关系的不同，市场可以分为顾客（消费者）市场、供应商市场、内部市场、竞争者市场、分销商市场、相关利益者市场。

（3）根据购买者的身份，可以将整个市场分为消费者市场、生产者市场、中间商市场和政府市场。

（4）按照消费客体的性质不同，可分为有形产品市场和无形产品市场。

（5）根据经营者的对象和用途，可以将整个市场划分为消费品市场、生产资料市场、资金市场、技术市场、信息市场、服务市场等。

（6）按照市场出现的先后可分为现实市场、潜在市场和未来市场。

（7）按照地域的不同可分为国内市场与国际市场。

（二）需求

在理解"需求"这个词之前，我们先来比较下"需要""欲望""需求"这三个词的差别。

需要（Needs）。市场营销最基本的概念就是需要。市场营销学中所讲的需要是指人类的需要。人类需要是指个人感到没有得到某些满足的状态，是人类与生俱来的。

欲望（Wants）。欲望是指对上述基本需要具体满足品的祈求，是个人受不同文化及社会环境影响表现出来的对基本需要的特定追求。

需求（Demands）。需求是指人们有能力购买并愿意购买某种产品。当一个人有能力且愿意购买他所期望的产品时，欲望就变成了需求。需求实际上是对某种特定产品及服务的市场需求。

经济学中的需求是指在一定的时期，在一既定的价格水平下，消费者愿意购买并且有支付能力的商品数量。在某一价格下，消费者愿意购买的某一货物的总数量称为需求量。在不同价格下，需求量会不同。

在需求这个概念中，应该注意两点：一是消费者有购买意愿，二是消费者有支付能力，只有这两点同时满足，才够成需求。

在市场营销活动中，如何发掘消费者的需求，如何开发消费者的需求，如何满足消费者的需求，是营销者必须面对的问题。需求状态可分为负需求、无需求、潜在需求、不规则需求、衰退需求、饱和需求、过度需求和有害需求等。

（三）产品

人类靠产品来满足自己的各种需要和欲望。我们可以把具有交换价值并能满足交换双方需要与欲望的所有“东西”都称之为产品。产品可以表现为商品、服务、创意等。产品包括有形与无形的、可触摸与不可触摸的，电视机、汽车是产品，公共交通、动物园、博物馆、旅游景点的服务是产品，知识、智慧、创意也是产品。服务（Services）通常是指满足人们需要的任何无形产品。营销学者一般是从区别于有形的实物产品的角度来进行研究和界定服务的。创意（Ideas）就是平常说的“点子”、“主意”或“想法”，创意一般源于个人创造力、个人技能或个人才华。好的创意通常是科学技术和艺术结合的创造。通常情况下，无形产品或服务是通过其他载体，诸如人员、地点、活动、组织和观念等来提供的。如当人们感到疲劳时，为满足轻松的需要，可以到音乐厅听歌手演唱（人员），可以到风景区旅游（地点），可以到户外运动（活动），可以参加假日羽毛球俱乐部（组织），也可以参加研讨会接受一种不同的价值观（观念）。

（四）营销组合

营销组合（Marketing Mix）是指企业为实现预期目标，将营销中的可控因素进行有机组合。对于生产经营有形产品的企业来说，市场营销组合主要是通过产品策略、价格策略、渠道策略、促销策略进行有效组合，即4P组合。从20世纪80年代后期开始，营销学者在服务营销组合上达成了较为一致的意见，即在传统的4P基础上，又增加了“人员”(People)、“有形展示”(Physical Evidence)、“服务过程”(Process）三个因素，从而形成了服务营销的7P组合。服务营销组合是由产品策略、定价策略、渠道策略、促销策略、人员策略、有形展示策略、服务过程策略七个因素组成的。

（五）市场营销者和潜在顾客

只有通过交换，营销活动才能真正发生。在交换双方中，如果一方比另一方更主动、更积极地寻求交换，则前者称为市场营销者（Marketer)，后者称为潜在顾客(Prospects)。所谓市场营销者，是指希望从别人那里取得资源并愿意以某种有价之物作为交换的人或组织。市场营销者可以是卖主，也可以是买主。如果买卖双方都在积极寻求交换，那么双方都被称为市场营销者，并把这种情况称为相互市场营销。

（六）竞品与竞品分析

竞品是同类竞争产品的简称，就是所营销产品的同类竞争品种。

竞品分析（Competitive Analysis）一词最早源于经济学领域。竞品分析是市场营销工作中一个很重要的环节。市场营销和战略管理方面的竞品分析是指对现有的或潜在的竞争产品的优势和劣势进行评价。这个分析提供了制订产品战略的依据，将竞品分析获得的相关竞品特征整合到有效的产品战略制订、实施、监控和调整的框架当中来。

（七）价值、成本与满意

在对能够满足某一特定需要的一组产品进行选择时，人们所依据的标准是各种产品的效用和价值。效用（Utility）就是顾客对能满足其需要与欲望的产品的整体能力的评价，它是顾客的自我心理感受，是主观的。西方边际效用学派认为，顾客根据不同产品满足其需要的能力来决定这些产品的价值，并据此选择购买效用最大的产品。价值（Value）是顾客从某一特定产品或服务中获得的一系列利益，是效用与成本的比较。效用最大总是顾客所追求的，但常常是效用越大，成本也越大。顾客追求的效用总是与其成本付出相联系的。

成本（Cost）通常是指顾客为获得某种效用而必需的支出。它包括为获得某种产品所要付出的货币成本、时间成本、体力成本和精神成本。如果顾客在同样的成本下得到的效用越大，或者在同样的效用下成本越低，那么顾客价值就越大。

满意（Satisfaction）是一种心理感受状况，是顾客对某一产品在满足其需要与欲望方面实际的与期望的程度的比较与评价后，所形成的愉悦或失望的感觉状态。顾客经过比较与评价后，若实际效果大于期望，则很满意；若实际效果等于期望，则满意；若实际效果小于期望，则不满意。

（八）交换与交易

交换（Exchange）是指通过提供某种东西作为回报，从别人那里取得所需物的行为。交换是一个过程，而不是一种事件。交换的产生需要五个条件：第一，至少要有交换双方；第二，每一方都要有对方所需要的有价值的标的；第三，每一方都要具有沟通信息和传送交换物的能力；第四，每一方都可以自由地接受或拒绝对方的交换条件；第五，每一方都认为同对方的交换是合适、满意或称心的。交换的五个条件，可以说是现代市场营销的一种境界，即通过创造性的市场营销，使交换双方能够双赢。

交易（Transactions）是交换的基本组成单位，是由双方之间的价值交换所构成的行为，包括货币交易和易货交易两种主要形式。当交换的协议达成时，则称发生了交易。一项交易至少要涉及如下内容：至少两件以上有价值的标的（包括货币），双方同意的条件、时间和地点，以及必需的法律条款。

四、市场营销的主要过程

根据经营战略的要求，各个战略经营单位和市场营销部门一般依据以下顺序进行市场营销管理。

（一）分析市场营销机会

市场营销机会是企业开展有效营销活动的内容和领域。企业应该对其所面临的市场营销机会进行全面分析，找出其市场营销有可能利用的有利条件，分析其无法避免的有关威胁，并提出设想。

（二）确定目标市场

在分析市场营销机会的基础上，进行以下工作：

（1）市场细分。依据顾客需求的不同特性，将整个市场区分为若干个细分市场，并对各个细分市场进行评价。

（2）选择目标市场。在市场细分的基础上，决定企业要为之服务的细分市场，即目标市场。

（3）市场定位。在拟定的目标市场上，为企业的产品或品牌树立一定特色，塑造预定的形象，以突出和显示与竞争者之间的区别。

（三）制订市场营销策略

市场营销策略是企业及其经营单位期望在目标市场上实现其目标所遵循的主要原则。它包括以下两项基本决策：

（1）市场营销组合。企业准备采取哪些市场营销手段，并如何运用这些营销手段，赢得目标市场的顾客。

（2）市场营销预算。企业决定各个经营单位、各项业务以及产品的市场营销分别投入多少资金，资金如何在各种市场营销手段、各个市场营销环节之间进行分配。

（四）实施市场营销活动

企业在制订市场营销策略的基础上，为各个经营单位以及不同的产品分别制订市场营销计划，并通过市场营销执行系统和控制系统将计划变为行动。

五、市场营销学的研究方法

（一）市场营销学的研究对象、内容

1. 市场营销学的研究对象

每门学科都有其独特的研究对象，否则它就不能作为一门独立的学科而存在。研究对象关系到一门学科的研究领域、基本内容和发展方向问题。市场营销学，作为一门独立的学科，不但必须有自己独立的学科体系，而且必须有与其他经济学科或管理学科不同的科学分工。因而，在市场营销学的教材建设中，探讨与明确本学科的研究对象是非常必要的。现代市场营销学，是一门研究企业经营方略和生财之道，研究企业如何在激烈的市场竞争中求生存、求发展的学问，也是一门研究企业如何更好地满足消费者或用户需要与欲望的学问。它着重研究买方市场条件下卖方（企业）的市场营销管理问题，即着重研究卖方（企业）在激烈竞争中和不断变化的市场营销环境中，如何识别、分析、评价、选择和利用市场机会，如何满足其目标顾客的需要，提高企业经营效益，求得长期生存和发展。这就是说，现代市场营销学是一门企业市场营销管理学，其研究对象是：企业（卖方）在动态市场上如何有效地管理其交换过程和交换关系及市场营销活动过程，提高企业经营效益，实现企业目标。

2. 市场营销学的内容结构

市场营销的基本观念是企业的一切经济活动都必须以消费者（或用户）的需要为转移，企业只能生产那些适销对路、能卖得掉的东西。企业的利润等同目标能否实现，企业能否在激烈竞争和瞬息万变的市场上求得长期生存和发展，归根结底取决于消费者（或用户）是否购买本企业的产品。因此，市场营销学的全部研究都是围绕产品适销对路、扩大市场销售而展开的，并为此提供理论、思路和方法。它的核心观念是：企业必须面向市场，面向消费者，必须适应不断变化的市场环境并及时做出正确的反应；必须不断地为消费者（或用户）提供能满足其需要和欲望的物质产品和劳务，并且要用最少的费用、最快的速度将产品送到消费者或用户手中；在满足消费者（或用户）需求和欲望的基础上，实现企业目标。

一门学科的研究内容，是由该学科研究对象所确定的。不同专家或不同学派对该学科的理解及其著作的内容体系，自然会有较大的区别，但是，市场营销学的核心部分或主要内容仍然是比较稳定的。

从上述基本认识出发，我们可以把市场营销学的主要内容大体上归纳为以下三部分，并且各部分之间的内容也是相互渗透的。

（1）市场营销的理论部分。主要包括市场营销观念、环境与市场分析、市场细分、目标市场、消费者需求研究和购买行为等。这部分内容主要研究企业与市场的关系，分析市场营销环境，研究消费者需求和购买行为，进而研究企业如何面对环境变化所带来的机会或威胁，制订企业发展战略和市场营销战略，研究企业进行市场细分和目标市场选择的理论和方法。这部分内容是市场营销学理论的基础部分，阐述市场营销学的基本原理和基本思路。

（2）企业市场营销战略研究。美国著名市场营销学家尤金·麦卡锡指出，企业的市场营销战略包括两个不同的而又互相关联的部分：第一是目标市场战略，即一家企业拟投其所好的、颇为相似的顾客群；第二是市场营销组合，即企业为了满足这个目标顾客群的需要而加以组合的可控制变数。主要研究企业如何运用可以控制的各种市场营销手段与企业不可控制的外部环境相协调，以实现企业的预期目标。

上述两个部分主要包括市场营销组合——产品策略、定价策略、渠道策略、促进销售策略和以这四大策略为基础的市场营销战略，简称为“4P”。对产品策略、定价策略、渠道策略、促进销售策略的研究，构成了市场营销活动研究的四个重要方面。这部分内容相当丰富，是市场营销学基本原理的具体应用。

（3）企业市场营销策略研究。主要研究营销组织与市场营销控制问题。企业为保证市场营销活动的成功，应在组织、调研、计划、控制等方面采用的措施和方法。这还可以从宏观与微观两个角度来看市场营销学的内容。

从宏观角度来看，市场营销学的研究内容包括以下三个方面：

第一，市场营销组织。开拓市场，不断提高市场营销成果，首要工作重点是开发，即从实现高效营销出发，研究市场的类型、结构和特征，进而建立市场开发机构，实行市场细分，以及为企业正确制订市场营销决策进行所必需的市场调查和预测。

第二，消费需求特征。企业市场营销活动的对象是消费者，营销学以研究消费者为中心，了解消费者需求的特征和影响消费者需求的主要因素，分析消费者的购买动机和购买行为，掌握消费者的货币支付能力和购买投向，以利于制订相应攻势营销战略，充分满足消费者的现实需要和潜在需求。

第三，竞争策略。市场竞争是商品经济的产物，只要有商品生产和商品交换，就会出现市场竞争。研究企业应掌握的市场竞争策略和市场竞争艺术，有利于鼓励先进，鞭策后进，形成你追我赶的局面。

从微观角度来看，市场营销学主要研究以下几方面的内容：

第一，产品策略。产品是满足消费者需求的重要载体。市场营销学研究产品，不是研究其生产技术的革新与革命，而是从充分满足消费者的需要出发，研究企业的产品营销策略如何适应市场形势的要求；研究产品寿命周期各阶段的特征以及应采取的市场营销策略；研究新产品开发程序和策略。此外，还要研究产品的商标、装潢和包装策略以及产品的品名、造型、色泽等因素。

第二，价格策略。产品生产出来以后，定价是否恰当，直接关系着企业市场营销的成败。质次价高不仅使商业企业中的商品滞销，工业企业的产品积压，而且还严重损害工商企业的信誉；反之，物美价廉，适销对路，则人人喜欢，且信誉卓著，美名远扬，销售增长，效益增加。因此，市场营销学的重要任务之一，就是要研究企业产品定价的原则、方法和策略，以发挥合理适当的价格在开拓市场中的积极作用。

第三，分销渠道策略。在商品经济条件下，企业的产品生产出来以后，需要经过一定的分销渠道，才能顺利到达目标市场，及时满足消费者的需要，获得理想的营销成果。市场营销学对分销渠道的研究，是要了解产品分销渠道的结构，分析影响产品分销的因素，选择分销渠道策略，目的是为了保障产品从生产领域到消费领域时路程短、环节少、费用省、时间节约，顺利地到达消费者手里。市场营销学强调根据企业产品及其流通的客观要求，相应选择最佳分销渠道。

第四，促销策略。广大消费者购买产品的一般程序是：知道—认识—喜欢—偏爱—确信—购买。市场营销学从消费者的购买程序出发，研究如何采取人员推销、社会公共关系、营业推广、广告促销等方法和策略，唤起消费者的欲望，不断提高对产品的认识，随着逐渐喜欢，进而产生偏爱，确信购买后能得到满足，从而决定购买。并且，企业从实际出发，相应选用促进销售的方法和策略，有利于及时沟通生产、流通、消费三大领域的信息，引导、启发、刺激消费者的购买兴趣，以实现扩大销售，提高经济效益的目的。

（二）市场营销学研究方法

进入20世纪以来，从不同的需要出发，人们曾从不同角度、不同层次研究企业的市场营销活动，于是市场营销学的研究方法也就多种多样，概括起来，主要有以下几种。

1. 产品研究法

产品研究法，即对各类产品或各种产品的市场营销分别进行分析研究，如农产品的市场营销、工业产品的市场营销、服装产品的市场营销等。这种研究方法是针对不同产品的市场营销特征，研究问题比较具体深入，特点突出，由此产生了各种专业市场营销学。企业人员往往采用这种方法研究本企业的市场营销活动，科学研究中则很少采用这种研究方法。这是因为，如果对各类或各种产品逐一地分析研究，不仅很麻烦，要花很长时间，而且不可避免地要重复劳动。

2. 机构研究法

机构研究法，即着重分析研究营销渠道系统中各个环节和各种类型的营销机构（如大小厂商、代理商、批发商、零售商以及各种辅助机构）的市场营销问题，如研究百货商店的演变过程及发展前途等。西方的大学，主要是在某些高级市场营销学课程（如批发学、零售学等）中，采取机构研究法。同时，这一专业研究方法也受到不同行业、不同类型企业的青睐。

3. 职能研究法

职能研究法，即通过分析研究采购、销售、运输、仓储、融资、促销等各种市场营销职能和执行这些职能过程中所遇到的问题，来探讨和认识市场营销问题。这种方法主要是研究各个营销环节的活动和不同的产品市场如何执行这些职能。在西方国家，多数大学的市场营销学课程都重视采用职能研究法，但并不把它作为唯一的研究方法。

4. 历史研究法

历史研究法，即从事物的产生、成长、衰亡的发展变化或演变的角度来分析研究市场营销问题。例如，分析研究市场营销这一概念的含义的发展变化、近百年来西方工商企业的市场营销观念的演变、市场营销战略思想的发展变化等，找出其发展变化或演变的原因，掌握其发展变化或演变的规律性。西方市场营销学者一般都很重视历史研究法，但是也不把它作为唯一的研究方法。

5. 管理研究法

管理研究法，也叫决策研究，即从管理决策的角度来研究市场营销问题。这种方法特别重视市场营销分析、计划、组织、执行和控制。从管理决策的角度看，影响企业市场营销活动的各种因素（变数）可以分为两大类：一是企业不可控因素，即营销者本身不可控制的市场，营销环境，包括微观环境和宏观环境；二是可控因素，即营销者自己可以控制的产品、商标、品牌、价格、广告、渠道，等等。1960 年，美国著名市场营销学家尤金·麦卡锡把各种可控因素归纳、简化为四个基本变数——4P。企业营销管理的工作任务是，善于安排 4P 最佳组合，善于作市场营销组合决策，使企业的市场营销管理决策与外界不断变化的营销环境相适应。这关系到企业经营的成败。企业按照目标市场的需要，分析研究外界不可控的环境因素，同时考虑到企业本身的资源和目标，权衡利弊，选择最佳的市场营销组合，以满足目标市场的需要，扩大销售，提高市场占有率，增加企业盈利，这就是从管理决策的角度研究企业的市场营销问题。目前，西方市场营销学主要是运用这种管理决策法进行研究。本书所采用的就是这种方法。

6. 管理科学研究法

管理科学研究法，是指不仅要用文字来分析与阐述问题，还应采用数学方法来建立市场营销的数学模型，并用统计数字来检验模型的科学性。这是一种偏重定量研究的方法，值得重视，但一般都与上述研究方法结合起来使用。

7. 系统研究法

系统研究法，是指企业营销管理者做市场营销管理决策时，把企业的有关环境和市场营销活动过程看作是一个系统，统筹兼顾其市场营销系统中的各个相互影响、相互作用的组成部分，千方百计地使各个部分协同活动，从而产生增效作用，提高企业经营效益，西方市场营销学者和企业营销管理人员从管理决策的角度分析研究企业的市场营销问题时，通常还配合采用这种系统研究方法。

8. 社会研究法

社会研究法，主要是研究各种市场营销活动和市场营销机构对社会的贡献及其所付出的成本。这种方法提出的课题有：市场效率、产品更新换代、广告真实性及市场营销对生态系统的影响，等等。

第二节　市场营销观念的演变

【课前预习思考题】

1. 市场营销观念是什么意思？是不是一直不变呢？
2. 市场营销观念演变的原因是什么？
3. 市场营销观念有哪几种？这些市场营销观念能并存吗？
4. 用你身边的生活实例来解释说明这几种市场营销观念。

【案例引入】

发现与创造营销机会

一个美国鞋业公司想了解某非洲国家的市场。

第一次派财务主管去，回话说：这里的人不穿鞋，因此没有市场。

第二次派最好的推销员去，回话说：这里的人不穿鞋，因此是一巨大市场。

第三次派营销副总去，结论是：这里的人不穿鞋，但有脚疾，穿鞋对脚有好处，我们要再设计鞋子，还需要在教育穿鞋有益方面花一笔钱，要得到部落首领的合作。这里的人没什么钱，但生产有优质菠萝，估计鞋潜在销售在3年以上，包括把菠萝推销给一家欧洲超级市场的所有费用都将得到补偿，并有30%的利润，所以，应该立即行动去开拓该市场。

（摘自《市场营销学》）

问题：

1. 案例中三位人员的销售理念有什么差别？
2. 分析每位人员的销售理念的理论依据。
3. 请总结现代市场营销理念和传统销售理念有什么差别。

一、市场营销观念的演变

企业的市场营销哲学是由企业在特定时期内所处的客观环境所决定的，它随着社会、经济与市场环境的变迁和企业经营经验的积累而发生改变。目前学界一般认为市场营销观念的演变划分为生产观念、产品观念、推销观念、市场营销观念、社会营销观念和战略营销观念六个阶段，第四、第五阶段的观念分别是以顾客为中心的顾客导向观念和社会营销导向观念。

（一）生产观念

生产观念是一种最古老的指导企业经营活动的观念。以生产观念指导营销管理活动的企业特征表现是：企业能生产什么，就卖什么。生产观念的中心是企业，即以企业为中心，以生产为导向。

生产观念是在卖方市场下产生的。在此情况下，生产的发展不能满足需求的增长，多数商品都处于供不应求的地位，在这种卖方市场下，只要有商品，质量过关、价格便宜，就不愁在市场上找不到销路，有许多商品都是顾客上门求购。于是生产观念应运而生，在这种观念的指导下，企业以产定销，关注于集中一切力量来扩大生产、降低成本，生产出尽可能多的产品来获取更多利润。

显然，企业奉行生产观念是有一定前提的：

（1）以产品供不应求的卖方市场为存在条件，这样消费者最关心的是能否得到产品，而不去注意产品的细小特征，于是企业不愁其产品卖不出去，集中力量想方设法扩大生产。

（2）产品成本很高的企业，为了提高生产率、降低成本来扩大市场，也奉行生产观念。例如，在20世纪初，美国福特汽车公司曾倾全力于汽车的大规模生产，以降低成本，使大多数美国人能买得起汽车，扩大福特汽车的市场；同时因其生产的T型车十分畅销，根本无需推销兜售，以致亨利·福特这位汽车大王曾傲慢地宣称："不管顾客需要什么颜色的汽车，我只有一种黑色的。"这是当时生产观念的典型表现。

生产观念并非在20世纪20年代以后就销声匿迹了，在一些特定的形势下，如日本在1945年战败后数年之内，因商品短缺、供不应求，生产观念在工商企业经营管理中曾一度流行。我国在计划经济时期，许多企业经营管理也奉行生产观念，工业生产什么就收购什么，生产多少就收购多少，根本不重视市场营销工作。可见，生产观念在一定条件下是合理的，有指导作用。然而，一旦市场形势发生了变化，比如说不再是卖方市场，而处于买方市场，生产观念就不合时宜，会成为企业经营的严重障碍。因此，企业在新形势下必须用新的观念为指导。

（二）产品观念

产品观念认为，消费者最喜欢那些高质量、多功能和有特色的产品，因而在产品导向性企业中，企业致力于生产高质量产品，并不断地改进产品质量，使之日臻完美。

产品观念是在初级买方市场下产生的。在此情况下，同类产品竞争逐渐激烈，消费者有更多的选择空间，迫使企业越来越关注产品的质量，企业认为只要商品质量过关、价格合理，就不愁卖不出去。

在产品观念的指导下，企业的经营重点和经营管理的中心任务是致力于改进产品质量，生产优质产品，并不断精益求精。以产品观念为指导思想的企业，其常见的现象是企业忙于发明、改进和制造高质量产品，但产品却有时找不到销路或市场，最终将导致"营销近视症"，即过分重视自己的产品而忽视市场（顾客）的实际需求。这必然导致经营的失败。以产品观念指导营销管理活动的企业特征表现也是"以产定销"，也是以企业为中心的观念。

（三）推销观念

推销观念也是许多企业所奉行的一种市场观念。这种观念认为，如果顺其自然，消费者通常不会足量购买某一企业的产品，因而企业必须积极推销和进行大量促销活动。企业如果能针对消费者的心理，采取一系列有效的推销和促销手段，使消费者对企业的产品产生兴趣，刺激消费者大量购买是完全可能的。

在西方国家，推销观念是在卖方市场向买方市场转换期间产生的。第一次世界大战结束以后，由于科技进步及科学管理和大规模生产的推广，商品产量迅速增加，逐渐出现市场商品供过于求的状况，企业间竞争日益激烈。尤其是1929年的世界性经济大危机，更使许多企业家认识到产品销路成了企业生死攸关的问题。企业不能只集中力量发展生产，价廉物美的产品也未必能卖得出去。企业要在日益激烈的竞争中求得生存和发展，必须重视和加强推销工作，因而他们提出的口号是："我们卖什么就要尽快卖掉。"由于推销导向型企业只是努力将自己生产的产品推销出去，而不考虑这些产品是否满足消费者的需要以及销售以后顾客的意见，所以，推销观念仍属于以产定销的企业经营哲学。

在我国，房地产市场销售中，推销观念色彩浓烈。在销售行为和众多的广告中，房地产开发商一直在充当施舍者，如"圆你一个美好家园的梦"，"送你一个温馨的家"等。根本不问交易行为中的主体——购房者的感觉。这种一厢情愿而又落后的主体意识，导致房地产开发商难以真正了解购房者的需求而过分依赖市场：市场热则万事大吉，市场冷则束手无策。

通常，推销观念被大量应用于推销那些购买者不太想到要去购买的非渴求商品，例如保险、百科全书等。这些行业中的企业善于使用各种推销技巧来寻找潜在客户，并用高压式的推销术说服他们接受其产品。对于刚上市的新产品，企业必须通过加强推销工作，来使消费者对企业的产品和服务从了解到感兴趣直至实施购买。

此外，大多数公司在产品过剩时，也常常奉行推销观念。这些公司的近期目标是销售其能够生产的商品，而不是生产能够售出的新产品。在现代工业经济中，大多数市场都是买方市场，卖方不得不拼命争夺顾客，推销大战热火朝天，令顾客感到似乎到处受到"围攻"，在每一回合中，总有企业尽力想推销掉一批东西。

（四）营销观念

营销观念的形成是市场观念的一次"革命"，它是作为对上述诸观念的挑战而出现的一种崭新的企业经营哲学。尽管这种思想由来已久，但是它的核心原则直到20世纪50年代中期才基本定型。营销观念认为，实现企业诸目标的关键在于正确确定目标市场的需求和欲望，并且比竞争对手更有效、更有利地传送目标市场所期望满足的东西。

20世纪50年代以来，西方发达国家的市场已经变成了名副其实的买方市场，卖主间竞争十分激烈，而买方处于优势地位；科学技术和生产的迅速发展使人民的文化生活水平迅速提高，消费者的需求向多样化发展并且变化频繁，营销观念正是在这种市场形势下应运而生，成为新形势下指导企业营销活动的指导思想的。营销观念的形成，不仅从形式上，更从本质上改变了企业营销活动的指导原则，使企业经营哲学从以产定销转变为以销定产，第一次摆正了企业与顾客的位置，所以是市场观念的一次重大革命。在这种观念下，企业一切活动都以顾客需求为中心，企业把满足消费者的需求和欲望作为自己的责任，喊出了“顾客需要什么，我们就生产什么”、“顾客是上帝”的口号。

在一个企业中确定树立和奉行营销观念是一项相当艰巨的工作任务。企业以前信奉的经营哲学、原有的组织结构和管理人员都会对市场营销观念的推行起到或多或少的阻碍作用，即使企业通过改革组织结构、建立新的经营程序和方法、组织鼓励学习等努力，建立起强有力的营销部门并不断趋于成熟后，管理层也必须同一种遗忘营销原则的倾向作斗争。

（五）社会营销观念

20 世纪 70 年代起，人们发现，企业在满足消费者需求的同时，有时会和社会长远利益相冲突，如造成环境污染、资金短缺、忽视社会服务等问题，于是，市场营销学者又提出了社会营销观念。社会营销观念认为，企业经营管理的任务在于确定目标市场的需要、欲望和利益，比竞争者更有效地使消费者满意，同时维护与增进消费者和社会福利。社会营销观念的基本观点是：将实现消费者满意及消费者和社会公众的长期福利作为企业的根本目标与责任。以社会营销观念为指导思想的企业，其理想的市场营销决策应同时考虑三方面的因素，即消费者的需求与愿望、消费者和社会的长远利益、企业的营销效益。

社会营销观念要求企业在制定营销决策时权衡三方面的利益，即企业利润、消费者需要的满足和社会利益。这与以往的企业营销活动的指导思想是不一样的。

通过前面的介绍，我们了解到：最初，企业进行营销决策主要考虑自己的当前盈利，后来，企业开始意识到满足顾客需求和欲望有着深远意义，于是产生了市场营销观念。20 世纪 70 年代以来，社会利益开始成为企业经营决策的一个重要因素。社会营销观念希望摆正企业、顾客和社会三者之间的利益关系，企业决策要兼顾三方面的利益，这样，企业既发挥特长，在满足消费者需求的基础上获取经济效益，又能符合整个社会的利益，因而具有强大的生命力。不少公司通过采用和实践社会营销观念，获得了可观的销售量和利润。

（六）战略营销观念

战略营销观念就是用战略、系统论的思想和方法进行市场营销活动。它较之市场营销观念、社会市场营销观念，思考问题层次更高、更系统。

战略营销观念源于企业的战略管理思想。战略营销观念强调，企业在目标市场上，通过战略管理创造竞争优势，向包括顾客在内的利益相关者提供最大的利益。战略营销注重方向性、长期性、竞争性、创造性、协同性和参与者的共赢性。

二、市场营销观念的比较

通过对市场营销观念演变的简要介绍，可以看到，传统的营销理念（生产观念、产品观念、推销观念）、新的市场营销理念（市场营销观念、社会市场营销观念）和战略营销理念在出发点、关注点、实现方法以及目的上都有所不同，但后者都是在前者的基础上发展的，后者对前者是一种包容或扬弃。各种营销观念的主要区别见表 1-1。

表 1-1　　各种营销观念的主要区别

区别／观念	出发点	关注点	方　法	目　　的
传统的营销观念	企业	产品	推销	通过扩大销售额，获得利润
新的营销观念	目标市场	顾客需要	营销组合	通过使顾客满意，获得利润
战略营销观念	营销系统	竞争优势	战略管理	使所有参与者获得利益

第三节　物流市场营销概述

【课前预习思考题】

1. 物流市场营销与市场营销有什么联系与区别？
2. 物流产品有哪些特点，对物流市场营销活动有何影响？
3. 世界范围内有哪些企业的物流市场营销做得比较好？
4. 如果你是一家物流企业的负责人，你觉得如何才能做好物流市场营销？

【案例引入】

“双 11”体系的快递困境

“双 11”的硝烟渐渐散去，今年（2014 年）快递业从业务量上看，足以为不断攀升的数字感到振奋，但从收入上看，“双 11”对于多数快递企业来说，却是一个只赚吆喝不赚钱的买卖。如何能从“双 11”的盛宴里得实惠，成为快递业不得不思考的问题。

“感觉今年的快递比往年提速了，服务质量也有所提高。”11 月 15 日，合肥市滨湖医院职工周倩收到了“双 11”下单的 4 个“宝贝”。

截至 11 月 11 日晚 24 时，A、B、C、D 四家快递公司的业务量均突破了 2000 万件，创下各自新高，同比去年“双 11”增幅均接近或超过 100%。B 快递官网显示，“双 11”当天每秒就有 353 个订单进入其快递网络，随后的数天内，公司呼叫中心接线员每天接听 300 个电话；不少快递员吃午饭所用的时间仅 10 分钟，还有快递员干脆放弃午饭，一刻不停地取件、送件。“公司从去年开始准备，设备、场地、系统、人工等方面大量投入，以避免在信息系统和转运力量方面出现‘爆仓’，影响快件的送达速度和质量。”B 快递合肥分公司负责人介绍，10 月底公司临时招聘了 180 个分拣工，增加了 36 辆车。“分拣工每小时 10 元，每天增加的工人工资需 20000 元。”

“现实是残酷的，‘双 11’的投入让不少快递公司需要付出全年相当一部分利润，规模较小的快递公司甚至很久都喘不过气来。”D 快递安徽分公司透露，绝大多数快递公司在应对“双 11”前，都需要在场地、人员、设备等方面增加大量支出。

（摘要《安徽日报》）

问题：

1. 在“双11”时，快递企业面临什么样的困境？

2. 为什么在快递业务旺季时，快递和物流企业会遭遇爆仓，员工不足？

3. 分析物流服务产品和有形产品的异同点。

一、物流与物流企业

（一）物流

1. 物流的定义

我国的物流术语标准将物流定义为：物流是物品从供应地向接收地的实体流动过程中，根据实际需要，将运输、储存、采购、装卸搬运、包装、流通加工、配送、信息处理等功能有机结合起来实现用户要求的过程。

现代物流具有将运输、储存、装卸、搬运、包装、流通加工、配送、信息处理等基本功能进行有机结合的能力并呈现出物流反应快速化、物流功能集成化、物流作业规范化、物流目标系统化、物流服务系列化、物流手段现代化、物流组织网络化、物流信息电子化、物流经营社会化趋势。

2. 物流构成要素

物流最基本的构成要素有流体、载体、流向、流量、流程、流速等几个方面。

（1）流体。流体是指物流中的“物”，即物质实体。流体具有自然属性和社会属性。自然属性是指其物理、化学、生物属性；社会属性是指流体所体现的价值属性，以及生产者、采购者、物流作业者与销售者之间的各种关系。物流渠道中流动的是各种各样的流体，具体的经营者必须根据其经营目标定位来合理确定其流体的规模和结构，以便合理选择运输方式和运输工具，安排保管场所，提供包装服务，配置装卸设施设备。

（2）载体。载体就是流体借以流动的设施和设备。基础设施大多是固定的，通常包括铁路、公路、水路、港口、车站、机场等基础设施。设备类主要包括车辆、船舶、飞机、装卸搬运设备等，通常是可以移动的。

（3）流向。流体从起点到终点的流动方向称为流向。流向有自然流向、计划流向、市场流向和实际流向之分，对某种流体而言，可能会同时存在以上几种流向。通过流向研究，可以准确把握流向的变化规律，做到合理规划物流流向、合理配置物流资源，从而降低物流成本，加快物流速度。

（4）流量。通过载体的流体在一定流向上的数量表现称为流量。流量与流向是不可分割的，每一种流向都有一种流量与之相对应。

（5）流程。流程是指通过载体的流体在一定流向上行驶路径的数量表现。路径越长，物流运输成本越高。反之，物流运输成本就越低。

（6）流速。通过载体的流体在一定流程上的速度表现称为流速。流速快，意味着物流时间的节约，也就意味着物流成本的减少。

物流六个要素之间有极强的内在联系，需要正确处理好它们相互之间的关系，确保物流企业的服务营销活动高效有序开展。

3. 物流的目标

物流是社会分工深化的结果，符合社会经济发展的要求。物流目标体现在以下几个方面：

（1）客户满意。现代物流具有很强的服务性，要以顾客满意为核心，牢固树立“顾客第一”的观念。

（2）降低成本。物流活动通过时间成本、空间成本以及交易成本等的降低达到顾客总成本的降低。

（3）速度经济。现代物流不仅仅是物品的传递，更重要通过信息的沟通来实现物品最适合的流动，要让物品在最恰当的时间送到顾客手中。

（4）规模经济。通过先进的物流设施与设备、便捷的电子商务网络以及遍及各地的渠道体系实施规模化经营。

（5）范围经济。它意味着对产品进行共同生产相对于单独生产的经济性，即物流企业在同时能够提供运输、仓储、加工、配送、信息处理以及这些功能集成的服务时远比单独建立起一个个功能性企业来提供来各自提供运输、仓储、加工、配送、信息处理等更具效率和效益。

（6）竞争优势。现代市场竞争已由企业与企业之间的竞争演变为供应链与供应链之间的竞争，物流企业要通过专业化服务优势为物流外包者在降低总成本、增强供应链竞争地位方面提供协同力量。

4. 物流的分类

物流的划分有多种可以参照的标准。按照物流实用价值分为宏观物流与微观物流；按照物流系统性质分为社会物流、行业物流和企业物流，而企业物流又由企业生产物流、企业供应物流、企业销售物流、企业回收物流、企业废弃物物流几部分组成；按照物流活动的空间范围分为地区（区域）物流、国内物流和国际物流；按照作用分为供应物流、生产物流、销售物流、回收与废弃物流；按照物流活动运作主体分为第一方物流、第二方物流、第三方物流、第四方物流。

（二）物流企业

1. 物流企业

物流企业（Logistics Enterprise）是指从事物流活动的经济组织。它是独立于生产领域之外，专门从事与物品流通有关的各种经济活动的企业，是在市场经济中依法进行自主经营，自负盈亏，自我发展，自我约束，具有法人资格的经营单位。

现代物流企业能够提供运输、储存、装卸搬运、包装、流通加工、物流信息处理等基本的服务，甚至还能进行结算、需求预测、物流系统设计咨询、物流教育与培训等方面的服务，并且具有组织社会物资资源、商品供应、商品储存、运送物资实体、信息流通的职能。

2. 物流企业类型

物流企业分类方法有多种，如按照物流企业完成的物流业务范围的大小和所承担的物流功能可分为运输型、仓储型、综合服务型物流企业；按照物流企业形式可分为第三方物流企业和第四方物流企业；按照物流活动的空间范围可分为区域性物流企业和跨区域物流企业；按照物流企业资本的构成可分为国有企业、民营企业、外资企业等。

二、服务营销与物流市场营销

（一）服务营销

1. 服务与服务业

服务是行动、过程和表现。美国市场营销学会将其定义为“主要为不可感知，却使欲望获得满足的活动，而这种活动并不需要与其他的产品或服务的出售联系在一起。生产服务时可能会或不会利用实物，而且即使需要借助某些实物协助生产服务，这些实物的所有权将不涉及转移的问题”。这个定义得到了营销学界的普遍认同。服务可以分为两类，一种是服务产品，产品为顾客创造和提供的核心利益主要来自无形的服务；另一种是功能服务，产品的核心利益主要来自有形的成分，无形的服务只是满足顾客的非主要需求。

与有形产品相比，服务具有以下共同特征：

（1）不可感知性。它可以从三个不同的层次来理解。首先是服务的很多元素看不见，摸不着，无形无质；其次是顾客在购买服务之前，往往不能肯定他能得到什么样的服务；再次是顾客在接受服务后通常很难察觉或立即感受到服务的利益，也难以对服务的质量作出客观的评价。实际上，真正无形的服务极少，很多服务需借助有形的实物才可以产生。

（2）不可分割性。有形的工业品或消费品在从生产、流通到最终消费的过程中，往往要经过一系列的中间环节，生产和消费过程具有一定的时间间隔。而服务则与之不同，它具有不可分割的特点，客户感知服务和服务提供者是同步进行的，具有双向性，也就是说服务人员向顾客提供服务时，也正是顾客消费服务的时刻，二者在时间上不可分割。

（3）差异性。差异性是指服务无法像有形产品那样实现标准化，在实际操作中，服务标准与服务者本身的素质、状态等因素有着很强的关联性，所以，提供的服务质量存在明显的差异。每次服务带给顾客的效用、顾客感知的服务质量都可能存在差异。这主要体现在两个方面：其一，由于服务人员的原因，如心理状态、服务技能、努力程度等，即使同一服务人员提供的服务在质量上也可能会有差异；其二，由于服务人员与顾客间相互作用的原因，在服务的不同次数的购买和消费过程中，即使是同一服务人员向同一顾客提供的服务也可能会存在差异。

（4）不可贮存性。服务的生产与消费同时进行及其无形性，决定了服务不能在生产后贮存备用，顾客也无法购后贮存。很多服务的使用价值，如不及时加以利用，就会“过期作废”。如车、船、飞机上的空座位，宾馆中的空房间，闲置的服务设施及人员，均为服务业不可补偿的损失。

（5）缺乏所有权。缺乏所有权是指在服务的生产和消费过程中不涉及任何东西的所有权转移。既然服务是无形的，又不可贮存，服务产品在交易完成后便消失了，顾客并没有实质性地拥有服务产品。缺乏所有权会使顾客在购买服务时感受到较大的风险。

服务业是一个庞大的社会经济系统。在我国，服务业是指第一产业（农业、畜牧业、林业、渔业和狩猎业）、第二产业（制造业、建筑业、自来水、电力和煤气生产、采掘业和矿业）之外的所有产业，如商贸、交通运输、仓储、邮政、电信、金融保险、技术服务，等等。

可以预见，在经济全球化大潮的推动下，在物流市场逐步成熟的时候，物流服务将在市场体系中取得独立的产业地位，并逐步细分为不同的物流行业体系。这个体系将包括：食品物流服务业（其中又包括冷藏食品物流业、生鲜食品物流业、包装食品物流业等）；汽车物流服务业（其中又包括零部件供应物流业、整车配送物流业等）；化工物流服务业（其中又分为液体化工产品物流业和气体化工产品物流业等）；石油产品物流服务业（其中又分为原油物流业和成品油物流业等）；钢铁物流服务业；矿产物流服务业；危险品物服务业流；设备物流服务业；药品物流服务业；IT 物流服务业；服装物流服务业；粮食物流服务业；花卉物流服务业；废弃资源物流服务业；物流信息服务业；物流装备服务业；物流咨询服务业；等等

2. 服务营销

服务营销（Service Marketing）是在市场营销学基础上发展起来的，既借鉴了市场营销学的基本理论和方法，又以服务领域作为自己的研究和应用方向，是服务企业的市场营销。服务营销的特点主要表现为以下几个方面。

（1）推销比较困难。一般产品可以被陈列、展销，以便消费者进行比较、挑选，但大多数服务产品却没有自己独立存在的实物形式，难以展示，也不可能制造标准的服务样品，推销比较困难。由于服务产品的无形性，所以消费者在购买服务产品之前，一般不能进行检查、比较和评价，只能凭借经验、品牌和推销宣传信息来选购。

（2）销售方式单一。服务产品生产与消费的同步性，决定了企业不可能广泛利用中间商进行销售，而能够更多地采取直接销售方式，而直接销售的方式使服务产品的生产者不可能同时在多个市场出售自己的产品。

（3）服务需求弹性大。人们对服务产品的需求是随着经济的发展、收入水平的提高以及生产的专业化、效率化的加强而发展的，需求表现出较大的弹性。研究结果表明，"需求的波动"是服务经营者最感棘手的问题。

（4）服务供求分散。人们对服务产品的供求具有分散性。这就要求服务网点广泛而分散，尽可能接近顾客。

（二）物流市场营销

1. 意义和特性

物流市场营销是指物流企业以市场需求为核心，通过采取整体营销行为，以提供物流服务来满足顾客的需要和欲望，从而实现物流企业利益目标的活动过程。

与一般工商企业市场营销相比，物流市场营销具有以下几个主要特性：

（1）营销者提供的是物流服务，而物流服务的质量水平并不完全由物流企业所决定，还同顾客的感受有很大的关系。与有形产品相比，物流服务具有不可感知性、不可分离性、差异性、不可贮存性。物流服务的无形性使得顾客难以凭肉眼和触摸予以评判。由于物流服务的特殊性，物流企业所提供的物流服务的质量水平并不完全由企业所决定，而同顾客的感受有很大的关系。即使是被物流企业自认为是符合高标准的质量，也可能不为顾客所喜爱和接受。因此，对物流企业而言，需要通过诸如场所气氛、人员素质、价格水平、设备的先进程度和供应链整合能力等能反映服务能力的"信号"，让顾客感受。

（2）营销的对象广泛，市场的差异程度大。由于供应链的全球化，物流活动变得更

加复杂。工商企业为了将资源集中于自己的核心业务上，往往将其他非核心业务外包。工商企业急剧上升的物流外包为物流企业提供了广阔的市场营销范围和服务对象，可以说是涉及了各行各业。顾客的广泛性导致了市场的差异性，因此，物流企业面对的是一个差异程度很大、个性化很强的市场，这就要求物流企业进行营销工作时，必须根据目标市场客户的特点为其量身定制，并建立一套高效合理的物流解决方案。例如，松下公司在珠三角生产的产品，就没有自己的物流体系，而是由深圳深九国际物流有限公司全权处理，承揽松下在珠三角地区合资企业的物流服务，做到“松下的产品下了生产线以后就都是我们的事了”。该公司仅为松下服务就在全国建立20多处中转仓库，运输、仓储、中转、货物整体包装、重新贴标签，甚至途中拆换部分零件、报关等全包了。

目前，物流外包已成为国际潮流，它符合了全球化的核心思想——合作竞争。与此同时，政府、非盈利性组织等也日益成为物流企业的服务对象。例如，2002年9月，澳大利亚主办“北京文化节”，中远物流公司就为“北京文化节”展团全体人员提供了在境外的一系列服务工作。无论是悉尼开幕式，还是随后巡回至堪培拉、惠灵顿演出，海陆空一体的全程物流服务都是由中远物流公司提供的。

（3）物流服务能力强。物流市场营销者面对的需求是非标准化的，因此，提供的物流服务必须是个性化的，这就客观上要求物流企业具有强大的营销服务能力。一个成功的物流企业，必须具备较大的运营规模，建立有效的地区覆盖，具有强大的指挥和控制中心，兼备高水准的综合技术、财务资源和经营策略。例如，作为世界物流业的领头羊，马士基物流向客户提供度身定制的物流解决方案，包括整合供应链管理、仓储分拨、海运及空运服务。马士基物流在全球拥有4500名员工和100多家公司。而中远物流公司也具有强大的服务能力，能够为国内外广大货主和船东提供现代物流、国际船舶代理、国际多式联运、公共货运代理、空运代理、集装箱场站管理、仓储、拼箱服务；铁路、公路和驳船运输、项目开发与管理以及租船经纪等服务。

2. 原则

（1）注重规模，讲究效益。物流企业产生效益取决于它的规模，所以进行市场营销时，首先要确定某个客户或某几个客户的物流需求具有一定的规模，才去为他们设计有特色的物流服务。

（2）注重合作，讲究优势。现代物流的特点要求在更大的范围内进行资源的合理配置，因此物流企业本身并不一定必须拥有完成物流业的所有功能。一个物流企业只要做好自身的核心物流业务即可，其他业务可以交给别的物流企业去完成。所以，物流市场营销还应该包括与其他物流企业进行合作。

（3）注重回报，讲究共赢。对物流企业来说，市场营销的真正价值在于其为企业带来短期或长期的收入和利润的能力。一方面，取得回报是物流企业生存和发展的物质条件，是营销活动的动力；另一方面，物流企业在营销活动中要回报顾客，要满足顾客的物流需求，为顾客提供价值，回报是维持市场关系的必要条件。因此，物流企业在为顾客提供服务时，要讲究既要满足顾客需要，又要取得应有的回报，实现企业与顾客的双赢。

3. 作用

市场营销作为物流企业管理的一项重要职能，涉及企业经营活动的全过程以及企业内外部的各个方面，它既是社会分工和规模经济的必然产物，也是市场经济条件下企业的基本行为之一。在经济全球化、市场一体化的过程中，市场营销对物流企业的经营发挥着越来越重要的作用。

（1）物流企业重视营销管理既是物流市场发展的客观要求，也是物流企业应对竞争环境提高自身的生存和发展能力的实际需要。物流企业作为以盈利为目的的经济组织，必须以市场需求为导向，深入研究环境变化，分析市场机会，寻找目标市场，拓展物流服务业务，扩大市场占有率，使自己在竞争中处于有利地位。要做到这些，物流企业必须积极开展营销活动，加强营销管理。

（2）营销管理是物流企业的核心职能之一。在市场经济条件下，市场需求引导企业行为，市场营销部门作为联结企业与市场的主要部门，相对于企业的其他职能部门（人事、财务、会计等）而言，具有重要而独特的职能。市场营销部门通过进行市场调查、方案评估、产品开发与设计、营销网点与渠道选择、广告宣传与公共关系、客户咨询、信息处理等为物流企业适应环境变化，抓住市场机会，赢得竞争优势发挥着重要作用。

【案例分析】

［案例1］

服务营销成就顺丰快递

随着国内经济的飞速发展和社会大分工的细化，快递行业得到了长足发展。行业门槛低、政策监管缺失以及国内庞大的市场需求，使快递业成为了典型的低成本运作行业。市场需求决定了成立快递公司几乎不需要担心能否接到订单，一时间，快递业务呈井喷式增长，诸多“诸侯”赶上了这个新兴行业的起步良机，宅急送、申通和顺丰就是在这一时期成长起来的。尽管各自经营模式不同，但巨大的市场为它们提供了足够的发挥空间，进而成为国内快递业分据天下的“诸侯”企业。与此同时，联邦、DHL、UPS等国外速递集团公司也纷纷策马扬蹄，强势攻入中国市场。

20世纪末，国内快递市场已经是鱼龙混杂、群雄纷争，外部竞争的不充分带给每个品牌的机会都是均等的，成功就在于谁最先理解行业特性，最快去执行。大部分企业开始注重渠道拓展，大量发展加盟，短短几年间，各品牌已在市场上建立起自己的网络资源，如宅急送目前在全国有3000多个经营网点，网络覆盖2000多个城市和地区。对于快递行业而言，掌握网络资源无异于拥有一个“取水源”，所谓“得渠道者得天下”，这一特点在快递行业中表现得尤为明显。

快递行业是一个供不应求的市场，对于已经拥有网络的企业来说，问题不在于如何开拓新市场，而是如何维护现有市场和提升服务。有位业内人士作了一个形象的描述：“快递市场就好比一个人在自家碗里的肉都吃不完的时候，是不会算计着抢别人碗里的菜的”。

正是在这种竞争局面下，快递行业制造了一个个品牌神话，其中最为“另类”的当属顺丰速运。

1. 永远多做一点点

快递行业几乎没有什么技术含量，但是对服务质量的要求却很高，重视服务营销者就能取胜。这其中顺丰形成了自身独特的营销模式，赢得了众多忠实的顾客，令中国邮政EMS这个国字号以及DHL等“跨国军”也不得不“顺”眼相看。

2. 顺丰速度——不止快一点

快递公司中谁的速度最快？打开网页，我们会发现90%左右的网民首推顺丰。目前，顺丰是国内第一家也是唯一一家使用全货运专机的民营速递企业，这让顺丰在服务时效性方面获得了压倒性的优势。依靠空中航线，顺丰实现了全天候，全年365天无节假日派送，而且价格对一般消费者来说也足以接受。凭借一流的服务效率、卓越的服务质量和标准的客户服务流程，自2003年开始，顺丰快件量的增速每年都在50%左右，规模优势凸显，抵消了包机增加的成本。

几乎不需要任何媒介的宣传推广，低调的顺丰顺利实现了“快速”这一独特的品牌诉求（USP）。

3. 顺丰服务质量——不止高一点

服务质量的高低无法准确界定，因为服务产品本身具有以下特点：

（1）无形性。服务是一种摸不着、看不见的产品，客户在购买之前只能通过口碑和自身感受完成。

（2）不可分割性。客户感知服务和服务提供者是同步进行的，具有双向性。

（3）服务标准可变不易控。在实际操作中，服务标准与服务者本身的素质、状态等因素有着很强的关联性，所以，提供的服务质量存在明显的差异。

服务营销能够真正执行到位是有难度的，对于快递行业而言更是如此。投递人员长期在外工作，缺乏现场管理，虽然总部提供了标准的作业流程，却不能保证一线员工提供的服务都是统一的。

首先，高薪规范业务人员的行为。据一位内部员工透露，和业内其他快递公司相比，他们的工资要高出很多。一些创业之初的有功之臣跟不上发展了，顺丰会为他们提供高薪并奉养起来，因为这种感恩，使顺丰留住了更多优秀人才。

其次，推行严格的管理和激励制度。顺丰对员工的个人形象高度重视，做到了人员着装规范统一、工具统一以及服务口径统一。写字楼里常常能看到忙碌的“SF EXPRESS”小伙在走动，他们始终坚持维护顺丰的形象，无论着装还是行为举止，无不渗透出顺丰高效、规范的服务管理理念。

当客户收到快件并签字确认后，顺丰员工仅用5分钟又多做了一点——第一时间记录收件的时间和收件人，并迅速以短信平台的方式发送给寄件人。这一点使顺丰在顾客心中的服务口碑遥遥领先。

4. 顺丰价格——不止贵一点

提到快递价格，没有哪个比顺丰更高了，1kg内即起步价20元，无论个人还是团购，从不还价。面对市场竞争的日益严峻，当同行纷纷以低价策略获取更多市场份额的时候，唯有顺丰不打价格战，坚持走高端精品路线。

为了获得更高的利润率，企业都希望占领高端市场，但当一个行业的市场细分趋势尚不明朗时，高端消费群体往往也意味着“小众市场”，运营这个市场对企业的核心竞争力是极大的考验。此时，顺丰采取了撇脂定价策略。顺丰之所以能够实现撇脂定价策略，是其服务差异化的结果。在大方向确定的前提下，顺丰细分了自己的产品价格体系，中端客户被其锁定为目标消费群。同时，顺丰服务产品的设计也非常简单：上门送货，全国联网，36 小时到达。除了收费标准逐步调高、取送件时间逐渐缩短，直到今天，顺丰的产品定位始终没有改变。

快速发展的中国市场，已经进入向第三产业跨进的阶段，而第三产业主要集中在服务行业，谁能在未来市场中领先，决定于谁率先重视服务营销。顺丰速运正是凭借这点建立了自己独特的运营模式，其服务“小众市场”的撇脂定价策略也非常值得国内企业学习和借鉴。谁掌握趋势，谁赢得未来！谁重视服务，谁就是下一个领导者。

（摘自《销售与市场》）

问题：

1. 顺丰快递采用了哪种营销理念？
2. 顺丰快递的产品有哪些特点？
3. 顺丰快递成功的原因是什么？对我国物流企业的营销活动有何借鉴之处？
4. 结合案例，你认为我国物流企业在营销活动方面存在哪些不足？

[案例 2]

宝供物流的发展观念

宝供物流企业集团有限公司创立于 1994 年，总部设立于广州。目前在全国 40 多个城市建立了 6 个分公司、48 个办事机构，形成了一个覆盖全国并向美国、澳大利亚、中国香港等地延伸的物流运作网络；拥有先进的物流信息平台，为世界 500 强中的近 50 家大型跨国集团和国内一些大型企业提供物流一体化服务。

1. 观念领先战略

首先，大力推行“量身定做、一体化运作、个性化服务”模式，宝供打破传统业务分块经营模式，在各大中心城市设立分公司或办事处，建立遍布全国的物流运作网络，将仓储、运输、包装、配送等物流服务广泛集成，为客户“量身定做”，提供“门到门”的一体化综合服务以及其他增值型服务。因此，要根据客户的生产及销售模式，全面规划物流服务模式、优化业务流程、整合物流供应链，支持灵活多变的市场营销策略，以降低物流成本，提高客户核心竞争力。

其次，广泛采用具有国际水准的 SOP 运作管理系统和质量保证 GMP 体系。确保为客户提供优质高效的专业化物流服务，即 SOP 标准操作程序及 GMP 标准质量保证体系。为了规划业务部门的运作标准，宝供还建立了系统化、规范化、标准化的各类标准操作程序，即 SOP。任何岗位上的任何事，SOP 都有详细的规定。通过 SOP 的正确执行，确保业务运作不会因个人的因素造成服务品质的不同，确保 GMP 质量体系的实施和实现。在与宝洁公司的合作中，当时为了适应宝洁公司严格的质量要求，也为了建立健全宝供自身严格的服务质量体系，1996 年，宝供公司以 GMP 为蓝本，根据 GMP 的 13 个关键要求，制定了一套相应的系列化质量管理标准体系，将每项要素的具体标准及要求汇编成《质量管理手册》，全面实施。同时，在公司总部专门设立质量管理部，具体落实贯彻《质量管理手册》，从而使每一项业务运作从作业开始就有质量控制和跟踪，充分保证业务运作质量稳定可靠。

此外，重点提供国内领先的基于 VPN 系统的物流信息服务。

早在 1997 年，宝供就在国内率先提出并建成基于 Internet/Intranet 的全国联网的物流网络信息系统，使宝供总部、六大分公司、40 多个动作点实现内部办公网络化、外部业务动作信息化，并实现全国各地的运输、仓储等关键物流信息系统实时管理和控制不同区域、不同仓库、不同类型、不同产品的库存，制订最佳营销策略。同时，实现了“客户电子订单一体化动作”的电子商务初步目标，极大地简化了商务流程，提高了业务动作效率。

1999 年，建立业务成本核算系统和基于 VPN 电子数据交换平台，采用 XML 技术进行逐步提升与客户的电子数据交换水平，实现数据无缝交换与连接，为客户“量身定制”个性化的物流信息服务，如各类业务报表、运作咨询服务。

2000 年，宝供在现有系统的基础上，构筑了基于联盟化、集成化、网络化 VPN 物流综合服务信息平台，大力开发整合客户供应链和支持电子商务的新系统，并通过 XML 技术，在与客户进行数据交换方面取得重大突破，使定供的信息服务和业务运作向自动化、智能化方向迈出重要一步。

2. 科技支持战略

“21 世纪是知识和科技的时代”，专业化、细致化、科学化的物流知识将成为客户物流体系改革、整合、规划和设计的重要依据，现代科学技术如各种条码技术、自动识别技术、自动分拣技术、卫星定位技术、自动化技术、物流仿真技术、辅助决策技术等将成为物流运作的重要工具，“知识化和科技化物流”将成为宝供服务的主要特征。

3. 服务创新战略

一方面，引导物流服务朝综合化、一体化方向发展，把物流诸多环节、服务类型进行系统整合，将不同货运公司、仓储公司以及社会资源进行物流资源整合，为客户提供一种具有长期的、专业的、综合的高效物流服务。另一方面，适应 21 世纪个性化消费和个性化服务的需要，改变传统企业的单一成本竞争策略转移到差异型、个性化的物流特色服务竞争。

4. 人才效益战略

公司将遵循“以人为本”的经营理念，充分发挥“人才效益”优势，广泛汇集和吸引一批包括教授、博士、硕士在内的高层次专业人才，提供科技化、现代化的优质高效的物流服务。未来公司的管理人员，要求百分之百具有本科或硕士以上学历。公司内部严格贯彻执行完善的培训和激励制度，不断增强企业的凝聚力，吸引和留住优秀人才。选拔、晋升和奖励工作成绩显著的员工，将公司利益与个人发展紧密结合，建设一支灵活精干、协作高效的学习型人才队伍。

5. 联盟发展战略

宝供与不同行业的客户建立了稳定的合作伙伴关系，这些客户在它们所处的行业的地位非常令人敬仰，比如飞利浦、联想、雀巢、沃尔玛等。在这里，可以发现宝供获得竞争的优势和秘诀：以成功客户为核心。在这些年，宝供能够快于整个行业的发展速度来扩大其市场份额，就在于它吸引和拥有了不同行业中“最成功的顾客”。宝供把有限的资源集中在关键的客户身上时，只要客户的生意取得了成功，宝供的生意随之也会成功。这就是宝供的“供部客户联盟策略”。强调在“供应链”的诸节点之间植入“优势互补、利益共享”的共生关系，实施企业联盟化战略。

（资料来源：锦程物流网，http：//www. jctrans. com/）

问题：

1. 宝供物流“量身定做、一体化运作、个性化服务”体现了什么样的营销理念？

2. 物流营销活动与物流企业生产活动是什么关系？物流企业在进行营销活动时应该注意哪些问题？

3. 此案例给你带来了哪些启发？

[案例3]

一对一营销法：中小物流企业的经营之道

所谓一对一营销，或者叫做关系营销、客户关系管理，就是商家愿意并能根据客户的特殊需求来相应调整自己的经营行为。这些特殊需求可能是客户主动提供的，也可能是商家主动从各种各样的渠道搜集到的。在当今以网络为主体的信息社会里，电子商务大潮不断推出许多新的经营理念。对于企业来说，在电子商务平台下，有三个要素至关重要，即ERP、SCM和CRM。ERP即企业资源规划，着重于企业内部管理的改善自如；SCM即供应链管理，强调的是促进企业内部与外部的沟通管理；而CRM是从以产品为中心的理念转向从顾客为中心，注重的是外部的管理。ERP和SCM等经营理念进入中国较早，尽管企业运用并不完善，但人们已经逐渐认识其重要性，像企业流程重组，物流配送中心，仓储等项目多多少少已在规划之中，但这些都只能算是企业以自身为出发点进行的改造。如果没有充分考虑到客户，可能其设计的物流信息系统对所有的客户都是一样的，仓储及配送中心的选址由于考虑的是全局利益，就不能专一化。所以当前物流领域存在的问题不仅仅是硬件设施的开发与应用，也在于企业缺乏开放的物流服务想象力，即服务意识缺位，主要表现在服务的被动性、波动性、短期性以及缺乏长期战略这样几个方面。如何提高物流企业的服务水平，培养企业开放的物流服务想象力，确立主动的服务意识，正是物流企业寻求长期发展应当解决的问题。企业对市场不加区分地作出一般性承诺，如“客户需要什么服务就提供什么样的服务”，实际就是客户服务无标准。物流的本质是服务的，为制造商的产品生产和营销提供服务，为最终用户的产品可得性提供服务，为供应链的组织协调提供服务，等等。对于一个服务行业的企业，特别是那些本身没有什么硬件设施的，就是我们所称的“虚拟物流”企业，客户的满意度至关重要，迫切需要营销理念的创新。而 CRM 及一对一营销等新理念的导入，正迎合了这种需要。在此试图从市场定位、服务战略制订等方面展开剖析，阐述在中小物流企业的经营中，实施一对一营销的优势。

首先，在企业的市场定位问题上，传统物流企业总希望能够在现有储运资产的基础上发展物流服务。但这是相当困难的，原因在于现有的服务资源是非市场化配置的，而物流服务的需求是高度市场化甚至是个性化的。一些大型航运企业像中海、中远，由于其在介入物流业之初，就有着强大的运输与仓储网络体系为支撑，才有实力进行大规模的经营。中小物流企业在创业之时，无论如何也不可能做到面面俱到，这个时候，选择合适的服务领域就至关重要。选择服务领域时应当注意的以下几点原则：

(1)“不熟不做”原则。

行业经营至关重要，虽然说现在流行的是电子商务，网络营销，但归根结底我们做的是物流业，所要了解的仍然是物流界的问题。不同的公司在介入物流业时由于基础不同，其侧重点也不同，以前的行业经验并不能轻易抛弃。当前不少航运公司纷纷设立物流部门，其借重的就是在运输方面的雄厚基础与丰富经验。中小物流企业在创业之初就应当抓住其侧重点，利用原有市场及声誉争取熟客、回头客。

(2)“集中一点”，即专业化服务原则。

中小企业做不到规模化就应当做到专业化，在选择客户时，由于本身的资源不占优势，所以就应当以市场价值和客户价值为取向，变被动服务为主动服务。选定一家大型企业为依托，实施一对一营销，慢慢把市场做大，再考虑点对面的营销服务。目前做得较为出色的第三方物流企业——宝供物流在创业之初就是完全针对宝洁公司实施一对一营销从而逐步发展壮大起来的。

(3)“重点客户，重点服务”的原则。

对于一个服务行业企业，客户至上的准则是相当重要的。中小物流企业规模不大，在资金、技术、人才等方面都缺乏资源，匮乏不仅是资源的数量，更在于资源的质量；或者说短缺地服务重点客户，创造自己的“金牌客户”，在保证对老顾客忠诚度的基础上发展争取新顾客。

(4)“延伸服务”，即服务品种创新原则。

物流的涵盖面很广，中小企业在起步阶段没有实力提供全方位的服务，只能从某几个方面切入，强调个性化服务。企业实施一对一营销，服务目标较为专一，有利于发现不足，有针对性进行及时调整，拓宽服务面，在保证原有服务质量的基础上不断推出新的服务品种，以提高客户满意度。

(5)“精益求精”，即服务技术创新原则。

信息时代，技术的发展日新月异，层出不穷的新技术也不断推动着各行各业进行创新，以跟上时代的发展，物流服务业也是如此。各种信息系统及软件的应用，使得物流业的服务效益不断提高。中小物流企业资金有限，在技术开发上也应当根据客户追求灵活性，实施一对一营销，可以与客户共同合作，按照其需要进行技术开发创新，以避免盲目性与不必要的投资。

其次，在制订物流服务战略时，中小物流企业并不存在资源优势，因此不能将其作为制订物流服务战略的基本依据，能够作为制订物流服务战略的基本依据的只能是市场。从目前中国的现实来看，大量中小型的、采用传统技术手段、提供阶段性物流服务、按竞争生存法则运行的物流企业将在很长时期内作为我国物流服务业的主要力量。所以，对许多处于转型中的中小物流企业来说，适宜的服务战略指导思想就是从小的做起（规模的）和从简单的做起（专业的）。企业的竞争战略从基本上来说有三种类型：成本领先战略，差异战略以及集中战略。成本领先战略追求的是标准化的、规模化的服务，并需要得到客户的认同，这是需要以雄厚的基础为保证的。差异战略追求的是创新的、差别化的服务。而集中战略则追求小范围的、专业化的服务。

可以看出，对于中小物流企业来说，在实力有限的情况下，选择集中一点战略，实施一对一营销，才能做到量体裁衣，服务专业化，才能具有竞争力。我国知名的民营物流服务企业——宝供物流的发展历程就是最好的典范。其服务网络建设在一开始就是根据大货主——宝洁公司的市场营销战略来配置的。简单来说就是宝洁公司的货销往哪里，宝供物流的服务网点就设到那里，即使像中远这样的大企业，其物流部门针对不同的大客户采取的也是专人负责，一对一营销。因为在当前以客户关系为中心的社会，标准化服务虽然成本低、运作快，但已逐渐失去市场。物流业作为一个服务行业，追求服务的差异化、个性化是必然趋势，只有一对一营销才能提高顾客满意度。

再次，在客户服务标准方面，物流服务的目标就是使客户满意。然而客户的服务要求千差万别，一个物流企业不可能同时满足所有客户的所有要求，所以要确定适宜的客户服务标准。这种标准也并不是越高越好，从企业的角度来看，要考虑到其服务资源的能力限制问题；从市场的角度来看，就涉及企业的竞争战略定位问题；从顾客的角度来看，则有一个服务质量的可信度问题。服务的不足和过剩都会影响物流企业的健康发展。在确定客户服务标准时，同样存在战略选择的问题。作为中小物流企业，服务资源有限，品牌的可信度不高，在追求服务个性化的信息社会中，以降低服务标准来求得市场显然是行不通的。所以较好的选择就是收缩市场，以维持较好的客户服务标准。实施一对一营销，目标较为单一，易于弄清客户的真正需求，确定服务的战略重点，使得服务资源的配置向这些重点集中，以提高服务的客户满意度。

最后，需要对物流过程进行有效的监测。物流企业的服务领域选择，战略规划，标准制定，归根结底还是要看其服务过程的实际效果。没有好的实际效果，说得再好也没有用处。所以对物流服务过程进行有效监测是实现物流服务战略目标的唯一手段。监控的过程比较复杂，包括跟踪监测、绩效评价和作出响应，即收集信息、捕捉偏差、分析后果和协调管理。制订适宜的客户服务绩效测定指标体系并不是一个简单的过程，在售前、售中及售后三个服务阶段都有着很多要考虑的方面。售前服务包括向客户报送货单，销售代表访问客户频率，对客户存货水平的监测，向客户提供咨询的次数等。售中服务包括订货的便利性，收到订单后的答复时间，给客户的信用期限很长，对客户询问的处理，配送频率，订货周期，订货周期的可靠性，准时交货率，发货延误率，紧急订货的处理能力，订货满足率，订货情况信息反馈，订货跟踪能力，延期交货比例，可得性或供货率，发货短缺率和产品替代率等。售后服务包括发票准确性，退货或者调剂情况，货物损毁情况，包装物回收情况等。对于许多处于转型之中的传统中小物流企业来说，对服务过程的监测可能才刚刚起步，也可能还在使用人工的方法，做不到全方位的监测。在实施一对一营销的过程中，可以与客户共同商定服务标准和开发物流解决方案，这样比较有针对性，易于取得顾客的信任与满意。

电子商务的应用将导致更为激烈的市场竞争，如何在这种激烈的竞争环境下生存、发展、壮大，是许多企业尤其是中小企业面临的问题。物流企业作为一种新兴行业，提供的是服务型产品，顾客是最为重要的。CRM 理念的导入，是必然的结果。实施一对一营销，并不意味着目标单一化，公司只能为一个或很少的客户提供服务，所强调的是服务的差异性。即使是实力雄厚的大企业，一对一营销也是其发展的必然。只不过大企业，由于其有能力将资源分散利用，可以选择对多目标实施一对一营销，即市场差异战略。对于中小物流企业而言，实施"一对一营销"的核心思想就是与每一个客户建立学习型关系，尤其是那些"金牌客户"。每当与客户打一次交道，企业就积累一分经验，长一分知识。客户提出需求，企业就改进产品或服务，这样周而复始的过程自然就提高了企业的产品或服务令这位客户满意的能力。最终，哪怕另一家物流服务企业作为竞争对手出现，竞争对手也愿意这样与客户打交道，也愿意对产品或服务做出调整，该客户也不会轻易更换为之服务的物流企业了。因为客户除非再给竞争对手一遍同样的"课"(原先物流企业已经从客户那里学到这些"内容"，并进行了改进)，否则他不会从竞争者那里得到满意的产品或服务。因此，"一对一营销"策略可以帮助企业发现并留住客户，且随着时间的推移，中小企业能够逐步积累经验与资本，在一对一营销的基础上，发展更多的客户，把市场做大。

(摘自《北方牧业》)

问题：

1. "一对一营销"策略本质是什么？

2. 为什么要采用"一对一营销"策略？哪些情况下可采用"一对一营销"策略？

3. 小物流企业采用"一对一营销"策略时，存在哪些困难？

[案例 4]

马士基物流想顾客之所想

当今，商业物流和客户联盟常与其他的远洋运输物流业者进行激烈的竞争。物流业的佼佼者马士基物流——商业和客户联盟，也发现自己的竞争对手不仅有业内企业，还有包括远洋运输物流业以外的企业，如联邦快递、联合包裹服务和德国邮政。

马士基相信，远洋运输业的改革势必会改变运输物流业的现状。在这种形势下，客户也提出了希望得到综合物流服务的要求，这对公司是一个挑战。快递公司想通过与速递、非航运运输及第三方物流企业合作，来扩大他们的海运服务范围。这些公司提供各式各样的物流服务，他们的目标与马士基一样，都是希望客户以最小的代价得到最快捷、可靠的送货上门服务。

2012 年 4 月，马士基的物流公司合并后，成为当今最大的货运物流企业之一。它在世界各地有 160 多个办事处，3000 多个雇员。而以前的名字，商业物流和客户联盟变成了今天的马士基物流。因为“马士基”这个名字在航运界有广泛的知名度和信誉，拥有这个名字令人骄傲。

马士基国际物流分为美洲分公司、欧洲分公司和亚太分公司。在美国，马士基有 7 个办事处，在欧洲有 40 多个，在我国也有 13 个。这些办事处分地区处理着公司的物流业务。同时，公司在美国还有 4 个自己的物流货仓网络，负责货物的转运、存储。实际操作中，在统一的经营方针指导下，马士基物流又分成了 9 个分部，货场管理、供应链管理、空运、NVO 服务、信息技术、金融、公关和市场、商业过程和仓储分运。这些部门是由商业和客户两方组成的，由于减少了中间环节，它们运作得非常好。它们彼此间默契的配合并不仅仅靠总部统一的命令，而是靠减少中间环节来实现。为更好地为客户服务，马士基还与一家中间转运公司达成了合作协议，此中转公司专门有 6 个办事处为马士基的客户服务，提供中转及 NVO 服务。马士基本身有能力完成中间商的工作，但考虑到客户与中间商长久而密切的合作关系，马士基还没有决定是否应扩大自己的服务网络，来代替中间商所起的作用。

在北美，马士基物流重新培训了 95%的原公司雇员。组建新公司时，公司从来没想到要裁员。他们的雇员与客户非常熟悉，并建立了良好的关系。他们认为，雇员是公司的财富。在马士基物流，数据传送电子化与货运有着同等重要的地位。在过去的 5 年中，公司实现物流服务的计算机系统化，投入了上百万美元，建立了适合公司业务发展的系统——M. Power。M. Power 可以在多种操作平台上工作。此系统可以在电子数据交换机和互联网上工作。M. Power 使各级别的客户都可以跟踪其业务过程。你若想了解客户的货现在在哪里，问 M. Power 就可以了，它一定知道。什么时候货物能到配货中心，M. Power 也知道。这样就避免了估计上的错误，也不用不停地与各方面联系，M. Power 可以 24 小时工作。在信息处理上，马士基也与其他公司进行了合作。它的前竞争对手——Sea-Land 物流，有他自己的客户协调系统和航运跟踪系统。现在，这些系统并入了 M. Power 系统，为马士基的客户服务，跟踪货物运输的全过程，使 M. Power 工作得更加完美了。

马士基的信息自动化并非到此为止，他们还想把供应链全部自动化。公司的技术人员正在努力使系统自动接收航班发货地的数据。通过研究，他们发现，自动化的“瓶颈”往往来自供货商，所以他们给供货商提供了一个网站，让供货商能输入班轮信息，自动发到系统上而不必硬拷贝或发传真。马士基生产了不少终端系统，给供货商使用。这些计算机设备都是免费为客户安装的，公司在这方面花费了上百万美元。这样，客户工作起来就会更方便，这是马士基的主要目的。马士基一直关注新技术的发展，希望公司与客户一起发展，跟上时代前进的步伐。

客户和商家都对马士基提供的更广泛的业务范围很感兴趣。与客户良好的合作关系，使公司有更好的商业发展前景，这种稳定的关系受到客户的称赞。在公司整个改革过程中，公司员工与客户经常联系，并告诉客户每一个变化，让客户了解公司的改革内容。为了更好地为客户服务，马士基物流从不画地为牢，只要需要，宁愿与APL的ACS物流合作，来提高自己为客户服务的质量。客户对马士基包括海运、仓储及转运的物流服务越来越感兴趣，马士基物流的综合服务吸引了很多新客户。只要客户需要，他们就会提供相应的服务，这正是他们成功的关键。

（摘自《客户关系管理》）

问题：

1. 马士基与联邦快递、联合包裹是不同类型的企业，是否存在竞争？为什么？

2. 为何马士基除了将自己的企业信息自动化外，还将供应链上的哪些企业信息自动化？

3. 马士基物流想顾客之所想体现了哪种营销思想？

4. 本案例对你有何启发？

【知识拓展】

估值起底：顺丰320亿元排第一

德邦物流股份有限公司目前正在上海联合产权交易所挂牌转让其3.3250%的股份，叫价3.325亿元，此事引发了物流界对中国大型物流企业估值的首次盘点。按照这次交易价格，外界的估算，德邦物流的总市值约为100亿元。而此前，顺丰被估值约320亿元，日日顺估值约43亿元，宅急送约33.33亿元。

南都记者昨日在上海联合产权交易所网站上看到，德邦物流此次转让的股份，出让方为公司第三大股东上海新开发科技发展有限公司，转让的股份也是其持有的全部股份。项目成交后，上海新开发将退出德邦物流。

上海新开发此次转让股份占比3.325%，挂牌价33250万元，由此推算出德邦估值约为100亿元。不只是德邦，由于最近一年物流企业频频进行资本运作，这让中国大型物流企业的估值俨然变成了一道道算术题。

中国物流与供应链管理高端联盟理事、汉森世纪供应链管理咨询总经理黄刚最先在朋友圈和微博上对以上企业的估值进行了盘点。目前可以算得出来的企业中，估值最高的为顺丰，去年（2013年）年底，顺丰与元禾控股、招商局集团、中信资本签署的战略合作协议，三者总体投资不超过顺丰25%的股份，总额80亿元。如此算出估值约为320亿元。

排第二的为德邦，日日顺排第三位。一年多前，阿里出资5.41亿港币直接认购海尔集团旗下日日顺物流9.9%的股权，算出估值约43亿元。随后是宅急送，今年10月，宅急送出让30%的股权，引入复星集团，招商证券、海通证券、弘泰资本、中新建招商股权投资基金的战略融资10亿元，推算出估值约33.33亿元。最后为天地华宇，该公司被中信7.5亿元收购。不过8年前，TNT收购天地华宇物流时花了逾11亿元，可见卖出价明显偏低。因此市场估算其市值已升到20亿元。

黄刚同时对比了美国的大型物流企业。他表示，北美最大物流公司 CH 罗宾逊市值为 101.85 亿美元；美国打车 Uber 应用到物流，启动不到一年，估值高达 170 亿美元。通过对比可以看出中国物流企业的差距，但同时也说明，中国物流企业市值增长潜力很大。

怎么看物流企业的估值？黄刚对南都记者表示，以上的盘点，只是针对当时交易价格计算而来，如今时过境迁，估值应该已发生变化。特别是德邦，目前只是挂牌价，并不是实际成交价。不过通过此盘点，还是可以了解企业的规模当量和行业角色。

他表示，对比北美物流公司，可以肯定的是，单一的实体物流企业与融合了电商及平台概念的物流企业相比，估值不会太高；自建平台物流企业估值，也不会比打造社会化开放平台的物流企业高。

易观智库分析师王小星接受南都记者采访时表示，物流企业的估值，代表的是投资者心中的价值判断，外人不好评估。如果把物流企业与互联网企业对比，可以明显看出投资者对于行业选择的喜好和倾向性。他说，物流企业近几年一直在“闷声发大财”，可以说这个行业是赚钱的。而互联网企业，却多在烧钱。但即使这样，互联网企业仍是投资热点，在投资者心中，更具吸引力。可见，物流企业有盈利能力，但互联网企业却更加“名声在外”。

既然不缺钱，为何近期资本运作却这样频繁呢？黄刚表示，今年是物流企业的变革元年，是行业拐点。在互联网冲击下，传统物流企业纷纷求变。目前来看，以顺丰为代表，都是选择性融资，而不是贸然为了钱求钱。王小星表示，成熟的市场，一般只会有 2~3 家大型企业，可见未来的物流快递行业必定面临一场大的洗牌。另外，中国的快递业又刚刚宣布全面向外资开放，在这种情况下，本土物流企业必须要提升实力，加速布局，早做打算。而这一切都需要钱。

（摘自《南方都市报》）

【复习思考】

一、简答题

1. 简述市场营销产生和发展的过程。
2. 比较不同阶段市场营销指导的思想。
3. 物流产品市场营销与有形产品市场营销有何异同点？
4. 常见的物流服务产品有哪些方式？各包含哪些内容？
5. 物流市场营销管理的基本内容是什么？

二、讨论题

1. 市场营销的核心思想是什么？
2. 物流市场营销的重点是什么？难点是什么？

【实习与实训】

1. 请按 5~6 同学分成一个小组，就近采访一家物流企业，了解其物流产品与企业营销理念，分析其优缺点。

2. 请按 5~6 同学分成一个小组，模拟成立一家物流企业，选择一类物流服务产品，要求企业组织架构合理、职责清晰，提出企业战略愿景和市场营销理念。

3. 分析你生活中接触到的事例，这些企业都运用了哪些营销方法和理念。

第二章　物流市场调研

☞知识目标

1. 掌握物流市场调研的方法和步骤。
2. 掌握调查问卷的主要内容和设计方法。
3. 掌握物流市场调研计划的编写方法。

☞能力目标

1. 能够初步制订物流市场调研计划。
2. 能够初步设计调查问卷工作。
3. 能够初步完成调查问卷的分析工作。

第一节　市场调研的内容

【课前预习思考题】

1. 市场调研的目的是什么？
2. 市场调研的内容有哪些？
3. 如何确定市场调研的目标？

【案例引入】

中途岛战役

中途岛海战，是第二次世界大战的一场重要战役。这是一次航母战斗群对航母战斗群的战争，也是美国海军以少胜多的一个著名战例。其于1942年6月4日展开，美国海军不仅在此战役中成功地击退了日本海军对中途岛环礁的攻击，还得到了太平洋战区的主动权，因此成为二战太平洋战区的转折点。

美国海军情报局在与英国以及荷兰相关单位紧密的合作下，开始成功地解读日本海军主要通讯系统JN-25的部分密码。到了5月上旬，联军在破解JN-25上取得了重大的突破，也因此得到了窥探日本海军计划的能力。JN-25让联军得悉“AF方位”将会是日本海军的下一个攻击目标，然而联军就偏偏破解不到“AF方位”的位置。一些美军的高层将领认为“AF方位”便是中途岛，另外一些则认为是阿留申群岛。

然而任凭联军解码科技多么的先进，仍然无法破解“AF 方位”的正确位置。正当美军高层伤脑筋的同时，一名年轻军官却想到了一个能够确认“AF 方位”是不是中途岛的妙计。他要求中途岛海军基地的司令官以无线电向珍珠港发报，说中途岛上的食水供应站出现了问题，导致整个中途岛面临缺水的危机。不久后，美国海军情报局便截到一则 JN-25 信息，内容果然提到了“AF 方位”出现缺水问题。结果“AF 方位”便证实为中途岛，也就是日本海军的下一个攻击目标。

美国太平洋舰队司令海军上将切斯特·尼米兹到了最后一刻才掌握了能够用来埋伏日本舰队的可靠情报。他立即召回了在太平洋西南方的航空母舰企业号、大黄蜂号以及因为参与珊瑚海海战而正在珍珠港进行重大维修的约克镇号。尼米兹就准备以三艘约克城级航空母舰为主力，再加上约五十艘支持舰艇，埋伏在中途岛东北方向，攻击前往中途岛的日本舰队。此战，美国获得全胜。

中途岛海战日本海军的失败，主要是情报战的失败。战争在当时已经向多维空间发展，情报战和信息战已经成为制约战争能否胜利的主要因素之一。在这次海战中，美军取胜的王牌就是事先破译了日本海军的密码，在战役爆发前就了解了日本海军的作战计划和作战部署。这样就能集中力量伏击日军。反观日本，他们在战前没有搜集到任何有价值的情报，预定的侦察行动也由于种种原因取消了。因此对敌情作出了完全错误的判断。双方一明一暗，使美国占尽了先机之利。

（摘自《战争史》）

问题：

1. 中途岛海战日本海军失败的主要原因是什么？
2. 案例中影响尼米兹最后决策的因素是什么？
3. 结合案例，谈谈你对市场调研的感悟。
4. 结合案例，谈谈如何选取调查内容。

一、市场调研的意义

市场调研就是企业为了达到特定的经营目标，而运用科学的方法和通过各种途径、手段去收集、整理、分析有关市场营销方面的情报资料，从而掌握市场的现状及其发展趋势，以便对企业经营方面的问题提出方案或建议，供企业决策人员进行科学的决策时作为参考的一种活动。在市场营销活动中，市场调研的质量，直接影响营销活动的成败。

《孙子兵法》很早就提到了“知已知彼，百战不殆”，指出情报的重要性，市场调研的重要性。例如 20 世纪 80 年代初，沃尔玛与休斯公司合作发射物流通信卫星，物流通信卫星使得沃尔玛产生了跳跃性的发展；1983 年采用了 POS 机；1985 年建立了 EDI，进行无纸化作业，所有信息全部在电脑上运作。由此可见这些外企对信息是何等的重视。但是目前我国大多数企业，对此认识还没上升到战略高度。相比欧美、日本企业对市场调研、商业情报收集的重视程度和成熟的市场调研方法、职业化的商业情报机构、商业情报系统，我国企业还有很长的路要走。

二、市场调研的内容

由于市场变化的因素很多，因而市场调研的内容也十分广泛。一般来说，凡属影响市场变化的各种主要因素都应调研。

（一）宏观经济调研

企业是社会经济的一个细胞，是整个国民经济建设有机整体的一部分，对产品的品种、规格、质量和数量等方面的要求，是受整个社会总需求制约的，而社会总需求的动态是与国家经济建设的方针、政策直接相关的。因此，任何企业的经营管理都必须适应国家经济形势的发展，都必须严格遵守政府的方针、政策和法令。只有在这个大前提下，企业才能自主经营。所以，首先必须对宏观经济进行调研，即调研整个国家经济环境的变化对企业产品的影响。调研的具体内容有：工农业总产值、国民收入、积累与消费的比例、发展速度、基建规模、基建投资、社会商品零售总额、人口增长、就业率、主要产品产量，等等。调研这些内容的目的有：

（1）为了判断和确定企业的服务方向；

（2）通过调研主要产品产量，按相关比例测算对本企业产品的需要量。

（二）科学技术发展动态的调研

该项调研主要是调研与本企业生产的产品有关的科技现状和发展趋势。具体内容有：世界科学技术现状和发展趋势；国内同行业科学技术状况和发展趋势；本企业所需的设备、原材料的生产和科技状况及其发展趋势。进行科技调研的目的有：

（1）为了掌握同行业的科技动态以确定本企业的科研方向；

（2）为了正确地进行产品决策，以便确定发展什么样的新产品，什么质量水平的产品。

（三）用户需求的调研

对用户需求的调研，就是要了解用户和熟悉用户，掌握用户需求的变化规律，千方百计地去满足用户的需求。

（1）对用户的特点进行调研。本企业产品的用户是谁？是生产性用户，还是非生产性用户？是城市用户，还是农村用户？是国内用户，还是国外用户？谁又是最主要的用户？用户不同，其需要的特点也不同，要按照用户的不同特点满足要求。

（2）对影响用户需要的各种因素进行调研。如调研用户的购买力的大小。用户购买力分为集团购买力和个人购买力。集团购买力受国家财政经济状况及税收政策的影响。个人购买力主要取决于劳动者个人和家庭经济收入。又如调研社会风俗、习惯、文化水平、民族特点对用户的需要有何影响？用户购买力动机如何？想购买什么样的产品？用户的购买动机分为三种类型：

第一，理智动机，是指用户物质上讲究实用的需要，如产品性能好、操作方便、节省能源、备品配件供应及时、修理方便；

第二，感情动机，是指满足用户在感情上的某种精神需要和欲望，如色泽、式样、包装的要求以及为了声望、友谊、好胜、好奇等各方面的心理动机；

第三，偏爱动机，是指用户对某种特定的品牌，尤其是对名牌产品有特殊的偏爱，即使在产品的质量、价格相同的情况下，用户非购买自己喜欢的品牌不可。因此，现代企业必须大力发展名牌产品，使用户产生深刻而独特的印象和良好的声誉。

(3) 对用户的现实需要和潜在需要进行调研。所谓现实需要，就是用户已意识到有能力购买，也准备购买客观存在的某种产品的需要，用户的现实需要，既包括对本企业已有的新老产品的需要，也包括本企业没有生产，而市场已有产品的需要。

调研用户现实需要的目的：一是为了了解市场容量的大小，即各种用户吸收容纳某种产品的能力有多大；二是为了确定本企业的生产条件是否有能力满足用户的这种需要，以及满足的程度如何。所谓潜在需要，就是用户自己还没有意识到，但客观上“将来时代”有对某种产品的需要；或者用户已意识到，由于种种原因，还不能及时产生购买行为的对某种产品的需要。生产经营者把握住“潜在的市场需要”，特别是将来成为“时代需要”的产品开发，这对企业兴衰是非常重要的。

调研用户潜在需要的目的：一是为了确定企业开发新产品的方向；二是为了使用户的潜在需要及早地转变为现实需要。

（四）产品销售调研

企业经营，只有把产品顺利地销售出去，商品的价值才能得以实现，才能获取一定的盈利，才能有足够的资金重新购置生产资料进行再生产。因此，对产品的销售调研，实际上就是对产品的销路、产品的价值能否实现的调研，这对企业是至关重要的。对产品销售的调研内容有以下四点。

(1) 企业所生产的各种产品，在一定的销售区域内是独家产品还是多家产品？用户对本企业产品是否满意？若不满意，其原因是什么？本企业的产品在市场上是畅销还是滞销？原因是什么？

(2) 企业的各种产品处于产品生命周期的哪一个阶段，即哪些产品的销售处于成长发展期？有哪些产品处于成熟的旺销时期？有哪些产品在市场上已处于饱和状态？有哪些产品的销售已处于衰退期？

(3) 企业各种产品的价格在市场上有无竞争能力？用户对价格有何反映？市场价格的现状对哪些产品有利？对哪些产品不利？产品的价格波动幅度有多大？其发展趋势如何？

(4) 企业的销售力量是否适应需要？现有的销售渠道是否合理？如何扩大销售渠道，减少中间环节？如何正确地选择广告媒介？广告效果如何？销售产品的市场营销组合策略是否妥当？效果如何？

（五）竞争对手的调研

企业的竞争场所是市场，产品的销售量是企业竞争的“晴雨表”，只有通过市场调研才能掌握竞争的情况。

(1) 在全国或一个地区有哪些同类型企业，企业实力大小如何？所谓企业实力，是指企业满足市场要求的能力，包括生产能力、技术能力和销售能力等因素。这些企业当中，谁是最主要的竞争者？谁是潜在的竞争者？

(2) 主要竞争者的产品市场分布如何？市场占有率多大？它对本企业的产品销售有何影响？所谓市场占有率，就是指本企业的某种产品在市场销售的同类产品中所占的比重。市场占有率反映一个企业的竞争能力和经营成果。

(3) 主要竞争者采取了哪些市场营销组合策略？这些营销组合策略发生作用后对企业的生产经营产生何等程度的影响？

三、市场调研的类型

(一) 探测性调研

探测性调研是企业对市场情况很不清楚或者感到对调研的问题不知从何处着手时所采用的方法。这种调研主要是发现问题和提出问题，以便确定调研的重点。

(二) 描述性调研

描述性调研，就是对已经找出的问题作如实的反映和具体的回答。着重回答用户买什么，何时买、如何买等问题，并提出一些相关问题。这项调研必须占有大量的信息情报，调研前需要有详细的计划和提纲，以保证资料的准确性。描述性调研比探测性调研细致、具体，但也只是针对问题，现象的原因到底是什么，还必须通过因果性调研作进一步研究。

(三) 因果关系调研

因果关系调研，是在描述性调研的基础上进一步分析问题发生的因果关系，并弄清原因和结果之间的数量关系。比如，有的产品为什么滞销或畅销，有的用户为什么喜欢这种品牌而不喜欢其他品牌，产品的质量、价格、包装、服务等对销售量到底有什么影响及影响程度。

(四) 预测性调研

对未来市场的需求变化进行估计，即预测性调研。预测性调研对企业制订有效的经营计划，使企业避免较大风险和损失，有特殊重要的作用。

第二节　市场调研的步骤

【课前预习思考题】

1. 市场调研有哪几个阶段，每个阶段有哪些步骤？
2. 在市场调研准备阶段，应该注意什么问题？
3. 在市场调研实施阶段，应该注意什么问题？
4. 在市场调研报告撰写过程中，应该注意什么问题？

【案例引入】

肯德基的选址调查过程

肯德基对快餐店选址是非常重视的，选址决策一般是两级审批制，通过两个委员会的同意，一个是地方公司，另一个是总部。其选址成功率几乎是百分之百，是肯德基的核心竞争力之一。通常肯德基选址按以下几步骤进行。

一、商圈的划分与选择

1. 划分商圈

肯德基计划进入某城市，就先通过有关部门或专业调查公司收集这个地区的资料。有些资料是免费的，有些资料需要花钱去买。把资料买齐了，就开始规划商圈。

商圈规划采取的是计分的方法，例如，这个地区有一个大型商场，商场营业额为1000万元算1分，5000万元算5分，有一条公交线路加多少分，有一条地铁线路加多少分。这些分值标准是多年平均下来的一个较准确的经验值。

通过打分把商圈分成好几大类，以北京为例，有市级商业型（西单、王府井等）、区级商业型、定点（目标）消费型，还有社区型、社区商务两用型、旅游型等。

2. 选择商圈

选择商圈即确定目前重点在哪个商圈开店，主要目标有哪些。在商圈选择的标准上，一方面要考虑餐馆自身的市场定位，另一方面要考虑商圈的稳定度和成熟度。餐馆的市场定位不同，吸引的顾客群不一样，商圈的选择也就不同。

例如马兰拉面和肯德基的市场定位不同，顾客群不一样，是两个“相交”的圆。有人吃肯德基也吃马兰拉面，有人可能从来不吃肯德基专吃马兰拉面，也有人反之。马兰拉面的选址当然也与肯德基不同。

而肯德基与麦当劳市场定位相似，顾客群基本上重合，所以在商圈选择方面也是一样的。可以看到，有些地方同一条街的两边，一边是麦当劳，另一边是肯德基。

二、聚客点的测算与选择

1. 要确定这个商圈内，最主要的聚客点在哪

例如，北京西单是很成熟的商圈，但不可能西单任何位置都是聚客点，肯定有最主要的聚集客人的位置。肯德基开店的原则是：努力争取在最聚客的地方及其附近开店。

过去古语说“一步差三市”。开店地址差一步就有可能差三成的买卖。这跟人流动线（人流活动的线路）有关，可能有人走到这，该拐弯，则这个地方就是客人到不了的地方，差不了一个小胡同，但生意差很多。这些在选址时都要考虑进去。

人流动线是怎么样的，在这个区域里，人从地铁出来后是往哪个方向走，等等。这些都派人去掐表，去测量，有一套完整的数据之后才能据此确定地址。

比如，在店门前人流量的测定，是在计划开店的地点掐表记录经过的人流，测算

单位时间内多少人经过该位置。除了该位置所在人行道上的人流外，还要测马路中间的和马路对面的人流量。马路中间的只算骑自行车的，开车的不算。是否算马路对面的人流量要看马路宽度，路较窄就算，路宽超过一定标准，一般就是隔离带，顾客就不可能再过来消费，就不算对面的人流量。

肯德基选址人员将采集来的人流数据输入专用的计算机软件，就可以测算出，在此地投资额不能超过多少，超过多少这家店就不能开。

2. 选址时一定要考虑人流的主要动线会不会被竞争对手截住

人们现在对品牌的忠诚度还没有那么高，我就吃肯德基看见麦当劳就烦，好像还没有这种情况。只要你在我跟前，我今儿挺累的，干嘛非再走一百米去吃别的，我先进你这儿了。除非这里边人特别多，找不着座了，我才往前挪挪。

但人流是有一个主要动线的，如果竞争对手的聚客点比肯德基选址更好那就有影响。如果两个一样，就无所谓。例如北京北太平庄十字路口有一家肯德基店，如果往西一百米，竞争业者再开一家西式快餐店就不妥当了，因为主要客流是从东边过来的，再在那边开，大量客流就被肯德基截住了，开店效益就不会好。

3. 聚客点选择影响商圈选择

聚客点的选择也影响到商圈的选择。因为一个商圈有没有主要聚客点是这个商圈成熟度的重要标志。比如北京某新兴的居民小区，居民非常多，人口素质也很高，但据调查显示，找不到该小区哪里是主要聚客点，这时就可能先不去开店，当这个社区成熟了或比较成熟了，知道其中某个地方确实是主要聚客点才开。

为了规划好商圈，肯德基开发部门付出了巨大的努力。对北京肯德基公司而言，其开发部人员常年跑遍北京各个角落，对这个每年建筑和道路变化极大，当地人都易迷路的地方了如指掌。经常发生这种情况，北京肯德基公司接到某顾客电话，建议肯德基在他所在地方设点，开发人员一听地址就能随口说出当地的商业环境特征，是否适合开店。在北京，肯德基已经根据自己的调查划分出的商圈，成功开了56家餐厅。

（摘自《肯德基史》）

问题：

1. 为什么肯德基的店面选址的成功率如此高？
2. 肯德基的选址调查过程说明了什么问题？
3. 结合你对相关物流企业的了解，评价相关物流企业市场调研过程存在的问题。

市场调研，一般分为调研准备、正式调研和资料处理三大阶段。

一、调研准备阶段

调研准备阶段又可分为确定调研目的、拟订市场调研计划、培训调研人员等阶段。

（一）确定调研题目

搞好市场调研，必须针对本企业的具体情况确定好调研题目。如果选题发生错误，整个调研将前功尽弃。因此，在调研前要在综合分析的基础上，确定好调研题目。调研题目要根据调研目的确定，如调研的目的是为了了解产品销售下降的原因，经过初步分析认为可能是产品质量有问题，就可把调研产品质量问题确定为调研题目。

（二）拟订市场调研计划

调研前必须拟好调研计划。计划要具体、明确。调研计划包括：

（1）明确调研目的；

（2）确定调研对象，即向哪些单位或个人调研；

（3）选择调研和收集资料的方法，按不同的调研内容选择不同的调研方法；

（4）明确调研日期，特别是完成时间；

（5）作出调研经费预算及规定作业进度安排。

上述内容要以"调研项目建议书"的形式报主管领导，批准后才可进行调研。

（三）培训调研人员

调研人员的素质对调研质量关系重大。因此，必须确定合适的人选并采取有效的方法进行培训。

【教学案例】

中关村数字物流港调研计划书

目　录

一、调研背景

北京市物流得到快速发展；

对于中关村数字物流港——物流信息服务中心——一个处于发展初期的市场，巨大的市场和产业空间。

二、调研目的

物流企业对于物流信息服务中心的认识；

希望了解物流企业对中关村数字物流港为代表的物流信息服务中心详细的需求；

通过深度访谈发现新的商机。

三、调研流程

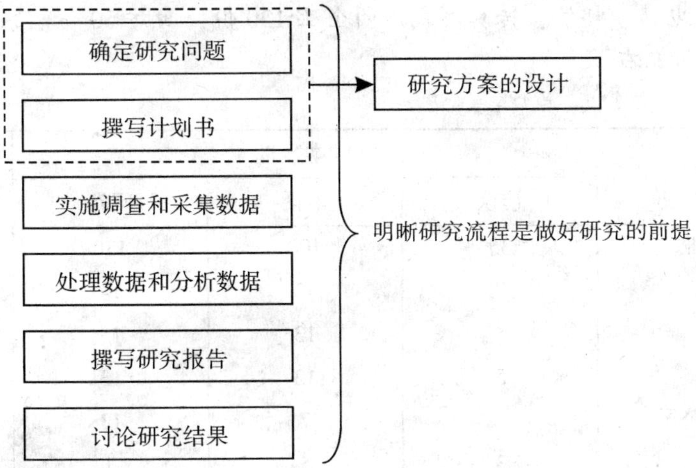

四、调研内容定义

调研定义：本次调研为希望了解物流企业对中关村数字物流港为代表的物流信息服务中心详细的需求。包括对物流企业（2-4PL）、软件开发 & 支持公司、物流培训认证机构、咨询公司、相关院校及研究所、物流设备提供商、交通管理部门的调查。

具体内容见附件。

五、调研方式

对于一个完整的市场调研，包括市场发现的调研和市场解决的调研，需要结合多种调研方式。问卷调研适合市场发现的研究，了解物流客户的需求特征、个体的购买行为，但对于市场潜力很难通过问卷调研获取有价值的信息，需要通过采访行业专家、分析现有资料来完成。

调研方式	适用的调研内容
分析二手资料及访谈专家	• 北京物流信息中心发展的外围环境现状及潜力研究 • 所依托的物流产业经济环境 • 所依托的物流产业政治与政策环境 • 物流信息中心客户潜力研究 • 现有参与者市场份额研究 • 现有参与者品牌形象研究
问卷访谈	了解物流企业对中关村物流数码港为代表的物流信息服务中心详细的需求

问卷访谈拟采用现场访问调研、电话问卷、电子邮件及传真调研多种形式，以进行采访。最好在符合样本分布的情况下，找熟人调研，保证问卷的数据真实，快速回收。

六、样本分布

为节省时间和投入，本次调研采用非概率抽样调研。投放量170份，保证有效50份，通过电话、邮件、传真形式访问企业120份，面访50份。预计总共可回收统计问卷220份左右。

对象	样本数量			要求
	访谈	电话	问卷	
物流相关行业	35	100	130	企业规模以大型和中型为主
公路货运	7	13	14	
仓储企业	8	13	15	
货代企业	5	13	13	
航空运输公司	2	7	13	
快件	3	5	3	
船运	1	2	2	
3PL	13	24	14	
技术装备	6	6	16	
IT	3	1	14	
物流咨询	2	0	11	
媒体	3	2	15	
培训机构	2	2	12	
金融投资	2	2	2	
院校	3	—	2	
研究院所	3	—	2	
物流主管机构	2	—	—	
北京市政府机关	3	3	2	

具体的样本名单见附件二——《拟调研对象名单》

七、项目预算

1. 财务预算

编号	项目内容	标准	数量	预算金额	备注
一、	劳务支出				
(一)	问卷设计阶段				
1.	问卷审查专家劳务费	2000元/人	1人	2000	人员配置见后

续表

编号	项目内容	标准	数量	预算金额	备注
(二)	访谈调研阶段				
1.	高级专职访谈人员工资	3000 元/人月	4 人 1 月	12000	人员配置见后
2.	普通专职访谈人员工资	2000 元/人月	2 人 1 月	4000	人员配置见后
3.	电话访问人员工资	1000 元/人月	3 人 1 月	3000	人员配置见后
(三)	数据统计阶段				
	专业统计师	3000 元/人	1 人	3000	人员配置见后
(四)	报告形成阶段				
	报告撰写人员	3000 元/人	2 人	3000	人员配置见后
	小计			27000	
二、	工具、礼品购置及问卷印刷				
(一)	小礼品	50 元/个	100 个	5000	
(二)	问卷印刷	3 元/份	400 份	2000	
	小计			7000	
三、	管理费用				
(1)	办公费	5000 元/月	1月	5000	
(2)	通信费	2000 元/月	1月	2000	
(3)	市内交通费			2000	
(4)	礼品问卷邮寄费用	10 元/个	200 个	2000	
(5)	其他不可预见费			1000	
	小计			12000	
四	财务费用			2000	
五	利润(20%)			10000	
六	合计			58000	

2. 人员配置：

李　丹　　项目协调人
章　璋　　高级分析人员
冯　要　　高级分析人员
李　佳　　高级访问人员
王　超　　高级访问人员
金　莲　　普通访问人员
李文熊　　普通访问人员
陈　青　　电话访问人员
沈　娟　　问卷统计师

二、正式调研阶段

市场调研计划批准后，市场调研就进入正式调研阶段。

（一）组织安排好调研力量

目前，我国的市场调研力量一般还是由本调研单位自己组织人员调研。在有条件的地方，可委托专门的市场调研机构进行调研。

（二）设计调研问卷

调研问卷是整个调研工作的一项重要工具。调研问卷设计得好坏，直接影响调研效果。设计要既具有科学性又具有艺术性。调研问卷的提问要避免抽象，尽可能具体，文字要简练，要通俗易懂，等等。

（三）现场实地调研

现场实地调研即现场收集资料。现场调研要把调研人员分好工，并掌握调研进度，保证调研质量。

（四）收集各种资料

市场调研需要的各种资料，可分为原始资料和现成资料两大类。原始资料是从实地调研中所得到的第一手资料；现成资料是从他人或其他单位取得的、已经积累起来的第二手资料。现成资料节省时间和经费，应尽量采用，资料不足时可实地调研获取原始资料补充。

（1）现成资料的收集。这种资料来源于内部资料和外部资料。内部资料是企业内部的市场信息系统所经常收集和记录的资料，如客户订单、销售资料、销售损益、库存情况、产品成本等；外部资料是从统计资料、行业资料、市场调研机构资料、科研情报机构资料、金融机构资料、文献报纸杂志等资料中获得的资料。

（2）原始资料的调研。获取原始资料的方法有询问法、观察法、实验法、统计调研法（普查、重点调研、典型调研、抽样调研）等。每种方法都有自己的优缺点和适用范围，企业可根据自己的情况进行选择。

三、资料处理阶段

（一）编辑整理

在情报资料的编辑整理过程中，要检查调研资料的误差。产生误差常常是不可避免的，其原因一般有两种：

（1）抽样误差，由于抽样调研是用其结果推算全体，因此推算结果与全体必然有一定误差。所以必须加以测定。

（2）非抽样误差，例如统计计算错误，调研问卷内容设计不当，谈话记录不完整，访问人员的偏见，被调研人员回答不认真或前后矛盾等。错误资料必须剔除。

要对情报资料进行评定，即审核其根据是否充分，推理是否严谨，阐述是否全面，观点是否成熟，以保证情报资料的真实与准确。

（二）分类

为了便于查找、归档、统计和分析，必须将经过编辑整理的资料进行分类编号。如果资料采用计算机处理，分类编号尤为重要。

（三）统计

将已经分类的资料进行统计计算，以便利用和分析。

（四）分析

运用调研所得出的有用数据和资料，分析情况并得出结论。

（五）调研报告

将调研所得出的结果编写成调研报告形式提供给有关部门或领导，以便作决策时参考。编写调研报告的原则是：突出调研主题；调研内容要客观、扼要、有重点；方案简洁易懂；报告结构要合理、严谨、给人以完整的印象。

第三节　市场调研的方法

【课前预习思考题】

1. 常见的市场调研方法有哪些？
2. 如何选择适当的调研方法？

【案例引入】

中国最著名“照片泄密案”

中国最著名“照片泄密案”，是1964年《中国画报》封面刊出的一张照片。在这张照片中，中国大庆油田的“铁人”王进喜头戴大狗皮帽，身穿厚棉袄，顶着鹅毛大雪，握着钻机手柄眺望远方。日本情报专家根据这张照片，解开了中国最大的石油基地大庆油田的秘密。

图2-1

1. 他们根据照片上王进喜的衣着判断，只有在北纬46度至48度的区域内，冬季才有可能穿这样的衣服，因此推断大庆油田位于齐齐哈尔与哈尔滨之间。

2. 通过照片中王进喜所握手柄的架势，推断出油井的直径。

3. 从王进喜所站的钻井与背后油田间的距离和井架密度，推断出油田的大致储量和产量。

有了如此多的准确情报，日本迅速设计出适合大庆油田开采用的石油设备。当中国政府向世界各国征求开采大庆油田的设备方案时，日本一举中标。

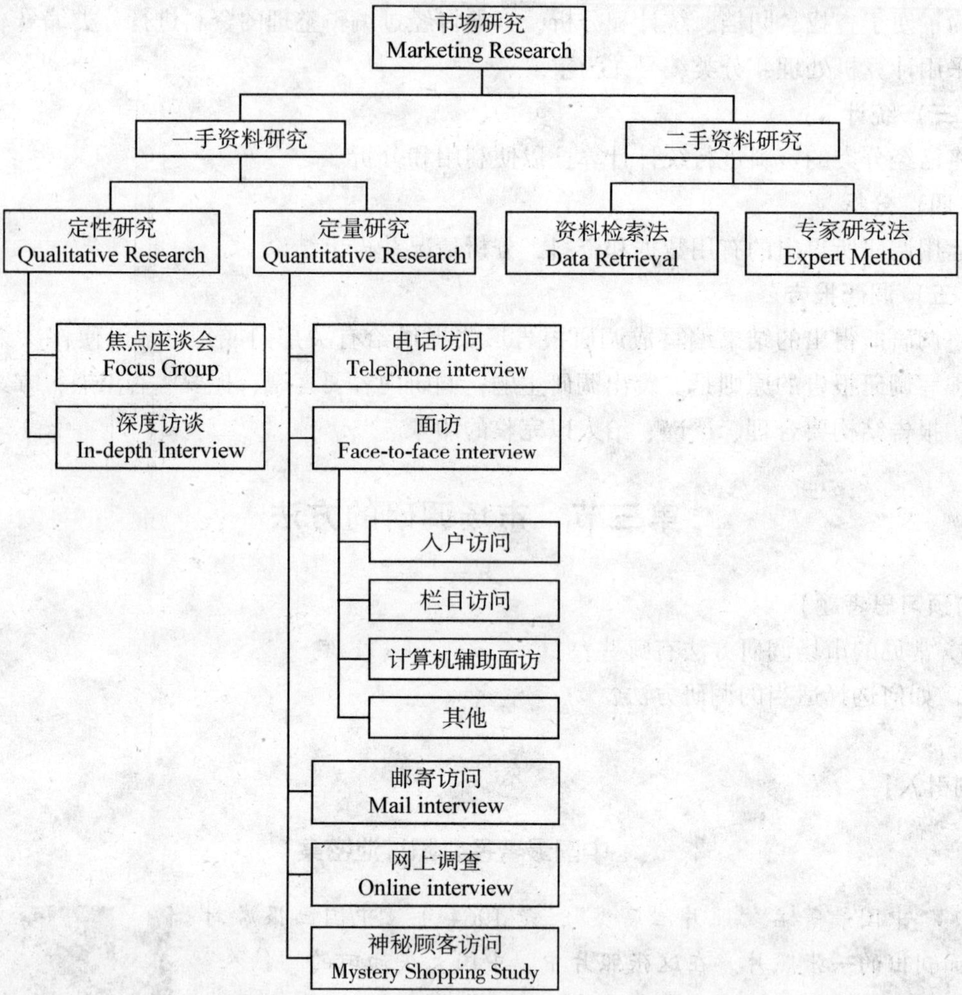

图 2-2

（资料来源：新华网，http：//www. news. cn）

问题：

1. 此案例主要采用了哪些调研方法？
2. 通过讨论学习本案例，你有何感想？
3. 通过此案例，你认为该如何提高企业的情报收集和保护工作？

市场调研方法选择的合理与否，会直接影响调研结果。因此，合理选用调研方法是市场调研工作的重要一环。市场调研的基本方法可分为如下三类。

一、询问法

该方法是由调研者先拟订出调研提纲，然后向被调研者以提问的方式请他们回答，收集资料。

发新口味可乐。没过多久，比老可乐口感更柔和、口味更甜的新可口可乐样品出现在世人面前。为确保万无一失，在新可口可乐正式推向市场之前，可口可乐公司又花费数百万美元在13个城市中进行了口味测试，邀请了近20万人品尝无标签的新/老可口可乐。结果让决策者们更加放心，六成的消费者回答说新可口可乐味道比老可口可乐要好，认为新可口可乐味道胜过百事可乐的也超过半数。至此，推出新可口可乐似乎是顺理成章的事了。

3. 背叛美国精神——新可乐计划以失败告终

可口可乐不惜血本协助瓶装商改造了生产线，而且，为配合新可乐上市，可口可乐还进行了大量的广告宣传。1985年4月，可口可乐在纽约举办了一次盛大的新闻发布会，邀请200多家新闻媒体参加，依靠传媒的巨大影响力，新可乐一举成名。

看起来一切顺利，刚上市一段时间，有一半以上的美国人品尝了新可乐。但让可口可乐的决策者们始料未及的是，噩梦正向他们逼近——很快，越来越多的老可口可乐的忠实消费者开始抵制新可口可乐。

对于这些消费者来说，传统配方的可口可乐意味着一种传统的美国精神，放弃传统配方就等于背叛美国精神，“只有老可口可乐才是真正的可乐”。有的顾客甚至扬言将再也不买可口可乐。

每天，可口可乐公司都会收到来自愤怒的消费者成袋信件和上千个批评电话。尽管可口可乐竭尽全力平息消费者的不满，但他们的愤怒情绪犹如火山爆发般难以控制。

迫于巨大的压力，决策者们不得不作出让步，在保留新可乐生产线的同时，再次启用近100年历史的传统配方，生产让美国人视为骄傲的“老可口可乐”。

（资料来源：豆丁网，http：//www. docin. com. /p-1127226825. html）

问题：

1. 请问你是如何看待此次调研的，是成功，还是失败？为什么？

2. 如果你是项目负责人，你会如何做这个市场调研？如何设计调查问卷？

在调查中，我们一般有多种方法，如开调查会、个别访谈、现场察访、统计调查、网络调查等。其中问卷调查作为一种省时省力，又能对事物进行比较全面系统的调查方法在日常工作中备受青睐，但调查问卷作为实现调研目的和收集数据的必要手段在设计中要求也更为严格。调查项目的不同提问形式、提问方法，甚至题目编排顺序都会影响资料的真实性。调研问卷的设计是否科学，直接关系到收集信息的质量。那么应该如何设计调查问卷呢？

一、问卷设计的基本步骤

设计问卷的目的是为了更好地收集市场信息，因此在问卷设计过程中，首先要把握调查的目的和要求，同时力求使问卷取得被调查者的充分合作，保证其提供准确有效的信息。具体可分为以下几个步骤：第一步，根据调查目的，确定所需的信息资料。然后在此基础上进行问题的设计与选择。第二步，确定问题的顺序。简单的、容易回答的放在前面，逐渐移向难度较大的问题。问题的排列要有关联性、合乎逻辑，便于填卷人合作并产生兴趣。第三步，问卷的测试与修改。在问卷用于实地调查以前，先初选一些调查对象进行测试，根据发现的问题进行修改、补充、完善。

二、问卷设计的基本原则

成功的调查取决于好的问卷设计，美国传播学者利贝卡·鲁宾等就构建问卷、设计问题提出了如下原则：

(1) 问卷介绍开始的部分应重申调查的重要性以及自愿参与的原则；

(2) 如何填写问卷的说明（或对特定题目的跳答）应该浅显易懂；

(3) 保证问题清楚、准确，所有回答者都容易理解；

(4) 每个问题一次只问一件事情，避免一个问题包含两问；

(5) 受访者必须对研究主题有基本的认识，在没有事先明确受访者是否知道这个节目的内容时，我们不能问受访者是否赞成这个建议的节目；

(6) 我们要求受访者的回答一定要清晰、一致。这些选项必须提供足够的空间，不论是开放题，还是封闭问题；

(7) 问题和答案的可能选项必须易懂，且编排具有逻辑性；

(8) 问卷中的问题与部分之间需要有效的连接转换；

(9) 如果给被访者提供可能的答案选择，那么就要保证那些答案是无遗漏的（也就是说，包括所有可能性），而且具有互相独立性（答案之间没有交叠）；

(10) 问题一定要印刷清楚，看起来非常专业，问题之间和问卷边缘留有足够的空白。

三、问卷设计的具体程序

问卷设计是由一系列相关的工作过程所构成的。为使问卷具有科学性、规范性和可行性，一般可以参照以下程序进行。

（一）确定调研目的、来源和局限

调研过程经常是在市场部经理、品牌经理或新产品开发专家做决策时感到所需信息不足发起的。在一些公司中，评价全部二手资料以确认所需信息是否收集齐全是经理的责任。在另外一些公司中，经理将所有的市场调研活动，包括一手资料和二手资料的收集交由市场研究部门去做。

尽管可能是品牌经理发起了市场研究，但受这个项目影响的每个人，如品牌经理助理、产品经理，甚至生产营销经理都应当一起讨论究竟需要哪些数据。询问的目标应当尽可能精确、清楚，如果这一步做得好，下面的步骤会更顺利、更有效。

（二）确定数据收集方法

获得询问数据可以有多种方法，主要有人员访问、电话调查、邮寄调查与自我管理访问。每一种方法对问卷设计都有影响。事实上，在街上进行拦截访问有更多的限制，街上拦截访问有着时间上的限制；自我管理访问则要求问卷设计得非常清楚，而且相对较短，因为访问人员不在场，没有澄清问题的机会；电话调查经常需要丰富的词汇来描述一种概念以肯定应答者理解正在讨论的问题。对比而言，在个人访谈中访问员可以给应答者出示图片以解释或证明概念。

（三）确定问题回答形式

根据问题的回答形式可分为开放式问题、封闭式问题、量表应答式问题。

1. 开放式问题

开放式问题是一种应答者可以自由地用自己的语言来回答和解释有关想法的问题类型。也就是说，调研人员没有对应答者的选择进行任何限制。

2. 封闭式问题

封闭式问题是一种需要应答者从一系列应答项做出选择的问题。

3. 量表应答式问题

量表应答式问题是以量表形式设置的问题。

（四）决定问题的措辞

设计问题的措辞要遵从以下几点原则：

（1）用词必须清楚；

（2）避免诱导性的用语；

（3）考虑应答者回答问题的能力；

（4）考虑应答者回答问题的意愿。

（五）确定问卷的流程和编排

问卷不能随意编排，问卷每一部分的位置安排都具有一定的逻辑性。有经验的市场研究人员很清楚问卷制作是获得访谈双方联系的关键。联系越紧密，访问者越可能得到完整彻底的访谈。同时，应答者的答案可能思考得越仔细，回答得越详细。

（六）评价问卷和编排

一旦问卷草稿设计好后，问卷设计人员应再回过来做一些批评性评估。如果每一个问题都是深思熟虑的结果，这一阶段似乎是多余的。但是，考虑到问卷所起的关键作用，这一步还是必不可少的。在问卷评估过程中，下面一些原则应当考虑。

（1）问题是否必要。

（2）问卷是否太长。

（3）问卷是否回答了调研目标所需的信息。

（4）邮寄及自填问卷的外观设计。

（5）开放试题是否留足空间。

（6）问卷说明是否用了明显字体等。

（七）获得各方面的认可

问卷设计进行到这一步，问卷的草稿已经完成。草稿的复印件应当分发到直接有权管理这一项目的各部门。实际上，营销经理在设计过程中可能会多次加进新的信息、要求或关注。不管经理什么时候提出新要求，经常性的修改是必需的。即使经理在问卷设计过程中已经多次加入，草稿获得各方面的认可仍然是重要的。

经理的认可表明了经理想通过具体的问卷来获得信息。如果问题没有问，数据将收集不到。因此，问卷的认可再次确认了决策所需要的信息以及它将如何获得。例如，假设新产品的问卷询问了形状、材料以及最终用途和包装，一旦得到认可，意味着新产品开发经理已经知道“什么颜色用在产品上”或“这次决定用什么颜色”并不重要。

（八）预先测试和修订

当问卷已经获得管理层的最终认可后，还必须进行预先测试。在没有进行预先测试前，不应当进行正式的询问调查。通过访问寻找问卷中存在的错误解释、不连贯的地方、不正确的跳跃模型。为封闭式问题寻找额外的选项以及应答者的一般反应。预先测试也应当以最终访问的相同形式进行。如果访问是入户调查，预先测试应当采取入户的方式。

在预先测试完成后，任何需要改变的地方应当切实修改。在进行实地调研前应当再一次获得各方的认同，如果预先测试导致问卷产生较大的改动，应进行第二次测试。

（九）准备最后的问卷

精确的打印指导、空间、数字、预先编码必须安排好，监督并校对，问卷可能进行特殊的折叠和装订。

（十）实施

问卷填写完后，为从市场获得所需决策信息提供了基础。问卷可以根据不同的数据收集方法并配合一系列的形式和过程以确保数据可正确地、高效地、以合理的费用收集。这些过程包括管理者说明、访问员说明、过滤性问题、记录纸和可视辅助材料。

四、调查问卷的结构

问卷要有一个醒目的标题，能让被调查者很快明白调查的意图。问卷中问题提问合理、排列科学可以提高问卷回收率和信息的质量。

调查问卷的结构一般包括三个部分：前言、正文和结束语。

(1) 前言（说明语）：首先是问候语，并向调查对象简要说明调查的宗旨、目的和对问题回答的要求等内容，引起被调查者的兴趣，同时解除他们回答问题的顾虑，并请求当事人予以协助。(如果是留滞调查，还应注明收回的时间。)

例如：您好，谢谢您参加我们的调查！本次调查只需要占用您两分钟的时间。对于您能在百忙之中填写此问卷再次表示感谢！

(2) 正文：该部分是问卷的主体部分，主要包括被调查者信息、调查项目、调查者信息三个部分。

获取被调查者信息，主要是了解被调查者的相关资料，以便对被调查者进行分类。一般包括被调查者的姓名、性别、年龄、职业、受教育程度等。这些内容可以了解不同年龄阶段，不同性别，不同文化程度的个体对待被调查事物的态度差异，在调查分析时能提供重要的参考作用，甚至能针对不同群体写出多篇有针对性的调查报告。

调查项目，是调查问卷的核心内容，是组织单位将所要调查了解的内容，具体化为一些问题和备选答案。

调查者信息，是用来证明调查作业的执行、完成，和调查人员的责任等情况，并方便于日后进行复查和修正。一般包括：调查者姓名、电话，调查时间、地点，被调查者当时合作情况等。

(3) 结束语：在调查问卷最后，简短地向被调查者强调本次调查活动的重要性以及再次表达谢意。如：为了保证调查结果的准确性，请您如实回答所有问题。您的回答对于我们得出正确的结论很重要，希望能得到您的配合和支持，谢谢！

五、问卷项目的设计

调查项目设计的好坏是关系到调查活动能否成功的关键因素，它对调查问卷的有效性、真实度等起着至关重要的作用。

（一）明确调研目的、内容

在设计问卷项目时，首先要确定调研目的、数据分析方法等因素，再确定问题类型。

在问卷设计中，最重要的一点就是必须明确调查目的和内容。为什么要调查？对哪些对象进行调查？调查需要了解什么？

首先，要确定主题和调查范围。根据调查的目的要求，研究调查内容、调查范围等，酝酿问卷的整体构思，将所需要的资料一一列出，分析哪些是主要资料，哪些是次要资料，淘汰不需要的资料，再分析哪些资料需要通过问卷取得、需要向谁调查等，确定调查地点、时间及调查对象。比如，要调查学生的作业习惯，可从学生做作业注意力方面、做作业规范方面、自主完成和合作方面、作业反思方面等入手调查。其中做作业规范方面就不一定要通过问卷获得答案，可通过学生的作业直观了解。

其次，要分析样本特征。即分析了解各类被调查对象的基本情况，以便针对其特征来准备问卷。

（二）问卷项目设计

问卷项目按问题回答的形式一般可以分为封闭式问题和开放式问题。其中封闭式问题包括两项选择题、单项选择题、多项选择题等。开放式问题一般有完全自由式、语句完成式等。

不同的题型都有各自的优缺点，在使用时怎样做到扬长避短是设计调查项目的重点所在。那么应该如何设计调查项目？

1. 确定问题类型

（1）两项选择题由被调查者在两个固定答案中选择其中一个，适用于“是”与“否”等互相排斥的二择一式问题。

两项选择题容易发问，也容易回答，便于统计调查结果。但被调查人在回答时不能讲原因，也不能表达出意见的深度和广度，因此一般用于询问一些比较简单的问题。并且两项选择必须是客观存在，不能是设计者凭空臆造，需要注意其答案确实属于非 A 即 B 型，否则在分析研究时会导致主观偏差。

（2）单项或多项选择题是对一个问题预先列出若干个答案，让被调查者从中选择一个或多个答案。

例如：决定您对应聘者取舍的重要因素是

A. 仪表　　B. 谈吐　　C. 学历或职称　　D. 专业素质或工作经验

这类题型问题明确，便于资料的分类整理。但由于被调查者的意见并不一定包含在拟定的答案中，因此有可能没有反映其真实意思。对于这类问题，我们可以采用添加一个灵活选项，如“其他”来避免。

(3) 程度性问题当涉及被调查者的态度、意见等有关心理活动方面的问题，通常用表示程度的选项来加以判断和测定。

例如：您认为博物馆通过各种文物陈列，举办文物展览，对公众进行科学文化知识、爱国主义和革命传统教育时，作用发挥得如何？

A. 好　　　　B. 较好　　　　C. 差　　　　　　D. 不了解

但这类问题的选项，对于不同的被调查者有可能对其程度理解不一致。因此有时可以采用评分的方式来衡量或在题目中进行一定的说明。

(4) 开放式问题是一种可以自由地用自己的语言来回答和解释有关想法的问题，即问卷题目没有可选择的答案，所提出的问题由被调查者自由回答，不加任何限制。

使用开放式问题，被调查者能够充分发表自己的意见，活跃调查气氛，尤其是可以收集到一些设计者事先估计不到的资料和建议性的意见。但在分析整理资料时由于被调查者的观点比较分散，有可能难以得出有规律性的信息，并会导致调查者的主观意识参与，使调查结果出现主观偏见。

2. 设计问题项目的注意事项

设计问题项目除需要根据调查目的来选择合适的题型外，还需要注意以下几个方面。

(1) 必要性原则。

为避免被调查者在答题时出现疲劳状态，随意作答或不愿合作，问卷篇幅一般尽可能短小精悍，问题不能过多，题目量最好限定在 20～30 道左右（控制在 20 分钟内答完），每个问题都必须和调研目标紧密联系。并需要考虑题目之间是否存在同语重复，相互矛盾等问题。问卷上所列问题应该都是必要的，可要可不要的问题不要列入。

(2) 准确性原则。

问卷用词要清楚明了，表达要简洁易懂，一般使用日常用语，避免被调查者有可能不熟悉的俗语、缩写或专业术语。当涉及被调查者有可能不太了解的专业术语时，需对其作出阐释。

问题要提得清楚、明确、具体。语意表达要准确，不能模棱两可，不要转弯抹角，避免用“一般”、“大约”或“经常”等模糊性词语。否则容易误解，影响调查结果。

一个问题只能有一个问题点。一个问题如有若干问题点，不仅会使被访者难以作答，其结果的统计也会很不方便。例如：“你为何不在学校饭堂吃饭而选择在校外吃饭”这个问题包含了“你为何不在学校饭堂吃饭”“你为何选择在校外吃饭”和“什么原因使你改在校外吃饭”防止出现这类问题的最好方法，就是分离语句，使得一个语句只问一个要点。

(3) 客观性原则。

避免用引导性问题或带有暗示性或倾向性的问题。调查问句要保持客观性，提问不能有任何暗示，措辞要恰当，避免有引导性的话语。

这类问题带来两种后果：一是被访者会不假思索地同意引导问题中暗示的结论。二是使被访者产生反感。既然大多数人都这样认为，那么调研还有什么意义，或是拒答或是给予相反的答案，如“普遍认为”“权威机构或人士认为”等。

(4) 可行性原则。

调查问题中可能会涉及一些令人尴尬的、隐私性的或有损自我形象的问题，对于这类问题，被调查者在回答时有可能不愿作出真实的回答。因此设计提问时，要考虑到答卷人的自尊，可将这类敏感性的题目设计成间接问句，或采用第三人称方式提问，或说明这种行为或态度是很大众化的来减轻被调查者的心理压力。比如“你的年收入是多少”，可能导致被调查者难以回答，而影响调查结果的真实性，如改用“你们这一年龄或职称的老师年收入是多少”

另外，所问问题是客户所了解的。所问问题不应是被调查者不了解或难以答复的问题。使人感到困惑的问题会让你得到的是“我不知道”的答案。

还有，在调查时，不要对任何答案作出负面反应。如果答案使你不高兴，不要显露出来。如果别人回答，从未听说过你的产品，那说明他们一定没听说过。这正是你为什么要做调查的原因。

六、调查问卷设计的注意事项

(一) 意思表达准确

调研问卷上的文字应简明、清晰、通顺、浅显易懂，要避免错字、别字、偏字和怪字。同时，也要避免采用命令式的语言，提问方式要委婉，使人感到亲切。首先，文字要表达准确，不应使填卷人有模糊认识。

例如：客户对某产品的价格和服务质量感兴趣，询问消费者“您对它的价格和服务质量满意还是不满意”

该问题实际上包括价格和服务质量两个方面的问题，结果“对价格不满意”、“对服务不满意”或“对价格和服务不满意”的被调查者可能回答“不满意”，该结果显然得不到客户想了解的信息。因而，该问题应分为两个问题询问：“您对它的价格满意还是不满意?”“您对它的服务质量满意还是不满意?”这样，客户可以分别得到某产品的价格和服务质量方面的信息。

其次，问卷要避免使用引导性的语句。如设计问卷时，问“××牌的旅游鞋质优价廉，您是否准备选购?”这样的问题将容易使填表人由引导得出肯定性的结论或对问题反感，简单得出结论，这样不能反映消费者对商品的真实态度和真正的购买意愿，所以产生的结论也缺乏客观性，结果可信度低。

例如：

某公司想把某电视节目制作成 VCD 盘，调查其潜在市场，所设计的问卷中标题和说明部分均表明调查是关于该电视节目的。问卷首先要求被调查者列举最喜欢的三个电视节目（开放题），结果该节目名列榜首，98%的被调查者声称最喜欢该节目。

显然结果是有偏差的，原因是标题和说明部分给出了该节目的名称，使得被调查者先对该节目产生或加深了印象，从而诱导被调查者在回答自己喜爱的节目时，有意无意地给出这一节目名称，导致结果再现偏差。

再次，问卷问句设计要有艺术性，避免对填卷人产生刺激而不能很好地合作。如下面两级问句：

A：您至今未买电脑的原因是什么？

（a）买不起

（b）没有用

（c）不懂

（d）软件少

B：您至今未购买电脑的主要原因是什么？

（a）价格高

（b）用途较少

（c）性能不了解

（d）其他

显然B组问句更有艺术性，能使被调查者愉快地合作。而A组问句较易引起填卷人反感、不愿合作或导致调查结果不准确。

最后，问卷不要提不易回答的问题。这里可能有两种情况：一种是涉及填卷人的心理、习惯和个人生活隐私而不愿回答的问题，即使将其列入问卷也不易得到真实结果。遇有这类问题，如果实在回避不了，可列出档次区间或用间接的方法提问。如调查个人收入，如果直接询问，不易得到准确结果，而划分出不同的档次区间供其选择，效果就比较好。另一种是时间久、回忆不起来或回忆不准确的问题。

（二）问题明确集中

调研问卷上的问题不宜过多或过于分散，问题提得过多，会使填表人感到厌烦；过于分散，会使主要调研问题不突出，而影响调研质量。一般说，每份调研问卷仅围绕两三个主题。但要注意，不要提出与调研对象无关或使填表人感到不好回答和不愿回答的问题，如涉及个人私生活或单位机密的问题。以个人为调研对象的调研问卷，最好不列填表人姓名的栏目。

（三）问卷问题逻辑性强

（1）在安排上应先易后难，从一个引起被调查者兴趣的问题开始，再问一般性的问题、需要思考的问题，而将敏感性问题放在最后；容易回答的问题放前面，较难回答的问题放稍后。

（2）封闭式问题放前面，开放式问题放后面。

（3）要注意问题的逻辑顺序，可以将问题按时间顺序、类别顺序进行列框，由一般至特殊，循序渐进，逐步启发被调查者，使得被调查者一目了然，符合被调查者的思维程序，在填写的时候自然就会愉快地进行配合。还要注意问题之间内在的逻辑性和分析性。

问题与问题之间要具有逻辑性、连贯性、条理性、程序性，所提的问题最好是按类别进行“模块化”。问题设置紧密相关，问题集中、有整体感、提问有章法。如同样性质的问题应集中在一起，以利于被访者统一思考，否则容易引起思考的混乱。被调查对象就能够获得比较完整的，而不是发散的、随意性的、不严谨的信息。

（四）提问方式恰当

提问方式是否恰当是关系到调研能否达到目的的重要问题。提问的主要原则：

（1）要把调研人的意图清晰地传给被调研者；

（2）要使被调研者知道应怎样回答才能满足调研人的要求。因此，提问应清楚，不能含糊其辞。不要使用过长的问句或把几个问题放在一个问题里。如果是围绕一个主题的几个问题，应先提出概括性的问题，然后逐步具体，做到层次分明。为了方便被调研者回答问题，可预先列出可能的答案，供被调研者采用打勾方法选择回答。提出问题应避免偏见，以防被调研者产生误解，影响信息的客观真实性。

（五）市场调研问卷设计实例

物流需求调查问卷

1. 贵公司企业性质：
□国有独资集体　□“三资”　□外商独资
□民营　□内资股份制　□上市公司
2. 经营产品大类包括（可包括）：
□百货　□五金交电　□建材　□食品　□家电　□电子
□通信器材　□日化　□服装　□医药　□汽车　□其他
3. 产品品种（单选）：
□5 种以内　□5~10 种以内　□10~20 种
□20~50 种　□50~100 种　□100 种以上
4. 贵公司物流费用占销售的比例为（单选）：
□1%以下　□1%~3%　□3%~5%　□5%~10%　□10%以上
5. 贵公司第三方物流代理的比例为（单选）：
□30%以下　□30%~60%　□60%以上
6. 贵公司所知道的第三方物流的数量（单选）：
□ 1 家　□2~3 家　□4~10 家　□10 家以上
7. 贵公司是否知道九达物流公司：
□ 知道　□ 不知道
8. 贵公司是通过什么途径知道九达物流公司的：
□ 熟人介绍　□ 广告宣传　□ 其他______
9. 通常由哪家公司为贵公司提供物流服务：

10. 第三方物流为贵公司提供的服务内容为（可多选）：
□单纯仓储　□干线发运　□市内配送　□包装　□其他
11. 如果提供多种形式的服务，其收费方式为：
□仓储费、运输费、包装费、信息费分开收取，单笔单结
□按销售额比例提成　□总量协议　□其他（请注明）：______
12. 贵公司给物流服务商的付款期限为（单选）：
□货到付款　□置后 10 天　□置后 30 天
□置后 31~90 天　□置后 90 天以上

13. 对第三方物流服务是否满意（单选）：

□满意　　　　　　　　　　□不满意　　　　　　　　　　□不完全满意

14. 满意的原因（可多选）

□运作成本低　□物流信息及时准确　□作业速度快　□服务内容齐全

□作业差错率低　□网络覆盖广　□服务态度好

15. 不满意的原因为（可多选）：

□运作成本高　□物流信息及时性与准确率低　□作业速度慢

□服务内容残缺　□作业差错率高　□服务态度差

16. 寻找物流公司服务过程中您最关心的问题是：

□信誉　□专业性　□规模　□其他（请注明）______

17. 贵公司期望物流公司能提供的服务项目包括（可多选）：

□仓储保管　□干线运输　□市内配送　□包装加工

□物流系统再设计　□定做条码扫描系统　□开发物流信息系统　□代结货款

□物流总代理

注：您还有什么宝贵意见和建议请在下方的空白处进行填写，我们会参考和采纳！

以上是您对本次调查问卷做出的回答，我们会认真、仔细地把您的回答做一详细的统计并做出总结，再次感谢您对本次调查问卷活动的支持与参与！

【案例分析】

[案例1]

撰写一份优秀问卷的要点

A是某公司市场研究部的主管，曾谈到撰写一份优秀问卷的要点。如果你曾将你认为的“最终”问卷送给一位市场研究人员，结果拿回的问卷上到处是添加或删改的痕迹及其他编辑意见，这并不奇怪。乍一看，撰写问卷并不是一件非常困难的任务，只要表达出你想了解什么，并写出能得到哪些信息的问题即可。虽然撰写问卷很简单，但撰写优秀问卷却不容易。这里有一些在撰写问卷时应该做什么和不应该做什么的要点。

(1) 避免应答者可能不明白的缩写、俗语或生僻的用语。比如，你对我国TPL发展趋势怎么看？很可能不是每个人都知道TPL代表第三方物流。如果这一问题以一般公众为目标应答者，研究人员可能会遇到麻烦。

(2) 要具体。含糊的提问得到含糊的答案。例如，贵物流公司今年的收入是多少？当应答者给出此问题的数字答案时，其答案是各式各样的，如2014年的税前收入，2014年的税后收入。

(3) 确保问题易于回答。要求过高的问题也会导致拒答或猜想。例如，请您以购买新车时考虑因素的重要性将以下20项排序。你正在让应答者做一次相当大的计算工作。不要让人们为20项排序，应让他们挑选出前5项。

(4) 不要过多假设，这是一个相当普遍的错误。问题撰写者默认了人们的一些知识、态度和行为。例如，您对政府关于物流税收政策的立场倾向于同意还是反对?这一问题假设了应答者知道政府对物流税收政策有一个立场并知道立场是什么。

(5) 检查误差。带有误差的问题会引导人们以某一方式回答，但这种方式不能准确反映其立场。有几种使问题存在偏向性的方式。一种方式是暗示应答者本应参与某一行为。例如，“虽然顺丰快递价格较贵，但是今年使用顺丰快递的人比使用其他快递的人多。您使用过顺丰快递吗?”为了不显示出“不同”，应答者即使没有看过也会说是的。问题应该是“您曾使用过顺丰快递吗?”

另一种使问题具有误差性的方式是使选择答案不均衡。例如，“近期我国每年在物流基础设施建设方面花费××亿美元。您认为这个数字应：①增加；②保持不变；③稍减一点；④减少一点；⑤大量减少”。这套答案鼓励应答者选择“减少”选项，因为其中有3项“减少”，而只有一项是增加。

(6) 预先测试。正式调查之前的试调查，“所有的修改和编辑都不能保证成功。事先测试是保证你的问卷研究项目成功而费用最低的方式。”事先测试的基本目的是保证问卷提供给应答者以清晰、容易理解的问题，这样的问题将得到清晰、容易理解的回答。

（资料来源：豆丁网，http：//www. docin. com. /）

问题：

1. 案例中的编写问卷的要点中，还遗漏了哪几点?

2. 通过这个案例，你觉得编制一份高质量的问卷难在哪里?

3. 现有一家第四方物流企业委托你做一份该企业的产品需求调查问卷，请谈谈你的设计思路。

[案例2]

反周期运作的中国海运

船长出身的总裁李克麟，对市场决策用航海打了个比喻：从中国到美国，航向偏一度，本来要到旧金山结果就到西雅图了。所以，一个企业要良性发展，决策最为关键。中国海运能有今天的业绩，和他们制定的反周期运作决策不无关系。

李克麟介绍，中国海运7年的快速发展得益于抓住了三次机会。一次是1997年亚洲金融危机，一次是2001年美国“9·11”事件，一次是2002年美西（美国西海岸）大罢工。这三次危机都导致了全球航运业低迷，航运公司大亏损，但恰恰成就了中国海运的辉煌。

所谓反周期运作就是别人卖船、拆船我造船。比如，1997年公司成立时刚好赶上亚洲金融危机，大批船公司被迫卖船、拆船或低价出租船舶。曾经有一家国外船公司，就以一天1美元的象征性价格，要把一条很好的集装箱船出租给中国海运（现今的租价是4万美元）。之所以如此，是因为船停在锚地有较大成本，象征性租出去至少有人帮你摊销了这部分成本。

别人都不干的时候，李克麟认为机会来了。他们首先把自己的一些老旧船改造成集装箱船，同时低价租了一些船跑起来。有了资金马上大量造船，而且是造世界上最先进的船。由于是在航运业低谷期，造船厂不景气，因此船价非常低。结果，这两年世界航运业一复苏，运价、船价马上上扬。当别的船公司开始下订单造船的时候，中国海运的船已经开始纷纷下水，并大把赚钱。不仅如此，由于船价上涨，中国海运的新船成本比别人低了上亿美元，竞争力大大增强。

李克麟有一个酷爱，每每说到它，就会眼睛放光。这就是集装箱。说到集装箱，李克麟有说不完的话题，他认为，集装箱代表了现代海上运输先进生产力，1 艘 8500 箱位的集装箱船，收入能超过 75 艘万吨轮，配置船员仅 23 人；1 艘常规万吨轮则需要船员 30 人左右，75 艘万吨轮则要配备 2250 人，可见劳动生产率的差异之大！此外，集装箱运输是网络运输，是社会化大生产在海上运输中的体现，必然会促进企业现代化经营管理水平的提高。

更坚定李克麟干集装箱决心的是，我国航运企业在国内集装箱运输市场的占有率非常低，1997 年还不到 10%，其余均被国外船公司占据。李克麟说，市场占有率低也是机遇，因为你有上升空间。

这个颇具胆略、当时也颇具争议的策略使中国海运迅速得到发展。目前，中国海运集装箱运输已经进入世界前列，具有了很强的竞争力。

2002 年 9 月 29 日，美西大罢工时李克麟刚好在美国。此前，由于美西港口的劳动合同要到期，李克麟就敏感地预计到有可能发生罢工。得知罢工消息后，李克麟立刻回国，做出了一个惊人之举：在国内放长假时给集装箱制造厂下了定做 8 万个集装箱的紧急订单。集装箱企业感到不可思议，那边在无限期罢工，明摆着会大大影响航运业，中国海运怎么还投巨资造箱子？原来，李克麟判断，港口罢工必然导致过去的货物无法卸船，有去无回的连锁反应是，到罢工结束时大量货物没有集装箱可装。

多么简单的道理，别的公司也不是外行，很快也看到了这步棋。但是，到 10 月 9 日，许多船公司决定造箱子的时候才发现，集装箱厂的制造箱位没有了。

由于没有箱子，当罢工结束后大批的货物无法承运。这时候，货主纷纷投到中国海运，而且还对中国海运能够保证运输周期而感恩戴德。美西大罢工这短短几十天，别的公司都被危机牵连，赔了钱，唯独中国海运却净赚 6 亿多美元，成为全球所有班轮公司中唯一盈利的船公司。

（资料来源：锦程物流网，http：//www.jctrans.com./）

问题：

1. 中国海运为什么能在较短的时间内取得成功？
2. 李克麟做反周期运作决策的依据是什么？
3. 这个案例给你带来了哪些启发？

[**案例 3**]

国际物流运作中的竞争情报

Barney International 公司生产并在国际上销售新鲜水果以及其他食品，每年的收入是 30 万美元。整个的制造和出口过程遍及中美、南美、加勒比海、非洲、菲律宾、印度尼西亚、中国以及其他所有全球的大市场。每周都有将近 300 万箱每箱重 40 磅的香蕉装船或装车，通过大的冷冻箱、海洋船舶的冷冻集装箱，货盘或者散货运输到世界各地。

香蕉是一种极度易腐并且怕挤压的产品，所以处理以及及时供货的问题就是保证产品质量一个非常关键的因素。香蕉从种植园收割下来进行初步的处理，然后运输到产地的码头，再到销售市场的码头、到卡车再到零售商一共需要大约几天到几个星期不等，根据原产地和目的地的远近而定。利润很小但是竞争却很激烈。公司每 1 美元的收入中就有超过 30%的物流费用在里面。在这些参数和费用的压力下，国际物流部在这个公司起到了一个非常重要的作用。

没有任何一个公司是在真空中开展业务的。除了传统上的业务操作进行盈利以及有足够的股东回报，任何公司实体都必须为获得消费者的每一分钱而与其他的企业实体竞争。因此，高级管理就是为了在这种竞争的环境中生存而提出来的。通用汽车欧洲地区执行总裁 Louis Hughes，阐述了对于市场和竞争者的一种看法："你会失败得非常惨并且非常迅速，如果你不加以重视的话。"在 Barney，专门设有一个机构直接向总裁汇报一些做香蕉生意的竞争者的情报信息。

竞争情报（CI）是关于世界范围内竞争者的及时而有意义的信息，这些信息将会影响到战略决策的制订程序以及结果。搜集 CI 就需要了解如何尽可能早地挑拣并且理解微弱的、不明确的信号，为公司的前途打下更好的基础。CI 是与任何形式的市场研究都不同的。它在本质上更加关键并且综合，重点放在数据分析以及信息的战略实施方面。它之所以更加综合是因为它也着重于其他的功能或事件，比如生产、发展研究、物流、市场营销、未来决策以及假定以及规划。交易委员会的竞争情报协会（SCIP）的成员数量也在不断的上涨。CI 的增长是由持续增加的竞争、复杂的全球操作环境以及技术的进步和交流所决定的。

Barney 公司的 CI 以及国际物流 CI 部门的结构包括了一个经理和研究产量和能力、未来生产状况以及预测、国家资源、为竞争者以及整个行业、运输工具、市场占有率以及环境调节、无核心的产品信息及活动、伙伴关系、客户分析等分析家。其中环境调节在 X 操作中占有重要地位，并且可以发生巨大、迅速并且毫无先兆的改变。

例如，欧盟在 20 世纪 90 年代初期新颁布了一项香蕉政策，为其早先在加勒比海和非洲的殖民地创立了进口配额以及有利的形式。在这种变化下，Barney 公司在欧洲的市场份额由 40%降低到 20%。让事情更加糟糕的是，这是 Barney 公司获利最多的市场。美国国际贸易机构代表以及 WTO 为改变这项政策与欧盟争论了好久，并且对从欧洲向美国进口的许多种商品增加关税作为报复。CI 部门提供了关键的竞争信息以帮助对抗配额体系以及未来的设想以帮助最高管理机构来对任何未来政策的变化做出规划。

CI 部门的核心是一个客户方建立的相关数据库跟踪所有的传播、产品，为所有的公司、所有的原产地以及销售地、港口等。对于这个产业中的每个公司来说，冷藏船是要关注的最重要的东西，所以，理解这些东西（拥有精确的执照、转动、港口电话等）的竞争意义是十分关键的。日常海运操作费用超过了10000美元，并且装、卸以及其他的港口费用需要上万美元的开支。数据被采集并分析以及分配按每周、每季度、每年以及即报表执行。在全世界有超过40000个雇员，建议CI部门服务于各个方面并且管理以及使他们参加信息的搜集是一项持续漫长的工作。

国际物流部将为未来产品的规模、运输决定、港口操作、海运、汽车运输时间表以及市场目标进行长期和短期的规划。重大的产业变化将会影响那些长期或短期的计划。比如，如果一次飓风袭击了危地马拉，那么CI部门就会预测一个竞争者的生产能力将会损失40%，将会进行分析并与国际物流部进行交流。会提出问题，比如：什么样的市场将会受到影响？他们能够在其他地方保全他们的量以及这将如何影响他们的物流或操作？哪些目标港口、市场以及情景可能会受到影响？基于这些问题和情境的类型，高级管理层的战略规划，尤其是国际物流部将会做出更好的决定。

做出的选择和竞争形势的分析对于CI是无穷无尽的。越来越多的公司创立内部的部门或依赖于外部的公司专门就CI表明他们在这种功能上的承诺以及其相关的贸易操作，尤其是在国际物流方面。

（资料来源：锦程物流网，http：//www. jctrans. com. /）

问题：

1. 本案例中 Barney International 公司的国际物流部的主要工作内容是什么？
2. Barney International 公司为什么设立国际物流部？
3. 本案例给你带来了哪些启发？

[案例4]

美国知名公司企业竞争情报案例分析

1. 引言

竞争情报（Competitive Intelligence）是近年来兴起的关于竞争环境、竞争对手和竞争策略的信息分析研究及其新型服务方式，受到图书情报界的广泛关注和高度重视，为了充分发挥和利用图书馆丰富的信息资源优势，不少专家学者纷纷涉足竞争情报理论与实践的研究，引进和应用国外竞争情报的技术方法。因而，国外一些企业成功开展竞争情报活动的案例和经验也开始逐渐被学习借鉴。美国作为竞争情报实践和理论的发源地之一，其企业开展竞争情报活动是源于经济全球化的发展和日本等国外企业的激烈竞争。20世纪五六十年代期间，随着日本企业在全球范围内的迅速崛起，美国公司在很多传统优势产业的全球霸主地位受到强大的挑战，通用汽车、IBM、摩托罗拉、柯达、施乐等美国王牌企业在强劲的竞争对手面前纷纷败北，有的甚至被竞争对手彻底打垮。后来美国企业界和经济学家经过认真研究，惊奇地发现日本企业在激烈的商战竞争中取得成功的关键，在于从政府到企业都对竞争情报高度重视，而美国企业则把竞争的失败归结于政府没有采取行政干预措施，对国外企业设置相应的关贸壁垒，以保护美国企业的利益，从根本上违背了市场经济“优胜劣汰”的基本规律。通过认真的反思和总结经验教训，20世纪70年代以来，美国一些公司如IBM、施乐、惠普、摩托罗拉、柯达等先后认识到竞争情报在市场竞争中的重要性，纷纷建立了企业自己的竞争情报研究部门，有效地搜集、分析和利用竞争情报，使得企业在与竞争对手进行的市场争夺战中，重新占有先机，陆续夺回了竞争的主动权。本文重点介绍摩托罗拉、IBM和施乐三家企业成功开展竞争情报活动的案例和经验，以期能够对开展竞争情报理论与实践的研究有所启发。

2. 摩托罗拉公司依靠竞争情报果断确立发展新领域，在市场竞争中取得成功的案例

摩托罗拉公司创建于1928年，最初生产汽车收音机，1965年进入彩色电视机市场，并于1967年开发推出美国第一台全晶体管彩色电视机，很快成为美国著名的电视机制造商。到了20世纪70年代，美国彩色电视机市场需求已向高质量便携式和台式机型发展，但该企业忽视市场竞争环境的变化和新的竞争对手已迅速崛起，仍然集中力量生产落地式电视。而索尼、松下等日本企业在认真研究国际市场彩电竞争态势及其发展趋势，以及美国顾客需求新变化的基础上，准确把握顾客消费心理，迅速研制开发高质量的便携式彩电，并不断增加产品品种和功能，以满足美国用户的要求，与摩托罗拉公司在彩电市场上展开了激烈竞争。由于摩托罗拉公司拒绝改变自己的经营发展模式以迎接索尼、松下等竞争对手的挑战，最终在竞争中失败了。摩托罗拉公司于1974年退出电视机市场，被迫将国内电视机业务卖给了日本的Matsushita公司。

进入20世纪80年代后，摩托罗拉公司开始认识到竞争情报研究与系统建设在企业经营发展中的重要作用，将精力从单纯指责日本企业、寻求政府保护方面转移到通过研究竞争情报，来深层次了解日本企业是如何获得全球领先地位的。首先摩托罗拉公司成立了专门的竞争情报研究部门，设立企业信息主管（CIO），专门聘请了曾担任过美国联邦政府科技情报执行官的简·赫林先生任公司竞争情报部主任，加强了以竞争情报为核心的信息管理，先后通过运用竞争者动态分析、Benchmarking等竞争情报分析技术将自己的运行方式与日本业内最好的公司进行对比，重新审视自己产品的质量和生产程序，同时针对日本索尼、松下等竞争对手企业的优势、运营状况及其销售态势进行情报研究。发现尽管摩托罗拉等美国企业在彩电产品生产核心技术方面仍然拥有较大竞争优势，但日本竞争对手企业在生产规模、经营管理和产品价格及售后服务等方面都具有很强的竞争优势，已经能够以很有竞争力的生产成本生产出很高品质的产品，并且迅速推向世界市场，其企业总体水平已在全球同业中占据领先地位，美国企业在彩色电视方面继续与日本企业在彩电产品领域进行竞争已不可能取胜。因而果断地决定充分发挥摩托罗拉公司半导体集成电路芯片制造核心技术的特长，迅速将主要产品开发重点转移到移动通信领域方面，并且与一些美国公司和政府合作成立了一个名为Sematech的机构，专门从事针对日本企业的竞争情报研究工作，为制订竞争策略提供依据。同时摩托罗拉公司还集中力量重点跟踪诺基亚、爱立信和西门子等新的竞争对手的发展动向，加强新产品研制、开发和营销环节等的信息集成管理，通过20多年的不懈努力，从而确定了摩托罗拉公司作为世界顶级移动通信产品生产商的地位。

正是由于摩托罗拉公司依靠竞争情报，在竞争情报投入上居全美第2位，从而

保障了公司能够及时准确地了解到全球竞争环境的变化和竞争对手的实力，果断地重新确定新的发展重点，使其电子通信主要产品，如寻呼机、移动电话等产品在世界范围的市场上有着杰出的表现。目前摩托罗拉公司已进入世界电子信息技术100强企业之列，年销售收入超过300亿美元，其中竞争情报对销售收入增长的贡献高达12%。

3. IBM公司通过建立竞争情报体系，实现企业扭亏为盈的案例

在20世纪80年代末期，由于IBM公司对市场竞争趋势的判断出现重大失误，忽视了当时迅速发展的个人电脑革命，仍然认为大型主机硬件设备的研制开发会给公司带来持续的繁荣。而且面对瞬息万变的市场，IBM集权化的组织结构和官僚化的管理体制，加快了公司经营危机的来临，到20世纪90年代，公司终于陷入严重的困境中，在1991—1993年，IBM公司的亏损超过147亿美元，成为美国公司历史上最大的净亏损户，其在全球电脑市场上的销售排名在1994年下降到第三位，股票价格下跌了50%，公司发展和生存面临着严峻的挑战。1993年1月，IBM董事会决定辞退公司总裁，并由曾任职于麦肯锡管理咨询公司的原美国RJR食品烟草公司总裁路易斯·郭士纳先生临危受命，担任IBM新的董事长兼首席执行官。

郭士纳先生一上台就发现该公司的竞争地位已受到实质性侵害，决定对公司的最高决策层和管理层进行改组，以完善具备战略性的领导体制，成立了IBM中、长期战略决策组织，即政策委员会和事业运营委员会。并认识到建立一个公司层面统一和正式的竞争情报体制的重要性，提出要“立即加强对竞争对手的研究”，“建立一个协调统一的竞争情报运行机制”，“将可操作的竞争情报运用于公司战略、市场计划及销售策略中”。在郭士纳先生的大力支持下，IBM公司启动了一个建设和完善竞争情报体系的计划，并建立了一个遍及全公司的竞争情报专家管理其全部运作的核心站点。IBM公司的决策层希望通过该计划，能够及时准确地判断企业的竞争对手拉拢IBM公司客户的企图。为了对付这些竞争对手，公司组织实施了“竞争者导航行动”竞争情报项目，重点针对IBM在市场中的12个竞争对手，派出若干名高级经理作为监视每个竞争对手的常驻“专家”，责任是确保IBM公司掌握其竞争者的情报和经营策略，并在市场上采取相应的行动，在此基础上建立公司的竞争情报体系。该竞争情报体系包括完善的管理信息网络和监视竞争对手的常驻“专家”和与之协同工作的IBM公司的竞争情报人员，以及生产、开发、经营和销售等职能部门的代表，由这些人员构成一个个专门的竞争情报工作小组，负责管理整个计划中相关方面的竞争情报工作。分布在整个公司的各个竞争情报工作组每天对竞争对手进行分析，通过基于Lotus公司Nores软件的系统为工作组提供在线讨论数据库，能够使IBM公司全球各地的经理们和分析家通过网络进入竞争情报数据库，并作出新的竞争分析。竞争情报小组还使用IBM公司的全球互联网技术获取外界信息，利用IBM公司的内部互联网技术更新企业内部的信息。随着这一体系的不断完善，竞争情报开始融入到IBM公司的企业文化中，在经营过程中发挥越来越重要的作用。

通过调整竞争情报工作重点及建立新的竞争情报体系，使IBM公司各部门的竞争情报力量能够有效地集中对付主要的竞争对手和主要威胁，并提供各种办法提高各

竞争情报小组的协作水平，优化了原有的情报资源，增强了公司适应市场变化和对抗竞争的能力，最大限度地满足了全球市场上客户们的需求，公司销售收入持续增长。竞争情报在IBM公司经营改善中的作用也逐步显现出来。据调查，在1998—2000年期间，竞争情报对整个公司业绩增长的贡献率分别为6%、8%和9%。以后IBM公司在信息技术行业中又重新获得了领先地位，到2001年公司利润总额达80.93亿美元，股东权益为194.33亿元，IBM高速增长的商业利润再次受到公众的关注。

4. 施乐公司运用竞争情报加强竞争对手分析，在激烈市场竞争中反败为胜

美国施乐公司作为世界复印机行业的巨人之一，于20世纪60年代在世界首次推出办公用复印机（型号为Xerox914），从而改变了人们的工作方式，施乐公司也因此垄断世界复印机市场长达10多年之久。后来，由于随着理光、佳能等日本企业先后进入复印机市场，该行业的竞争日益激烈，但是施乐公司忽视了全球性的竞争威胁情报研究，不能及时对经营战略进行调整，最后被迫进入防御状态。到20世纪80年代初，施乐公司的复印机全球市场份额由82%下降到35%。这时施乐公司才开始分析日本的产品和价格，结果令他们大吃一惊，日本佳能公司竟然采取了以施乐公司的成本价销售复印机。起初与其他美国企业一样，施乐公司怀疑日本产品质量差，但事实证明并非如此；施乐公司又认为日本产品采取低价倾销策略，价格如此之低肯定赚不到钱，结果又错了。经过对日本产品深入细致的竞争情报分析对比后，施乐公司才发现竞争对手企业在产品导入市场的时间和投入的人力都只有本公司的1/2，而且设备安装时间仅是本公司的1/3，这就是竞争对手可以大幅度降价的关键原因。

为了夺回已失去的市场份额，施乐公司加强了对竞争对手情报的搜集、处理和分析工作，决定以公司市场调研部为基础，成立了专门的竞争情报研究部门，协调和领导整个公司的竞争情报工作。为了时刻获得情报信息，施乐公司在3个层次上开展了竞争情报研究：

第一，全球性的，由施乐公司的营业部负责收集和分析影响公司长期计划或战略计划的信息。

第二，全国性的，由美国顾客服务部收集美国国内的竞争情报。

第三，地区性的，充分利用在公司遍布在美国的37个销售服务网点，要求通过各自的市场经理收集和分析所在地区的信息，并在此基础上公司建立“竞争数据库”和“顾客数据库”。

而且为了实施竞争情报分析，施乐公司还成立了竞争评估实验室，组织实施反求工程，专门用以剖析竞争对手产品或有竞争威胁的产品。情报专家们通过合法渠道将这些产品买来并拆开，对其进行非常细致的分析，包括每一个细节、每一个特点、每一个优点和每一个缺点，尤其是公司可能面临的专利技术和秘密技术的应用及其特点，以了解竞争对手产品降低成本、提高质量的实用方法和制造原理，而后将分析报告传送给设计师和工程师，使他们能够了解竞争对手的产品开发动态。这些竞争策略的实施使施乐公司最终从日本佳能公司那里夺回了其应有的市场份额。

实践证明，由于运用竞争情报，使施乐公司面对众多的对手，特别是不断地有强大的新对手加入，能够处之不惊，从大局着眼把握竞争形势，始终保持竞争的主动

性。关于竞争情报的重要性，施乐公司的副总裁 Judity M. Vezmar 认为：“竞争情报应成为企业营销活动的一部分，每一项受竞争影响的活动都需要竞争情报，而且最重要的是要确保将正确的信息在正确的时间里传递给正确的人”。

（摘自《竞争情报分析》）

问题：

1. 竞争情报的作用是什么？

2. 这个案例给你带来了哪些启发？

【知识拓展】

调研问句的基本类型

理想的问句设计应使调查人员能获得所需的信息，同时被调查者又能轻松、方便地回答问题。这就要求调查人员能依据具体调查内容要求，设计选用合适的问句进行调查。问句的类型很多，按问题的内容可分为：事实问句、意见问句、阐述问句；按问句的回答形式可分为：自由回答式问句、多项选择式问句、顺位式问句、程度评等式问句、过渡式问句，下面分别介绍。

1. 事实问句

事实问句是要求被调查者依据现有事实来回答问题，不必提出主观看法。诸如“你使用的空调器是什么牌子的”“你家庭的年人均收入是多少”“你的职业是什么”，等等。这类问题常用于了解被调查者的特征（如职业、年龄、收入水平、家庭状况、居住条件、教育程度等）以及与消费商品有关的情况（如产品商标、价格、购买地点、时间、方式等），从中了解某些商品消费的现状。这类问题对调查人员确定某类产品的目标市场有很大的帮助。

事实问句的主要特点是问题简单，回答方便，调查覆盖面广，调查结果便于统计处理，但也存在着不足，如由于时间长等原因，被调查者对某些事实记忆不清，或由于某些被调查者的心理因素影响，而使回答的结果在一定程度上失真。

2. 意见问句

意见问句主要是用于了解被调查者对有关问题的意见、看法、要求和打算。例如“你希望购买哪种牌号的自行车”“你打算何时购买高级组合音响”等。这类问题可以帮助调查人员了解被调查者对商品的需求意向，使企业能够根据消费者需求不断改进产品设计，经营运用对路的商品，从而增强企业的生存能力。

意见问句的主要特点是从这类询问中可以广泛地了解消费者对需求的要求、打算、意见，为决策者提供未来需求信息，但它也存在着不足。其一，这类询问仅能了解调查者的意见、看法，而无法了解产生这些意见、看法的真正内在原因。如上面提到的问题“你希望购买哪种牌号的自行车”，询问这一问题调查者只能知道消费者喜欢哪种牌号的自行车，并不能了解消费者究竟喜欢这种牌子的哪些方面，是质量，颜色，式样，还是其他？其二，是这类问题在一定程度上受心理因素影响。如在了解消费打算等问题时，被调查者会因家庭财产问题而不愿说真话等。

3. 阐述问句

阐述问句（又称解释问句）主要是用于调查者想要了解被调查者的行为、意见、看法产生的原因。根据询问是否给出问题的选择答案，相应地可分为封闭式阐述询问和开放式阐述询问。这类询问可以在一定程度上弥补事实询问存在的不足。如前面提到的事实询问“你希望购买哪种牌号的自行车？”若想进一步了解购买行为的原因，可提出“您为什么希望购买这种牌号的自行车？”这就是阐述性询问。

阐述问句的主要特点是能够较为深入地了解消费者的心理活动，从而找到问题及问题产生的原因，为解决问题提供依据。但是这种询问也存在不足，其一是结果极为复杂，尤其是开放式的阐述问句，答复的结果不易整理；其二是此类问题涉及被调查者的主观因素较前面两种询问多，被调查者因各种原因而回避问题，或只讲问题的次要方面，从而使调查结果的真实性受影响。

4. 自由回答式问句

自由回答式问句又称开放式问句，这种问句的特点是调查者事先不拟定任何具体答案，让被调查者根据提问自由回答问题。例如“你喜欢穿什么式样的秋季外套？”“你对我厂生产的X X牌空调器有何意见？”这种询问方式因事先不提供回答答案，能使被调查者思维不受束缚，充分发表意见，畅所欲言，从而可以获得极为广泛的信息资料。但由于被调查者的回答漫无边际，各不相同，使调查结果难以归类统计和分析。

自由式问句比较适用于调查受消费者心理因素影响较大的问题，如消费习惯、购买动机、质量、服务态度等，因这些问题一般很难预期或限定答案范围。这种询问在探测性调查中常常采用。

5. 是否式问句

是否式问句又称二项式问句，伪真式问句。这种问句的回答只分两种情况，必须二者择一。例如：

“你是否喜欢牡丹牌彩电？”　　是（　）　否（　）

“你今年是否打算购买自行车？”　　是（　）　否（　）

这种问句回答简单，调查结果易于统计归类。但这种问句也有一定的局限性，主要是被调查者不能表达意见程度差别，回答只有“是”与“否”两种选择。若被调查者还没有考虑好这个问题，即处于“未定”状态，则无从表达意愿。

6. 多项选择式问句

多项选择式问句是对一个问题事先列出几种（三个或三个以上）可能的答案，让被调查者根据实际情况，从中选出一个或几个最符合被调查者情况的选项作为答案。例如，某手表厂欲了解本企业产品在同类产品中的市场占有率，设计问句：

“你所使用的手表是哪一种牌号的？”

a. 西湖（　）　b. 宝石花（　）　c. 梅花（　）

d. 上海（　）　e. 钟山（　）　j. 天津（　）

g. 天霸（　）　h. 其他（　）

多项选择式问句保留了是否式询问的回答简单、结果易整理的优点，避免了是否式询问的不足，能有效地表达意见的差异程度，是一种应用较为广泛、灵活的询问形式。使用这种问句有一点值得注意，即在设计选择答案时，应考虑所有可能出现的答案，否则，会使得到的信息不够全面、客观。

此外，在多项选择式问句中，有一种专门用于测量消费者满意程度的量表，有对称性量表和不对称性量表两种形式。例如询问消费者关于某一滋补保健品的效果时，可以设计如下两种五段量表：

对称性量表

好	较好	一般	较差	差
（ ）	（ ）	（ ）	（ ）	（ ）

非对称性量表

很好	好	较好	一般	差
（ ）	（ ）	（ ）	（ ）	（ ）

最后分别统计五种情况所占的百分比，确定这种商品在消费者中的总体满意程度。

7. 顺位式问句

顺位式问句，是在多项选择式问句的基础上，要求被调查者对所询问的问题的各种可能的答案，按照重要程度不同或喜爱程度不同，对所列答案定出先后顺序。例如，对于询问您选购电视机时，对下列各项，请按照您认为的重要程度以 1，2，3，4，为序进行排序：

a. 图像清晰（　　）　　b. 音质好（　　）

c. 外形漂亮（　　）　　d. 使用寿命长（　　）

也可以对不同牌号的同类产品的喜爱程度进行排序。例如：

下列牌号牙膏中，请根据您喜爱程度，以 1，2，3，4，5，6，7 序号进行排序：

a. 洁银（　）　　b. 黄芩（　）　　c. 中华（　）

d. 两面针（　）　　e. 美加净（　）　　f. 芳草（　）

g. 永南双氟（　）

这种询问方式回答较为简单，易于归类统计，但须注意避免可供选择的答案的片面性。

8. 程度评等式问句

程度评等式问句的特点，是调查人员对所询问问题列出程度不同的几个答案，并对答案事先按顺序评分，请被调查者选择一个答案。例如：

你对我厂生产的自行车质量有何看法？

很好（　）	好（　）	一般（　）	较差（　）	差（　）
2	1	0	−1	−2

将全部调查表汇总后，通过总分统计，可以了解被调查者的大致态度。若总分为正分，表明被调查者的总体看法是肯定的；若总分为零分，表明肯定与否定意见持平；若总分为负数，则表明总体上是持否定看法。

这种问句形式，也常被用来对不同牌号的同类产品进行各种性能的评比。例如，欲在某一范围内进行一次电视机质量评比，评出各种牌号的等级或名次。要求被调查者"根据下面的评分标准，给下列牌号的电视机质量评定分数，分数填入括号内。"

a. 上海（　）	评分标准	
b. 飞跃（　）	很好	10分
c. 金星（　）	较好	8分
d. 西湖（　）	一般	6分
e. 熊猫（　）	较差	4分
f. 牡丹（　）	差	2分
g. 黄河（　）		
h. 北京（　）		

9. 过滤式问句

过滤式问句，是逐步缩小提问范围，引导被调查者很自然地对所要调查的某一专门主题作出回答的问句形式。这种询问法，不是开门见山，单刀直入，而是采取投石问路，引水归渠的方法，一步一步地深入，最后引出被调查者对某个所要调查问题的事实想法。这种问句形式通常用于了解和调查者对回答有顾虑或者一时难以直接表达的问题。例如，某企业欲了解消费者对购买电视机是否影响孩子学习的意见。若一次性提问（非过滤式提问）：

"你不购买电视机是怕影响孩子的学习吗?"

上述问句会给被调查者一种很唐突的感觉，是不妥的提问法，因为不购买电视机往往是多种原因引起的，很难直接回答，可用如下过滤式问句提出问题：

"你对电视机印象如何?"

"你是否限制孩子看电视?"

"你认为看电视有什么坏处吗?"

"有人说看电视对孩子学习有影响，也有人认为看电视设有影响反而有好处，你是如何看待这个问题?"

从上面的例句中，我们可以看到，通过调查人员的逐步引导，使被调查者有一个逐步考虑问题的过程，从而自然真实地回答了调查者的问题。

掌握贸易情报确保交易安全有效

美国加州的采购商在中国上海的贸易谈判异常顺利。某进出口公司上海分公司仿佛对这家远在地球另一端的采购商了如指掌，从最初联络、沟通、寄样到谈判、报价、供货周期等一系列交易细节的确定，都高度符合该采购商的要求和习惯。

异常顺利，异常短暂，一笔国际贸易订单成交了。加州的买家庆幸自己遇到了一个非常合适的合作伙伴，中国上海的卖家庆幸自己利用了领先的商业手段——贸易情报。

伴随着信息技术的高速发展，中国进出口贸易情报服务已经渐渐被广大企业所接受。中国企业广泛地采用贸易情报分析全球市场的成交量、价格走势，进行市场对比和分析，并积极开拓国际市场，通过贸易情报增加出口订单，出口型企业正在试图以贸易情报决策全球市场。

这家进出口公司上海分公司去年年底开始应用贸易情报，在加州的采购商到上海之前，他们就已经通过贸易情报详细分析了这个买家的“基本面”。对于这个买家的信用，供应商状况，采购量需求，交货周期，甚至包装和运输方式都了如指掌，这就不难解释为什么他们与这个加州采购商如此“合拍”了。

第一手情报可以帮助企业提高利润、降低客户流失、监控全球市场，而且可以在国际市场上做到先知先觉，知己知彼，防止落入商业信用陷阱。弗英荷资讯运营总裁杨垒先生说：“贸易情报的应用已经成为中国企业国际贸易的必备工具，更成为企业开拓国际市场战略成败的关键所在。”

贸易情报在中国的发展也有诸多的不完善。目前市场上资讯服务商的服务能力参差不齐，一部分“作坊式”企业根本没有情报数据库，只能称为“虚拟情报服务商”；还有企业打着资讯服务的幌子，进行数据盗版、商业欺诈等违法活动。企业一旦选择了此类服务商，不但无法发挥“国际市场决策”的功能，甚至会做出错误的商业决策，带来极大的经济损失。

企业在选择服务商的时候需要遵循一定的标准。

第一，要看贸易情报服务商的基本资质。

首先，专注于资讯情报领域服务的企业，名称一般为“××资讯有限公司”，所以评估一个贸易情报服务商的第一步要看企业的名称是否包含“资讯”二字。

其次，通过服务商规模和形象综合考量企业实力。通过媒体报道、外界评论评估其公众形象尤为必要。例如，如果服务商连最基本的“印刷品资料”都没有，又如何能够持续提供情报信息呢?

第二，要看情报服务商的技术实力和数据处理能力。

贸易情报服务商宣传的例如“买家监控”、“竞争对手监控”等项目，说到底还是需要技术来实现的，没有技术保证，一切都是空谈。

首先，贸易情报关键在于应用，没有一个智能化的软件作为应用载体，批量信息无异于“垃圾数据”。所以企业重点要看服务商是否提供数据的“初步筛选”，提供企业需要的信息，而不是一股脑地将所有数据给企业自己使用。另外要看软件的搜索、查询功能，各种统计报告是否完善，这个方面为重中之重。

其次，资讯服务从技术角度可以理解为“不规则数据的智能筛选”服务。一般的资讯服务商都要具有“千万级”以上的数据处理能力。作为用户，可以尝试查询一些贸易情报，看服务商能否按时、按量提供查询结果，以此评估服务商的数据处理能力。

再次，信息安全涉及企业在购买之后使用过程中的安全程度，如信息系统的保存安全、抗病毒性、防泄漏安全等。选择合适的服务商，可以让企业在应用的过程中不会有丝毫不适，具体的应用人员和企业都会后顾无忧。

【复习思考】

一、简答题

1. 市场调研的内容有哪些？
2. 物流市场调研的内容有哪些？
3. 请简述市场调研的基本步骤。
4. 市场调研的方法有哪些？
5. 请简述调查问卷设计的基本程序。
6. 调查问卷的设计应注意哪些问题？

二、讨论题

1. 有人说市场调研是走过场，你怎么看？为什么？
2. 请通过网络查找信息——决定物流企业成败的案例，和大家一起讨论其中的原因。

【实习与实训】

1. 请选择一个物流服务产品或者内容，制作一份市场调研计划。
2. 请针对校园快递市场，设计一份校园快递市场的调查问卷。
3. 请结合本地区的物流发展情况，设计一份物流服务质量满意度调查问卷。

第三章　物流市场环境分析

☞知识目标

1. 理解营销环境的基本涵义、特点和市场分析的重要性。
2. 掌握物流市场环境分析过程。
3. 掌握宏观环境分析、中观环境分析、微观环境分析的基本内容和方法。

☞能力目标

1. 能够熟练运用 PESTEl 分析模型、波特五力分析模型、SWOT 分析模型。
2. 能够初步分析物流企业所处的市场环境。
3. 能够初步写出物流企业所处市场环境相关分析报告。

第一节　物流宏观市场环境分析

【课前预习思考题】

1. 宏观市场环境分析的重要性体现在哪些方面？请举例说明。
2. 宏观市场环境分析包括哪些内容？物流宏观市场环境分析包括哪些内容？
3. 如何进行宏观市场环境分析？
4. 如何撰写一篇宏观市场环境分析报告？

【案例引入】

“人人快递”被毙对中国物流业创业者的警示

今年（2015 年），上海“人人快递”被地方邮政管理部门依法叫停，一种互联网的 P2P 思维模式应用到物流领域的商业案例彻底被搁浅。

“人人快递”为什么被毙？主要原因分析如下。

1. 不懂快递监管规则，被掐死穴

民营快递企业，在中国都是偷偷摸摸发展的，包括顺丰、三通一达在内的快递在刚刚起步时期，都是打着各种政策的擦边球，偷偷摸摸发展的。刚起步阶段，多数企业的运营管理根本不符合国家邮政局监管规则。曾经快递的管理规则与邮局信函规则同样监管，随着电子商务的发展，才有今天快递与信函的差异。“人人快递”打造的是P2P商业模式，依托互联网搭建中间商业平台，在监管上存在多种漏洞。一旦涉及非法快递的商品，根本无法监管。所以说是其发展的重要死穴。

2. 名字，致命的伤

“人人快递”这个名字，在其定位上是能够精准表达商业模式的。另外一个角度看，其成与败，都与这个名字密切相关。如果名字中不带“快递”两个字，或许在启动初期能逃避监管，比如叫“人人捎带”、“顺手捎带”，这样或许能够打着擦边球孵化出这个平台，同时抢注“人人快递”的品牌，孵化城市，风险可控之后再升级成“人人快递”。

3. 推动方式失误

在今年3月，媒体报道“人人快递”事件。追溯其新闻源头，最先报道的媒体是《每日经济新闻》。媒体的报道给“人人快递”带来很大的推广和营销价值，恰恰“人人快递”利用媒体的爆料，目的很明显：市场推广，让更多的人加入这个平台；吸引投资。

“人人快递”作为移动互联变革传统物流服务变革的试水者，特别是在物流行业监管不成熟的今天，选择这样营销方式，过度在社会层面曝光，是直接让其毙命的重要因素。

（资料来源：中国物流与采购网，http：//www. chinawuliu. com/cn/xsyj/201503/03/299024. shtml）

问题：

1. 你听说过“人人快递”吗？

2. 根据案例，你认为“人人快递”被叫停的原因有哪些？

3. “人人快递”被叫停对你有何启发？

一、物流市场营销环境概述

任何物流企业都是在一定环境中从事营销活动的，环境的特点及其变化必然会影响物流企业活动的方向、内容等。环境分析的目的，主要是为了识别环境中影响物流市场营销的各种因素及其变化趋势，认识这些因素对物流营销活动的影响机理，发现环境带给企业的机会与威胁，以及揭示物流企业与竞争者相比较所具有的优势与劣势，进而为建立营销战略服务。

（一）物流市场营销环境的含义

市场营销环境是指与企业营销活动有潜在关系的所有外部力量和相关因素的集合。物流市场营销环境则是指与物流企业市场营销活动有关的各种外界条件和因素的综合。任何物流企业从事营销活动，都会受到来自企业内部与企业外部各种因素的影响。这些因素归纳起来有三大类：宏观环境、中观环境和微观环境。宏观环境是指巨大社会力量，包括人口、政治、经济、法律、科技、社会习俗及自然地理环境等多方面的因素。中观环境是指企业所处行业环境，包括行业的发展趋势、行业景气度、行业竞争激烈程度、行业成熟度、行业供应链完善程度等。微观环境是指与企业紧密相联，直接影响其营销能力的各种参与者，如企业的供应商、顾客、直接竞争者和影响营销管理决策的企业内部各个部门。

微观环境直接影响和制约物流企业的市场营销活动，而宏观环境、中观环境主要以微观营销环境为媒介间接影响和制约企业的市场营销活动。宏观环境的变化非物流企业所能控制，它常常给企业带来机遇与挑战。在进行环境分析过程中，一般按照宏观环境、中观环境和微观环境思路来分析，但是这三者之间没有绝对的界限。

（二）物流市场营销环境的特征

分析环境，必须了解环境，掌握环境的性质、特征和变化趋势。物流市场营销环境具有以下几个方面的特征。

（1）客观性。物流企业市场营销环境不以营销者意志为转移而客观存在，它有着自己的运行规律及发展趋势。环境的客观性表明，任何主观臆断营销环境及发展趋势的做法，必然会导致营销决策的盲目与失误，造成营销活动的失败。客观性要求物流企业的管理者能积极地适应环境，寻求和把握企业生存和发展的机会，避开环境可能给企业造成的威胁。

（2）多变性。多变性主要是指构成物流企业市场营销的各种外界环境因素，由于种种原因，总是处于一种动态的变化过程中。经济波动、能源危机、技术革命等环境因素的变化都会给物流企业带来巨大影响，要求物流企业能建立面向市场环境变化的快速反应机制，及时调整营销策略。

（3）相互关联性与相对分离性。相互关联性是指影响物流企业的营销环境不是任何一个单一因素作用的结果，而是由一系列相关因素所组成的综合体共同影响的结果。如一个国家的体制、政策与法令总是影响着该国的科技、经济的发展速度和方向，从而改变社会习惯；同样，科技、经济的发展，又会引起政治、经济体制的相应变革。环境因素间的关联性，给企业营销带来了复杂性。同时，在某一特定时期，环境中某些因素又彼此相对分离，各因素对企业营销活动影响大小不一样。如在政局稳定的和平时期，经济、科技、自然因素对企业营销影响的作用大；而在战争时期，军事、政治因素的影响强烈。此外，不同的环境因素对不同的营销活动内容影响不同，影响环境因素的相对分离性为企业分清主次环境提供了可能。

（4）不可控性与企业的能动性。不可控性是指外部环境因素的变化，对物流企业来讲是不可能控制的。如国家关于物流产业的政策、顾客对各种运输方式的选择、其他物流企业开辟新的运输方式等。对于复杂多变的整体市场营销环境，物流企业不能控制它，只能去适应它；对于物流市场营销环境因素中的绝大部分单个因素，物流企业也不能控制。但是物流企业可以通过本身能动性的发挥，如调整运输线路、调整渠道策略、调整促销策略、进行科学预测或组成企业联盟等，可以冲破环境的制约或改变某些环境因素，从而实现物流企业的经营目标。

二、物流宏观市场环境分析

宏观市场环境包括政治、经济、社会习俗、科技、环境、法律法规等因素。这些因素的存在和变化会对企业营销活动产生各种影响，需要密切关注。在企业进行市场宏观分析时常用 PESTEL 分析模型。

物流宏观市场环境分析除了要对以上因素进行分析外，还要结合物流产品的特性对地理环境、物流基础设施、区域产业发展规划与布局等因素进行全面了解。

PESTEL 分析模型是分析宏观环境的有效工具，不仅能够分析外部环境，而且能够识别一切对组织有冲击作用的力量。它是调查组织外部影响因素的方法，其每一个字母代表一个因素，可以分为 6 大因素：政治因素（Political）、经济因素（Economic）、社会因素（Social）、技术要素（Technological）、环境因素（Environmental）和法律法规因素（Legal）。

（一）政治因素

在此分析模型中政治因素主要指一个国家的经济体制，社会制度的稳定性，政府政策的延续性，政局的稳定性。企业的健康长久可持续发展是建立在社会制度的稳定性和政局稳定的基础之上的，政治的不稳定是企业长久生存和发展的最大威胁。

国家经济体制。它是一个国家组织整个经济运行的模式，是该国基本经济制度的具体表现形式，也是本国宏观政策制定和调整的依据。它由所有制形式、管理体制、经济方式组成。

政局和政治事件。此项内容包括政治稳定性、社会治安、政府政策延续性、政府机构作风、政治透明度等。如果一国政局稳定性较差，国内各类政治冲突（如政局动荡、政府更迭等）、骚乱、内战和暴力等时有发生，就会对经济贸易活动带来直接影响，直接或者间接地影响物流活动。

国家经济政策。国家的方针政策是根据政治经济形势及其变化的需要而制定的，往往带有扶持或者抑制、提倡或禁止等倾向性特点，直接或间接地影响着物流企业的营销活动。对物流企业来说，国家经济政策主要表现为产业政策、能源政策、价格政策、环保政策以及财政与货币政策等。就产业政策而言，国民经济和社会发展“十二五”计划纲要指出，要大力发展物流产业，从而确立了现代物流在国民经济运行中的重要地位和作用。同时我国本届政府全力推动我国经济发展全面转型，淘汰低端制造业，培养高端制造业，改变单纯追求 GDP 增长模式，实现经济有质量的中速增长，这一经济策略成为“中国经济新常态”，对我国物流业的发展有重大影响。

（二）经济因素

这里的经济环境是指与物流企业市场营销活动有关的发展趋向及其性质。政治法律环境中的许多因素实际上是通过经济环境作用于物流企业的，因此经济环境对物流企业营销活动的影响最直接，也是最主要的环境因素。对经济环境，可以从宏观经济环境和微观经济环境两个方面加以分析。

宏观经济环境通常指一国的国内生产总值及其发展变化情况、社会总供给与社会总需求的状况及变化趋势、产业结构、物价水平、就业以及国际经济等方面的内容。国民经济持续稳定增长与繁荣肯定会为物流企业的生存和发展提供有利机会；反之，就会带来困难和威胁。另外，世界经济和国际贸易的发展变化也会对物流企业特别是从事国际经营活动的物流企业产生巨大影响。一般说来，世界经济的高速增长会导致国际贸易的相应增长，从而使得物流频繁，物流市场繁荣；反之，就会使物流业出现萧条和不景气。

微观经济环境主要是指物流企业所在地区或所需服务地区顾客的社会购买力、收支结构以及经济的迂回程度等造成物品的流量与流向情况。这些因素直接决定着物流企业目前及未来的市场规模。

（三）社会因素

社会因素包括人口的数量、人口的结构（年龄结构、性别结构、家庭结构、受教育程度、社会结构以及民族结构）、人口流动率、人口的地理分布和人均可支配收入、社会保障制度、市场成熟度、价值观、宗教信仰、伦理道德、风俗习惯、审美观念等因素，它影响着人们的欲望与行为。

（四）技术要素

技术要素不仅仅包括那些引起革命性变化的发明，还包括与企业生产有关的新技术、新工艺、新材料的出现和发展趋势以及应用前景。随着科学技术的发展，现代化交通工具和高科技产品层出不穷，它们既为物流企业提高服务水平和质量提供了技术支撑，也为物流企业进行市场活动的创新提供了更为先进的物质技术基础。如 GIS（地理信息系统）、GPS（全球卫星定位系统）、条形码技术、RFID、卫星导航、立体仓库等已广泛运用到物流企业经营活动中，随着我国经济和网络购物的迅速发展，越来越多的新技术将应用到物流行业中来。

（五）环境因素

环境因素是指一个组织的活动、产品或服务中能与环境发生相互作用的要素。

营销学上的环境，主要包括自然物质环境和社会环境。自然物质环境提供给人类各种形式的物质财富，如矿产资源、森林资源、土地资源、水力资源等；社会环境提供人力资源。自然环境也处于发展变化之中。当代自然环境最主要的动向是：自然资源日益短缺，能源成本趋于提高，环境污染日益严重，政府和社会对环境保护干预不断加强。所有这些，都会直接或间接地给企业带来威胁或机会。因此，企业必须积极从事研究开发，尽量寻求新的资源或代用品。同时，企业在经营中要有高度的环保责任感，善于抓住环保中出现的机会，推出“绿色产品”、“绿色营销”，以适应世界环保潮流。比如，物流企业实现绿色物流。

（六）法律法规因素

组织外部的法律、法规、司法状况和公民法律意识所组成的综合系统。我国目前已经基本建立了满足社会主义市场经济要求的法律体系。作为 WTO 成员方，我国的物流企业还必须遵循相关的国际规则和行业惯例。物流企业要奉公守法，既要学会用法律来保护自己的合法权益，同时也要有社会责任感，注重全社会的整体利益和长远利益，防止对环境的污染和破坏。

【教学案例】

2014—2018 年中国零担物流行业市场调查及前景分析报告

第一章 全球零担物流行业市场运行形势综述

第一节 全球零担物流市场动态研究

第二节 全球主要区域零担物流市场运行形势透析

第三节 全球主要国家零担物流市场深度局势分析

第四节　2014—2018 年全球零担物流市场发展趋势预测解析
第二章　中国零担物流行业市场发展环境分析
第一节　2013 年中国宏观经济环境分析
第二节　中国零担物流行业政策环境分析
第三节　中国零担物流行业社会环境分析
第四节　中国零担物流行业技术环境分析
第三章　中国零担物流品牌市场整体运行态势剖析
第一节　中国零担物流行业市场供需状况
第二节　中国零担物流主要经销方式深度探讨
第三节　中国零担物流发展存在问题分析
第四章　中国零担物流市场品牌竞争力评估
第一节　中国零担物流品牌市场运行走势分析
第二节　中国零担物流主要品牌动态关注
第三节　中国零担物流市场销售策略探讨
第五章　中国零担物流销售渠道及盈利模式调研
第一节　零担物流销售渠道分析
第二节　零担物流经销模式研究
第三节　零担物流销售渠道管理基本要素分析
第四节　零担物流产品销售渠道控制五力模型研究
第六章　中国零担物流市场消费偏好深度实地调查
第一节　中国零担物流消费背景分析
第二节　中国零担物流消费市场状况分析
第三节　不同客户购买相关的态度及影响分析
第四节　中国零担物流行业的品牌市场调查
第七章　中国零担物流行业关键数据指标参考
第一节　中国零担物流行业主要数据监测分析
第二节　中国零担物流业务数据统计分析
第八章　中国零担物流主要区域与重点城市市场剖析
第一节　华北地区零担物流发展状况分析
第二节　华中地区零担物流发展状况分析
第三节　华东地区零担物流发展状况分析
第四节　华南地区零担物流发展状况分析
第五节　西南地区零担物流发展状况分析
第六节　东北地区零担物流发展状况分析
第七节　西北地区零担物流发展状况分析
第九章　中国零担物流市场竞争格局热点观察
第一节　中国零担物流竞争现状分析
第二节　中国零担物流集中度分析

第三节　中国零担物流提升竞争力策略分析
第十章　中国零担物流市场营销面临的机遇与挑战研究
第一节　中国零担物流市场营销面临的机遇
第二节　中国零担物流市场营销面临问题
第三节　中国零担物流企业应对挑战的策略研究
第十一章　2014—2018 年中国零担物流发展趋势与投资策略研究
第一节　2014—2018 年中国零担物流发展趋势预测分析
第二节　2014—2018 年中国零担物流市场预测研究
第三节　2014—2018 年中国零担物流未来发展预测研究
第四节　2014—2018 年中国零担物流投资策略专家研究
第十二章　2014—2018 年中国零担物流项目投资可行性研究
第一节　2014—2018 年中国零担物流投资吸引力分析
第二节　2014—2018 年中国零担物流投资风险研究
第三节　2014—2018 年中国零担物流投资可行性分析研究
第四节　2014—2018 年中国零担物流投资建议

（资料来源：豆丁网，http：//www. doc88. com/p-17160299089990. html）

第二节　物流行业市场竞争环境分析

【课前预习思考题】

1. 行业市场环境分析的重要性体现在哪些方面？请举例说明。
2. 行业市场环境分析包括哪些内容？物流行业市场环境分析包括哪些内容？
3. 如何进行行业市场环境分析？
4. 如何撰写一篇行业市场环境分析报告？

【案例引入】

中国海运货代市场五种力量的分析

1. 海运货代市场目前竞争情况

（1）海运货代业内竞争的基本情况。目前海运货代之间的竞争非常激烈。船公司办事处、无船承运人、国外货代在华办事处、挂靠在一级货代的实体、个人等都在参与海运货代市场竞争，形成了共同竞争的关系。

海运货代竞争主要集中在集装箱货源。集装箱运输已经实现高度标准化，托运人与海运代理多以 CY-CY 条款成交。标准的交易条款降低了海运货代的操作难度，导致海运货代的竞争主要基于价格及客户关系等因素。

（2）海运货代市场竞争主体情况。从海运货代排名可以看，海运货代市场份额分散，每家公司占据的数量都不能达到操纵市场的水平。但一些有船公司背景的海运货代，例如中远国际货运有限公司等市场占有率较高。海运货代凭借船公司背景推动市场份额的增长是不争的事实。

由于集装箱运输条款已经高度标准化，运价透明度高，这使海运货代主业获利能力低。对于传统的海运货代业务，降低成本的唯一途径就是要从船公司拿到比同行业低的运价，这要求海运代理要向船公司提供与低运价相匹配的高货量。为获得足够的货量，海运代理通过合作，集中集装箱货源，共同向船公司配舱，以争取低运价，并催生了货代联盟的成立。

(3) 海运货代市场的入门门槛极低。海运货代的入门门槛低，资产专用性差，进入、退出成本低，这吸引了货代入门者一般都从海运货代做起。

(4) 全球经济发展放缓，全球贸易增长放缓，中国的货物出口数量下降，海运货代需求不足。

2. 海运货代市场潜在竞争对手

(1) 集装箱班轮船公司是海运货代市场一支最具威胁性的力量。基于公平竞争和交易成本等要求，船公司是不允许经营国际货代业务的。但实际上目前相当一批外资船公司在口岸及内地的办事处从事揽货、销售、结算运费等货代业务，或以开展物流集运的名义，变相经营国际货代业务。

(2) 船代公司也是一支有实力的竞争力量。船舶代理公司的经营范围比较广泛，除经营船代业务外，还可以承揽货物，签发提单。依托船公司的支持，船代公司在运价、船期、签单等方面具较强优势，这将导致其经营海运货代业务比普通海运货代企业更具有竞争力。

(3) 外资货运办事处不容小视。目前海运代理市场上有大量的外资货运办事处。他们一般与外资公司国外总部签有委托合同，指定在华外资生产企业的货物必须委托给外资货运办事处代理，国内的海运代理几乎不能获得此类委托合同。

3. 海运货代替代服务的威胁

从名义上说，无船承运人可以说是海运货代最大的潜在替代者。据统计，在交通部备案的无船承运人65%左右是持有货运代理牌照的海运代理，其他无船承运人的身份为国外船公司、国外船公司驻华办事处或国外无船承运人驻华办事处。无船承运人制度实质上扩大了海运代理的经营主体范围。

第三方物流业务作为传统海运货代业务的替代品，它们将同传统海运货代企业展开竞争。部分海运货代企业已先行一步，向第三方物流业务转型。传统海运货代为托运人提供CY-CY服务，或加上拖车服务，勉强提供门到门服务。而第三方物流企业的服务在门到门的基础上，融入托运人的供应链，为托运人提供全面集成服务。

4. 海运托运人讨价还价的能力

随着海运货代市场的放开，无船承运人等经营主体的增多，运费、船期等信息的透明，托运人选择货代的范围和余地越加宽泛和自由。而且，大型托运人逐步通过公开招标的方式来选择海运代理，对海运代理提供的运价、服务要求更加苛刻。托运人同海运货代讨价还价的能力越来越强。

5. 船公司掌握话语权

海运代理作为船公司的代理，应与船公司是平等的委托关系。但目前能成为船公司的订舱代理和指定代理的海运代理数量不多，大多数海运货代在运价、舱位、签单等方面与没有货运代理资格牌照的其他代理几乎没有竞争优势。

从2003年开始，我国外向型制造业迅猛发展生成了大量集装箱货源，海运市场呈现出运力供不应求的状况，船公司与海运货代的地位发生了倾斜，海运货代全面落入下风。

更为严峻的是，船公司基于成本、网络等优势开始直接经营货代业务，正在以综合物流为目标从水上向内陆延伸，开始前向一体化运作。船公司目前正在利用多种竞争手段挤压货代企业的生存空间。在出口货物上，船公司以远低于给货代的价格，通过向直接托运人（出口商）直接报价的手段，轻而易举地抢走海运货代多年培养的客户。对于进口货物，船公司通过海外网络，用在信用证上“指定船公司”、“指定货代”的方式架空海运货代。在同海运货代签订舱协议时，船公司增加苛刻的限制性条款，用取消“箱贴”和货代佣金的办法削弱海运货代的生存空间。

为增强同船公司的讨价还价能力，海运货代联盟将会越来越多，但一定要形成共同的利益关系，这样的货代联盟胜算较大。

（资料来源：中国船舶网，http：//www.cnshiphet.com/）

问题：

1. 进行行业市场竞争环境分析的目的是什么？
2. 行业市场竞争环境分析主要包含哪些内容？
3. 通过中国海运货代市场五种力量的分析，可以得出什么结论？

物流行业市场环境包括现存竞争者、潜在加入者、替代品威胁、买方议价能力、卖方议价能力等。这些因素的变化，反映了物流行业业态的变动趋势，直接影响到企业的营销活动，物流企业需要密切关注。在进行物流行业市场分析时常用波特五力模型分析。

一、波特五力模型简介

波特五力模型，由迈克尔·波特于20世纪80年代初提出。通过五力模型分析，可以了解该行业的竞争规模和程度，揭示该产业的吸引力。波特五力模型中的五种力量分别为进入壁垒、替代品威胁、买方议价能力、卖方议价能力以及现存竞争者之间的竞争。图3-1给出了彼此的作用，形成行业运动的5种力量。

二、物流行业市场分析

（一）现有竞争者之间的竞争

现有竞争者之间的竞争手段主要有价格竞争、广告战、产品的拓展、渠道竞争、增加顾客服务等。对现有竞争对手的研究主要包括以下内容：

（1）行业内竞争的基本情况。竞争对手的数量有多少？分布在什么地方？它们在哪些市场上活动？各自的规模、资金、技术力量如何？其中哪些对自己的威胁特别大？对基

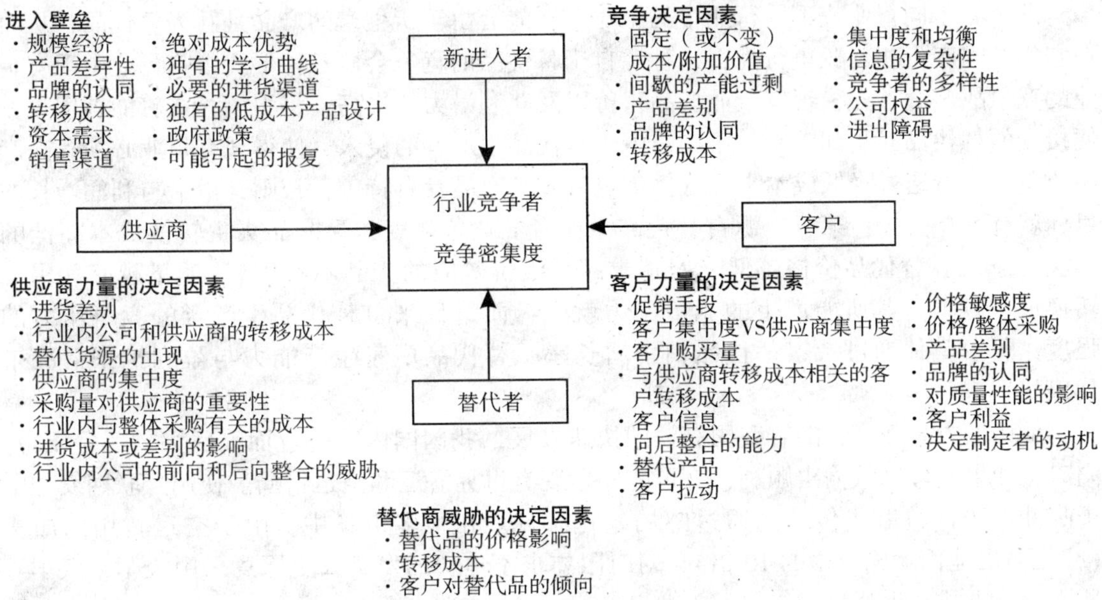

图 3-1　行业分析模型

本情况研究的目的，是要在众多的同行中找出主要竞争对手。

(2) 主要竞争对手的实力。找出行业内现有的竞争对手后，还要研究这些对手的竞争实力主要来源于哪些方面，是什么因素使其对本企业构成了威胁。只有深入地了解竞争对手的竞争实力，物流企业才有可能在知己知彼中制订出有效的对策。

(3) 竞争对手的发展方向。物流企业分析所处行业的竞争环境，不仅要研究自己与竞争对手的相对实力，同时还必须分析整个行业的竞争格局和主要竞争对手的战略动向，这样一来才可能制订出相应的竞争策略。竞争对手的发展方向，包括服务产品开发动向和市场拓展或转移动向。

（二）新进入者

任何一种产品或服务的生产经营，只要有利可图都可能招来新的进入者。由于新进入者怀有强烈的扩大市场份额的欲望，通常具备较充足的资源，以新的业务能力为进攻武器，其竞争力往往不容小觑。这些新进入的物流企业既可能给行业经营注入新的活力，促进市场的竞争和发展，也势必给现有物流企业造成压力，威胁它们的市场地位。对于物流业来说，新进入者威胁的大小由以下两点决定：市场上呈现的进入障碍和新进入者想象中的原有物流企业的反击力度、规模和持久性。如果障碍高或新进入者认为原有物流企业会坚决地报复，则这种威胁就会较小。新进入者进入威胁的大小是由进入壁垒和现存竞争者的反击所决定的。进入障碍包括规模经济、整合成本、产品差异、资本需要（例如冷链物流、远洋运输、航空运输等业务，需要大笔资金注入，一般的企业是无法进入的）、转换成本的能力、接近分销渠道的程度、与规模无关的成本（如产品专利、信誉、地理位置优势、政府补贴）。

（三）替代品的压力

两个处于同行业或不同行业中的企业，可能会由于所生产的产品是互为替代品，从而在它们之间产生相互竞争行为，这种源自于替代品的竞争会以各种形式影响行业中现有企业的竞争战略。首先，现有企业产品售价以及获利潜力的提高，将由于存在着能被用户方便接受的替代品而受到限制；第二，由于替代品生产者的侵入，使得现有企业必须提高产品质量、或者通过降低成本来降低售价或者使其产品具有特色，否则其销量与利润增长的目标就有可能受挫；第三，源自替代品生产者的竞争强度，受产品买主转换成本高低的影响。总之，替代品价格越低（对追求品牌溢价效应的产品不适用）、质量越好、用户转换成本越低，其所能产生的竞争压力就强；而这种来自替代品生产者的竞争压力的强度，可以具体通过考察替代品销售增长率、替代品厂家生产能力与盈利扩张情况来加以描述。

就运输方式而言，随着我国高铁的快速发展，我国国内航空业面临巨大的竞争压力。同时，如果我国高铁输出顺利，有可能颠覆现有世界海运和空运格局。使用互联网发送电子邮件正在日益取代传统的通过邮局发送邮件。在很多市场中，由于空运费用的昂贵（往往高出地面运输价格的10倍），对时限要求不迫切的发货人更愿意采用火车、汽车等地面运输方式托运货物。

（四）顾客讨价还价能力

顾客与物流企业讨价还价的手段主要有三种：压低价格、要求较高的产品质量、索取更多的服务项目。当出现以下一些情况时，顾客的讨价还价能力就会增强。

（1）大批量、集中购买。

（2）购买产品占其成本很大（顾客从物流企业购买的服务占其成本或购买额相当大的一部分，他们会竭尽全力争取每一个优惠价格；反之，对价格就不太敏感，甚至懒于议价）。

（3）购买标准服务产品。

（4）买方转换成本低。

（5）买方盈利低。

（6）买方采取“有限整合”，有条件纵向一体化。

（7）服务产品对买方产品的质量及服务无重大影响。

（8）买方掌握充分信息。

（五）供方讨价还价能力

供方向物流企业施加压力主要有两种方式：一是提价；二是维持原价，但降低其产品的质量和服务。当供方的压力足够大时，可以导致物流企业因无法使其产品价格跟上成本的增长而失去利润。供方压力表现为以下几个方面：

（1）当供方产业由几个企业支配，且其集中化程度比物流企业高时，供应商在向较为分散的物流企业销售产品时，往往能在价格、质量及交货期上施加一定的影响。

（2）当物流企业并非供方集团的主要客户物流服务商时，则供方往往会自抬身价。

（3）当供方产品成为物流企业的主要投入资源时，由于这种产品对物流企业提供物流服务的质量至关重要，使得供方在争价时又多了几块砝码。

(4) 当供方的产品已针对物流企业而差别化时，物流企业打“供应者牌”的可能性就变得非常小。

(5) 当供方表现出前向一体化的现实威胁时，物流企业在与供应商争价时底气明显不足。

对于一个具体物流企业而言，油料公司、运输工具制造商（货运汽车、远洋运输船舶等）、劳动力“组织”(如海员工会、码头工会等，若他们发生罢工事件，则物流企业损失巨大)、各类场站（如港口、机场、货运站)、运输工具租赁公司等都可能成为供方。例如一家航空货运公司的供方可能会涉及航空油料公司、飞机制造公司、航材公司、飞机发动机公司、工会、机场、飞机租赁公司等，而一家从事海洋运输的物流企业的供方则可能与燃料供应公司、船舶制造商、集装箱厂家、港口码头、海员工会、船舶租赁公司等有关。

【教学案例】

物流快递企业五力模型分析

随着电子商务的迅速发展，快递行业日渐兴盛。可用波特五力模型来分析快递行业。

1. 物流供应商

物流快递企业的供应商主要是运输类、软件技术类和人力资源。

(1) 运输是物流最基本的内容。快递业需要与铁道部门和航空部分密切合作。而这些企业有垄断性质，议价能力非常高。如果公司自己购买飞机等设备，成本相当高，对小的企业来说是不现实的。

(2) 软件技术提供对整个物流数据的录入、跟踪、查找和处理，通过必要的硬件技术和软件平台，实现对物流信息的集成式共享，优化物流配送以及质量评价。软件的开发成本非常高，可能给快递公司造成沉重的财政负担。

(3) 随着中国经济的发展，人民生活水平的提高，员工的工资水平也越来越高，这就增加了快递公司的经营成本。

2. 物流服务购买者

对顾客来说，价格和服务质量是其最关心的问题。民营快递的价格在市场竞争激烈的情况下调整很快。对于散户来说，其议价能力不高。但是对于大的公司客户，比如淘宝之类的，其议价能力相当高，使公司的利润率降低。

3. 替代品的威胁

快递业正处于发展阶段，其替代品较少。但是，随着科学技术的发展，网络虚拟交易的增加，无纸化办公的出现会导致快递业务量有所下降。

4. 新进入者的威胁

当前快递行业的利润较低，进入壁垒比较高。当前的威胁主要来自外资企业。随着中国对外开放的进一步深入，越来越多的外资物流公司进入中国市场。外资公司凭借着雄厚的资金和科技实力成为国内民营物流企业最大的威胁。

5. 同业竞争者的竞争程度

国内民营快递企业的主要竞争者有邮政的EMS、外资物流企业。

EMS在国内有完整的网络，能到达全国的绝大多数地方，这是国内民营快递公司所无法达到的。但是EMS的价格过高、服务质量差，这是其劣势。

外资物流企业实力雄厚，有充足的资金和先进的技术，是国内民营快递公司有力的竞争对手。虽然其在中国的网络还不够完善，但是已经在逐步提高当中。

以上就是快递行业的五力模型分析，总体来看，快递行业存在这么几个问题：软硬件设施不到位，人才缺失；当前快递行业的利润较低，进入壁垒比较高；但快递行业属于近些年兴起的朝阳行业，所以发展前景还是很好的。

第三节　物流竞争对手分析

【课前预习思考题】

1. 物流竞争对手分析的重要性体现在哪些方面？请举例说明。
2. 物流竞争对手分析包括哪些内容？
3. 如何对物流竞争对手进行分析？
4. 如何撰写一篇物流竞争对手分析报告？

【案例引入】

海尔进军物流行业SWOT分析

海尔做物流有着各方面的原因，外界环境提供给海尔可利用的物流资源并不能一下子达到海尔的要求，但同时还有其他的许多因素影响着海尔在这一问题上的决策。在此，让我们来对海尔做一个SWOT分析，看一看海尔在物流领域发展的态势。

一、优势

1. 海尔的品牌效应。
2. 全国范围内有较完善的网络。
3. 海尔物流业务规模大。
4. 企业资金实力雄厚。
5. 规模优势带来的成本的降低。
6. 企业成功运作的管理经验。

二、劣势

1. 进入一个全新的行业，前期投入巨大。
2. 企业旧的作业流程不利于新形势下的物流业务的运作。

三、机会

1. 目前我国的物流行业还不成熟，发展空间巨大，易形成企业新的利润增长点。
2. 在商业资本逐渐复苏的情况下，掌握流通就成为企业控制市场的关键。

3. 以物流来强化海尔的品牌，更能强化企业在家电领域的竞争力和地位。

4. 以公司国际化战略为目标发展物流，为企业进一步战略实施创造条件。

5. 依托企业的知名度，积极地引进专业物流人才，给他们充分施展的空间，加快企业物流的发展。

四、威胁

1. 家电行业竞争日益加剧，进军物流行业势必使企业战线拉长，影响海尔在家电领域的投入。

2. 国内物流市场竞争激烈，如果海尔进军物流领域失利，将给海尔的品牌带来负面影响。

（摘自《海尔企业微观环境分析》）

问题：

1. SWOT 分析的目的是什么？

2. SWOT 分析的优势是什么？

3. 根据案例信息，你认为海尔是否应该进军物流领域？如果进入，如何进入？

一、竞争对手识别

仅了解自己的顾客远远不能满足当前激烈市场竞争的需要，尤其是 20 世纪 90 年代以后，为了计划有效的竞争性市场营销策略，公司需要尽可能多地找出有关竞争对手的资料，必须经常与那些实力相当的竞争者在产品、价格、渠道和促销上做比较。这样公司才能找出自己潜在的优势与劣势，做到知己知彼，才能对竞争对手施以更有效的市场营销攻击，才能够防御较强竞争者的“攻击”。

因此，公司需要掌握谁是竞争者，他们的经营策略手段是什么及其反应模式，在做物流竞争对手分析时，我们可以采用 SWOT 分析法。

（一）竞争概述

1. 广义与狭义的竞争

正常情况下，识别竞争者对公司而言似乎轻而易举。长虹公司知道 TCL 公司是其主要竞争者，远大公司知道春兰集团与其竞争。在最狭窄的层次上，公司能阐明它的竞争对手就是以类似的价格提供类似的产品和服务给相同的顾客或其他公司的集团。

概括起来说，竞争包含非常广泛的含义，我们可以把竞争关系分为 4 个层次。

（1）最为广泛的，所有为争取某一部分顾客消耗其购买力的市场营销者之间都存在竞争。例如，由于某一顾客本月购买了房子，因此不能再购买摩托车。生产摩托车的哈雷公司可以把房地产公司看作是竞争者。

（2）缩小一点范围，提供部分或全部替代性功能产品的企业是竞争者。在此意义上，哈雷公司可以将通用、福特、丰田等汽车厂商看作是竞争者。替代性越全面，竞争性越强。

（3）再缩小一点范围，提供相同或类似产品的企业是竞争者，如哈雷公司与本田、川崎、雅马哈、宝马公司都是竞争者关系。这个层次的竞争关系是我们在谈及竞争时最普遍的含义。

（4）最后，从战略的观点，最为直接的竞争对手是采用相同的战略而竞争能力又非常接近的竞争者。

2. 四种层次的竞争

根据产品替代观念，我们可以区分以下四种层次的竞争者。

（1）品牌竞争。当其他公司以相似的价格向相同的顾客提供类似产品与服务时，公司将其视为竞争者。例如，被别克公司视为主要竞争者的是福特、本田、雷诺和其他中档价格的汽车制造商。但它并不把梅塞德斯汽车看成是自己的竞争对手。

（2）行业竞争。公司可把制造同样或同类产品的公司都广义地视作竞争者。例如，别克公司认为自己在与所有别家汽车制造商竞争。

（3）形式竞争。公司可以更广泛地把所有能制造提供相同服务的产品的公司都作为竞争者。例如，别克公司认为自己不仅与汽车制造商竞争，还与摩托车、自行车和卡车的制造商竞争。

（4）一般竞争。公司还可进一步把所有争取同一消费者的人都看作竞争者。例如，别克公司认为自己在与所有的主要耐用消费品、国外度假、新房产和房屋修理的公司竞争。

3. 确定竞争对手的方法

竞争者分析应当遵循从广泛到具体的程序，逐步理清竞争关系，最重要的是要确定影响企业生死存亡的竞争对手。

（1）描绘细分市场轮廓。

（2）列出在为细分市场和准备为细分市场提供产品和服务的所有竞争者。

考察这些竞争者的战略目标、战略途径、战略手段以及战略优势来源等战略要素，勾划出战略群（组）的差别。

（二）竞争者分析

1. 确定竞争对手的目标

确定了主要竞争对手之后，就要确定对手的经营目标。

我们可以这样假设，所有竞争者都只是为了追求利润最大化，从而采取适当的行动。但是这种做法会出现很大偏差，因为各公司对短期利润和长期利润的重视程度各不相同。有的竞争者可能倾向于市场份额的最大化，而不是利润的极大化，甚至是“满意”的利润。

因此，市场营销决策者还必须考虑竞争者利润目标以外的其他事情。每个竞争者均有目标组合，其中每一个目标的重要性不同。公司要知道竞争对手对其目前的“位置”是否满意，包括目前的利润水平、市场份额、技术领先程度等。另外，公司还需监视它的竞争者对不同产品市场细分的目标。如果公司得知，竞争者发现了一个新的细分市场，这就可能是一个机会，如果得知对手计划进入本公司所服务的细分市场，应做好充分的准备。

2. 确定竞争者的策略

公司间的策略越相似，它们间的竞争就会越激烈，在多数行业里，竞争对手可分为几个追求不同策略的群体。策略群体（Strategy Group）是指在一个行业里采取相同或类似策略的群体且在一个特定的目标市场上的一群公司。显然，策略群体内的竞争必然最为激烈，但各个群体间的竞争有时也相当激烈。首先，某些策略群体可能争夺重叠顾客的细分市场。例如，不论其策略是什么，所有主要家用电器的制造商都会选择新建住房和房地产开发商细分市场。再有，消费者可能看不出各个群体所提供产品之间的差别。最后，一个策略群体成员可能会采取扩展新的细分市场的策略，那么又如何确定竞争对手的战略呢？

战略途径与方法是具体的、多方面的，应从企业的各个方面去分析。从营销战略的角度看，本田的营销战略途径与方法至少包括这样一些内容：在产品策略上，以小型车切入美国市场，提供尽可能多的小型车产品型号，提高产品吸引力；在价格上，通过规模优势和改进管理降低产品成本，低价销售；在促销上，建立摩托车新形象，使其与哈雷的粗犷风格相区别。事实证明，这些战略途径行之有效，大获成功。相对应地，哈雷公司却没有明确的战略途径与方法。AMF 公司虽然也为哈雷公司注入资本提高产量，也曾一度进行小型车的生产，结果由于多方面因素的不协同而以失败告终。

3. 确定竞争者优势与劣势

公司要充分考虑评估每个竞争者的优势与劣势，公司可收集有关对手过去几年关键资料，包括销量、市场份额、利润率、现金流量及技术领先水平等。当然，有些信息可能不易获得。公司一般通过二手资料来了解有关竞争者的优势与劣势。他们可以通过与顾客、供应者和经销商合作进行原始的市场营销研究。当前，越来越多的公司采用优胜基准的方法在产品和工序方面与竞争对手相对比，以便找出改进业绩的方法。

4. 确定竞争对手的反应模式

仅仅知道竞争对手的经营目标和优势劣势是远远不够的，关键是要通过各种渠道来获知对手可能采取的行为，如削价、加强促销或推出新产品等公司举动的反应。

另外，还需充分考虑分析主要竞争对手的企业文化（包括经营哲学、经营理念等）。企业文化将直接影响其在市场营销中的经营策略，这对分析预测竞争对手的行为将有重要的参考价值。

每个竞争者对事情的反应各不相同。但概括起来，竞争对手的反应不外乎三种：其一，不采取行动；其二，防御型；其三，进攻型。这主要取决于竞争对手自己的战略意图及其所具有的战略能力，竞争对手是否对自己目前的形势满意，竞争对手受到威胁的程度。另外还取决于竞争对手的实力和信心，即他是否有足够的信心依靠现有的条件打败对手对其的威胁。

具体来说可分为五种反应模式：

（1）从容不迫型。某些竞争者对某一特定竞争者的行动没有迅速反应或反应不强烈，而只是坐观事变。他们可能认为某顾客是忠诚于他们的，也可能是由于他们没有作出反应所需的资金，还可能认为还未到“出击”的时机。公司一定要先弄清楚他们“镇静”的原因，以防止他们的突然袭击。

（2）全面防守型。这类竞争者对外在的威胁和挑战做出全面反应，确保其现有地位不被侵犯。但会使战线拉得过长，若资源不雄厚，会被其他竞争对手拖垮。

（3）选择型竞争者可能只对某些类型的攻击做出反应，而对其他类型的攻击视而不见。例如竞争者会对削价做出积极反应，防止自己市场份额减少（我国目前家电市场上就是这种情况，对于价格极为敏感，只要有一家削价，其他竞争对手都会不约而同做出反应）。他们可能对对手大幅增加广告费不予理睬，认为这并不能构成实质性威胁。为此，应了解这种类型的竞争者的敏感部位，避免与其发生不必要的正面冲突。

（4）强烈反击型。这一类型的公司对其所占据的所有领域发动的任何进攻都会做出迅速强烈的反应。例如，宝洁公司（P&G）绝不会允许一种新洗涤剂轻易投放市场。这种类型的公司一般都是实力较强大的公司，占有的市场份额具有绝对优势，否则没有实力对任何外在威胁采取行为。

（5）随机型。这类竞争者并不表露自己将要采取的行动。这一类型的竞争者在任何特定情况下可能做出反应，也可能不做出反击，而且根本无法预测他即将采取的行动。

5. 选择竞争对手

在进行以上分析后，公司应能够意识到市场上可与谁进行有效的竞争。经理必须决定与哪个竞争者进行最有力的竞争。公司就可把注意力集中在这一竞争对手上。

（1）强大或弱小的竞争对手。

大部分公司愿意选择比较弱小的公司作为其攻击的对手。因为这样做比选择强大公司作为竞争对手所需资金和精力都将会小得多。但从长远来看，公司则很难提高他们的能力，易于造成盲目乐观的心理。为此，从理论上讲，公司还应选择较强大的竞争者竞争，以便使他们有压力，来磨练自身的能力。在选择强大公司竞争时，关键是要努力发现强大公司的潜在及现在的弱点（即使再强大的公司也有弱点），并对其弱点采取有效行为，以便取得更多的回报。

评估竞争对手强弱的一种有用工具是顾客价值分析。在分析时，公司首先要识别顾客的重要属性和顾客将这些属性排名的重要性。其次，要评估公司和竞争者在有价值属性上的业绩。如果通过比较发现，公司在所有的重要属性方面均超过竞争对手，就可以通过制订高价策略获得更多的利润，或者在同样价格的条件下占有更多的市场份额。如果主要属性表现不如竞争对手，则必须想方设法加强这些属性，并且再挖掘其他能够领先竞争者的主要属性。

（2）靠近或疏远竞争对手。

大部分公司会与那些与自己实力接近的公司竞争。同时，公司还要尽量避免“摧毁”实力接近的竞争对手，否则会促使其与其他公司联合起来组成更强大的公司，成为自己更难对付的竞争者。

（3）区分“品行良好”与“品行低劣”的竞争对手。

每个行业中都包括“品行良好”和“品行低劣”的竞争者。一个公司应积极支持前者而攻击后者。从某种意义上讲，公司能够受益于竞争对手。如：他们可以增加总需求；导致更多的差别；分担市场开发及产品开发成本，并协助推出新技术等。

当然，公司也会发现，有些竞争者是“品质低劣”的，他们破坏规则，企图“购买”市场份额而不是通过自己的产品或优质服务。他们喜欢蛮干，在生产能力严重过剩时，仍然继续投资。如美国航空公司发现，德尔塔和联合航空公司是品行良好的竞争对手，而环球航空公司、大陆航空公司和美国西部航空公司为“品行低劣”公司，因为它们不断通过很大的价格折扣和过激的促销计划使航空业呈现不稳定状态。

因此，公司应注意分辨哪些属于“品行良好”的公司，哪些属于“品行恶劣”的公司。在授予特许权时，更应谨慎，以防授给“品质恶劣”公司，而使整个行业受损。

二、竞争模式分析

在市场营销学中，我们把对某种产品有现实需求和潜在需求的顾客群称为市场，把供给这些产品的企业群称为行业。

在市场经济中，行业的产生主要是由“看不见的手”塑造的。这只“看不见的手”即价值规律调节着资源的流向，从而导引了某一行业的形成或消亡。

人们有需要和欲望，因此也必然会有企业试图通过提供恰当的产品来满足这些需要和欲望，从而，一方面形成市场，一方面形成市场的对应者——行业。刚开始时，行业内的企业很少，市场增长较快，企业获利较高。随之，受行业利润的吸引，大批“淘金者”蜂拥而至，竞争开始了。随着顾客需要逐渐被满足，潜在市场也基本演变为现实市场，增长开始放缓，而进入行业的新企业仍在增加，原本已在行业内的企业也在扩大规模，争夺有限蛋糕的激烈竞争愈演愈烈，行业利润下降直到与其他行业相平甚至更低，行业内的企业或是主动撤离转向新兴行业，或是入不敷出而破产倒闭。最后，行业内会剩下少数几家实力强大的企业坚守阵地，形成寡头垄断，瓜分市场。

这种演进过程对不同市场和行业会有一定的差别，但对工业企业的竞争来说，这种演进过程是非常典型的。经济学家根据行业内企业是否对供给数量和供给定价有决定力量，将行业竞争结构划分为完全竞争、完全垄断、寡头垄断和垄断竞争四种类型，对我们认识行业竞争很有借鉴意义。

（一）完全竞争

完全竞争是经济学家最早识别的一种竞争类型。虽然市场中很少出现这种类型的竞争，但是它在某种程度上反映了市场环境的特点，是分析中非常有用的一个概念。通常只有具有以下特点的行业或局部市场，才可以称为完全竞争：（1）大量相对很小的竞争者；（2）竞争者相互之间的战略差别很小或没有差别；（3）新的竞争者可以自由进入该行业或市场。大量的小型竞争者，意味着一家企业的行为不会被其他竞争者所注意。由于竞争者之间的战略差别很小，价格、产品、经销方式和促销方法通常是相似的。良好的地理位置和营业时间的长短成为吸引用户的重要因素。能够随意进入，意味着新的竞争者可以不断进入该市场，而且老的企业可以不断退出该行业。除非一家资金力量非常雄厚的竞争者进入这一市场，而且改变了竞争环境，否则市场是毫无组织的，甚至是支离破碎的。企业所在区域范围内的用户数目和竞争者的数目决定了企业的利润和战略。

（二）垄断竞争

在垄断竞争的市场上，各类不同企业的战略开始出现明显的区别。虽然市场上依然具有许多竞争者，而且相对来说，进入市场比较容易，但是每一个企业都努力以某种方式让自己与竞争对手有所差别。市场上的产品、价格、经销方式和促销活动会出现较多的差异。或者竞争者在营销组合中的两个或三个变量上具有相似性，而在其他的变量上则会出现差异性，例如促销活动。在这种竞争环境中，每个竞争者能够更好地控制营销组合变量，因此可能出现战略多样化。

（三）寡头竞争

在寡头竞争中，竞争者的数目减少，并且市场进入的难度增加。市场上存在着少数几个相对较大的竞争者，也可能还存在着少数几个较小的企业。你可以清楚地识别市场上竞争者行动的特点，可以清楚地发现其他竞争者对竞争性措施的报复行动。在这种环境中，战略依然具有差异性，然而产品价格很可能没有差别。如果一家企业采用了价格竞争，并且顾客乐意用这家企业的服务代替其他企业的服务，其他企业必然会对这一情况作出反应，会继续展开价格竞争。如果一家企业能够为其他企业设立价格标准，那么它就具备了价格领导地位。

（四）垄断

垄断指市场中只有一家卖主。如果是自然垄断（电话公司、电力公用事业公司等），那么通常法律会对进入该市场做出各种限制。自然垄断通常是由政府在价格和经销方面进行管制。如果能够成功地建立非自然垄断，由于该市场上潜在的巨额回报，则通常会吸引其竞争者克服种种障碍，进入该市场，因此一般很少存在非自然的垄断。

三、产品市场强度分析

产品的市场强度分析是对企业当前销售的各种产品自身市场地位、成长性、收益性以及产品组合等方面进行分析。分析的结果将为改进产品和产品组合、加强销售活动和开发新产品指明方向。

（一）产品的市场地位分析

1. 产品知名度分析

产品的知名度是消费者对产品名称、商标、特点等情况有所了解的人数比例。消费者购买本企业产品的过程是从知名度开始的。因此，企业可通过各地区知名度的对比，发现现行的沟通策略中的问题，明确营销沟通的重点地区及沟通内容。

2. 消费者和中间商意见的分析

通过各种调查方法，了解消费者对企业的产品质量、价格、包装、销售服务等方面的意见和要求，产品在实际使用过程中的问题，如损伤、保管等不便之处，故障率的大小等，对于改进产品能够提供有益的启示。调查中间商对企业产品、交货期及协作态度等方面的意见，以及通过中间商进一步了解竞争企业的情况。

3. 市场份额和市场覆盖率

市场覆盖率是与市场份额相关的一个指标，是本企业产品投入地区占应销售地区的百分比。其计算公式如下：

市场覆盖率=本企业产品投放地区数/全市场应销售地区数

（二）产品的成长性分析

产品的成长性分析即将企业最近三五年的销售量或金额，按时间顺序画成逐年推移图来观察其增长趋势。分析时，常用以下几种比率来进行对比。

1. 销售增长率

销售增长率是本年度销售量与上年度销售量之比，用以评价产品销售量的增长状况，其计算公式如下：

市场增长率=本年度销售量（额）/上年度销售量（额）

2. 市场扩大率

市场扩大率是本年度市场份额与上年度市场份额之比，用以分析企业市场地位的上升状况。其计算公式如下：

市场扩大率=本年度市场份额/上年度市场份额

（三）产品的收益性分析

产品的收益性是决定经济效益的重要因素，企业应确立以高收益产品为中心的产品组合。收益性分析的主要内容是：

（1）进行销售额的ABC分析，以确定深入调查的A类重点产品；

（2）进行边际利润分析，以明确各种产品的利润贡献度；

（3）进行量本利分析，以查明经营安全率和确定目标销售量。

（四）产品强度分析

产品强度分析是企业的产品相对于竞争产品，在质量、外观、包装、商标、价格等方面所具有的优越性。它是衡量产品竞争性的指标。产品强度分析的主要方法是加权评分法。

（五）产品构成分析

产品构成分析是把企业各种产品的销售收入、边际利润率和销售趋势画在同一幅图上，对产品构成状况进行分析的一种方法。

1. 销售活动能力分析

销售活动能力分析是在产品的市场强度分析的基础上，以重点发展的产品或销路不畅的产品为对象，对其销售组织、销售成绩、销售渠道、促销活动、销售计划等方面进行分析，发现销售活动中存在的问题及原因，为制订提升战略、有效地开展销售活动提供依据。

2. 销售组织分析

销售组织不仅仅是推销产品的业务部门，还应同时具备进行市场调查、制订销售计划、开拓并建立销售渠道、开展促销活动、参与产品计划活动等机能。销售组织分析的主要内容如下：

（1）销售组织机构分析，调查分析销售部门的人员编制、业务分工、责权义务、管理方式等情况，绘出销售组织结构图，分析其组织机能的不足之处，研究改进措施。

（2）销售人员素质分析，调查分析销售人员的年龄、工作年限、学历、商品知识、销售技术、业务能力以及近年来的培训进修情况，对销售队伍的素质进行评价。

（3）销售管理资料分析，调查分析销售活动计划、统计报表、用户档案、市场调查资料、规章制度等是否完善，销售活动的控制和管理状况是否良好。

3. 销售成绩分析

销售成绩分析是从提高销售活动效率出发，发现销售管理的问题，为进一步深研提供线索，其主要内容是：

（1）计划完成率分析。把最近一年的销售成绩与销售计划和上年度进行对比，计算各目标计划完成率，绘制逐月推移图，分析各种计划的完成情况和差异的程度。

（2）地区发展性分析。计算产品在各个地区的销售收入和销售利润的构成比率，画出排列图，明确各个地区的重要性和发展性，确定应推进市场提升的重点地区。

（3）销售活动效率分析。根据各推销员的销售活动资料，计算各项表示销售活动效率的指标，并在各个推销员之间进行对比，发现推销员管理方面的问题，为培训、提高推销员的销售活动能力提供依据。

4. 促销活动分析

促销活动分析是对企业开展促销活动的方法、内容和效果进行评价，研究企业如何运用各种促销活动的组合，加强对市场的作用和影响，提高企业和产品的形象。

5. 销售计划分析

销售计划由预测销售、确定目标销售额、分解目标销售额和制订实施计划四个部分组成。销售计划分析着重分析销售计划编制的依据、编制方法的合理性、计划内容是否完善等。

四、企业市场能力分析

市场决策能力分析是以前述产品的市场强度分析、销售活动能力分析以及新产品开发能力分析的结果为依据，对照企业的经营方针和经营计划，指出企业在市场决策中的不当之处，探讨企业的中、长期市场营销课题和应采取的市场战略，以提高企业经营领导层的决策能力和决策水平，使企业市场提升富有成效。

汇总以后，企业的最大劣势及优势便可一目了然，如表 3-1 所示。

表 3-1　**市场决策能力分析**

	能力因素	现有能力的绩效			所需能力的重要性		
		较强	较弱	弱	高	中	低
市场营销能力	1. 企业知名度 2. 市场份额 3. 产品质量口碑 4. 产品成长性 5. 产品强度 6. 生产成本 7. 销售人员力量 8. 研究与开发创新能力 9. 与经济商具备的伙伴关系						

五、企业竞争战略

企业对自己在本行业中所处竞争地位的分析，是企业制订经营战略和策略的基础。企业竞争地位分析与行业发展有着密切的联系。在行业处于高速发展时期，由于每个企业都可以随着行业的发展而获得一定程度的发展，并在发展中获得收益，因而企业对竞争者的研究就相对少一些。在行业发展缓慢时期，就导致了竞争的加剧，企业就特别注重对竞争对手的研究，并经常向竞争者的弱点发起攻击，以改变企业的竞争地位。

在一个特定的行业中，企业的竞争地位可以用不同的指标来表示，例如，用相对市场占有率和企业的实力等来表示，也可以用不同方式表现出企业所处的竞争地位。

美国著名管理咨询公司的阿瑟·D. 利特尔把企业的竞争地位分为六种，每个企业可以在其行业的六种竞争地位中占有一种。

（1）统治地位。该企业控制着其他竞争者的行为，并且在经营战略上有广泛的选择权。

（2）强壮地位。该企业可以采取不危及自己长期地位的独立行动，而且它的长期地位也不受竞争者行动的影响。

（3）有利地位。该企业有力量来利用一些特定的战略，并且在改进它的竞争地位上有超过一般企业的机会。

（4）防守地位。该企业在足够令人满意的水平继续经营，但是，它的存在要得到占统治地位企业的容许，在改进其地位的机会上少于一般的企业。

（5）虚弱地位。该企业的经营业绩令人不满意，但还存在着一个改进的机会，它必须考虑是否要退出原市场。

（6）无活力地位。该企业的经营业绩太差，并且已经没有改善机会了。

每个企业都可以认识到自己所处的竞争地位。这将有助于企业决定在本行业中是否要采取扩张、维持、缩小或退出战略。

根据各企业在行业中所处的地位，美国著名市场营销学教授菲利普·科特勒把它们分成四类，即市场领先者、市场挑战者、市场追随者和市场补缺者。这种分类方法被世界许多国家所接受。

市场领先者掌握了40%的市场，拥有最大的市场份额。市场挑战者掌握了30%的市场，名列第二，而且该类企业正在为获得更大的市场份额而努力。市场追随者掌握了20%的市场，该类企业只图维持现有市场份额，并不希望打破现有的市场结构。市场补缺者掌握了剩余的10%的市场，这部分市场是大企业所不感兴趣的小细分市场。

（一）市场领先者

市场领先者，是指在相关的产品市场中占有最大市场份额，并且在价格变化、新产品开发、分散覆盖和促销手段上，对其他企业起着领导作用。

绝大多数行业都存在一个公认的市场领先者，其他企业都承认它的统治地位。市场领先者是行业所有竞争者的一个导向点，某一竞争者可以向它提出挑战，模仿或避免同它竞争。市场领先者除非享有合法的独占权利，否则它的经营生涯并不轻松，其他企业通常会抓住机会向它的实力挑战，或者试图利用它的弱点。因此，市场领先者必须时常保持警惕，不断地进行自我改造，使企业充满活力，否则很容易错过良机而下降到第二位或第三位。

居于市场领先地位的企业要想继续保持其市场领先地位，需要从以下几方面进行努力。

（1）企业必须找到扩大总需求的方法。处于统治地位的企业，由于其占有的市场份额大，通常在总市场扩大时得益也最多。为了扩大总市场，市场领先者通常采用以下几种方法。

第一，寻找其产品的新用户。如香水制造商利用市场渗透战略，说服不使用香水的妇女使用香水，利用新市场战略说服男子使用香水，利用地理扩展战略，把香水销到国外。

第二，寻找产品的新用途。企业可以通过发现和推广产品的新用途来扩大市场。

第三，说服消费者在各种场合更多地使用该产品。消费者更多地使用，该产品的销量就会增加，企业扩展市场的目的就能达到。

（2）企业通过良好的防御和进攻策略来保护现有的市场份额。市场领先者在努力扩大市场总规模的同时，还必须注意保护自己现有的市场不受侵犯。市场领先者为了保护它的地盘，一般采取两种防御措施，一种是静态防御，另一种是动态防御。

静态防御，又称阵地防御，是指市场领先者在企业周围建造一个牢固的守卫工事，以防止竞争者的侵略。这种防御是把企业的资源和精力用于建立保护现有产品和现有的经营活动上，因而是一种被动的、静态的防御措施，这种防御措施容易导致失败。

动态防御，又称进攻式防御。这是一种比较积极的防御措施，是在竞争对手向自己发动进攻前，先向对手发动进攻，使竞争者一直处于防守地位，而自己则从被动变为主动。一个有战略眼光的市场领先者从不满足于现状，而是一直成为本行业新产品构思、降低成本、顾客服务、分销效益等方面的领导者。最好的防御方法就是发动有效的进攻。有时，有效的进攻是在心理上展开的，并不付诸实践。市场领先者发出信号，劝告竞争对手不要进攻。

（二）市场挑战者

市场挑战者，是指那些积极向行业领先者或者其他竞争者发动进攻来扩大其市场份额的企业。这些企业可以是仅次于领先者的大公司，也可以是那些让对手看不上眼的小公司。只要是为了扩大市场份额，对市场领先者或其他竞争者发动进攻的企业，都可称之为市场挑战者。

（1）当市场挑战者在向竞争对手发起进攻之前，通常要确定竞争对手和目标。其进攻的对手可以是领先者，也可以是其他竞争者。挑战的目标一般是为了扩大市场份额。市场挑战者在选择对手和目标上，需要作一个系统的竞争分析。它必须收集、分析关于竞争者的最新信息。市场挑战者的竞争信息和分析系统必须能回答下列问题：

竞争者是谁？

每一个竞争者的市场销售额、市场份额和财务状况如何？

每个竞争者的战略是什么？

每个竞争者的优势和弱点是什么？

每个竞争者对环境、竞争和内部发展的反应如何？可能会有什么变化？

（2）在确定了对手和目标后，市场挑战者会集中自己的优势向竞争对手发起攻击，以达到自己的目标。挑战者对竞争对手的攻击主要有两种方式。

直接进攻，即直接地从正面向竞争者发起攻势。在直接进攻中，市场挑战者是针对竞争对手的产品、广告价格、包装等发起攻击，进攻若想成功，挑战者一般要有超过竞争对手的实力，否则难以成功。这种进攻方式实质上是向竞争者的优势展开进攻。

间接进攻。这种方式是挑战者避开直接向竞争者居优势的现行领域进行攻击，而是绕到竞争者的后方，攻击竞争者较薄弱而且较容易进入的市场，以扩大自己的资源基础和市场份额。间接进攻方式有三种方法：多样化地经营无关联产品。用现有产品进入新的地区市场，引入新技术开发换代产品。当换代产品的性能达到或超过现有产品时，挑战者就有力量向市场领先者发起直接的正面进攻。

（三）市场追随者

市场追随者，是指那些不愿扰乱市场形势的一般性企业。这些企业认为，他们占有的市场份额比领先者低，但自己仍可以盈利，甚至可以获得更多的收益。他们害怕在混乱的市场竞争中损失更大，他们的目标是盈利而不是占有市场份额。

实际上，并非所有屈居第二的企业都会向市场领先者进行挑战，而且市场领先者对争夺自己市场的挑战者决不会置之不理。如果挑战者的策略是在于降低价格，改进服务或增加产品特性等，那么市场领先者可以马上找到对策瓦解挑战者的攻击。一场恶战通常会使双方两败俱伤，这意味着挑战者进攻前必须三思而行。除非挑战者能发动一场先发制人的攻击，例如，以产品有重大创新等方式进行攻击，否则，市场挑战者最好是追随领先者。另外，市场追随者认识到，产品差异性和形象差异性的机会是很少的，价格敏感性又很高。为了不招致领先者的报复，市场追随者常常仿效市场领先者，为购买者提供相似的产品和服务。

市场追随者通常用三种方式进行追随。

（1）紧追不舍。追随者在尽可能多的细分市场和在营销组合领域中模仿领先者，追随者往往以一个市场挑战者的面目出现，但它如果并不激进地妨碍领先者，它们之间的直接冲突便不会发生。有些市场追随者在刺激市场方面很少行动，它们只希望在市场领先者开辟的领域中坐享好处。

（2）有距离地追随。市场追随者仅在主要市场和产品创新、价格水平和分销上追随领先者，在其他方面则同市场领先者保持一段距离。

（3）有选择地追随。此类企业不完全地追随市场领先者，而是有选择地进行追随。即根据自己的情况在有些方面紧跟领先者，以明显地获得好处，而在其他方面又走自己的路。这类企业可能具有完全的创新性，但它们又避免直接与市场领先者发生对抗。这类企业通常会成长为未来的市场挑战者。

（四）市场补缺者

市场补缺者，是指那些选择不大可能引起大企业注意的市场的某一部分进行专业化经营的小企业。

这些企业为了避免同大企业发生冲突，往往占据着市场的小角落。它们通过专门化的服务，包括对某一类型的最终使用者服务、按照客户的需要服务、专业化生产某一种有特色的产品、把销售对象限定在少数的几个特定的顾客等。

市场补缺者在经营上特点是：高度集中，不愿意样样都干，通常享有质量高、价格低的产品或服务，单位产品成本较低；在产品的研究和开发、新产品引进、广告、促销和人员开支上花费较少；优越的售后服务等。

市场补缺者成功与否的关键在于市场补缺基点的选择上。这些企业通常寻找一个或多个安全且有利可图的市场补缺基点。一个理想的市场补缺基点一般有下列特征：

（1）该补缺基点有足够的规模和购买力，企业有利可图；

（2）该补缺基点有成长潜力；

（3）该补缺基点被大企业所忽略或者不愿意满足；

（4）企业有市场需要的技能和资源，可以进行有效服务；

（5）企业能够靠已建立的顾客信用，进行自卫来抵制竞争者的攻击。

市场补缺者承担的主要风险是选定的市场基点可能会枯竭或受到其他竞争者的攻击，市场补缺者往往选择多个补缺基点，作为自己经营的领域，以增加企业的生存机会。

六、SWOT 分析法

SWOT 分析也称 SWOT 分析法。SWOT 分析法就是具体分析企业所面临的优势（Strength）与劣势（Weakness）、机会（Opportunity）与威胁（Threats）。SWOT 分析法常常被用于制订集团发展战略和分析竞争对手情况，在战略分析中，它是最常用的方法之一。进行 SWOT 分析时，主要有以下几个方面的内容。

（一）分析环境因素

运用各种调查研究方法，分析出公司所处的各种环境因素，即外部环境因素和内部能力因素。外部环境因素包括机会因素和威胁因素，它们是外部环境对公司的发展直接有影响的有利和不利因素，属于客观因素，内部环境因素包括优势因素和弱点因素，它们是公司在其发展中自身存在的积极和消极因素，属主动因素，在调查分析这些因素时，不仅要考虑到历史与现状，而且更要考虑未来发展问题。

1. 优势

优势是组织机构的内部因素，具体包括：有利的竞争态势；充足的财政来源；良好的企业形象；技术力量；规模经济；产品质量；市场份额；成本优势；广告攻势等。

2. 劣势

劣势也是组织机构的内部因素，具体包括：设备老化；管理混乱；缺少关键技术；研究开发落后；资金短缺；经营不善；产品积压；竞争力差等。

3. 机会

机会是组织机构的外部因素，具体包括：新产品；新市场；新需求；外国市场壁垒解除；竞争对手失误等。

4. 威胁

威胁也是组织机构的外部因素，具体包括：新的竞争对手；替代产品增多；市场紧缩；行业政策变化；经济衰退；客户偏好改变；突发事件等。

SWOT 方法的优点在于考虑问题全面，是一种系统思维，而且可以把对问题的“诊断”和“开处方”紧密结合在一起，条理清楚，便于检验。

（二）构造 SWOT 矩阵

将调查得出的各种因素根据轻重缓急或影响程度等排序方式，构造 SWOT 矩阵。在此过程中，将那些对公司发展有直接的、重要的、大量的、迫切的、久远的影响因素优先排列出来，而将那些间接的、次要的、少许的、不急的、短暂的影响因素排列在后面。

（三）制订行动计划

在完成环境因素分析和SWOT矩阵的构造后，便可以制订出相应的行动计划。制订计划的基本思路是：发挥优势因素，克服弱点因素，利用机会因素，化解威胁因素；考虑过去，立足当前，着眼未来。运用系统分析的综合分析方法，将排列与考虑的各种环境因素相互匹配起来加以组合，得出一系列公司未来发展的可选择对策（见图3-2）。

	优势 S	劣势 W
机会 O	SO 战略（增长性战略）	WO 战略（扭转型战略）
威胁 T	ST 战略（多种经营战略）	WT 战略（防御型战略）

图 3-2　SWOT 分析模型

【教学案例】

青岛港物流公司 SWOT 分析

青岛港物流公司是青岛港（集团）有限公司（以下简称青岛港集团）的全资子公司，目前拥有员工512人，1万平方米仓库4座，占地92万平方米。公司建立了专业化操作基地：出口拼箱基地、空箱分拨基地、海铁多式联运基地、危险品基地、集装箱维修基地等。公司下设8个基层单位，包括场站、铁路港站、集装箱维修中心、仓储中心、捷顺报关有限公司、海关查验平台服务队、神州货运代理有限公司和机械队等。

青岛港物流公司依托青岛港集团，在发展港口物流与提供第三方物流服务方面取得了一些成绩，但是总体上仍存在经营规模小、市场份额少、服务功能少、高素质人才短缺、融资能力弱、货源不稳定、网络缺乏等问题，综合竞争力不强。

一、竞争优势（Strength）

1. 装箱、拼箱、拆箱、出口集装箱场站、集装箱CFS服务及冷冻箱维修、箱管等服务

出口集装箱场站每月可操作出口箱量逾30000TEU，这是青岛港物流公司的传统业务之一，也是支柱业务之一，对公司收入贡献较大。

公司场站由原集装箱公司的集运干箱场站、集英冻箱场站、汽运场站、加工厂场

站组合而成，这些场站开展集装箱 CFS 服务及冷冻箱维修、箱管等服务已有十几年历史，而且都有各自的服务特色和客户群，几家场站一起划归物流公司可以优势互补、客户资源和服务设施共享，为客户提供更好的物流服务。

2. 铁路港站服务

青岛港物流公司拥有前湾港区唯一的铁路港站，可以提供铁路货物发送、接卸、倒箱等服务，港口和铁路部门联合开设了 5 个班列，可达成都、西安、郑州等内陆地区。这些地区及沿线货主出口货物可以用列车运至港站，港站给予办理铁路箱换箱下海或者卸棚车装箱下海等服务，方便了货主，减少货主运费支出，拉近港口和内陆地区的距离。而进口货物则可以直接在青岛港通关或者转关，然后在港站拆箱，将货物装棚车或者装铁路箱运至目的地，这样不仅解除了货主的还箱后患，为货主节约大量费用，还使货物运输时间大为缩短。

3. 货代、报关、报检等服务

青岛港物流公司与海关合作，报关场所占地 6 万平方米。拥有查验平台、过机房、汽车衡等设施，提供进出口海关查验、检验检疫服务。该业务属于半垄断性质业务，除青岛港物流公司之外，仅有大亚、捷丰等极少数场站可以开展检验查验服务，月查验箱量维持在 4000TEU 左右。该业务基本上无风险，随着进出口贸易量和海关监管力度的加大，查验量还会逐月增加，业务收入更会逐步上升。国际货代月操作进出口箱量约 2000TEU，月代理进出口报关、报检约 500 票，月代理公路运输约 500TEU。

二、竞争劣势（Weakness）

1. 发展规划不全

青岛港物流公司在企业管理、业务协调等诸多方面还不够顺畅，发展规划不全，缺乏一个全局企业规划。

2. 物流技术水平偏低

2004 年 1 月 1 日青岛港物流公司成立，青岛港集团并没有注入新的资金，只是将原来的 4 个场站、1 个港站和 1 个报关公司合并，整合原有资源进行运作。其中，集运场站、集英场站、港站、捷顺报关公司原隶属于青岛港集装箱公司，汽运场站隶属于青岛港汽运公司，加工厂场站隶属于青岛港加工厂。这些场站、港站及报关公司在和原隶属公司剥离后缺乏全面的物流经营经验和资源，因此，物流公司在成立之时并没有初始优势。经过 4 年发展，青岛港物流公司在物流技术、基础设施方面都取得长足发展，具有一定积累，但是，物流技术水平偏低、物流设施不完善的问题没有得到根本解决。

3. 人才短缺

当前在我国物流行业中，专业人才存在着较大的缺口，而青岛港物流公司的情况尤为突出。青岛港物流公司成立之初，由于对其经营状况没有十足把握，很多能够独当一面的业务人员选择了去薪酬更高的合资企业，其他一部分人也设法留在汽运公司或加工厂，而不愿去发展前景不明的物流公司。更有一些业务人员宁可辞职留在青岛市内另找工作，因为青岛港物流公司在前湾港区，远离青岛市区，上下班要奔波 3~4

个小时。因此，公司成立之初人员结构呈现年龄偏大、文化素质偏低、专业人员偏少的状况，这些因素制约着青岛港物流公司的进一步发展。

4. 经营规模小、服务水平低、网络化经营程度不高

青岛港物流公司虽已经营4年多，公司发展状况日益见好，经营规模有所扩大，服务水平也有很大提高，但是，和先进的物流公司相比，或和亿吨大港的发展前景相比，经营规模依然偏小，服务水平仍然较低，网络化经营程度不高，有待于进一步发展和提高。

三、机会（Opportunity）

1. 中央政府高度重视物流业发展

物流业的发展已引起中央高度重视，《“十五”规划纲要》明确指出要“积极引进新型业态和技术，推进连锁经营、物流配送、代理制、多式联运，改造提升传统流通业、运输业和邮政服务业”。这为我国物流业的发展勾画了宏伟蓝图，也为发展物流业提供了政策依据。面对这千载难逢的发展机会，企业发展条件已经成熟，可以抓住这个机会进行战略转型，寻求更大的发展空间。

2. 大量外资进入扩大了市场容量

由于我国在劳动力成本和原材料供应方面的比较优势以及巨大的市场前景，许多跨国企业在我国开业建厂，我国正在变成世界制造基地，成为全球制造中心。我国在成为制造大国、经济大国的同时也必将成为物流大国，大量外资企业的到来为我国物流市场增加了新的需求。显而易见，青岛港物流公司也将是这个不断扩大的物流市场的受益者。

3. 着力打造万国码头，为物流业发展提供发展机遇

2005年9月，青岛港招商局国际集装箱码头项目主体工程全面开工，项目由招商局国际码头（青岛）有限公司独资建设，总投资44.96亿元，占地265公顷，其中集装箱综合港区占地165公顷。建设6个集装箱专用泊位和2个3万吨级多用途泊位，岸线长2272米，工期3年。项目全部建成后，将形成年吞吐量250万TEU和60万吨杂货的通过能力。

此外，青岛港集团集装箱码头项目、青岛港迪拜环球码头项目、青岛港泛亚码头项目都在上报、审批过程中，这些项目的建设工期均为3年，全部建成后将形成8个5万~10万吨级泊位、吞吐量600万TEU的通过能力。青岛港海丰码头项目、董家口港区鲁能通用码头项目、鳌山湾港区等项目也在计划筹建中。

青岛港成为万国码头指日可待，这为青岛港物流公司的大发展提供了一个广阔的物流平台和一个供应链的整合载体，青岛港物流公司和其他物流企业一样面临着前所未有的发展和机遇。

四、威胁（Threat）

1. 人才竞争加剧

我国加入WTO已经6年，外资物流企业可以在华设立独资分公司，我国物流业的大门已经敞开。开放后的我国物流市场竞争将会十分激烈，中外物流企业将上演一场人才争夺大战。

外资企业进军我国市场首先要做的就是推行本土化建设，不惜重金利用各种手段从国内物流企业“挖”走高素质物流人才，势必加剧国内物流人才的竞争。青岛港物流公司也面临着这个威胁，成立4年多来，每年都有一些本科以上学历员工辞职离开。如何为人才成长提供适合的土壤，如何让有专长的人才留得下、干得好，是公司管理层已经意识到并在采取解决措施的一个大问题。

2. 市场竞争加剧，物流业面临重新洗牌

大量跨国物流企业的进入加剧了市场竞争，物流业面临重新洗牌局面，青岛港物流公司也在所难免。

(1) 一些大型跨国物流企业凭借强大的资金和技术优势、先进的管理经验以及遍布全球的网络优势全面进军国内市场，使得国内一些势单力薄的物流企业面临被淘汰出局的危险。青岛港港口西移战略实施之后，中远集团、中海集团、马士基、伊藤忠、菱光、住友、韩进海运、胜狮货柜、以星航运等世界500强企业和国内外著名物流企业纷纷在西海岸建设专业化的物流园区。

(2) 国内一些大型企业集团也在开发区致力于物流业的发展，以海尔、海信、澳柯玛、国风、颐中等工业园区为代表的企业迅速发展物流业，有的已经发展成相对独立的第三方物流企业。

(3) 一些有眼光的外资物流企业为了避免孤军作战、分散经营的局面而适时调整战略，加强联合，从资源、资金、网络的规模化入手，利用信息技术整合企业内部流程，通过兼并、代理等方式走规模化经营之路，一些业务已上轨道的本土物流企业会不断被不同的外国物流企业收购和整合。

面对来自四面八方的挑战和物流市场格局的转变，发展会越来越艰难。如何在激烈的市场竞争中取得立足之地，更好地在竞争中发展壮大自己，是青岛港物流公司必须面对的重大挑战。

五、青岛港物流公司定位与战略措施

1. 发挥港口行业优势，大力发展港口物流

青岛港集团作为青岛港物流公司的母公司和出资人，自然格外关注青岛港物流公司的发展，会从各方面为其发展提供方便。当前港口竞争已经从成本差异竞争转向质量竞争，进而转向服务竞争，而在以服务为核心的竞争中，物流服务是其中最重要的一环。港口有很多新的理念在发展，提升物流服务能力也是港口发展的一个新理念。因此，青岛港集团也希望借助青岛港物流公司的发展促进青岛港向第三代港口转换。

青岛港物流公司员工大多来自青岛港集团各个部门和QQCT、前湾、西港、大港等公司，这些职工有着常年的集装箱、件杂货、散货等货物运输装卸经验，具有各自的业务特长和密切的人脉关系，这也是公司发展港口物流的宝贵人力资源。

港口是一个资金密集型行业，属于国家优先鼓励发展的行业，与其他行业相比具有较强的发展优势，因此青岛港物流公司应当发挥港口行业优势，大力发展港口物流。

2. 以港口物流业务为主业，全方位发展物流服务

港口物流是一个多部门、多行业、多种经济形式综合的经济发展活动。港口有能

力组织物流链，从重传统功能转向重物流服务，并在围绕服务的同时利用现有资源发展产业链，这将是对现代物流业的贡献，也是港口物流企业的发展出路。

青岛港物流公司经过多年发展具备了发展全方位配套物流服务的能力。港口西移为青岛港物流公司发展全方位配套物流服务提供了有利条件，炼油、造船、集装箱制造等一批工业项目的发展为物流公司全方位发展物流服务增加了市场需求。一批批中外物流企业在开发区抢滩发展，加剧了青岛市物流服务市场的竞争。青岛港物流公司发展全方位配套物流服务是形势发展的需要，也是企业自身生存的需要。

3. 建设青岛港现代物流中心

青岛港建设现代物流中心的基础设施日益完备。此外，从青岛市的发展来看，西海岸出口加工区已经建成，物流业发展的舞台进一步扩大，为把产业和区位优势转化为经济优势，青岛市政府已明确提出建设中国北方国际物流中心的远大目标。为了实现这个目标，青岛港必须具备物流集散、货物存储、分拨、配送等物流服务和市场交易、信息管理、服务咨询等增值服务功能，必须通过提供多元化服务来挖掘“第三利润源泉”，开发包装、流通加工、储运、配送、免税自由贸易等物流功能，完善融资、报关、商检、货物保险、风险规避、信息交流、专业人员培训等辅助服务，提高综合物流效率。在继珠三角、长三角、环渤海湾地区等区域经济高速增长后，以青岛市为龙头的胶东半岛都市群已成为我国北方经济增长最快的区域之一，在全国经济格局中的地位明显上升，综合交通体系及对内对外开放的空间格局日渐凸显，人口、经济、城市总量规模不断扩大，而青岛市又是半岛城市群中最具发展活力的地区。

大物流形成大港口，大港口带动区域经济起飞。青岛港物流公司将顺应时代发展潮流，借天时地利之优势，致力于建设青岛港现代物流中心。

（资料来源：豆丁网，http：//www.docin.com/p-503142659.html）

第四节　物流消费者行为分析

【课前预习思考题】

1. 研究消费者的消费行为的目的是什么？
2. 消费者的消费行为有哪些特点？请举例说明。
3. 消费者购买动机有哪几种类型？
4. 请结合你对我国物流市场的了解，对我国物流消费者进行分类。

【案例引入】

买椟还珠

春秋时代，楚国有一个商人，专门从事珠宝生意。有一次他到齐国去出售珠宝，为了使自己的珠宝畅销，卖上好的价钱，他特意请了技艺高超的木匠，用名贵的木料造了许多小盒子。他还把盒子雕刻装饰得非常精致美观，让盒子发出一种香味，然后他把珠宝装在盒子里面。他的珠宝一拿到街上，就吸引了很多人围上来观看、购买。其中有一个郑国人，看见装宝珠的盒子既精致又美观，非常喜欢，就问这个商人："你的盒子卖吗?"商人很是奇怪，说："我的珠宝是天下最精美的、最光彩的，装在这个盒子里更是锦上添花。我是卖珠宝的大商人，不是卖盒子的小商贩。"那个郑国人没有理会商人的气愤态度，在很多珠宝中挑了一个，他认为这个盒子最精致，说道："我买这盒珠宝!"商人很高兴地卖给了他。这个郑国人付了钱后，却打开盒子，把里面的珠宝拿出来，还给珠宝商，兴高采烈地只拿着漂亮盒子走了。这就是买椟还珠的故事。

（摘自《中国成语大全》）

问题：

1. 小时候，我们是怎么解读这个故事的?
2. 如果站在市场营销的角度，你有什么感想?
3. 通过此案例，你有何启发?

一、消费者市场需求特点分析

消费品市场需求，是指城乡居民、社会集团在市场上获得必要生活资料的有支付能力的愿望和要求。它在市场购买行为研究中，具有十分重要的地位。

消费品市场需求，大致上有如下特点。

（一）消费需求的多样性

由于消费者的收入水平、文化程度、职业、性别、年龄、民族和生活习惯的不同，自然会有不同的爱好和兴趣，对消费品的需求也是千差万别的。这种不拘一格的需求，就是消费需求的多样性。

（二）消费需求的发展性

随着生产力的发展和消费者个人收入的提高，人们对商品和服务的需要也在不断地发展。过去未曾消费过的高档商品进入了消费市场；过去消费少的高档耐用品现在大量消费；过去消费讲求价廉、实惠，现在追求美观、舒适等。

（三）消费需求的伸缩性

消费者购买商品，在数量、品级等方面均会随购买水平的变化而变化，随商品价格的高低而转移。其中，基本的日常消费品需求的伸缩性比较小，而高中档商品、耐用消费品、穿着用品和装饰品等选择性强，消费需求的伸缩性就比较大。

（四）消费需求的层次性

如前所述，人们的需求是有层次的，各个层次之间虽然难以截然划分，但是大体上还是有次序的。一般说来，总是先满足最基本的生活需要（生理需要），即满足"生存资料"的需要，然后再满足社会交往需要和精神生活需要，即满足"享受资料"和"发展资料"的需要。也就是说，消费需求是逐层上升的，首先是满足低层次的需要，然后再满足较高层次的需要。随着生产的发展和消费水平的提高，以及社会活动的扩大，人们消费需求的层次必然逐渐向上移动，由低层向高层倾斜，购买的商品越来越多地为了满足社会性、精神性(“享受资料”、“发展资料”)要求。

(五) 消费需求的时代性

消费需求常常受到时代精神、风尚、环境等的影响。时代不同，消费需求和爱好也会不同。例如，随着我国人民文化水平的提高，对文化用品的需要日益增多。这就是消费需求的时代性。

(六) 消费需求的可诱导性

消费需求是可以引导和调节的。这就是说通过企业营销活动的努力，人们的消费需求可以发生变化和转移。潜在的欲望可以变为明显的行动，未来的需求可以变成现实的消费。

(七) 消费需求的联系性和替代性

消费需求在有些商品上具有关联性，消费者往往顺便联系购买。如：出售皮鞋时，可能附带售出鞋油、鞋带、鞋刷等。所以经营有联系的商品，不仅会给消费者带来方便，而且能扩大商品销售额。有些商品有替代性，即某种商品销售量增加，另一种商品销售量减少。如食品中的肉、蛋、鱼、鸡、鸭等，其中某一类销售多了，其他就可能会减少；洗衣粉销量上升，肥皂销量下降等。

二、消费者购买动机的分析

消费者富有弹性的购买行为都是在生理动机和心理动机支配下发生的。消费者的购买，必然直接或间接地表现在购买活动之中，影响其购买行为。

(一) 生存性购买动机

生存性购买动机出于人的生存要求。这是人人都具有的购买动机。饥则求食，寒则求衣，这是人类最基本而又是最普遍的生存欲望。在生存性购买动机的支配下，人们往往事先早已计划妥当或很自然地要求购买，在购买时较少犹豫，且不太注重商标，一般都是生活必需品。生存性购买动机，有时也与其他购买动机联系在一起，尤其表现在对所要购买的生活用品的外观、质量、性能和价格的选择方面。

(二) 习惯性购买动机

抱有习惯性购买动机的人，对所要购买的商品早有了解，购买时会不假思索地选中目标。对某种商品常常会执著地信任和偏爱。其心理状况往往是“你有千条计，我有老主意”，不为别人的劝说、非议所动。购买的对象一般都是普通生活必需品或烟、酒之类的嗜好品。具有习惯性购买动机的人，往往十分注重商品的商标，并牢牢地记得自己喜爱的商品商标。有一些为大众所称道的名牌高档商品，人们会自然地产生一种信任感，形成习惯性购买。

(三) 理智性购买动机

持有理智性购买动机的人，在购买商品前一般都经过深思熟虑。他们对所要购买的商品有足够的知识和经验，对其特点、性能和使用方法等早已心中有数，因而在品评比较时，不受周围环境气氛和言论的影响。在商品的选择过程中，他们除了注重外观和价格外，还着重检查商品的内在质量和特殊功能，并充分运用视觉、触觉、听觉等器官，以及记忆、想象和思维等方法，反复挑选，在恰当的时机立即决断。这类消费者在买货时，往往直奔目标，十分自信，一旦选中，不再退货。他们常常希望售货员认真配合他们进行挑选，但又不希望干涉他们的反复比较选择。

（四）自信性购买动机

具有自信性购买动机的人，在购买商品前一般都心中有数。对所要购买的商品，有自我确定的标准和选择的理由。他们不大受周围环境和他人的影响，即使临时改变主意，也是意料中的事。因此，在这种购买动机的驱使下，购买的选择性很强，选择面较窄。自信性购买动机类似于理智性购买动机和习惯性购买动机。但在所要购买的商品面前，其理智和冷静的成分更多一些。自信性购买动机是消费者在某时、某地或某种心境下所产生的购买欲望，他们往往认准了商品的某一特点而特别偏爱。所以在买下商品受到别人非议时，他们会寻找种种理由说服别人，并为自己的购买行为辩护。即使在购买发生失误的情况下，他也情愿坚持到底。

（五）冲动性购买动机

带有冲动性购买动机的消费者，在购买东西时，往往会被商品的外观、式样、包装的新奇所吸引、所刺激，缺乏必要的考虑和比较。他们的购买活动常常是：心头一热—买下再说—后悔不迭。他们事先一般没有明确的购物目标，往往是在浏览商品时无意中发现，引起了兴趣，决意购买，所以极易受周围环境、气氛和周围人们言论的影响，他们在选择时也常常心中无数。由冲动性购买动机支配下发生的购买活动，最易产生退货现象。只是在退货时，买者可以找出各种理由，但始终不好意思承认自己“不识货”。

冲动性购买动机与理智性购买动机是相互对立的。在日常的购买活动中，理智性购买动机并不多见；而冲动性购买动机却经常出现。即使是那些平时头脑比较冷静的人，在他所不了解的商品面前，也可能产生冲动性购买动机。这种购买动机往往会破坏原来早已安排好的购买计划，给消费者带来麻烦，所以需要人们随时注意控制。

（六）诱发性购买动机

这种购买动机的心理过程常常是：好奇性—探究竟—被说服—掏钱买。它与冲动性购买动机很相似，都是事先没有计划和考虑的偏重于感情的购买心理。但是两者又有区别，冲动性购买动机一般说来是主动的、迅速的，而诱发性购买动机则有一个被动、缓慢的过程。因此，它的后悔程度和退货率没有像冲动性购买动机那样高。诱发性购买动机主要受环境气氛和周围人言的影响和诱导。处理品、新奇产品、土特产品往往是产生这种购买动机的诱导对象。

（七）被迫性购买动机

抱有被迫性购买动机的人总是在不情愿的情况下，由于某种无法摆脱和回避的原因，不得不购买商品和劳务。这种消费者，并不是出于对商品的好感而是为了照顾某种人际关系违心地破费。它是买者在权衡各方面利弊之后，被迫以购买某种商品或劳务所作出的某种让步姿态。尽管购买的物品对自己可能无益，购买是被迫的，但从其他方面考虑，还是必需的。

（八）时髦性购买动机

时髦性购买动机是由于外界环境的影响或社会风尚的变化而引起的购买心理。消费者力图借所购买的商品达到引人注目，或显示主人身份和地位，或为了突出主人的形象、美化居处等目的。

时髦性购买动机与冲动性购买动机一样，都是受感情的驱使的。所不同的是，时髦性购买动机一般体现着人们对生活的向往和美好的追求，是生活水平逐步提高过程中自然产生的购买欲望。它不一定是在一时冲动下产生的，大部分经过长时间的考虑和比较，只要在力所能及的范围，一般没有什么不妥之处。

（九）保守性购买动机

在商品供过于求的情况下，人们较容易产生保守性购买动机，因为消费者在众多可供挑选的商品面前能够从容地进行挑选，不必心急，商品稍不如意，宁可等待。保守性购买动机是相对于冲动性购买动机或诱发性购买动机而言的。在商品紧缺、供不应求的情况下，较容易使人产生冲动性购买动机（或诱发性购买动机），因而此时人们颇有些“饥不择食”或不买就会“坐失良机”的心理。然而，在商品供过于求（或商品供应结构不合理所带来局部性供过于求）时，同类商品的竞争加剧，促使产品质量不断提高、品种花式不断增多、价格不断下降，这对消费者来说是十分有利的，他们自然要经过充分挑选，满足自己的愿望，竭力做到“买最有利的”。保守性购买动机与理智性购买动机相似，两者都在消费前要考虑再三。

三、消费者购买行为的分析

所谓消费者的购买行为，是指消费者为满足自己生活需要，在一定购买动机驱使下，所进行的购买商品的活动过程。消费者千差万别的购买行为，是以其千姿百态的心理活动作为基础的。消费者在购买活动中所发生的心理变化，是主观与客观的统一，是消费者对客观事物和本身需要的综合反映。这种复杂而微妙的心理活动，直接支配着消费者的购买行为，影响着实行购买的全过程，产生出各有差异的购买行为。

（一）从消费者购买目标的选定看购买行为

（1）全确定型。此类购买行为，是指在购买商品前，已有明确的购买目标，对商品名称、商标、型号、规格、样式、颜色，以至价格的幅度等都有明确的要求。采取这种购买行为的消费者进入商店后，一般都有目的地选择，并主动地提出需购商品，以及对商品的各项要求，可以毫不迟疑地买下商品，其购买目标在购买行动与语言表达等方面都能鲜明地反映出来。

（2）半确定型。此类购买行为，是指消费者在购买商品前，已有大致的购买目标，但具体要求还不甚明确，最后购买决定是经过选择比较而完成的。例如，洗衣机是其计划购买的商品，但购买什么牌子、型号、规格、式样等尚未作肯定。持这种购买行为的消费者，在进入商店后，一般不能明确、清晰地提出所需商品的各项要求，实现购买目标需要经过较长时的比较、评定才能完成。

（3）不确定型。这类购买行为在购买商品时没有明确的或坚定的购买目标，进入商店主要是参观，一般是漫无目标地观看商品，或随便了解一些商品销售情况，碰到感兴趣或合适的商品也会购买，否则不买商品就离去。

（二）从消费者购买态度与要求看购买行为

（1）习惯型。消费者对某种商品的态度，常取决于对商品的信念。信念可以建立在知识的基础上，也可以建立在信任的基础上。例如：保护身体安全的信念，满足情感需要的信念，值得信赖的信念，都能加深对某种商品的印象，形成一种习惯性态度；使之在需要时会不假思索地去购买。这就形成了购买行为的习惯性。属于此类行为的消费者，往往根据过去的购买经验和使用习惯进行购买活动，很少受时尚风气的影响。

（2）理智型。此类消费者购买行为以理智为主，感情色彩较少。往往根据自己的经验和对商品知识的了解，在采取购买行动前，注意收集商品有关信息，了解市场行情，经过周密的分析和思考，做到对商品的特性心中有数。在购买过程中，主观性较强，不愿别人介入。受广告宣传以及售货员的介绍影响甚少，往往是自己对商品作一番细致的检查、比较，反复地权衡各种利弊因素，才作购买决策，在作决定时，一般也不太爱动声色。

（3）经济型。持这种购买行为的消费者在选购商品时多从经济角度考虑，对商品的价格非常敏感。例如，有的从价格的高昂确定商品的优质，选购高档商品，有的从价格的低廉评定商品的品质，选购廉价商品。当然，价格选择的原因，很大程度也与其经济条件和心理需要有关。

（4）冲动型。持此类购买行为的消费者，个性心理反应敏捷，客观刺激物容易引起心理的指向性，其心理反应与心理过程的速度也较快。这种个性特征反映到购买的实施时便呈冲动型。此类行为，以直观感觉为主，新产品、时尚产品对其吸引力较大。他们一般对所接触到的第一件合适的商品就想买下，而不愿做反复选择比较，因而能快速地作出购买决定。

（5）感情型。这种购买行为兴奋性较强，情感体验深刻，想象力与联想力特别丰富，审美感比较灵敏，因此，在购买商品时容易受感情的影响，也容易受销售宣传的诱导，往往以商品品质是否符合其感情的需要来确定是否购买。

（6）疑虑型。这种购买行为具有内倾性的心理特征，持这种购买行为的消费者善于观察细小事物，行动谨慎、迟缓，体验深而疑心大，选购商品从不冒失仓促地作出决定，听取商品介绍和检查商品时，往往小心谨慎和疑虑重重，挑选商品动作缓慢，费时较多，还可能因犹豫不决而中断：购买时常常“三思而后行”，购后还会疑心是否受骗上当。

（7）不定型。这种购买行为常发生于新购买者。他们缺乏购买经验，购买心理不稳定，往往是随意购买或奉命购买；在选购商品时大多没有主见，表现出不知所措的言行。持这类购买行为的消费者，一般都渴望能得到商品介绍的帮助，并很容易受外界的影响。

（三）从消费者在购买现场的情感反应看购买行为

（1）沉着型。这种购买行为是由于消费者神经过程平静且灵活性低，反应比较缓慢而沉着，因此环境变化刺激对他们影响不大。持这种行为的消费者在购买活动中往往沉默寡言，情感不外露，举动不明显，购买态度持重，不愿谈与商品无关的话题，也不爱听有幽默感或玩笑式的语句。

（2）温顺型。有些人由于神经过程比较脆弱，在生理上不能忍受或大或小的神经紧张，对外界的刺激很少在外表上表现出来，但内心体验较持久。这种心理特征表现在购买行为上，一般称为温顺型。此类行为的消费者在选购商品时往往遵从介绍作出购买决定，很少亲自重复检查商品的品质。这类购买行为对商品本身并不过于考虑，而更注重服务态度与服务质量。

(3) 健谈型。有些人由于神经过程平衡且灵活性高，能很快地适应新的环境，但情感易变，兴趣也很广泛。这种心理特征表现在购买行为上就是健谈型或活泼型。持这类行为的消费者在购买商品时，能很快地与人们接近，愿意交换商品意见，并富有幽默感，喜爱开玩笑，有时甚至谈得忘乎所以，而忘掉选购商品。

(4) 反感型。此类消费者在个性心理特征上，具有高度的情绪易感性，对于外界环境的细小变化能有所警觉，显得性情怪僻，多愁善感；在购买过程中，往往不能忍受别人的多嘴多舌，对售货员的介绍异常警觉，抱有不信任的态度，甚至露出讥讽性的神态。

(5) 激动型。有的人由于具有强烈的兴奋过程和较弱的抑制过程，因而情绪易于激动，在言谈举止和表情神态上都有急躁的表现，这种心理特征表现在购买行为上，就是激动型或傲慢型。此类消费者选购商品时表现出不可遏止的劲头，在言语表情上显得傲气十足，甚至会用命令式的口气提出要求，对商品品质和服务质量的要求极高。

上述购买行为的分析还是很粗糙的，现实生活中消费者的购买行为远比此复杂得多。即使在同类购买行为里，由于消费者的性别、年龄、职业、经济条件和心理素质等方面的差异，以及购买环境、购买方式、商品类别、供求状况、服务质量等方面的不同，都会出现购买行为的差异现象。

四、消费者购买形态分析

购买形态主要是研究消费者何时、何地、如何购买，以及由谁来担任购买。

(一) 消费者何时购买

企业在市场营销活动中应注意了解消费者购买物品时间方面的特点，以便适时满足消费需求。例如，季节性的购买，一年中某个月份，一月中某个日子，一天中某个时间购买的人最多。具有季节性和节假日的商品，在淡季和旺季，逢年过节和平常时期，消费者购买活动大不一样。

(二) 消费者何处购买

研究消费者在何处购买，要从两个方面分析，即消费者在何处决定购买，以及在何处实际购买。有很多商品如家具、家用电器等，消费者在购买前往往是先在家中作出决定；而对某些商品如一般日用消费品、一般食品等，则在购买现场作决定。所以，企业在进行产品设计和拟订销售计划前，应充分了解消费者在何处决定购买，在此基础上做有针对性的包装设计、广告宣传和现场布置等，予以区别对待。分析消费者在何处实际购买，应使商业网点的布局尽可能适应消费者的需要，便利消费者购买。

(三) 消费者怎样购买

消费者如何购买，不仅会影响市场营销活动的状态，而且会影响产品设计、价格政策，以及营销计划的制订和其他经营决策。因而，工商企业都必须认真研究。例如，某些消费者特别重视价格，愿意购买最便宜的货物而不关心商品的厂牌、商标和商店的知名度；有的消费者宁可支付较高的价格，也不愿降低产品的信誉度和商店的知名度，希望购买到称心如意的商品；有的消费者要跑上很长一段路到专门的商店去购买，而不愿在近处购买；有的消费者急于得到某些商品，在目前支付能力不足时，希望能分期付款；等等。

（四）家庭消费中的决定、购买和使用

家庭是社会的细胞，是一个共同收入和消费的单位，所以研究购买形态，还必须分析在家庭消费中，由谁作出购买决定，由谁担任实际购买，买来后归谁使用。例如：生活必需品多由家庭主妇购买；一般耐用消费品或体积笨重、价格较高的用品，多由家庭中的男子担任购买者。另外，在不同的家庭决策下，购买行为会有很多不同。

五、消费者购买程序

分析消费者购买程序，一般可分为五个阶段（见图 3-3）。

图 3-3 消费者的购买程序

（一）引起需要

任何购买行为都是由动机支配的，而动机又是由需要激发的，所以需要是购买过程的起点。人们的需要可以由内在或外在的刺激引起：如饥、渴可以驱使人去寻找可供吃、喝的东西，而饮食店里色、香宜人的鲜美食品、饮料，也会刺激人的饥饿与渴饮感。市场营销也应十分注意唤起需要。企业应了解与其产品种类有关的实际上或潜在的需要，在不同时间这种需要的程度，以及这种需要会被哪些诱因所触发。这样，可以通过合理的、巧妙的、恰当的诱因，在适当的时间、地点，以适当的方式引起需要。

（二）收集资料

如果引起的需要很强烈，可满足需要的物品又易于得到，消费者就会希望马上满足自己的需要。在多数情况下，被引起的需要不是马上就能满足时，这种需要必然先进入人们的记忆中，作为满足未来需要的必要资料。由于需要会使人产生注意力，因此，可能促使其积极寻找或接受资料，也就是借助于对产品所积累的认识不断收集有关产品的情报资料，以便完成从知觉到坚信的心理程序，作出购买决策。

（三）比较估价

消费者利用从各种来源得到的资料，进行分析、对比，评价商品，作出选择。不同消费者评价商品的标准和方法，有很大差别。例如评价牙膏这种商品，有牙病者希望能防蛀，有的人喜欢香味，则选择芳香的味道。

（四）购买决策

并非所有感到有需要的人都会进行购买。有些人的需要在购买前的活动过程中，会逐渐衰退，或徘徊于“不确定”之中。消费者在采取购买行为前，须作出购买决策。购买决策是许多项目的总抉择，包括购买何种商品，何种牌号，何种款式，多少数量，何处购买，以何价格购买，以何方式付款，等等。消费者对某一项目作抉择时，又会受到许多因素的影响与制约。因此，在消费者的购买决策阶段，一方面要向消费者提供更多详细的有关产品的情报，便于消费者比较优缺点；另一方面，则应通过各种销售服务，造成方便顾客的条件，加深其对企业及商品的良好印象，促使作出购买本企业商品的决策。

（五）买后感受

消费者购买商品后，往往会通过使用，通过与他人交换意见，对自己的购买选择进行检验，重新考虑购买这种商品是否明智，是否合算，是否理想等，这就形成购买后的感受。由于有的消费者过高地估计了商品的质量，购买后对这种看法又产生了疑虑，即产生了认识上的不和谐性。这种不和谐性的强度，随着使用中预期效果的实现程度和需要的满足程度而发生变化。买后感受是一种重要的反馈作用。因为行为会影响态度，态度又会影响以后的行为，所以，如果已购买的产品不能给消费者以预期的满足，使其产生失望或使用中遇到困难，消费者就会更正其对那个商品的态度，并在今后购买行为中予以否定，不仅自己不会重复购买，而且还影响他人购买。

【教学案例】

美籍亚裔人的购买模式

在美国，有70%的亚洲人是移民，大多数年龄都在25岁以下。最近美国商务部统计局的统计数字表明，亚裔美国人是美国增长最快的种族亚文化群体。这一文化群体由中国人、日本人、菲律宾人、朝鲜人、亚洲印第安人、东南亚各国及太平洋岛国的人民组成。由于亚裔亚文化如此多种多样，要将这一群体的购买模式加以概括非常困难。有关亚裔美国消费者的研究提出，这一文化的个人和家庭可分为两个群体：(1)“同化的”亚裔美国人。他们精通英语，受过高等教育，担任专家和经理职位，表现出的购买模式与典型的美国人非常相似。(2)“未同化的”亚裔美国人。他们是新近的移民，仍保持自己原来的语言和风俗习惯。亚裔美国人这种多样化的语言、风格和口味的明显差别，要求营销者必须对亚洲各国有敏锐的认识。例如，美国安休斯——布希农场公司的农产品销售部所销售的8个不同品种的加州米，使各标以不同的亚洲标签，以覆盖一系列的民族和口味。该公司的广告还述及中国、日本、朝鲜对不同种类饭碗的各自偏好。

一些研究还表明，作为一个整体的美籍亚裔亚文化群体，具有一些共同的特征，如勤奋、家庭观念强烈、欣赏教育、中等家庭的收入超过白人家庭。而且这一文化也是美国最具创业心的群体，这可从亚洲人企业成员的表现得到证明。根据这些特质，美国大多会将亚洲人作为一个主要的保险目标市场。

六、生产者购买行为

人们在物质资料生产过程中所使用的劳动资料和劳动对象统称为生产资料。生产者市场又称生产资料市场。生产者市场在购买的规模和集中程度方面都不同于消费者市场，从而生产者市场购买行为就具有明显的特点。通常消费者市场的购买是由个人或家庭成员来做出购买决策的，而生产者市场的购买则常常是有组织地制订购买决策。生产资料的购买活动，每次购进的数量大、价格高，购进商品的质量直接关系到企业产品的质量和劳动生产率的提高，关系到能源的节约、人员操作的安全，因此，生产者市场的购买动机常常为理智型的，购买行为是专家型的。

（一）资料的分析

生产资料的购买一般用于企业的生产加工，它们可能成为另一个产品的组成部分，也可能用于其他产品的生产和流通。从生产资料所起的作用分，可以分成以下四大类。

1. 装置类产品

在生产资料中，装置类产品属于需要花费大量资金的项目，如厂房、流水线、大型设备等。装置类产品是企业生产经营的基本条件，也是获得生产成果和利润的决定性因素。由于装置类产品的价值量大，技术复杂，并且有相对的固定性。因此，它属于企业的一项主要投资。企业往往根据投资资金利润率来决定是否购买。同时，装置类产品对服务的要求也比较高，买卖双方并不是达成交易后就中断了来往，许多买方在购买前后经常需要从卖方那里获得专门性服务。如为买方专门设计特定的装置产品，提供产前、产中、产后的各项服务等。

2. 附属产品

如工具、车辆、打字机等都属于附属设备。附属设备与装置类产品的不同点是它的使用寿命通常较短，替换频率较高。因此，买方在购买时比较注重价格。同时，由于附属设备的通用性较强，所以，广告宣传对附属设备购买的影响要大于装置类产品的购买。

3. 原材料

原材料是构成产品的实体。原材料购买的特点是它们在规格上都有比较明确的规定性，如水泥有标号，钢材有型号。在同一规格的情况下，价格则是买方要考虑的首要问题。同时，买方要求在特定的时间里，按质按量地发货，这样就能避免原材料的积压，又能保证生产有计划进行，从而有利于资金的周转。

4. 零配件

零件和配件是企业最终产品的组成部分。它们不同于原料，是通过供应者的加工处理，买来后即可使用的产品，自行车上的辐条、洗衣机上的定时器等。这类生产资料对质量的要求较严格，而价格主要是由双方议定的。

（二）生产者市场需求的特点

相对于消费者市场需求而言，生产者市场需求有如下特征。

1. 需求的派生性

相对于消费者市场需求是初始需求而言，生产者市场的需求则属于派生性需求。消费者对诸如面包之类的食品需求是消费者的生理和心理的需要、食品的价格、替代品的供应情况和价格水平等各种情况的直接反应。而食品加工厂对面粉与食品加工机械等生产资料的需求，则是消费者对面包之类食品需求所引起（派生）的。如果消费者对食品的需求上升，那么对食品加工企业来说，就有了扩大市场、增加生产的前提和可能性，这就派生出要食品机械生产企业提供更多的食品机械的需要。掌握生产者市场派生性这一购买特点，为生产资料的生产者和经营者的市场营销活动，以及开拓新市场和开发新产品等工作，指明了前进的方向。

2. 需求的弹性较小

由于生产者市场需求具有派生性，这就制约着生产资料的购销双方，从而相对于消费资料的需求来说，生产资料的需求就显得缺乏弹性。一般来说，生产资料不会因价格变动而增减其需求。在一个充满竞争的生产资料市场上，如果某个企业想单独提高自己产品的价格，那么，结果必然是对这个企业的产品需求减少。这就决定了从事生产资料产品生产的企业要想立足于市场，就必须在给自己产品定价时，使自己的产品和市场上的同类产品保持同价或低价，或采取产品差异化策略去参与竞争。

3. 属于专家型购买

这是由于生产资料购买的技术性强、数量大、价值高、责任重等特点所决定的，所以，通常又称为理智型购买。这就是说，生产资料的购买或销售，是由具有相当专业知识的专业技术人员进行的，不少生产资料生产企业都由推销工程师担任市场营销工作。特别是机电设备等产品的销售，包括安装、调试在内，就要求推销人员具备相当丰富的专业知识。

4. 购买的大量性

生产资料的购买次数要比消费资料少得多，这是因为设备一般若干年才买一次，原材料、零配件则根据供货合同定期供应。而生产资料的购买，常常要满足整个生产过程较长时间的需要，所以购买的数量要比消费资料大得多。

5. 购买活动花时较多

由于生产资料要按特定的规格交易，购买的数量又较大，需要一定的准备时间，这就使进行交易的谈判时间较长，其购买活动花时比消费品的购买长得多。

6. 购买决策的集体性

由于生产资料的购买，直接影响企业生产的成果，因此，购买决策就比较慎重。大中型企业购买主要生产资料的决策往往需要集体讨论，共同商定，很少单独由一个人作出。即使是小型企业，厂长在作出购买决策前，通常也要听取技术人员和某些职工的意见。

（三）生产资料购买决策分析

生产资料的购买决策，大体上有如下三种。

1. 直接再购买型

这是指购买已经买过的同一产品，通常是一些质量规格相同，又需要不断补充的产品。事实上，许多直接再购买是自动进行的，即定期或定量购买的。因此，当买方一经选定某个供应者生产的产品，这种交易关系就可能持续下去，而供应者也不必成年累月地进行推销工作，只要供求双方本着对双方有利、双方满意的原则进行。一旦这种交易关系固定下来，任何一个竞争对手要想挤进来，都要付出极大的努力。

2. 修正再购买型

这是指购买目前正在供应，但要求的规格、数量和其他条件又有所不同的产品。修正再购买型的手续比直接再购买型通常要复杂一些，这常常是由于买方企业对产品设计有了新的修改，或对生产设备作了部分更新，这些都会要求采取新的零配件和原材料，这就使购买活动变得复杂起来。但尽管如此，它比消费资料的购买仍要简单得多。

3. 新任务购买型

这是指企业为了进行新的生产加工任务或进行设备改造，要求购置新的设备装置的购买活动。由于这是一种新的购买活动，不但价值量大，而且对企业今后的劳动生产率、产品质量保证等，关系都十分重大。因此，在购买时十分谨慎，需要获得多家供应者的大量有关产品质量、成本、价格方面的信息，以便进行比较、择优，确定成交对象。由于首次购买是很重要的，因而常常要求由企业领导组织有关专家共同商定如何购买。显然，这种新任务购买给生产资料的供应者提供了扩大销售的机会。

（摘自《消费者行为学》）

【案例分析】

［案例1］

爱世达公司的SWOT分析

爱世达公司是一家从事交通物资贸易和仓储的中型国有企业。目前的环境变迁迫使该公司需要进行战略调整，制订出能适应环境变化的成长战略。而制订战略的基础与出发点，是对环境变迁所带来的机遇与威胁能有充分的把握，能认清自身的能力与资源优势，从而趋利避害，使企业能顺利成长。该公司所面对的机会、威胁、优势、劣势主要表现在以下几个方面。

1. 公司面临的主要机会

（1）广东经济增长快，市场容量大，需求较旺，为各类企业的生存和发展提供了较好的空间和舞台。公司可充分利用该区域巨大的商流、物流、资金流、信息流，开展经营活动。

（2）广东每年投资在公路建设中的资金约为150~200亿元人民币，对各种交通建设物资材料需求的数量也大，它为公司就近争取到新的客户群提供了机会。

（3）广东企业正大力挖掘第三利润源泉，物流业正迅速发展，生产企业物流外包明显，这为公司大力发展仓储服务，进入第三方物流行业提供了难得的机遇。

（4）广州的危险品储运业务正在进行清理整顿，尤其是吉山危险品仓库的清理，这将使相当多的危险品储运业务转向其他储运业经营单位，而公司的仓库正好可提供危险品储运业务。

2. 公司面临的主要威胁

（1）科技进步带来的商业模式变化，要求公司在商业流程中再定位。电子技术、信息技术的发展使生产供应商可通过互联网直接与顾客打交道，贸易业务面临着被生产者与消费者跳过去（越过中间商）的危机。

（2）广东市场经济相对成熟，市场竞争越来越激烈。一些大的企业集团逐步形成，实力得到加强，再加上一些大的跨国公司纷纷进入广东市场，使得企业之间的竞争越来越激烈和复杂，公司面临更大的竞争压力。

（3）金融信贷体制改革使经营困难的企业融资难。现在银行发放贷款更加审慎，贷款时除了有资产抵押外，还需考察企业的经营状况和信誉，这对效益不甚理想的公司来说是一种威胁。

（4）买方市场的形成，用户讨价还价能力加强，迫使作为供给方的公司处于不利的地位。

(5) 广州目前正在实施的公路主枢纽货运站建设中的几个货运站就在公司储运仓库的附近，这将给公司储运业务带来一定的威胁。

3. 公司的主要优势

(1) 公司作为一家从事以交通物资供销、仓储经营活动为主的国有交通物资企业，经营信誉好，具有一定知名度。

(2) 公司具有较强的基础设施，拥有较多的固定资产以及场地、专用线。近10万平方米的仓库及相应的配套设施，专用公路和铁路线连接外部，为公司开展仓储运输，从事物流服务提供了极为便利的条件。

(3) 公司拥有一批具有物资专业知识和实践经验的高、中级经济师和其他专业人才。

(4) 公司仓库靠近黄埔港，专用公路和铁路线直通码头，交通非常方便，特别适应从事货物的停放和中转。

(5) 公司在危险品、化工品储运方面竞争力强。

4. 公司的主要劣势

(1) 公司战略经营方向不明。到目前为止，公司还没有一个经过精心设计的经营战略作为企业成长的蓝图，经营业务显得杂乱，投资失误较多，削弱了公司的发展能力和竞争力。

(2) 公司历史包袱重，债权债务较大，负债过高，资金紧张，人员结构不合理，冗员过多。

(3) 公司不良资产较多，经营效益低，发展后劲不足。

(4) 机制不活，职工积极性不高。

(5) 作为一家中小型交通物资企业，公司力量单薄，实力不强。

(6) 缺乏企业文化建设。

(资料来源：豆丁网，http：//www. docin. com/p-399226081. html)

问题：

1. 根据案例信息，分析该企业的改革措施。

2. 根据案例信息，分析该企业的发展方向。

[案例2]

中远集团如何“绝地起航”

如果要评选全球金融危机爆发以来处境最悲惨的中央企业，中国远洋运输集团(以下称中远集团) 至少会位列前三。再考虑行业形势之严峻、行业低迷持续之久(至今全球干散货航运指数仍在最底部徘徊)，中远集团处境之艰难可谓无出其右。加上旗下主要上市公司中国远洋曾成A股“亏损王”，一度面临退市风险，股价从60多跌到两块多，说中远集团、中国远洋近年来经受了生死大考验毫不过分。

虽然是中央企业，是国家战略性行业，市场却不会为此留面子，在一片指指戳戳的非议中，中远这艘巨轮像是掉进“冰窟窿”里，一度让人感到前途莫测。

不曾料想，2014 年，中远集团又从“冰窟窿”里一骨碌爬了出来，一举扭亏为盈（2013 年集团亏损 20 多亿），全年实现利润总额 50.35 亿元（剔除一次性收益后实现利润 20.8 亿元），同比减亏增利 74.48 亿元。这是在 2014 年国内市场形势总体上逊色于 2013 年的背景下取得的业绩。

“亏损王”是如何一步步扭亏为盈的？1 月 20 日，中远集团董事长马泽华在办公室接受了《国资报告》的专访，告诉我们种种尚不为外界知晓的变革、调整、布局。

“去年，最大的业绩就是扭转连续三年的亏损局面，实现扭亏为盈。”马泽华拿出的一张刚出炉的成绩单显示，中远过去一年收入增长了，成本、资产负债率下降了，资金状况有明显好转。

全年实现营业总收入同比上升 2.02%；全年营业总成本同比下降 0.21%。去年年底集团资产负债率 55.43%，比年初下降 4.41 个百分点，改变连续几年上升局面，这个业绩是在航运市场持续低迷的情况下取得的。

2014 年，作为全球航运业重要指标的波罗的海指数（BDI）均值为 1105 点，同比下跌 8.4%。由于拆旧造新和租入船下降，中远集团总运力同比下降 6%，其中自有船下降 5.15%，租入船下降 7.33%。

“成本支出刚性上涨、港口费、运河费等费用出现不同程度上涨，油价高涨（2014 年后几个月的暴跌对当年业绩支撑有限），在这样的情况下实现扭亏增盈，实在是来之不易。”马泽华强调说，“实践证明，在市场形势没有明显改变的情况下，央企完全有能力通过深化改革、调整结构、苦练内功、增收节支，超额完成保增长、创效益的目标。”

“过去一年，成绩来之不易，应该倍加珍惜。但同时，也要看到这只是阶段性的好转，航运市场形势并没有发生根本改变。此外，我们自身也存在一些问题。”马泽华话锋一转，“改革创新、内生增长的动力不够。与先进同行相比还有很大差距，我们多年培育的新盛海轮、造船工业的川崎模式等精益管理经验，还没有深入推广落地。防范风险、持续发展的能力不足。从这次审计署的审计报告也可以看出，一些经营风险、投资风险和廉洁风险还亟待解决，尽管集团效益企稳回升，但盈利基础还不稳固，部分企业资产负债率居高不下，面临严峻的资金压力和市场考验。适应市场、客户至上的理念不强。”

中远集团实现逆袭的第一步就是控制成本。去年，中远成本下降幅度最大的是燃油成本。

油价虽然四季度暴跌导致 380 燃料油同比下降 9.2%，全年均价为 555.6 美元/吨，低于 2013 年 611.8 美元/吨的均价，但全年仍处高位，仍是影响航运的重大成本。

面对油价成本，中远集团采取了一系列细致的做法。

中远集团以前有 10 条集装箱船走欧洲航线，航线远，航速高。大船一天耗油就达到 300 吨，如何控制燃油成本呢？答案是加船减速。通过降低航速，可以较大幅度减少耗油量，使成本减少 20%。同时，为了弥补航速减慢造成的周期延长问题，该航线又增加了 2 条船。这样既节约了成本，又满足了客户利益。

通过加船减速，耗油量大幅下降——中远集运2012年消耗燃油310万吨，2013年降至267万吨，2014年降至245万吨。与此同时，货运量不但没有减少，反而一直在增加。

这样，全年通过各种措施，中远集团节约燃油消耗66.52万吨。其中，中远集运节约燃油38.9万吨，占集团节约燃油总量的58.5%。

另外，中远集运通过落实全面预算管理，口岸公司实行双集中管理，在控制成本方面成效显著。低成本竞争，已经是集装箱班轮行业赢利策略的“新常态”。2014年，中远集运实施了强有力的成本削减计划，并紧盯重点项目，促进成本管控。通过船舶升级、钟摆航线、穿梭航线、低价港加油等方式，实现了单箱网络成本的大幅下降。此外，公司还通过强化供应商洽商和管理，管控好码头类成本。

从2008年金融危机开始，航运业已持续低迷6年，但这6年间，航运业竞相订造大船的势头并未停止，导致行业运力过剩的局面难以改善。以集装箱业务为例，2011年全行业亏损，2012年开始分化。行业分化差距就越来越大，越是分化，前面的就越希望跟后面的拉开档次。市场是很严酷的，只有30%的企业实现盈利。

2014年第一季度过后，航运市场面临的“倒春寒”格外凛冽。“2014年，我们明明看见市场是好的，开局2300点，很多人预测散货船今年是翻身的，但没有几天，降到了1000点，后来持续了三四个月都是700点。到了夏天的时候，大家一致认为第四季度一定是好的，结果第四季度更差。”马泽华说，“市场预测不准，还是拿出自己的办法吧，不要再期待市场了”。

中远集装箱应收取的滞期费每年约有12亿人民币，但真正收回来的只有一半。通过严格管理和采用与客户分享优惠等办法，集装箱滞期费回收增加到约10亿人民币，企业现金流已大为改善。

对标国际企业，差距在哪里？中远集团把目标放在了集装箱巨头马士基的专业精神和日本的干散货运输巨头稳健的组织运营模式。同为央企兄弟的招商局集团也被中远视为标杆，因为招商局产业结构好，“这两年出落得膘肥体壮、有底气”。

过去两年，中远调整船队结构、客户结构和市场结构的节奏一直没有放缓。“我们通过拆旧造新调整船队结构，船队船龄从14.2年下降到10.38年。”

市场、客户、订单是企业的生命。中远集团先后与GE、中冶集团、大连港等签订战略合作协议，并积极开拓东南亚、中东欧、南美、非洲、中东等地区的新兴市场航线，进军长江中上游地区和中西部地区。

中远当前的运营规模有所减小，既有主动调整结构的原因，也有市场变化带来的影响。而规模的衡量标准最终应以有效的市场份额和占有率为依据。

“调整带来的变化是暂时的，现在的调整是为了明天更好地增长，退一步是为了进两步、进三步。”

中远的“逆境崛起”正一步步有序推进。截至2014年底，中远集团拥有和经营各类现代化商船656艘，4802万载重吨，其中自有船舶406艘，3043万载重吨，年货运量近4亿吨，货运周转量近2万亿吨海里，远洋航线覆盖全球160多个国家和地区的1500多个港口，船队规模实力雄厚。

其中，集装箱船队规模在国内排名第一、世界排名第六（连年上升）；干散货船队规模位居世界前列；专业杂货、多用途和特种运输船队综合实力居世界前列；油轮船队是当今世界超级油轮船队之一。所属中远太平洋是全球第四大码头运营商，及全球第四大集装箱租赁公司；所属中远物流多年来稳居中国物流百强企业之首；所属船舶修造企业在海洋工程建造、船舶修造及改装方面的实力处于国内领先水平。

2008年盈利上百亿的中国远洋，2011年、2012年却连续两年亏损高达约百亿元。从“盈利王”到“亏损王”的背后，究竟发生了什么？

在中远集团的六家上市公司中，中国远洋被定位为资本旗舰。

2012年继续亏损后，由于连续两年亏损，2013年中国远洋如果还不能扭亏，连续三年亏损将被暂停上市；如果连续四年亏损，将在2015年被终止上市。对比同行，无论是国际同行马士基、东方海外还是中海集团等，都没有中国远洋亏得如此惊心动魄。

有分析认为，中国远洋的巨额亏损与其管理层过度扩张的心态、对经济形势的判断失误以及忽视经济的下行风险有直接关系。2003年到2008年是航运业的高速发展期，造船价、租船价和运价齐涨。彼时，中国远洋以长期协议的方式，签下了多条高额租船协议。经济形势好的时候，好望角型船的锁定租赁价格是八万美元，然而经济形势陡然走衰，租船率下挫，租金跌穿一万美元。鉴于此，中国远洋本应收缩航运规模，然而，却因为被锁定了租船价格，只能以高于市场的价格租船。通过与银行合作、与船东协商等有效措施，到目前为止，高租金船已从高峰期的200艘减至30余艘，成为扭亏的关键所在。值得一提的是，在如此恶劣的市场环境和巨大的压力下，中远在处理高租金船时没有发生一起违约事件。

“凡事都有两面性，”马泽华说，“短期看，高租金船给中远带来了巨大的经营损失；但长远来看，在生死存亡关头中远仍然信守承诺、严格履约，也为我们赢得了良好的品牌价值和企业形象。”

“应该收缩战线的时候反而激进扩张，是导致中远巨亏的根本原因。”有分析人士认为，中国远洋的巨亏，亏在景气好时被冲昏头脑的扩张，亏在缺乏长期战略，没有对冲周期性风险的准备。

马泽华若有所思，“我们目前正在认真地梳理、总结和回顾我们近几年来的得与失，不否认近几年来在发展过程当中有一些不周到的地方，在风险管控方面有些缺陷，招致了比较困难的状况。”

众所周知，航运业是典型的“强周期性”产业，随着企业规模的扩大和周期波动幅度的加剧，航运周期性风险对企业的冲击就越来越大，不仅会伤筋动骨，更有可能造成致命打击。

如何在决策中和行动上，最大限度地降低航运周期性给企业带来的不利影响？中远认识到，关键还是要在增强企业的盈利能力、打破航运业的周期律等方面下苦功。

例如与全球矿业巨头淡水河谷的合作，就是通过商业模式的创新增强抗周期性。

金融危机前正是航运业疯狂攫取暴利的时候，为了节约高昂的运价，淡水河谷开始自建运输船队。在此之前，淡水河谷一直是中国远洋的大客户（淡水河谷每年将

40%以上的铁矿石出口到中国)，租用中国远洋的干散货船进入中国，直接影响了中国远洋的干散货船只使用率。

经过互利共赢的谈判，2014 年 9 月 12 日，中国远洋旗下中远散货运输（集团）有限公司（以下简称中散集团）与淡水河谷（国际）在北京签署合作框架协议。根据协议安排，淡水河谷将为中散集团提供 25 年矿石运输合同，中散集团将相应为淡水河谷定制 10 艘大型矿砂船并收购淡水河谷所拥有的 4 艘大型矿砂船。

与淡水河谷的合作有一个特点，就是不论行业形势如何，中远都将收获一定比例的运费。这样在行业形势火爆时收入可能会少，但在行业低迷时期也不至于亏损。

对于航运业市场形势、原油价格走势，航运界的人士越来越忌讳做出明确的预测。因为自金融危机爆发以来，太多的预测都落空了，市场似乎总是在人们乐观的时候糟糕，在人们悲观的时候反而不知不觉开始上行。

对于远洋航运这种极强周期的行业，马泽华越来越深刻地意识到，必须摆脱周期的冲击，必须有长远的规划。2014 年航运业依然在底部运行，而中远集团开始投入大量精力制订 2020 战略规划。

2020 战略规划首先强调以客户为中心问题。在马泽华看来，以客户为中心要成为集团上下的一种信仰、一种追求、一种使命，切实体现在各级公司的制度流程中，体现在各级领导的经营理念中，体现在每个员工的自觉行动中。尤其是要不断优化客户群，增加战略性基础客户、重大客户、优质客户的比重。对那些长期不创造价值，甚至增加亏损的客户，要果断加以调整。在开发客户中要协同开发、抱团开发，为客户提供全程综合物流解决方案，提升服务的差异化、个性化和增值化。

一家企业，如果长期不能盈利，做得再好也还是腰杆不硬。几年来的亏损招来太多的冷嘲热讽，这让中远感触极深，所以 2020 战略目标的一个核心就是增强盈利能力。盈利能力不能简单视之，而是体现在市场营销能力、成本控制能力、服务创新能力、风险防控能力、经营管理能力等多方面的系统能力，是各种能力的有机集合体。

抗周期也是 2020 战略的重要目标。随着企业规模的扩大和周期波动幅度的加剧，航运周期性风险对企业的冲击就越来越大，不仅会伤筋动骨，更有可能造成致命打击。所以要认识到周期性风险的危害性，要体现在决策中和行动上，最大限度地降低航运周期性给企业带来的不利影响。今后，中远集团将加强抗周期策略研究，加强系统抗周期能力提升。一方面是航运自身能力建设，立足稳健经营、稳定增长，深入研究国际航运发展规律，通过有效应对周期性风险降低效益波动。另一方面是发展抵御航运周期的抗周期业务。通过坚持适度多元、优化配置资源、发展互补产业，大力发展有市场、有技术、有效益的新的经济增长点，从总体上增强企业整体抗周期、防风险能力。

经过几年来的艰苦打拼，中远集团对全球化的认识有了质的提升。以前更多地提国际化，而国际化几乎等同于欧美化。经过广泛调研，中远发现，像马士基这样的标杆企业，在全球各个地域都有着均衡的布局，而中远过去则更多的是扑向欧美市场。

关于推动规模增长问题，中远集团也有了与以往不同的设想。他们提出，要顺应市场的变化，根据企业战略发展的目标，不断调整规模结构，实现有速度、有质量、有效益的规模增长。规模增长不能片面追求以增加投资为导向的外延增长，应该在做强做优基础上做大，规模的衡量标准最终应以有效的市场份额和占有率为依据。规模增长还要体现在创新驱动、典型引领上，让新产品、新技术和好经验、好方法尽快形成生产力。比如电商业务、互联网业务还处于起步阶段，必须继续扶持这种新业态发展。

上述只是中远集团在寒冬中布局未来的部分规划。在集群发展、集团管控、基础管理、创新发展甚至网上营销等方面，中远集团都在悄然进行布局。

作为企业界的人大代表，马泽华也不放弃争取我国航运企业发展的机会。他准备在即将到来的两会上提出“海运安全计划”等建议。包括国家要对石油、天然气、铁矿石等国家战略性能源资源及特资的进口海上运输权在贸易条款上作出规定，实施“国货国运”；以及建议通过设立国家专项发展资金或基金，建立“海外投资损失准备金”制度；加大对我国海运企业财税支持力度、支持我国海运企业加快推进并购重组、建立国家安全利益与我国海运企业利益之间良性互动的机制等。

（资料来源：中国船舶网，http：//www.chinaship.cn/）

问题：

1. 中远集团巨亏的原因是什么？
2. 2014 年中远集团实现大幅盈利的原因是什么？
3. 谈谈你是如何看待经济形式与物流发展之间的关系的。
4. 结合本案例，你认为中远集团应该如何改进？

【知识拓展】

世界 10 大物流公司简介

一个成功的物流企业，必须具备较大的运营规模，建立有效的地区覆盖，具有强大的指挥和控制中心，兼备高水准的综合技术、财务资源和经营策略。近两年来，不同领域、不同性质、不同规模的企业纷纷竞相搞物流。但是否所有这些企业都能尽快成功转型到物流企业，并能获得丰厚收益呢？我们来考察一下世界物流企业前 10 强的有关业务结构、运作模式及盈利状况。

1. UPS

业务概况：UPS 是全球最大的速递机构，全球最大的包裹递送公司，同时也是世界上一家主要的专业运输和物流服务提供商。每个工作日，该公司为 180 万家客户送邮包，收件人数目高达 600 万。该公司的主要业务是在美国国内并遍及其他 200 多个国家和地区。该公司已经建立规模庞大、可信度高的全球运输基础设施，开发出全面、富有竞争力并且有担保的服务组合，并不断利用先进技术支持这些服务。该公司提供物流服务，其中包括一体化的供应链管理。

业务分布：UPS 的业务收入按照地区和运输方式来划分呈现出不同的分布特点。从地区来看，美国国内业务占总收入的 89%，欧洲及亚洲业务占 11%。从运输方式来看，国内陆上运输占 54%，国内空运占 19%，国内延迟运输占 10%，对外运输占

9%，非包裹业务占4%。

2. FedEX

业务概况：FedEX公司的前身为FDX公司，是一家环球运输、物流、电子商务和供应链管理服务供应商。该公司通过各子公司的独立网络，向客户提供一体化的业务解决方案。其子公司包括FedEX Express（经营速递业务）、FedEX Ground（经营包装与地面送货服务）、FedEX Custom Critical（经营高速运输投递服务）、FedEX Global（经营综合性的物流、技术和运输服务）以及Viking Freight（美国西部的小型运输公司）。

业务分布：从地区来看，美国业务占总收入的76%，国际业务占24%。从运输方式来看，空运业务占总收入的83%，公路占11%，其他占6%。

3. 德国邮政世界网（Deutsche Post World Net）

业务概况：德国邮政是德国的国家邮政局，是欧洲地区领先的物流公司，并着眼于成为世界第一。近期更换了品牌（改名为Dertsche Post World Net，简称DPWN）。一方面为挂牌买卖做准备，另一方面也是意识到了其业务的全球化特点以及电子商务日益重要的影响。DPWN划分为四个自主运营的部门，即邮政、物流、速递和金融服务。

邮政部门由邮政、市场直销和出版物发放业务组成，建有最高水准的作业网络，由遍及德国的83家标准化分拣中心组成，并越来越重视高成长的市场直销业务。速递部门通过Euro Express Germany和Euro Express Europe的全球邮政和国际邮政业务部门提供覆盖欧洲的快递业务；通过与DHL（德国邮政世界网拥有其25%的股权）的合作提供全球业务。

通过几次收购Danzas品牌下的公司，于1999年成立了物流部门。该部门提供一站式的服务，并提供整个物流链各个环节的服务。服务内容包括全球航空、海运、欧洲陆运服务和客户定制的物流解决方案。

同时，通过Post Bank提供的金融服务于1999年1月成为一家全资的附属公司。在2000年1月收购了DSL银行（是一个精于私人和商业建筑贷款的银行），向私人和商业客户提供多渠道银行业务。

业务构成及分布：从净收入来看，DPWN的四大业务邮政、快递、物流和金融分别占49%、21%、18%和12%。特别是对于物流业务在地域上的分布来说（从净收入看），德国、法国、意大利和欧洲其他国家分别占23%、17%、8%和23%，斯堪的纳维亚、美洲、远东澳洲分别占12%、11%和6%。

4. Maersk/A. P. Moeller

Maersk Sea Land是世界上最大的航运公司，拥有250艘船舶，其中包括集装箱船舶、散货船舶、供给和特殊用途船舶、油轮等，该集团还拥有大量的装卸码头，并提供物流服务。Moeller的附属公司同时还在挪威、委内瑞拉和其他国家进行石油和天然气的钻探。另外，该集团还从事船舶和联运集装箱的制造，药品生产，并经营一家国内航空公司Maersk Air和提供信息服务。另外，该公司还拥有丹麦第二大连锁超级市场。

5. 日通（Nippon Express）

日本通运的业务主要分为汽车运输、空运、仓库及其他，分别占44%、16%、5%及25%。从地域上看，其经营收入有93%来自于日本。其客户主要分布在电子、化学、汽车、零售和科技行业。

6. Ryder

业务概况：Ryder系统公司在全球范围内提供一系列的技术领先的物流、供应链和运输管理服务。该公司提供的产品范围包括全面服务租赁、商业租赁、机动车的维修以及一体化服务。此外还提供全面性的供应链方案、前沿的物流管理服务和电子商务解决方案，从输入原材料供应到产品的配送，致力于支援客户的整条供应链。

业务分布：从地区来看，美国业务占总收入的82%，国际业务占18%。从业务板块来看，运输服务占57%，物流占32%，其他占11%。

7. TNT Post Group

业务概况：TPG在全球超过200个国家和地区提供邮递、速递及物流服务，并拥有Post Kantoren（经营荷兰各邮局的机构）50%的股权。TPG利用TNT品牌提供速递发送及物流服务（TNT的物流业务主要集中在汽车、高科技以及泛欧洲领域），其物流领域现有137间仓库，共占地155万平方米。

业务划分及分布：按业务类型来看，TPG的三大业务邮递、速递和物流（净收入）分别占42%、41%及17%，而从地域表现来看（净收入），欧洲占85%，澳洲、北美、亚洲及其他地区分别占6%、4%、2%、3%。如果从运营利润来看，邮递、速递和物流分别占76%、15%和9%。

8. Expeditors

业务概况：该公司注册地为美国，是一家提供全球物流服务的公司，向客户提供了一个无缝的国际性网络，以支持商品的运输及策略性安置。公司的服务内容包括空运、海运（拼货服务）及货代业务。在美国的每个办事处以及许多海外办事处都提供报关服务，另外还提供包括配送管理、拼货、货物保险、订单管理以及客户为中心的物流信息服务。

业务分布：从业务类型来看，主要集中在空运、海运和货代方面，按照收入划分分别占63%、25%和12%。而从地区分布来看，主要集中在远东，占56%，在美国、欧洲和中东、南美、澳大利亚的收入分别占25%、15%、2%、1%。

9. Panalpina

业务概况：Panalpina是世界上最大的货运和物流集团之一，在65个国家地区拥有312个分支机构。Panalpina的核心业务是综合运输业务，所提供的服务是一体化、适合客户的解决方案。通过一体化货运服务，将自身定位于标准化运输解决方案和传统托运公司之间。除了处理传统货运以外，该集团还专长于提供物流服务于跨国公司，尤其是汽车、电子、电信、石油及能源、化学制品等领域的公司。

Air Sea Broker是Panalpina集团的全球性货运“批发商”，同时它也协调Panalpina集团的海运系统与世界各地的定期联系，还为联合运输提供新型服务。Air Sea Broker下分三个业务部门：海运处、西非处、租船和重型起重处。

Swiss Global Cargo 是 Panalpina 和 Sair Logistics 于 1999 年 7 月建立的一家合资公司，这是世界上第一家提供完全一体化、门到门、有时限担保、无重量限制的航空货运公司。

业务划分及分布：从总利润来看，Panalpina 的四大业务即空运、海运、物流及其他分别占 44.9%、31.3%、20.3% 及 3.5%。而在地域上又分布为欧洲/非洲占 52.7%，美洲占 33.9%，亚太占 13.4%。

10. Exel

业务概况：2000 年 7 月 26 日，Ocean Group 与 NFC 公司合并后更名为“Exel”。Exel 分为 5 大业务部门：（消费品/零售/医疗）欧洲部、（消费品/零售/医疗）美洲部、开发和自动化部、技术和全球管理部以及亚太部。该公司全球网点达到 1300 个，50000 多名员工。目前该公司三家主要运营子公司为 Exel（旧的 NFC）、Msas 全球物流公司和 Cory Environmental。Msas 是世界上规模最大的货代之一，在全球范围内提供多式联运、地区配送、库存控制、增值物流、信息技术和供应链解决方案等各项服务。Cory Environmental 是英国规模最大的废品处理公司之一。Exel 在地面运输供应链服务方面占有很强的市场地位，所提供的服务包括仓储和配送、运输管理服务、以客户为中心的服务、JIT 服务和全球售后市场物流服务。

业务分布：从业务种类来看，Exel 主要集中在配送、运输管理和环境服务三个方面，按照净收入划分分别占 58%、39% 和 3%，如果按照运营利润划分分别占 62%、28%、10%。从地理分布来看，业务主要集中在英国与爱尔兰，同时遍及美洲、欧洲大陆和非洲以及亚太地区，按照净收入划分分别占 39%、30%、21% 和 10%，如果按照运营利润划分则分别占 54%、27%、10% 和 9%。

总之，世界物流前 10 强在业务结构、运作模式、赢利模式上具有诸多优势，值得我们去认真研究、分析，值得我们中国物流企业或正在向物流转型升级的企业借鉴。特别是这些著名物流企业的成功之处，比如拥有较大的营运规模，建立有效的地区覆盖，具备指挥能力强、控制能力强的管理层，具备高水准的综合技术、财务资源和经营策略等，非常值得我国大型物流企业（或向大型物流企业进军的企业）学习。

盘点四大国际快递在中国市场的战略发展

UPS、TNT、Fedex、DHL 四大国际快递在 20 世纪 80 年代进入中国市场，经过 30 年的发展，他们在中国业务范围不断扩大，但是对于他们整体发展战略，这些年来四大快递进军中国市场都经历了怎么样的历程？四大快递为何可以在中国蓬勃发展？民营快递企业从中能得到哪些借鉴？

一、四大快递进军中国市场战略的三个主要阶段

1. 初期发展阶段——合作方式进入中国市场

20 世纪 80 年代末期，在中国快递市场还没有完全开放的情况下，四大国际快递公司先后借助中外运的国内网以合资的方式进军中国市场。通过中外合资的方式，四

大快递打开了中国国际快递业务的市场。同时，合资的方式提高了业务的收益率，在进入市场初期避免了不必要的损耗和成本支出。

2. 中期发展阶段——收购国内企业融入国内业务市场

21世纪初期，经过将近20年时间的沉淀发展，四大快递在占据中国国际快递市场的基础上开始以寻求国内公司合作的方式占据国内业务市场。通过这样的方式，四大快递能迅速利用不同快递企业现有网络，迅速进行网络扩张，并逐步涉足中国业务市场。其中以TNT收购天地华宇、联邦快递收购大田联邦快递有限公司中的50%股权、DHL收购三家国内快递公司为主要标志。

3. 当前战略发展阶段——推出特色服务提高整体水平

四大快递发展的战略阶段与中期发展阶段没有明显的时间界限和过渡。在各大快递企业紧锣密鼓进行收购扩张计划的同时，他们也都开始根据企业的发展需求制定不同的直飞航线，创建特殊的服务等，以便更好地迎合市场刚性需求。如2010年，TNT开通渝欧航空专线，2012年，UPS开通郑州-美国安克雷奇国际机场货运专线等。同时，部分国际快递企业还根据市场需求开通其他特色服务，如2010年开始，DHL开始不断开通中国通往海外的集装箱拼箱货直航线路（LCL）和铁路货运航线。总之，四大快递企业都在根据市场不断调整服务内容，其在华服务正在逐步提高。

二、四大快递业务快速发展的原因

四大快递在华的蓬勃发展，在一定程度上是基于中国市场经济的迅猛发展的。随着四大快递不断涉足中国国内快递业务市场，国内民营快递企业遇到了前所未有的挑战。为什么国际快递能够迅速进军中国市场并给中国国内市场不断施加压力？

1. 国家政府的支持

20世纪80年代末期，中国正处于改革开放发展阶段。国家鼓励中外合资的形式带动市场经济的发展。同时，国外市场对中国经济市场的发展处于看涨的状态，在一定程度上提升了外国企业对中国市场的青睐。

2. 高效的战略布局

四大快递进军中国市场的共同点就是对中国市场合理布局。除DHL以外，其他三大快递均选择以早期中外合资，后期独资的方式进行企业发展的战略布局。同时，在选择由国际快递业务转化为国际业务、国内业务共营时，均采用收购国内企业，利用国内企业现有网络助力发展的模式。这样的方式，有利于加快国际快递在国内业务经营理念和服务的宣传和普及。同时这样的布局，为四大企业进行网络扩张和提升国内竞争力创造了有利条件。

三、国内快递企业进军国际市场面临的困难

目前，我国快递市场处于民营快递企业、国际快递企业共同发展的局面。在市场开放的情况下，国际快递企业不断收购国内快递企业，其国内业务不断壮大，在一定程度上对民营快递企业的国内业务市场造成了压力。但是我们似乎更应该对这样的社会影响进行一定的反思。为什么国际快递能够这样迅速占据中国市场并给民营快递市场带来压力？为什么除了顺丰快递和中国邮政以外，中国其他民营快递很难走出中国市场？

1. 历史根源

中国快递企业相对而言发展较晚，其发展和资金聚拢程度在短时间内无法与国际快递企业相抗衡。与国际快递企业相比，民营快递企业起步晚、资金少，无法像四大快递一样迅速进行长远的市场布局。

2. 运营模式

我国绝大部分民营快递企业采用的运营模式为加盟模式。这样的运营模式是由运营初衷决定的。在民营快递发展初期，为了降低运营成本，扩大运营网络，加盟方式在一定程度上有助于民营快递企业迅速实现目标。但是加盟模式不利于企业管理和服务标准化，不利于企业发挥整体优势和保证较高服务质量。因此运营发展阶段，部分民营快递企业尝试运营模式的转型，但是由加盟模式向直营模式进行转型，需要付出巨大的资金。同时，惯性难度较大。

总结：四大国际快递蓬勃发展对于中国民营快递的发展而言，更多的是向上的引导作用。市场机制下，通过同类竞争可以体现企业服务能力。因此，刺激竞争可以提高整个行业的服务能力。虽然民营快递企业的发展和转型具有一定难度，但是民营企业需要进行整体提高必须经过过渡期的发展。

2014 年邮政行业关键数据

1. 总体数据

2014 年，预计邮政业完成业务总量 3690 亿元，同比增长 35%；业务收入 3200 亿元（不含邮政储蓄银行直接营业收入部分），同比增长 26%。其中，快递业务量完成 140 亿件，跃居世界第一，同比增长 52%，最高日处理量超过 1 亿件；快递业务收入完成 2040 亿元，同比增长 42%。

值得注意的是，快递业在产业联合进程中发挥的作用日渐显著。全年支撑国内网购交易额突破 2 万亿元，占社会消费品零售总额比重超过 7%。

2. 管理成效

2014 年，三级邮政管理机构克服人少、事多、压力大的重重困难，努力为当地邮政业发展提供政策支持、营造良好环境，发挥了应有的主导性作用。

大部分地区快递车辆进城难得到初步缓解，各地发放通行证逾 10000 张，石家庄、佛山、九江等城市将快递用电动三轮车、摩托车通行纳入规范化管理。

济南、西安、长春、绵阳等地积极为飞机、汽车、电视等先进制造业规模化发展和定制化生产提供多样化服务。

3. “三向”工程

“向西”“向下”：2014 年，农村快递网点发展到近 5 万个，乡镇覆盖率提高到 50%以上。农村快递市场发展迅猛，全年快递包裹量超过 20 亿件。

“向外”：2014 年，寄递服务支撑跨境网购能力显著增强，邮政企业充分发挥主力军作用，国际小包和国际 E 邮包日均突破 140 万件，推动出口近千亿元。

企业“走出去”步伐不断加快，顺丰、韵达等快递企业加大在东南亚、欧美等地布点力度，申通等快递企业与俄罗斯、日本等国外快递企业加强合作，邮政业在服务国家“走出去”战略、促进经济结构调整中开始发挥作用。

4. 能力建设

2014 年，快递业在能力建设方面也有不小的提升，一方面是快递企业自身加大投入，加强基础设施建设，另一方面，社会资本也更加青睐快递业，追加了资金投入。

全年，改扩建转运分拨中心 185 万平方米，新增干线车辆 1.2 万台、从业人员 20 余万人。投入使用智能快件箱 1.5 万个，派件量占到总业务量的 1%。

5. 消费维权

2014 年，邮政普遍服务和快递服务满意度稳步提升。邮政业消费者申诉处理满意率达到 96.1%，圆满完成了各项任务目标。

国家邮政局申诉中心开通了邮政业消费者申诉微信平台，通过申诉渠道为消费者挽回经济损失 2740 万元。

【复习思考】

一、简答题

1. 简述物流市场营销环境的概念。
2. 物流市场营销环境分析包含哪些内容？
3. 简述顾客购买决策过程。
4. 简述影响行业竞争与演变的五种力量，据此对我国空运货代业进行分析。
5. 消费者和生产者购买行为有哪些异同点？

二、讨论题

1. 如何看待 PESTEL 分析模型、五力分析模型、SWOT 分析模型三者之间的关系？
2. 你是如何看待消费者消费行为分析的？

【实习与实训】

1. 请用 PESTEL 分析模型对我国物流行业发展的宏观市场环境进行分析。
2. 请用波特五力分析模型对我国物流行业中的冷链物流业的市场环境进行分析。
3. 请运用 SWOT 分析模型对第一章模拟成立的企业进行微观市场环境分析。

第四章　物流市场细分与定位

☞知识目标

1. 理解市场细分、市场定位的概念和重要性。
2. 掌握物流市场细分标准和方法。
3. 掌握物流企业目标市场的选择、策略以及市场定位的方法。

☞能力目标

1. 能够熟练地对物流市场进行细分。
2. 能够熟练地对物流服务产品进行定位。

在一个需求越来越多样化、个性化的时代，一个企业无论其规模有多大、实力多强，都不可能生产出能够满足所有顾客需要的产品和服务。因此，企业需要辨认它能为之最有效服务的细分市场，实施目标市场营销。有效地实行目标市场营销，物流企业必须搞好市场细分、选择目标市场、进行市场定位，设计营销组合策略。

第一节　物流市场细分

【课前预习思考题】

1. 什么是市场细分？请用自己的语言描述你对市场细分的理解，并列举生活中的实例说明。

2. 对市场进行细分的常见标准有哪些？对物流市场进行细分的标准一样吗？为什么？

3. 如何对市场进行细分？

【案例引入】

台湾世平国际公司（WPI）苏州分公司仓管业务

随着大量台资、外资企业进驻苏州工业园区，苏州已经形成了电子元器件、芯片、电脑及电脑配件等硬件产品的庞大的企业生态群落。各企业之间存在着多对多的复杂的供销关系。在这一领域，存在着一个基本规律，那就是随着龙头企业的迁入，必将带动越来越多的上下游企业来苏州落户。从而使得苏州在IT硬件产品和电子元器件等领域的群体优势越来越明显。

这些企业对物流服务有着特殊的要求，原因在于随着分工的细化，这些电子产品、元器件、原材料和成品种类日益繁多、更新换代周期短、货品单值较高、周转迅速。制造企业为了尽可能地降低成本，减少库存对资金的占用，这些企业都强调准时生产（JIT）和零库存原则，要求供应商小批量、多批次、配合生产流程的频繁供货。

为了满足上述要求，统仓共配（又称：供应商库存管理，VMI）应运而生。其特征在于多个供应商共同租用一个公共仓库，面向一家或多家制造企业供货。当制造企业一次向多家供应商采购时，订单可以统一处理，从而在完成多对一的集中拣货和并单运输的同时，实现制造企业和供应商之间一对一的月度结算，由此大大降低了总体运输成本和交易成本，满足了制造企业的准时生产（JIT）的需求。

台湾世平国际公司是台湾著名的IT渠道/分销商。沿袭业已存在的伙伴关系，满足苏州台资企业的物流需求，在苏州开展了统仓共配型仓储为核心的物流服务。

世平国际的客户既包括像明基电通、高科（苏州）等在内的大批台资企业，也包括英特尔、AMD在内的跨国巨头。

世平国际运营的公共仓储是以托盘为存储单元的半自动立体仓。在单据、库位和货品上全面采用了条形码扫描读取技术，并拥有自动化辅助分拣系统。

世平国际拥有严谨细致的业务流程和仓库管理规范，并严格按照ISO9000质量管理体系中的规范进行全面质量管理。标准化程度高，并有很强的持续改进能力。

世平国际应用了国外某知名仓储软件企业的软件产品进行信息化管理。相关员工在系统使用上已经相当娴熟。

目前该公司面临的问题是如何低成本扩张，以进一步扩充仓储能力、提高信息系统的处理能力，以应付不断增长的客户需求。

（资料来源：锦程物流网，http：//info. jctrans. com/xueyuan/czal/2008311611246_2. shtml）

问题：

1. 物流市场可以细分成哪些市场？
2. 台湾世平国际公司苏州分公司主要从事什么业务，属于哪个细分？
3. 如何对物流市场细分？划分的标准有哪些？

一、物流市场细分的概念和意义

（一）物流市场细分的概念

市场细分（Market segmentation），就是根据构成总体市场的不同顾客的需求特点、购买行为和购买习惯，将他们细分为若干个相类似的顾客群体。也就是说，把某一产品的市场，根据影响顾客需求特点的明显标志，细分为一个个小市场，然后对这些不同的细分市场，采取相应的整套市场营销策略，使企业生产或经营的产品，更符合各种顾客的需要，从而在各个细分的小市场中提高竞争能力、增加销售、有较大的市场份额。

市场细分不是对产品进行分类，而是对顾客的需求和欲望进行分类。这个概念是在1956年由美国市场营销学家温德尔·史密斯首先提出的。这一概念的提出及其应用的客观基础在于市场需求的差异性和企业生产经营能力的局限性。即一方面，企业的市场营销活动必须以顾客为中心，从顾客的需求出发，而市场中顾客的需求又是丰富多彩的；另一方面，企业拥有的生产经营资源总是有限的，而市场上也找不出标准的顾客群。因此，企业的经营者在制订营销决策时，首先必须确定那些最有吸引力，并将有能力为之提供最有效服务的市场部分作为企业的目标市场，来提高企业营销活动的效率。

物流市场细分是指物流企业按照某种标准，将物流市场上的顾客划分成若干个顾客群的过程和策略。经过市场细分，就可以将顾客进行归集（形成一个个小的市场或亦称子市场或细分市场)，更深入了解每个顾客群的需求、购买行为、决策过程以及购后反应，物流企业就能更有针对性地设计不同的市场营销组合策略，提高产品的竞争能力。

例如，中远物流公司根据行业特点和物品属性进行物流市场细分，选择了汽车物流、家电物流、电力物流、石化物流、展品物流作为目标市场，提供物流服务。中远物流公司提供的家电销售物流一揽子解决方案，就是从生产厂成品下线开始一直到各地经销商(最终客户)，其中包含整个物流项目的管理和策划、厂区仓储管理、干线运输、各地中转库管理、区域配送等。下线入库：从工厂生产线下线口，中远物流接收下线的成品，搬运至厂区成品库。仓库管理：厂区成品库、全国 RDC 的仓库管理，包括入库管理、在库管理、出库管理、装卸管理、报表反馈等。过仓计划：在本部仓库（包括厂区仓库与中心成品库）之间调拨成品，以合理分布库存，提高成品发运准备期间的效率。过仓运输：在本部仓库（包括厂区仓库与中心成品库）调拨成品的运输管理。干线运输：从仓库运往商业单位或区域分拨中心（RDC）的运输管理，运输方式包括公路、铁路、海运、空运等。横向调拨：从 RDC 调往 RDC 或从 RDC 调回本部仓库的长途运输。二次配送：从 RDC 到商业单位的运输。反向物流：从商业单位到 RDC、从商业单位到本部仓库、从 RDC 到本部仓库的运输。条形码管理：在成品出库时，中远物流负责扫描记录成品的条形码，并将记录反馈给甲方。

（二）物流市场细分的依据

顾客的需求、购买动机以及购买行为的差异性，为市场细分提供了客观依据。但是，从另一方面讲，顾客需求与行为存在差异，并不是每个顾客各属一种类型，而是有一定数量的顾客在对某种产品和服务的需求和购买行为上存在着相似或一致性，每个具有相似性的顾客群体就成为一个具有一定个性特点的细分市场。所以，顾客需求的差异性使市场细分成为必要，某些顾客需求的相似性或一致性使市场细分成为可能。市场细分是按照求大同存小异的原则对市场进行划分的，并且这种划分随着顾客需求的差异性和相似性的变化而不断变化。

物流市场中，顾客对物流服务的需求，无论是在产品的质量和数量上，还是在产品的特性和要求上都各不相同，虽然顾客从根本上都是为了完成物品从供应地向接收地的实体流动过程，但是在物流活动或物流作业的具体运作活动中却存在着很大的差异，这就为物流市场的细分提供了客观依据。因此，物流企业也必须致力于分析确认顾客的需求差别，以求得较多一致的细分市场。例如：顾客在运输的方式上、存储的要求上就会产生各自的不同，首先由于地域的差别，不同地区的顾客可能倾向不同的运输方式，而且也有可能为降低运输成本去采用某种运输方式等。再看存储要求上，其实不同的物品就已经产生了不同的存储要求，再加上其他多种因素，其差异是显而易见的，这也就说明了物流市场细分是必要的。

需要指出的是，市场细分和市场分类是两个不同的概念。尽管市场细分和市场分类都是把一定条件下的整体市场划分成不同的部分，但二者的内涵完全不同。其不同表现为：

（1）市场细分和市场分类在“市场”概念的运用上不同。前者使用的“市场”是指顾客，后者使用的“市场”可以不是顾客。

（2）市场细分的营销主体是指企业，而市场分类可以有不同的行为主体。

（3）市场细分的对象是顾客，即把顾客划分开，而市场分类则可以有其他划分对象。

（4）市场细分要求被划分后的市场有营销意义，可运用其制订营销策略，而市场分类则不一定要有营销意义。

（5）市场细分是对特定的产品进行划分，而市场分类不一定针对特定的产品。

认识以上问题，有助于加深理解市场细分的内涵。

（三）物流市场细分的作用

（1）有利于物流企业挖掘和开拓市场机会，确定适宜的目标市场。通过市场细分，物流企业可以认识到每个细分市场上物流需求的差异，物流需求被满足的程度以及物流市场竞争状况。物流市场在我国的发展方兴未艾，需要整合和完善的问题还很多，那些未得到满足或满足程度较低、竞争者未进入或竞争对手很少的市场部分便是客观存在的市场机会。抓住这样的市场机会，结合企业资源状况，从中形成并确立适宜自身发展和壮大的目标市场，并以此为出发点设计相应的营销组合策略，就可以夺取竞争优势，在市场占有较大的份额，为下一步的发展打下良好的基础。

（2）有利于物流企业合理使用资源，与竞争对手相抗衡。任何企业的资源都是有限的，如何使用有限的资源进行有效组合为顾客提供服务关系到物流企业经营的成败。通过市场细分可以发现目标顾客的需求特征，从而采取有针对性的营销策略，可以有效地与竞争对手抗衡，并在竞争中取胜。

（3）有利于物流企业提高经营效益。物流企业通过市场细分选择一个或多个物流细分市场作为目标市场，就有可能深入细致地分析研究物流市场的特点，集中人力、物力、财力，有针对性地设计适销对路的物流服务，更好地满足目标市场的物流需要。同时，由于物流企业面对的是某一个或少数几个细分市场，可以及时地捕捉需求信息，根据物流需求的变化随时调整市场营销战略和策略，这样既可以节省营销费用，又可以提高市场占有率，取得较好的经营效益。

需要说明的是，市场细分作为一种策略，蕴含着这样一种思路：物流企业并非一味追求在所有市场上都占有一席之地，而是追求在较小的细分市场上占有较大的市场份额。这种价值取向不仅对大中型物流企业开发市场具有重要意义，对小型物流企业的生存与发展也极为重要。特别是小型物流企业因整体实力弱，无法与强大的竞争对手在整个市场上展开全面较量，但如果将其全部力量集中于某些大企业未曾涉及的细分市场，则可以把自已的劣势转变为局部市场的优势，从而提高企业对抗能力，达到预期的经营目标。

（四）物流市场细分的原则

物流企业可以依照各种标准进行物流市场细分，但并不是所有划分出来的细分市场都是有效的或有用的。要使细分后的市场对企业有用，必须遵循以下原则。

(1) 可衡量性。物流细分市场的规模及其购买力是可以估量的，也就是说在这个细分市场可获得足够的有关客户特性的资料。如果某个细分市场的资料无法获得，那就无法进行估量，也就不能把它纳入本企业市场细分范围。在实际物流活动中，有些市场捉摸不定，难以衡量，就不能对它进行细分。

(2) 可进入性。细分后的市场应该是物流企业能够进入并能占有一定的份额，否则，市场细分便丧失了现实意义。例如，市场细分的结果，发现市场中已有很多竞争者，自己无力与之抗衡、无机可乘或虽有未被满足的需要，但因缺乏诸多先决条件，甚至货源无着落，难以揽货，这种市场细分就没有现实意义。

(3) 效益性。物流企业所选定的市场部分的规模必须足以使企业有利可图。如果物流市场的规模很小（但要排除连带服务的影响），不能给企业带来足够的经济效益，一般就不值得细分了。

(4) 稳定性。细分市场必须在一定时期内保持相对稳定，以便使物流企业制订较长期的营销策略，从而有效地开拓并占领目标市场，获得预期经济效益。如果细分后的市场变动过快，目标市场稍纵即逝，则企业营销风险随之增加。

二、物流市场细分的方法和标准

（一）物流市场细分的基本方法

物流市场细分方法主要是按照市场细分标准的多少划分的，常用的方法主要有以下几点。

(1) 单因素细分法。细分物流市场只按照一个因素进行。例如，如果按照地理区域这一因素去细分，物流市场可分为区域内物流、跨区域物流和国际化物流等。

(2) 综合因素法，即以影响物流市场需求的两种或两种以上因素进行综合划分。因为客户的需求差别常常极为复杂，只有从多方面去分析、认识、才能更准确地把它们区别为不同特点的群体。例如，同时按照物品属性和地理区域两个因素来细分物流市场就是按综合因素法进行的，如表 4-1 所示。

表 4-1　**综合因素法**

内　容		地理区域		
		区域物流	跨区域物流	国际物流
物品属性	生产资料	细分市场 1	细分市场 2	细分市场 3
	生活资料	细分市场 4	细分市场 5	细分市场 6

(3) 系列因素法。这种方法也运用两个或两个以上的因素，但它是依据一定的顺序逐次细分市场的。细分的过程是一个比较、选择分市场的过程。下一阶段的细分，是在上一阶段选定的分市场中进行。图 4-1 给出了客户的选择与市场细分的关系。

(4) 产品—市场方格图法。此法即按产品（顾客需要）和市场（顾客群）这两个因素的不同组合来细分市场。例如，物流企业针对市场需要提供 5 种不同的解决方案，即供

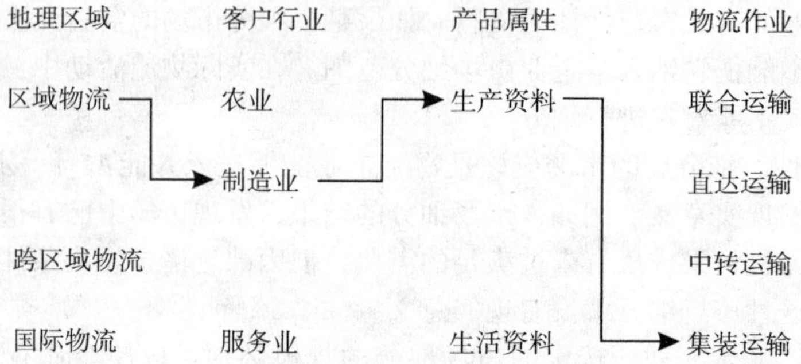

图 4-1　系列因素法示意图

应物流解决方案、生产物流解决方案、销售物流解决方案、回收物流解决方案、废弃物流解决方案，同时有两个不同的顾客群，即国内市场需求者和国际市场需求者，这样就形成10 个细分市场，如表 4-2 所示。

表 4-2　**产品—市场方格表**

	供应物流解决方案	生产物流解决方案	销售物流解决方案	回收物流解决方案	废弃物流解决方案
国际市场顾客	A11	A12	A13	A14	A15
国内市场顾客	A21	A22	A23	A24	A25

（二）物流市场细分的标准

市场细分的标准有许多。在消费品市场上，可以按照地理因素（地区、城市、气候等）、人口因素（年龄、家庭规模、家庭生命周期、收入、职业、教育、社会阶层、宗教、国籍、种族等）、心理因素（生活方式、人性等）、行为因素（使用时机、追求利益、使用者状况、品牌忠诚情况等）进行市场细分。许多用来细分消费品市场的因素，也同样适用产业市场。如物流企业可以按照地理因素、追求的利益和使用率等来细分。

对于物流企业而言，其市场细分的基础也是客观存在的需求的差异性，而且物流市场同其他各类市场一样，差异性很多，究竟按哪些标准进行细分，没有一个绝对正确的方法或固定不变的模式。根据物流市场的特点，可以从以下几方面对其进行细分。

（1）顾客所在的行业。以顾客行业为标准细分物流市场就是按照顾客所在的不同行业来加以细分市场。由于顾客所在行业不同，顾客对物流需求存在差异性，但同一行业市场内的顾客对物流需求具有一定的相似性。其差异性主要体现在各个行业要根据各自的特点去组织物流活动，其相似性主要体现在每个行业实现物流功能的具体操作活动上。顾客行业细分主要可分为服装、家电、钢铁、石化、汽车、日用品等物流细分市场。

（2）顾客规模的大小。以顾客规模为标准细分物流市场，就是按照顾客对物流需求规模的大小来加以细分市场。由于物流需求客户的规模大小不同，需要提供的服务也存在着很大差异，一般可将顾客分为如下三类客户群：大客户、中等客户、小客户。

（3）顾客追求的利益。有的顾客追求服务价格的低廉，有的追求服务质量高、服务周到或服务速度快等。例如在货运市场上，顾客追求利益的复杂性还在于同一顾客在不同时期或不同货种运输上追求利益不同。有的顾客一般情况下要求运价低廉，而在原材料供应紧张或生产产品抢占市场时则会追求运送速度快。按顾客追求的利益还可以将货运市场上的顾客进一步划分成追求运价低廉的顾客类、追求服务的顾客类、追求运输质量的顾客类和追求运送速度的顾客类。当然，也有追求两种以上利益的顾客，如质量和速度。

（4）顾客使用的频率。按照顾客使用物流服务的频率可以将物流市场的顾客分为长期型、中期型和短期型。

（5）物品属性。以物品属性为标准细分物流市场，就是根据顾客所需物流活动中物品的属性或特征来加以细分市场。由于物品属性的差异，物流企业在实施物流活动中，物流作业的差别会很大，物品属性差别对物流诸功能的要求会体现在整个物流活动中，而且物流质量和经济效益也同物品属性有很大的联系。按物品属性细分物流市场主要可分为：生产资料、生活资料。例如按货物所需的运输和保管条件，可以分为普通货物、特殊货物。普通货物是指在运输中对运输工具的运行没有任何特殊要求的货物。特殊货物是指在运输和保管中必须采取特别措施，以保证运输安全和货物完好无损的货物。特殊货物又分为：特大货物、长形货物、沉重货物、危险货物、鲜活易腐货物、贵重货物等。特大、长形、沉重货物统称阔大货物，大长重的界限视各种运输工具的载运能力和装卸能力而定。

（6）地理区域。以地理区域为标准细分物流市场，就是根据客户所需物流的地理区域的不同来加以细分市场。由于物流活动所处的地理区域不同，而不同区域的经济规模、地理环境、需求程度和要求等差异非常大，使物流活动中的物流成本、物流技术、物流管理、物流信息等方面会存在较大的差异，而且不同区域的客户对物质资料的需求也会各有特色，这就使得物流企业必须根据不同区域的物流需求确定出不同的营销手段，以取得最佳经济效益。一般可分为：区域物流、跨区域物流、国际物流。

（7）服务方式。以服务方式为标准细分物流市场，就是根据客户所需物流服务诸功能的实施和管理的要求不同而加以细分市场。由于客户产生物流需求时对物流诸功能服务的要求会存在着很大的不同，而物流功能需求的多和少与物流成本及效益等会有很大的联系，因此，物流企业想以最佳的服务奉献给物流市场的客户，就必须以不同的服务方式，服务于不同物流服务需求的客户，以取得最好的社会效益。按服务方式细分物流市场可以分为：单一方式物流服务和综合方式服务。

（8）利润回报。按物流企业从市场获取利润的高低可以将物流市场细分为高利润回报市场和低利润回报市场。

以上是对物流市场细分的简单概括。需要注意的是：物流市场的细分还可以从多个方面、不同的角度进行细分，而且上述几种细分方式中，每个细分的子市场，物流企业还可以根据实际情况进行细分。

三、物流市场细分的步骤

（1）依据需求选定服务产品的市场范围。服务产品的市场范围应以市场的需求而不是服务产品特性来定。比如，一家住宅出租公司，打算建筑一幢简朴的小公寓。从产品特性，如房间大小、简朴程度等来看，这幢小公寓可能被认为是以低收入家庭为对象的，但从市场需求的角度来分析，不难发现，许多并非低收入的家庭也是潜在顾客。

（2）列举潜在顾客的基本需求。选定服务产品的市场范围以后，大致估算一下潜在顾客有哪些需求，这一步能掌握的情况有可能不那么全面，却为以后的深入分析提供了基本资料。比如，这家住宅出租公司可能会发现，人们希望小公寓住房满足的基本需求包括遮挡风雨，停放车辆，安全，经济，设计良好，方便工作、学习与生活，不受外来干扰，足够的起居空间，满意的内部装修，公寓管理和维护，等等。

（3）分析潜在顾客的不同需求。了解潜在顾客的基本需求之后，还应进一步分析潜在顾客的不同需求，对不同的潜在顾客进行调查，了解上述哪些需求对他们更为重要。比如，在校外租房住宿的大学生，可能认为最重要的是遮风避雨、停放车辆、经济、方便上课和学习等；对新婚夫妇来讲，遮蔽风雨、停放车辆、不受外来干扰、满意的公寓管理等较为重要；较大的家庭则要求遮蔽风雨、停放车辆、经济并且有足够的儿童活动空间等。这一步至少应进行到有三个细分市场出现。

（4）移去潜在顾客的共同需求。在进行市场细分时，需要移去各细分市场或各顾客群的共同需求。这些共同需求固然很重要，但它们不能作为市场细分的基础。比如，遮蔽风雨、停放车辆和安全等项，几乎是每一个潜在顾客都希望的。公司可以把它用作产品决策时的重要依据，但在细分市场时则要排除这些因素的干扰。

（5）为各细分市场暂定名称。企业对各细分市场的特有需求，要做进一步分析，并结合各细分市场的顾客特点，暂时安排一个名称。

（6）进一步认识细分市场的特点。在此，还要对每一个细分市场的顾客及其行为，做更深入的考察。看看自己对各细分市场的特点掌握了哪些，还要了解哪些，以便进一步明确有无必要对各细分市场再做细分，或重新合并。比如，经过这一阶段，可以看出，年轻新婚者与老年人的需求差异很大，应当作为两个细分市场。同样的公寓设计，也许能同时迎合两类顾客，但对他们的广告宣传和销售方式都可能不同。企业要善于发现这些差异。如果他们原来被归属于同一个细分市场，现在就要把他们区分开来。

（7）测量各细分市场的大小。以上步骤基本决定了各细分市场的类型，紧接着应测量各细分市场潜在顾客的数量。企业进行市场细分，是为了寻找获利的机会，但获利的大小又取决于各细分市场的销售潜力。不做这一步是很危险的，因为有的细分市场的潜在顾客量几乎为零。至此，物流企业的目标市场就可以选择了。

第二节　物流目标市场选择

【课前预习思考题】

1. 什么是目标市场？请用你自己的语言描述你对目标市场的理解，并列举生活中的实例进行说明。

2. 如何选择目标市场？

3. 企业在选择目标市场的时候有哪些原则？

【案例引入】

电子商务是不是顺丰的目标市场?

这是一段记者与顺丰总裁王卫先生的采访对话。

记者:“有人认为网购配送是一个低端市场,您怎么看?”

王卫:“其实从2006年起,我们就开始和淘宝网商谈合作,也陆续投入,完成了一些技术对接项目。我知道一些快递公司电子商务的业务量非常大,市场前景很好,但我们来自淘宝的业务量还不理想。我们分析可能有两个原因:一是我们的目标客户群与网购一族有差异。目前网购派送价格很低,我们恰恰在价格竞争中不占优势,在淘宝上面点击采用我们的量有限。二是双方在合作条件、合作模式方面还需要进一步沟通,共同创建一种平等、互惠、共赢的发展环境。”

记者:“有人说顺丰的中高端市场定位是嫌贫爱富,您怎么看?”

王卫:“唔?有这种说法。我认为我们是专注。由于服务标准和管理水平不同,我们的成本居高,有些事情我们确实做不了。人要破自己的贪心,要专注去做自己认为对的事。我做快递,总是告诫自己不要三心二意,看人家做得好就转向,要一心一意把自己的领域做专。我相信市场不愿意看见、政府也不愿意看见顺丰把中高低端市场一揽子通吃。大家应该是同台吃饭,各自修行,各施其法,各取所需,针对不同的客户群提供不同的服务。

“当然,随着公司的成熟,成本管控会越来越精细,最终我们会把管理成果转向市场,让客户受益。我觉得市场有不同的服务、不同的产品、不同的价格,客户有多种选择的机会,这是个好事。”

(资料来源:环球网,http://www.finance.huanqiu.com/)

问题:

1. 你是如何理解目标市场的?
2. 是不是企业能做的市场,都是企业的目标市场?为什么?
3. 通过此案例,你有何启发?

一、目标市场的选择过程

(一)目标市场的含义

目标市场(Target market),就是物流企业为满足现有的或潜在的顾客需求而设定的细分市场。换言之,目标市场就是物流企业拟投其所好、为之服务的对象。选择和确定目标市场,明确物流企业的具体服务对象,关系到物流企业任务和目标的落实,是物流企业制订营销战略和策略的基本出发点。

(二)物流目标市场的选择过程

物流目标市场的选择过程,就是指物流企业在按各种标准将市场细分后,确定目标市场的过程。在这个过程中,要运用SWOT等分析方法,对各个细分市场的发展潜力、增长率、竞争状况以及物流企业所拥有的资源能力、竞争优势等进行评估，选择的过程就是评估的过程。一般地讲，物流企业在选择物流目标市场时需要依据以下基本条件。

（1）要有一定的物流规模。这是非常重要的条件，如果没有一定的物流需求规模，物流企业就不能体现行业的强势，该市场也就构不成现实的市场和企业的目标市场。

（2）要有物流发展潜力。即物流市场上有尚待满足的需求，有良好的发展前景，来保证物流企业的稳定发展。

（3）要有足够的吸引力。所谓吸引力，主要指长期盈利能力的大小，一个市场可能具有适当规模和增长潜力，但从获利观点看不一定具有吸引力。决定物流市场是否具有长期吸引力的因素主要有：竞争者的数量和质量，物流需求欲望的强弱和专业能力，各类辅助手段的完善程度和质量等。物流企业必须充分估计这些因素对长期获利率所造成的机会和威胁，以便做出明智的抉择。

（4）要符合物流企业的目标和实力。理想的目标市场，还必须结合物流企业的目标与实力来考虑。有些细分市场虽然规模适合，也具有吸引力，如果不符合物流企业自身发展目标，就只能考虑放弃；但如果符合物流企业目标，但企业在人力、物力、财力等条件上不具备一定的实力，无法在市场上夺得一定的市场占有率，则也不应该选其为最终市场。

（三）目标市场选择示例

中远物流公司凭借国际性的网络优势和经营实力，在细分市场的基础上，选择了家电物流、汽车物流、电力物流、石化物流、展品物流等作为目标市场，为顾客提供高附加值物流服务。

家电物流领域建立起了功能比较完善、服务周到、技术领先的操作平台。中远物流公司目前已为海信、海尔、科龙、小天鹅、TCL、伊莱克斯、澳柯玛、美国惠尔浦等 10 多个知名的家电制造商提供库存管理和物流配送服务，成为国内主要的家电物流服务商。

汽车物流领域，中远物流公司目前共为上海别克、北京现代、北京吉普、东风尼桑、一汽捷达、沈阳金杯等诸多汽车制造商提供汽车采购物流和汽车销售物流服务，为厂家提供进口汽车组装的物流配送，散件进口采购以及成品车国内销售物流服务，零公里成品车物流配送和零配件级流水线工位配送等服务。中远物流公司已发展成为为知名国内汽车制造商提供物流服务的专业公司。

工程物流领域，以国家电力工程建设项目开发为重点，以高效、精确、安全的服务在我国核能物流领域确立了优势地位，提供从核原料运输、设备引进及成套核电设备运输直至并网发电后核废料运输的全过程物流操作的物流服务。2003 年中远物流公司在我国最大的中外合资项目——中海壳牌南海石化项目物流服务 3 个标段的国际招标中一举中标，石化物流领域实现重要突破。

在展运物流方面，中远物流公司先后操作了包括达利互动艺术展、澳新文化节、青岛国际啤酒节、“神五”返回舱首展以及在莫斯科成功举行的中国国家展等跨国展运物流项目，形成了以北京、上海和广州三大城市为中心的跨国展运物流服务核心经营体系。

零售业物流方面，由于实现了信息系统与客户的对接，取得新突破。中远物流公司成功为法国欧尚超市、百事可乐等客户提供仓储管理，为北京及华北地区的华联超市提供库存管理及物流配送服务。

同时，中远物流公司密切关注市场动向，综合考虑行业的发展趋势和激烈竞争程度，积极转变市场定位，于2006年正式进入医药物流这一全新的领域。

二、可供物流企业选择的目标市场策略

（一）目标市场的范围策略

在提供物流企业选择目标市场策略前，还必须了解一下物流企业市场营销时可采用的范围策略，可归纳为5种情形（P 表示产品，M 表示市场），如图4-2所示。

	M1	M2	M3
P1			
P2	✓		
P3			

A. 产品—市场集中型

	M1	M2	M3
P1			
P2	✓	✓	✓
P3			

B. 产品专业化型

	M1	M2	M3
P1		✓	
P2		✓	
P3		✓	

C. 市场专业化型

	M1	M2	M3
P1	✓		
P2		✓	
P3			✓

D. 选择专业化型

	M1	M2	M3
P1	✓	✓	✓
P2	✓	✓	✓
P3	✓	✓	✓

E. 全面进入型

图4-2　选择目标市场的5种策略图

1. 产品—市场集中化型

这是指物流企业的目标市场无论从市场角度，还是从服务产品角度，都是集中于一个市场层面上。物流企业只提供一种形式物流服务产品，供应单一顾客群。这种模式一般适用于小型物流企业或初次进入市场的物流企业采用。

2. 产品专业化型

这是指物流企业提供一种形式的物流服务产品，满足各类顾客群的需要。这种模式有利于物流企业摆脱对个别市场的依赖，降低风险，同时有利于发挥生产经营技能，在某一服务领域树立较好声誉。

3. 市场专业化型

这是指物流企业向同一顾客群提供不同种类的物流服务产品。这一模式有助于发展和利用与顾客之间的关系，降低交易成本，树立良好形象。

4. 选择专业化型

这是指物流企业决定有选择地进入几个不同的细分市场，为不同的顾客提供各种不同的物流服务产品。这是一种多元化经营模式，可以较好地分散物流企业的经营风险。但是，采用这种模式应当十分慎重，必须以几个细分市场均有一定的吸引力为前提。

5. 全面进入型

这是指物流企业决定全方位进入各个细分市场，为所有顾客群提供它们所需要的不同种类的系列物流服务产品。这是实力雄厚的大型物流企业为在市场上取得领导甚至控制地位而通常采用的模式。

物流企业在运用上述 5 种策略时，一般总是首先进入最有吸引力的细分市场，在条件和机会成熟时，才会逐步扩大目标市场范围，进入其他细分市场。

（二）目标市场营销策略

在了解了目标市场的范围策略之后，物流企业应当根据所选定的目标市场来采取相应的营销策略。目标市场营销策略主要有以下几种类型。

1. 无差异营销策略

无差异营销策略就是把整个物流市场看作是一个毫无差别的同质大市场，并对市场的各部分同等看待，通过求大同、存小异来求得共同发展。就采用这一种策略的物流企业来说，它是把物流购买者看成是具有相同需求的整体，力图吸引所有的物流需求者，其所设计的物流服务产品和营销方案针对广大的现实和潜在的购买者。

无差异营销策略将市场看成一个整体，不做细分，把整体市场作为目标市场。采用这种策略的物流企业认为，客户对物流的需求有共通性，不存在差异性；即使存在差异，也只以单一形式的物流服务产品向整个市场投放。同时，采取统一宣传、统一定价，建立较集中的物流网，向整个市场推出。如 UPS 在 20 世纪 60 年代以前采取的就是这种策略，以单一的服务、统一的价格、同一的广告主题面向所有顾客。无差异营销策略如图 4-3 所示。这一策略的不足之处，是可能由于过分强调无差别，而不能满足不同购买者的需求，最终被市场淘汰，被新的策略所取代。

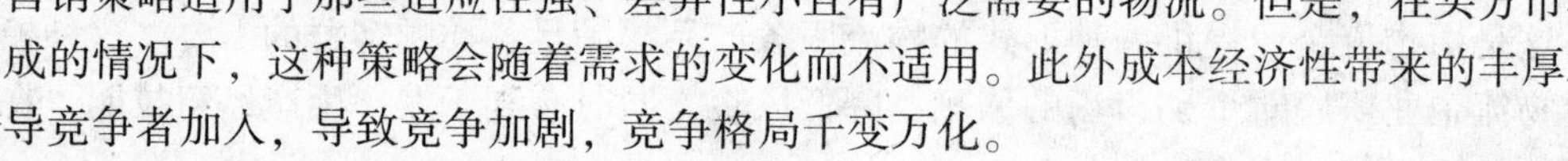

图 4-3　无差异营销策略

无差异营销策略的最大优点在于成本经济性，即有助于节约研发成本和营销费用，无差异营销策略适用于那些适应性强、差异性小且有广泛需要的物流。但是，在买方市场逐渐形成的情况下，这种策略会随着需求的变化而不适用。此外成本经济性带来的丰厚利润会诱导竞争者加入，导致竞争加剧，竞争格局千变万化。

2. 差异营销策略

差异营销策略就是把整个物流市场分成若干个细分市场，选择两个或两个以上的细分市场作为目标市场，分别设计不同物流服务产品形式的营销方案。该策略建立在客户需求具有异质性的基础上，物流企业针对不同细分市场设计不同的物流服务产品，设计不同的营销组合，面向不同的目标市场。对物流企业来说，将顾客按一定的细分标准进行细分，并从中做出选择，可以使物流企业所提供的物流服务产品更有针对性，更能满足不同需求群体的需要。差异营销策略如图 4-4 所示。

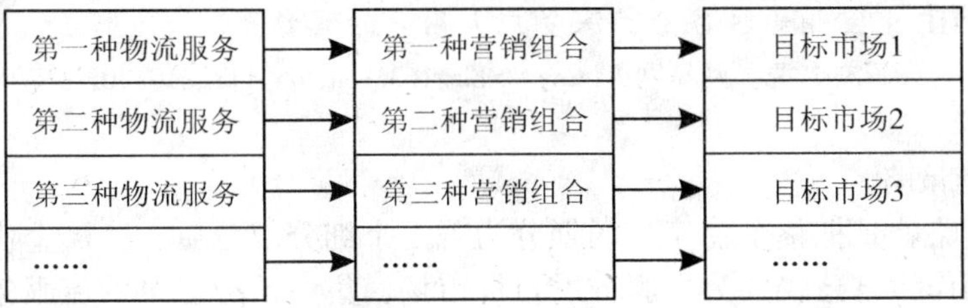

图 4-4　差异营销策略

该策略能满足各类物流需求者的不同需求，对物流企业而言，有助于发挥潜力，扩大销路，增加盈利，有助于提高企业竞争力和应变能力，树立良好的企业形象。差异性营销策略多为实力雄厚的物流企业采用，但也会带来营运成本和相关费用的增加以及物流企业资源受限的局限性。

【教学案例】

“DHL 高尔夫快递”实现差异化营销

为了轻装简行，商务繁忙的“空中飞人”不得不一次次把沉重的球具留在家中，饱受“相思”之苦。人在旅途，如何在异乡与心爱的高尔夫轻松“约会”？作为中国航空快递业的领导者，中外运敦豪在上海地区率先推出了创新的“DHL 高尔夫快递”服务，快捷、稳妥地帮助用户递送高尔夫球具。同时，这一举措也再次凸显了中外运敦豪敏锐的市场触觉和对完美服务品质的不懈追求。公司高层表示：“DHL 高尔夫快递无疑可以帮助热衷高尔夫的商界人士们轻松享受高尔夫之旅。我们将凭借中外运敦豪发达的全球网络，以门对门的方式，为用户将高尔夫球具从上海递往国内及国外目的地。作为中国航空快递业的领导者，中外运敦豪将继续以对市场需求的敏锐把握以及对创新的不断追求，保持产品及服务的差异化优势，为不同类型的客户提供贴心服务，从而巩固我们在快递和物流市场的领先地位。”

目前，中国已拥有 200 余处高尔夫球场，仅上海就建有 20 余处，其中部分高尔夫球场已具有国际水平。随着高尔夫运动在中国的蓬勃发展，国际级的高尔夫赛事接踵而至，吸引了大批世界一流的高尔夫球手。

与此同时，国内的高尔夫爱好者正逐年增多。即使出差在外，爱好者们也希望能够尽情享受高尔夫运动带来的身心愉悦。然而，选择轻便的旅行，还是沉重的球具成了广大高尔夫爱好者的一个难题。针对这种情况，中外运敦豪特别为这一人群量身定做，推出了鱼和熊掌可以兼得的“DHL 高尔夫快递”。

用户只需在旅程结束后，将高尔夫装备交给 DHL 签约的高尔夫俱乐部或酒店的相关服务人员，即可轻松启程，与此同时，高尔夫装备也将“穿着”中外运敦豪特制的包装，平安返家。

自 1986 年成立以来，中外运敦豪面向中国市场推出了众多独具特色的领先快递服务产品和解决方案。其中，DHL 进口到付、DHL 定时特派、DHL 珍宝箱和小珍宝箱，以及DHL重宝箱等服务产品深受广大用户的喜爱。

（资料来源：网易网，http：//biz.163.com/ob/1122/10/30HANV060002/E6Q.html）

3. 集中营销策略

集中营销策略就是把整个物流市场划分为若干个细分部分后，物流企业只选择一个或极少的细分市场作为自己将要为之服务的目标市场，集中精力提供物流服务。它所追求的不是在较大的市场上占有较小的市场份额，而是力争在较小的市场上占有较大的市场份额。对一些资源有限、实力不够雄厚、新进入市场的物流企业来说，采用这一策略是为了更深入地了解细分市场的需要，集中力量提供专业化物流服务，在局部市场创造出独一无二的优势。

一般地讲，资源有限，规模较小的中小物流企业常用这种策略，为了把有限的资源用在最有利的地方，这种策略经营对象相对比较集中，并能对所提供的物流服务实行专业化经营，从而争取较高的投资收益率。但是，这种策略风险较大。由于物流企业的全部资源与力量均集中在一个或极少的几个子市场上，那么，一旦目标市场风云突变，就可能出现经营危机，使物流企业陷入困境。

集中营销策略着眼于在较小的市场中取得较大的市场份额，采取该策略的物流企业针对一个或极少的目标设计细分市场的营销组合。该策略如图4-5所示。例如，物流企业只以极少几种物品配送作为其物流的目标市场，试图以局部市场为目标，满足顾客在该市场的需要。

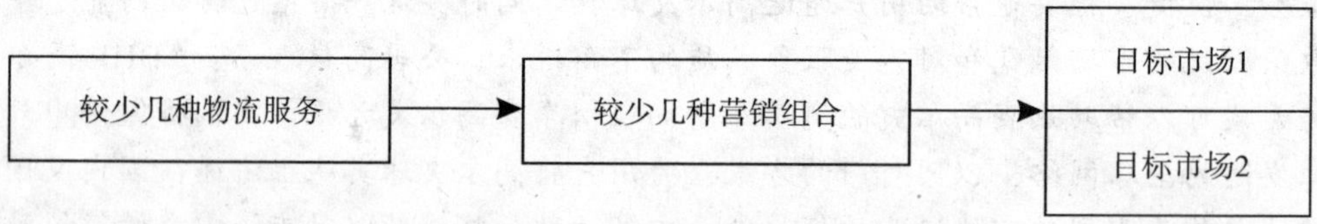

图4-5　集中营销策略

4. 一对一营销

此外，目标市场策略的最后一个层次是“细分到个人（或单个服务对象）”和“定制营销”，即一对一营销。实施一对一营销，目标较为单一，易于弄清客户的真正需求，做到量体裁衣，服务专业化。物流业作为一个服务行业，追求服务的差异化、个性化是必然趋势，一对一营销能提高顾客满意度。宝供物流公司的发展历程就是最好的典范。其服务网络建设一开始就是根据宝洁公司的市场营销战略来配置的。简单来说就是宝洁公司的货销往哪里，宝供物流的服务网点就设到哪里。即使像中远物流这样的大企业，其营销部门针对不同的大客户采取的也是专人负责，一对一营销。因为在当前以客户关系为中心的社会，标准化服务虽然成本低、运作快，但已逐渐失去市场。物流企业采用这种策略，有利于更好地走向市场，更贴近顾客。

三、物流企业目标市场营销策略的选择

究竟采用哪种策略比较有利，必须根据物流企业具体情况进行通盘考虑。一般地讲，

物流企业在选择目标市场营销策略时，必须综合考虑以下几个方面因素企业资源、物流服务产品生命周期、物流服务产品的同质性、市场的同质性和竞争状况。

（一）企业资源

这是选择目标市场营销策略时应考虑的首要因素。物流企业的资源主要包括营运规模、技术力量、财务能力、经营管理能力等。如果物流企业实力较强，有可能占有较大的市场，就可采用差异性营销策略或无差异营销策略；如果物流企业资源有限，无法覆盖整个市场，则以采用集中营销策略为宜。

（二）物流服务产品生命周期

物流服务与其他服务产品一样，也有生命周期。物流企业根据服务处于投入期、成长期、成熟期、衰退期的各阶段特点，可采用不同的目标市场营销策略。处于投入期，同类服务产品竞争者不多，竞争不激烈，物流企业可采用无差异营销策略；当服务处于成长期或成熟期，同类物流服务产品增多，竞争日益激烈，为确立竞争优势，物流企业可考虑采用差异性营销策略；当某类服务产品步入衰退期，为保持市场地位，延长服务产品生命周期，全力对付竞争者，物流企业可考虑采用集中营销策略。

（三）物流服务产品的同质性

这是指在物流服务需求者眼里，不同物流企业提供物流服务产品的相似程度。相似程度高，则同质性高；反之，同质性就低。同质性高，可采用无差异营销策略；同质性低，可采用差异营销策略或集中营销策略。

（四）市场的同质性

这是指各细分市场顾客需求、购买行为等方面的相似程度。市场同质性高，表明各细分市场相似程度高，不同顾客对同一物流服务产品的反应也大致相同，则宜实行无差异营销策略；反之，如果顾客的需求偏好、态度、购买行为等差异较大，则宜采用差异营销策略或集中营销策略。

（五）竞争状况

竞争者的数量和资源是物流企业确定目标市场营销策略时考虑的重要因素。当竞争者较少或竞争对手较弱时，可采用无差异营销策略；反之，则应选择差异营销策略或集中营销策略。另外，还要考虑竞争对手采取的策略。例如，当强大的竞争对手采取的是无差异营销策略时，相对较弱的企业则应采用集中营销策略或差异营销策略。当然，如果竞争对手实力较弱，也可以与之采取相同的策略，凭借实力击败对手。

以上所述，只是一般原则，并无固定模式，物流企业应在实践中根据竞争形势和市场具体情况，灵活运用。

第三节　物流市场定位

【课前预习思考题】

1. 什么是市场定位？请用你自己的语言描述你对市场定位的理解，并列举生活中的实例说明。

2. 进行市场定位的目的是什么？市场定位与市场细分有什么差别？

3. 如何进行市场定位？

【案例引入】

顺丰为什么要开办航空公司？

在顺丰管理层，王卫的“经营五要素”理念是人尽皆知的。质量是五要素的起点，质量生品牌，品牌生市场占有率，市场占有率生利润，利润支持抗风险，抗风险再保证质量。那么，顺丰对自己的市场定位是什么？顺丰为什么要开办航空公司？

这是一段记者与顺丰总裁王卫先生的采访对话。

记者：“现在顺丰的整个市场定位已经倾向高端客户了吗？”

王卫：“不是，是中高端。中国快递完全高端的市场还很小，而且它分为两块：一是国际业务，需要信息联网性支撑的，这不是顺丰的优势，因为我们没有国际网络。另一个就是国内完全高端的市场，现在看来还不太成熟，毕竟中国的制造业在产业结构中占比重很大，而目前制造业的产品层次偏低。”

“另外，我认为，中国目前的快递企业还没有人能真正满足高端市场的需求，缺乏在中端的基础上再为客户量身定造个性化服务的能力。最后高端市场只能委屈自己，降低需求变成中端。因此，顺丰下一步要针对不同市场客户的特征，去制定网点布局规划、分配人员投入，区分、细化服务标准。”

记者：“从率先包机到自己开办航空公司，这一大战略投入是不是也与市场中高端定位有关？”

王卫：“这只是顺丰对战略风险的一项控制措施。要想可持续发展，行业内的一些稀缺资源最好在自己控制的范围之内。我说四点理由，一是飞机拿在人家手里，对方没有义务为你的战略发展服务。二是飞机是快递企业离不了的运输工具，而航空公司的运营计划不可能由快递公司主导，除非公司是你的。三是我们营运公司的总裁和航空公司总裁一同去拜访某些部门，往往职级低的航空公司总裁更受重视，会谈效果都不一样。四是现在地方政府一些发展奖励，都是只给航空公司而不给快递公司。”

（资料来源：灰豆创业网，http：//www. huidoo. cn/）

问题：

1. 顺丰开办航空公司的目的是什么？
2. 顺丰速递是如何进行市场定位的？
3. 顺丰开办航空公司与市场定位有何关系？

一、市场定位的含义

企业在进行市场细分和选择目标市场后，不管采取何种目标市场营销策略都必须进一步考虑在拟进入一个或多个细分市场中推出具有何种特色的服务产品，并且要努力做到使服务产品与营销组合在顾客心目中占据一个与众不同的位置，体现独特性，这就需要制订和实施市场定位策略。

以（美国）西南航空公司（Southwest Airlines）为例，西南航空公司在中型城市和大都市的次要机场之间提供短程、低价和“点对点”的服务。西南航空避开了大机场及长距离的飞行，其顾客包括商务旅客、家庭、学生等群体。西南航空以频繁的班次与低价来吸引那些对价格敏感的顾客，如果价格没有足够的吸引力，这些顾客就会以巴士或汽车代步。

那些提供全套服务的航空公司的构想是：尽可能让乘客舒舒服服地从一地抵达另一地。要到达目的地并满足旅客的转机需求，提供全套服务的航空公司就必须以大机场为中心来建立轮辐状营运系统。为吸引追求舒适的乘客，这类航空公司还必须提供头等舱和商务舱的服务。对于讲究便利而必须转机的旅客，航空公司还必须为他们协调班机和行李转运的时间。对于长途飞行的旅客，航空公司还要为他们供应餐点。

西南航空正好相反，它的所有活动都朝特定航线、低成本、便捷服务的方向设计。西南航空的登机时间通常不超过 15 分钟，以更少的飞机执行更频繁的班次。西南航空并不供应餐点，也不受理指定座位、跨航线行李转运或高级舱位的服务。它在登机门前设置自动售票机，让旅客可以不必通过旅行社来购买机票，也为西南航空节约了中介费。其标准化的波音 737 机队也使其维修效率很高。西南航空以精简的活动发展出了一套独特而又有价值的战略定位。在西南航空所经营的航线上，其他提供全套服务的航空公司根本无法提供如此便利或低成本的服务。

从该案例中可以明白，定位就是对企业的提供品和形象进行设计，从而使其能在目标顾客心目中占有一个独特的位置的行动。

市场定位由美国学者艾·里斯提出，认为市场定位（又称产品定位）是指企业根据顾客对某种产品的某些特征或属性的重视程度，给本企业的产品规定一定的市场地位。市场定位与产品差异化有密切关系，市场定位是以产品为出发点，通过为自己的产品创立鲜明的个性，从而塑造出独特的市场形象来实现的。市场定位就是要为产品在潜在的顾客的头脑中，确定一个合适的位置。因此，产品差异化乃是实现市场定位的手段。但是，产品差异化并不是市场定位的全部内容，市场定位不仅强调产品差异，而且要通过产品差异建立独特的市场形象，赢得顾客的认同。

物流市场定位是指物流企业通过自身的物流服务创立鲜明个性，塑造出与众不同的市场形象，使之在顾客心目中占据一定的位置，从而更好地抓住客户和赢得客户。

例如宅急送快运有限公司的市场定位为：做社会零散货物的全国门到门快运。宅急送的快运产品则定位在 5~50 公斤的高附加值小件产品，比如手机、电脑等消费类电子产品。根据这个定位，宅急送放弃了康师傅、正大集团、科龙空调和已经合作 5 年的雀巢等客户。

通过与国际知名物流企业在获利能力、技术水平、运营能力等方面的对比分析，中远物流公司在五年发展规划中将自己定位于“国内领先、国际知名”的综合物流供应商，通过科学研究和过滤，筛选出具有吸引力的细分市场，确立了六大服务品牌。

宝供物流集团服务的企业大多集中在企业的生产、流通环节，其定位于企业供应链物流服务也是顺理成章的事。

DHL 的定位是“成为世界范围邮件通讯、包裹快递、物流及财政服务领域中的领头羊”。

FedEx 的定位是“无所不包，全面发展”。

在市场定位上，物流企业应该遵循“不熟不做”的原则、“集中一点”即专业化服务的原则、“重点客户，重点服务”的原则、“延伸服务”即服务品种创新原则、“精益求精”即服务技术创新原则。要体现：以“客户为中心”的物流服务精神；以“降低客户的经营成本”为根本的物流服务目标；以“伙伴式、双赢策略”为标准的物流服务模式；以“服务社会、服务国家”为价值取向的物流服务宗旨。

在具体进行物流市场定位时要符合以下要求：

（1）明晰性和优越性。能以一种突出、明晰的方式表现出其他物流企业所没有的差异性，而且这种差异具有优越性。

（2）可沟通性和可接近性。差异性是可以沟通的，是顾客能理解和感受的，而且顾客有能力购买这种差异性。

（3）不易模仿性和盈利性。与众不同的差异是其他竞争者难以模仿的，而且物流企业将通过差异性获得利益。

二、市场定位的步骤

市场定位是一个认识比较的过程，其步骤如下：分析目标市场顾客所重视的服务特征，对所进入目标市场有一个大致的认识；明确潜在的竞争优势，并选择相对的竞争优势；显示独特的竞争优势；进行市场定位。

（一）以产品的特征为变量勾画出目标市场的结构图

物流服务产品的特征有：价格（高与低）、质量（优与劣）、功能（多与少）等。运用这些变量，两两不同的变量指标组合便可以画出多个平面图。假定有 4 个竞争者（A、B、C、D），按照价格与质量进行组合，就可形成一个结构图，如图 4-6 所示。

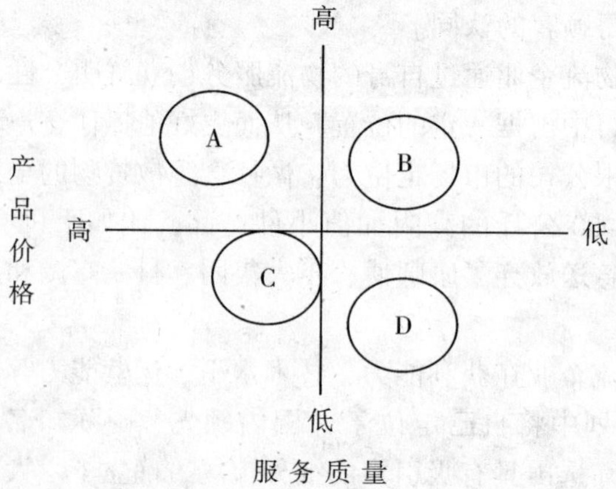

图 4-6　按价格和质量指标确定的目标市场定位图

(二) 明确潜在的竞争优势，并选择相对的竞争优势

在上述结构分析基础之上，物流企业要明确潜在的竞争优势。为此要弄清楚以下三个方面的问题：

(1) 目标市场上竞争对手的产品定位如何？包括对竞争者的成本和经营情况分析。

(2) 目标市场上足够数量的顾客确实需要什么，他们的欲望满足程度如何？必须认定目标顾客认为能够满足其需要的最重要的特征。

(3) 本企业能够为此做些什么？

相对的竞争优势，是一个企业能够胜过竞争对手的能力。这种能力既可以是现有的，也可以是潜在的。准确地选择相对竞争优势是一个企业各方面实力与竞争对手的实力相比较的过程，通常从经营管理、技术开发、设施、服务功能、人力资源以及财务指标等方面进行衡量比较。

(三) 显示独特的竞争优势

选定的竞争优势不会自动地在市场上显示出来，物流企业要进行一系列的宣传促销活动，将其独特的竞争优势准确地传播给潜在顾客，并在顾客心目中留下深刻印象。要避免因传播不当在顾客中造成误解，如传递的定位过低，不能显示物流企业的服务特色；传递的定位过高，不符合企业的能力状况，造成顾客的期望值过高；传递的定位过于模糊，则难以在顾客的心目中留下明晰的印象。

1. 建立与市场定位相一致的形象

(1) 让目标顾客知道、了解和熟悉本企业的市场定位。

(2) 使目标顾客对本企业的市场定位产生认同、喜欢和偏爱。

2. 巩固与市场定位相一致的形象

(1) 强化目标顾客的印象。

(2) 保持目标顾客的了解。

(3) 稳定目标顾客的态度。

(4) 加深目标顾客的感情。

3. 矫正与市场定位不一致的形象

许多时候，目标顾客对物流企业及其市场定位的理解会出现偏差，如定位过低或过高，定位模糊与混乱，易造成误会。物流企业在显示其独特的竞争优势过程中，必须及时纠正与市场定位不一致的形象。

(四) 进行市场定位

市场定位分初步定位和正式定位两个过程。初步定位是经过详细论证后，由最高领导层决定。而正式定位是经过调研、试销、校正偏差之后的最终工作。需要强调的是，随着目标市场供求状况的不断变化，企业在目标市场上的定位将不断得到修正。

三、市场定位的方法

物流企业推出的每种服务产品，都需要选定其特色和形象。现有产品在其原有定位已经不再具有生命力时，也需要重新作出定位决定。对物流服务产品的市场定位，可以应用多种方法，主要有以下几种。

（一）根据具体的物流服务产品特色定位

产品特色定位是根据其本身特征，确定它在市场上的位置。这时广告宣传应侧重介绍物流服务产品的特色或优于其他产品的性能，使之与竞争产品区别开来。在具体定位时，可以把构成物流服务产品内在特色的许多因素作为定位的依据，如质量、价格、特色等。例如，中海北方物流有限公司组建的同时拥有普货、冷藏货班列、冠名为“中国海运一号”的五定班列，服务产品特色鲜明。

（二）根据所提供的利益和解决问题的方法定位

物流服务产品本身的属性及由此衍生的利益、解决问题的方法以及重点需要的满足程度也能使顾客感受到它的定位。例如，物流行业中的人性化专业物流服务的定位，“满足客户需要的、做到客户想要的、发现客户将要的”服务理念。中远物流公司的市场定位是聚焦于家电、汽车、电力、石化、会展、零售业等物流细分市场，为客户提供科学、高效、一体化的物流供应链管理服务。

（三）根据物流服务产品功能定位

物流服务产品的定位是单一功能，还是多功能？这也是值得物流服务提供商仔细考虑的问题。定位于单一功能，可能不适应顾客对物流服务一体化的需要；定位于多功能，管理的难度会加大，但能够满足顾客多方面的需要。

（四）根据物流服务产品价格定位

物流服务产品的价格定位，其中最重要的是要根据物流服务的过程情况定位，同时兼顾不同地区、不同行业等加以区分，其根本目的在于物流行业的整体效益最佳，不能过分地拘泥于某一功能，从而最大限度地挖掘市场的有效需求进行定价；其次，由于市场的可变性较强，因此，应当根据市场总体趋势做好价格定位。应特别重视对购买者群体目标各种不同需求的心理价位进行研究，所推出的价格定位需具备相应的竞争能力。具体可采用高价致胜定位、低价渗透定位、中价定位。

（五）根据使用者的类型定位

这是指把产品指引给适当的潜在使用者，根据使用者的心理与行为特征，及特定消费模式塑造出恰当的形象。例如，中海北方物流有限公司把物流同农业生产联系到一起，为物流产业获得了适宜的形象：中海人以先进的现代物流理念，率先在国内物流界推出了以“现代化物流产业服务于现代农业”的经营方针。在海南和大连采用“公司+农户”的方式建成投产了数万亩现代化水果蔬菜种植基地，并通过集团强大的海上实力开通了国内精品航线——海上绿色通道，反季节果蔬汇集到两地物流配送基地，精加工后配送给超市，使物流产业同大众贴进。

（六）根据竞争定位

这是指根据竞争者的特色与市场位置，结合企业自身发展需要，将本企业的产品，或定位于与其相似的另一类竞争产品的档次；或定位于与竞争直接有关的不同属性或利益。

具体有避强定位方式、迎头定位方式、重新定位方式。

以上定位方法往往是相互关联的，物流企业在进行市场定位时可在综合考虑各方面因素的基础上，将各种方法结合起来使用。

【案例分析】

［案例1］

物流企业创业适合从细分市场做起

就像成功属于有头脑的人，物流市场也总会为那些定位准确的小企业预留生存空间，至于怎么成长，就要看各自的本领了。第三方物流的概念席卷而来，连搬家公司都会抢着凑个热闹，为自己的卡车刷上“物流”的标志。杭州富日和大连盛川是两家规模不大，成立时间也不长的物流公司，但它们在创业之后都获得了良性增长的动力，因为它们发现做第三方物流用不着“大而全”，只要能为一类客户提供满意的服务，就可以顺利成长。

一、富日成功瞄准商业流通领域

在杭州，富日物流公司为多家超市、便利店和卖场提供配送服务，永乐、苏宁、国美家电连锁以及华润万家超市等大型零售商在杭州的物流配送都交由它来完成。

作为一家规模不大的物流公司，富日的竞争力就在于，生产厂家和大型的批发商只要将订单指令发送到其调度中心，富日即可根据客户指令将相关物品直接送到零售店或消费者手里。

富日虽然成立没有几年，但客户已经从最初的几家发展到了现在的150多家，2002年一年内完成仓储物流吞吐量26万吨。快速发展的原因，就是它从一开始，就把业务目标瞄准了商业流通领域。

富日物流成立之初，相关人员曾对杭州的物流市场做过一个调查，包括杭州的地理位置、基础建设、市场区域等。调研显示：地处流通经济异常活跃的长江三角洲，杭州这几年零售业超市大型化和连锁店经营发展迅猛，仅市区就有1600个门店。而这些连锁店所面临的共同问题，就是店内自行配送投资太大而且管理困难，急需一个独立的平台来提供物流配送服务。

如此诱人的市场空缺，富日没有错过。

富日在杭州东部下沙路建了一个20万平方米的配送中心，可以同时储存食品、电器、化妆品、药品、生活用品等8000多个品项，这很好地解决了当地商业流通行业因为商品多样化带来的仓储难题。零售行业单件商品配送较多，为了提高车辆的满载率，富日物流通过信息化系统的准确调度，将不同客户的送往同一区域、同一线路的货品合理配车作业，大大降低了运作成本。

退货和换货作业是物流企业对客户的后续服务，富日所服务的客户类型使它比别的物流公司更多地要面对这个难题。富日借鉴了国外的一些先进经验，专门设立退换货管理区域，将不同的货户、不同的货品退货集中起来，组织人员进行管理、分类，把能够继续使用、无质量问题的重新打包成箱，无法继续使用的则挑拣出来，进行回收处理。

“货品质押”是富日物流又一特色服务。富日与中国银行、招商银行等几家银行签约，供应商可将存放于富日配送中心的货品作为抵押获得银行贷款，同时，富日为银行免费保管这些被抵押的货品。通过这种运营模式，供应商的资产得到了盘活，库存所占的成本降低很多。这也使作为第三方物流商的富日获得了更多的客户资源。

下一步富日物流将全面提升物流资讯系统及网络传输能力，真正达到与货主联网，信息共享，实现物流系统网上操作及互联网在线查询。富日还在积极拓展电子商务网上订单业务，因为它看到宅配送物流需求正在不断增长。

此外，一些跨国企业将其制造中心设在杭州后，同样需要本土的第三方物流企业为其提供全方位的物流服务。除了为杭州市区内的零售做配送外，富日同时也获得了许多大型快速消费品生产商在华东地区的物流份额，比如康师傅、伊莱克斯、摩托罗拉等。富日为他们提供仓储、配送、装卸、加工、代收款、信息咨询等物流配套服务。

未来富日则计划建设600亩物流园区的二期工程，总投资2.9亿元，建筑面积20万平方米，其中设有低温物流中心、中转库房和其他一些配套设施；另外，富日还将开辟15万平方米的大型停车场，以构建浙江东部地区最大的空车配货中心（即配载中心）。

二、大连盛川专注服务大型制造商企业

2003年9月4日，在上海召开的第二届中国物流市场研讨交流会上，大连盛川物流有限公司总经理陈志学神情专注。这其实是一次物流服务的供需见面会，陈志学此行的目的，除了要借机推销盛川外，还有一个更重要的原因，就是想通过这次机会与二汽有更加实质性的接触。

“如果不出意外，二汽在东北地区的物流服务商非盛川莫属。”陈志学成竹在胸。他的砝码，是盛川跟一汽大连柴油机厂（简称大柴）历时3年的成功合作史。

3年前，陈志学创建了盛川，第一个客户就是大柴。大柴是大连市的大型国有企业，企业的高层领导人很早就发现，大柴从原材料和协作配套件的采购直到生产出合格产品并送到用户为止，产品在工厂中的加工时间仅占5%，其他95%的时间均在搬运和储存之中，因此如果想降低产品的成本，首先要降低产品的物流成本。另外，面对激烈的市场竞争，大柴也意识到，自己的核心竞争力应该定位新产品开发、设计和组装生产及市场开拓上，物流应该委托给专业第三方物流公司去做。盛川很幸运地获得了这个机会。

在大柴整个供应链流程中，盛川称自己扮演了“供应商组长”的角色。大柴的100多家、千余种柴油机零配件外协配套供应厂商都由盛川来管理，供应商们在盛川的统一协调下按照大柴的用料计划及时发货。盛川全程“包办”大柴的原材料采购、收发货、库存和配送。

为了当好这个“供应商组长”，盛川想了不少办法来加强服务。通常，大柴在调用各配套厂家的零配件产品之前，有一个很重要的工序就是由大柴质保处负责质量检查。这项工作在采用第三方物流之初，需要质检人员每天到库房抽取当天到货的产品检查，对于需要用专业检测工具才能检验的产品，如喷油泵等则需要带回厂内的检测室检验，这使得一些产品不能在到货当时就得到检验，降低了物流效率。为了解决这个问题，盛川与大柴质保处经过协商，由盛川出资，为大柴质保处在自己的物流基地内建立外协件质量检测分中心，供大柴质保处有偿使用，使到货的零部件都能够及时检测质量，提高物流效率。

盛川还针对大柴这种供应商众多的情况设计开发了一套物流软件以改善原来混乱的物料管理，让大柴及其供应商都可以随时掌握货物的收发以及库存状况，并进行科学管理和全程的跟踪。经过一年多的实施和运作，这套软件为大柴及其100多家供应商提供了前所未有的便捷。

3年来，盛川为大柴提供的短途配送，使大柴每年节省了40.5万元的运力资金；分拨出来的配件打包业务，使大柴每年节省了19.2万元的人工及设备费用支出；特别是在外协采购储备资金上，如今已经趋近于零，企业资金得到了盘活。

大柴将物流外包后，日产量由1999年的每天生产220台，提高到现在每天生产480台；库存周转量过去需10至12天，现在仅需半天时间。

"组长"当得不错后，"组员"也被吸引成为了盛川的客户。大连创新零部件制造有限公司是大柴的一个供应商，如今，它将自己的30多家供应商的物流服务也交给了盛川，这种树根状的发展方式使得盛川将物流服务逐步延伸至大柴的整条供应链上。

目前，盛川的EDI、POT系统及高架货位已全面启动，成为能够为多家国有大中型企业承担生产端物流业务的专业物流基地。

东北地区作为国家的老工业基地，大型国企密集，很多物流商也和盛川一样看到了机会。这两年，大连市第三方物流企业增加到了60多家，而且纷纷盯上企业生产物流这块蛋糕，盛川因此有了紧迫感，它正将触角逐步向外延伸，二汽就是这样进入它的视野的。

以上两个案例虽然分属不同行业、不同物流子系统，一个是商业领域，一个是制造业；一个是配送，一个是原材料物流管理，但是相同的是，两家小规模物流公司通过市场细分下的明确定位，获得了巨大的成长空间。

（摘自《第三方物流案例》）

问题：

1. 上述案例中，提到的是哪些物流市场细分？物流市场细分是固定的吗？
2. 本案例中的两家物流公司是如何选择目标市场的？
3. 本案例中的两家物流公司该如何进行市场定位？

[案例2]

网购奢侈品遇尴尬 快递不敢接

时下网上买房买车已不是新鲜事，网购奢侈品也成了不少消费者的热门选择。但不少消费者则抱怨称，价值数万元的名表名包快递公司不愿接单，而未保价的物品连连出现破损延误的情况，丢失数万元的奢侈品仅获赔几百元，频频吃到哑巴亏。

对此不少快递公司则表示“很无奈”，不少消费者还不习惯进行保价，而出于成本和风险因素考虑，公司也不得不对保价的快件进行最高限价。

另一方面，与快递物流相关的保险业务目前仍在起步阶段，就广州市场而言，只有屈指可数的几家财产公司有相关业务。

昨日（2012年4月18日）一位从事3年专业奢侈品牌折扣网代购的卖家告诉记者，自己做代购以来，时不时会碰到买家问他，“我的爱马仕发快递安全吗?”“快递员会不会调包，万一丢了怎么办?”甚至有买家为了安全起见会选择跟他同城当面交易。

对于快递奢侈品的安全问题，虽然不少快递公司推出保价保障安全，但有卖家则表示，不怕没买家，最怕买家付了款收不到货，但很少有客户会选择保价，因为各家物流都需要缴纳一部分的保价费用，以10万元的包包为例，百分之一的保价费就是1000元，成本不低，所以很少人会保价。

而记者登录多家奢侈品商城则发现，有电商网站为了确保客户的奢侈品安全，则是邀请用户上门取货，并承担用户来回的路费和住宿费用。此前也有报道称，“住最好的酒店，来回打飞的价格也就在5000元左右，与快递公司的承保费用相比甚至更便宜，用户体验还好。”某奢侈品网站负责人表示。

这些未保价的奢侈品面临的风险也是不言而喻的，近期频繁爆出“iPhone变砖头”等快递人员调包、丢件问题，而10多万元的商品最终可能只能获赔几百元。

据了解，为了防止快递公司出现调包、磕碰等问题，保证安全和配送速度，一些奢侈品电商不仅购买了保险，而且在商品入库时就逐一贴上防伪标签。而为了做好最后一公里的服务，电子商务企业则是纷纷开始自建物流渠道。

昨日记者采访了多位业内人士，目前行业普遍面临的问题是，贵重的物品快递公司不愿接单，便宜的物品消费者则不愿保价。一位卖家对记者表示，一般消费者网购的商品价格都在几百元之内，很少有卖家会对此进行保价，而对于总价较高的一些货品，快递公司则是建议卖家分开邮寄。

昨日一位快递公司的市场部人士向记者透露，配送保价物品比普通快件需要额外的人力、配送成本。针对一些特别贵重的保价快件，公司会以特别标签区分，而且会通过单独的柜台进行操作。而其他快件即使是一些大客户也和普通快件的运转方式一样。

而根据业内的普遍规则，保价金额由寄件人声明，快递公司则按照保价率收取保价费，发生物损后快递公司按声明价格进行赔偿，丢失未保价物品一般赔付运费的3~5倍。

其实，即使消费者愿意交足保价费快递公司也不是“来单照收”。昨日圆通快递一家营业部负责人对记者表示，由于其站点规模不大，一般不接收1万元以上的快件，“有些皮包手表等奢侈品我们也没有条件鉴定其价值，而接单后一旦出现问题，快递公司承担的风险也过高。”

据记者了解，不少快递公司针对贵重物品都推出了保价体系，顺丰速运普通快件价值最高不超过5万元，而保费则是客户声明价值的5‰，其他的众多快递公司则多在1~3万元左右，保价费则是1%~3%不等。而如果奢侈品网站和消费者的报价超过快递公司的“承受范围”，那么也只能向保险公司投保。

有业内人士表示，引入第三方保险加入到快递程序中来，或许可以解决快递公司和寄件人之间的矛盾冲突。然而记者了解到，目前保险公司在保物流、快递这一业务仍然是一片空白，就广州市场而言，只有屈指可数的几家财产公司有相关业务，很多外资险企甚至根本不涉足这一业务。有资深保险业内人士向记者坦言：“快递市场鱼目混杂，面对这么乱的市场，保险公司本身风险也很大，根本不敢承保这一块的业务。”

人保财险人士表示，此类货运险的保额以货物实际价值为准，可以加成10%以下作为运费等其他额外费用的保障，而保费净费率大约在0.04%左右。以空运某款30万元的名牌包包为例，从北京寄到广州，保额最高能达到33万元，而客户所交保费为120元。

同时，专家提醒，货运险投保需要明确价值货品，奢侈品的话须有购物发票证明价值，保险公司有时也会评估投保人有没有道德风险。另外，由于保险货物本身的缺陷或自然损耗，以及由于包装不善或属于托运人不遵守货物运输规则所造成的损失，保险公司将不负赔偿责任。

（摘自《南国都市报》）

问题：

1. 从本案例中，你看到了哪些问题？
2. 从本案例中，你看到了哪些机遇？
3. 如果你是快递企业的负责人，你该如何解决“网购奢侈品”的问题？

[案例3]

8000亿的餐饮供应链市场：O2O可以这样玩！

众所周知，中国餐饮业市场巨大，年营业收入超过3万亿元，食材采购规模达8000亿元，但中间渠道链接太长，损耗太多，若农产品供应链与互联网结合，可诞生无比庞大的创新力量。

巨大前景机会使不少创业者涌入这一市场。目前餐饮后市场服务的创业公司有众美联、饭店联盟、链农、大厨网、小农女等。其中，链农在今年拿到800万美元融资，投资机构是著名的红杉资本，而大厨网也在今年拿到1500万美元的融资，同时前百度副总裁俞军也加入了这支创业团队。

供应链产业其实是很传统的产业，一直都存在，而供应链管理并非简单的采购。对大型餐饮企业而言，每天面临数量众多且种类繁杂的采购需求，只有通过科学系统的管理才可能满足，并且要保证几千家餐厅供应的高效、稳定与安全。

这么多创业公司和投资人为何争相进入这片蓝海，除了行业本身长期积累痛点需要解决外，更多在于食材采购对餐饮业食品安全的重要性。同时对于中小餐馆来说，食材采购是一个高频高额的刚性需求，商家几乎每天都需要采购，复购率高，黏性强，流水大。

一、餐饮后市场O2O：下一个互联网风口

就北京来说，目前有9.5万余家餐厅，其中小微餐厅占70%，减去已经拥有集中采购中心的餐厅外，大约为5万家左右，而这么多的中小餐厅就会成为这些创业公司的目标用户。

大型连锁餐饮企业的供应链管理主要有两种模式，一种由终端企业直接管理供应商；另一种是终端企业只对应一级供应商，一级供应商再去对应上游诸多供应商。拿百胜餐饮来说，在国内就有400多家供应商，由439人组成的专业团队来管理。

而这样下来就需要投入巨额的成本，对于大型餐饮企业来说还能够接受，也是必须去这样做的，而对于那些中小餐馆来说，他们也需要采购，也需要有供应链，可他们却下不了这么大的成本。

目前大多数中小餐馆都是由老板自己或采购员负责食材采购，每天要3点起床，开车去批发市场，因为需要的食材种类多、数量少、时间有限，往往只能在有限的几家进行采买，没有选择的空间，而且基本每天都要去。

这样下来，人员成本，交通成本，包括时间成本，都是很高的，而且作为个体商户，在购买中的议价能力又很低，再加上市场食材价格不透明等，长期以来都是中小餐馆采购的痛点。

在美国市场，餐饮供应链市场领先者Sysco较早进入这个行业，目前年营业额为444亿美元，占据市场25%的份额。但在中国，餐饮供应链领域并没有出现一家知名大企业。

用大厨网CEO袁韬韬的话来说，农贸市场是典型的双边市场，买卖双方非常大、非常零散，非常需要一个互联网平台工具，来解决信息不对称的问题。

对创业公司而言，他们能做的就是为这些B端的中小餐馆提供一个采购管理平台，他们有集中优质的采购渠道和服务商，满足商家不同的采购需求，同时为商家提供定时配送。而集中采购的话，会为商家提供相对市场较低的采购价，可以为商家节省一大笔成本。

这些创业公司在平台方向上都不约而同地选择了移动平台，这也与移动互联网的发展有关。而不同的创业公司，在餐饮采购链服务方面，又会采取不同的商业模式：

(1) B2B自建物流模式。主要有链农、美菜等创业公司，主要面向中小餐馆，为他们提供原料预订、分拣、配送等服务。这种模式较重，不易快速发展。而众美联是由小南国、外婆家等发起，国内200家中大型连锁餐企参与的采购联盟，主要联合会员企业采购降低成本。

(2) B2B平台模式。主要面向中小餐馆，为他们搭建原料采购平台，商家进行自提。以大厨网为例，暂时不做配送服务，可以很快在全国复制，迅速打开全国市场。但后期的话，相信大厨网也会增加配送服务，才能使服务更完善。

(3) B2B+C模式。主要面向中小商家，线下生鲜店2C零售自提的模式。也就是既为中小餐厅进行配送，同时也通过线下生鲜店来对周边社区用户进行自提销售。

以小农女为例，小农女在创业前期，主要做餐饮 B2C 模式，直接为 C 端消费者提供食材服务，在这一尝试失败后，小农女转型做的是 Farmlink（链农）+ 线下生鲜店 2C 零售自提的模式，也就是既为中小餐厅进行配送，同时也通过线下生鲜店来对周边社区用户进行自提销售。

二、“链农”模式：切入中小餐厅食材领域

“链农”，种子期获 58 同城 CEO 姚劲波、雄心资本创始人王冠雄和 360 创始员工曾强投资，天使轮获险峰华兴 100 万美元的投资，近期又获红杉资本 800 万美元 A 轮融资。

这家公司的特点是：集中中小型餐饮商家采购需求，到一级销售地（如新发地）进行大批量食材采购，再向中小型餐饮商家提供服务，宣称原材料价格比中小餐厅单独采购便宜 20%。

“链农”介入餐饮行业方式是依托其研发的 APP 平台，中小餐厅老板或采购员可通过 APP 在每天晚上 9 点到 12 点下单，“链农”在 12 点半前汇总需求，再进行集中采购和配送。

其中，收到订单的供应商根据“链农”平台需求再将货物送到“链农”仓库，“链农”人员则在 12 点半到凌晨 4 点完成采购及分拣，凌晨 4 点后再由货运车辆分送到各个中小餐厅。

自 2014 年 6 月成立以来，“链农”人员扩张很快，已达 200 人，其中，有 60%是采购、分拣、配送的人。在“链农”平台需求中，蔬菜品类占 30%，其次是冷冻货物，再次是调料。

“链农”创始人刘源的想法是，先将北京、上海两地模式打造成样板，研究出一套模式，包括各个关键岗位的人分别负有什么职责，再将这套模式复制到全国 10 个大城市中去。

刘源说，复制模式选择地方很重要，如全国餐饮行业大概 100 万家，前十大城市餐馆数占 58.6%，即 60%集中在十大城市，只要占领前 10 个大城市，相当于占领中国 60%的市场份额。

而中小餐厅为何买账？原因是中小餐厅有两个痛点：第一，中小餐厅采购量小，无价格优势；第二，中小餐厅采购会耗费人力，产生车辆使用费用，而“链农”可免费送货上门，多次补货。

餐饮行业还有个猫腻——回扣，这也是餐饮老板深恶痛绝的地方，通过类似“链农”这样的平台采购，由于价格透明，可避免餐饮老板最反感的回扣事件产生，能赢得老板欢迎。

当然，“链农”这一模式所在行业是个非标准品的行业，仓库离批发市场不能过远，其在凌晨到早上 6 点前也需要大量的人员做分拣，若要做大，必然是一个相对厚重的行业。

即便如刘源所说，使用技术手段，类似传播送带、自动分拣等技术，建立很大的仓库，人员依然是个绕不过去的话题。“链农”的计划是，先快速抢占市场，1 年内要招到 2000 人。

事情能做成就会是个巨大的生意。"链农"创始人刘源表示，一般从菜地到餐厅有四个环节，"链农"和小微餐厅是从二级市场采购，未来"链农"可绕过一二级市场直接到菜地采购。

刘源指出："现在农产品环节众多，每个产品加价率非常高，中间成本达50%~60%。未来'链农'若能把中间环节都去掉，直接从菜地配送到餐馆去，就可以极大提高农产品毛利率。"

三、O2O供需两端还有匹配难度

餐饮行业本身就是传统行业，有着诸多弊端和行业传统，虽然移动平台能给餐厅带来很大的便利，但面向中小型餐馆进行市场开发时，有难度。

首先，中小餐厅，规模小，人员构成参差不齐，信息化程度不高，旧有的管理习惯，采购习惯，很难被打破。

其次，平台管理与服务跟不上。目前来看，这些餐饮后市场服务平台对商家管理和货品管理模式还比较简单，包括相应服务也没有跟上。

还有，烧钱竞争太激烈，相对于餐饮前端面向C消费者，后端服务，更容易被复制，所以需要迅速铺开占领市场，再加上投资者对这一行业的看好，必定会用烧钱竞争，来扩大市场规模。

最后，供应商质量把控很重要。当中小餐馆把采购需求都交给这些服务平台时，平台就要对食材质量进行把控，能否找到既便宜又优质的供应商成为关键。

对于餐饮业来说，这种面向B端的采购平台的出现，在一定程度上解决了商家的痛点，提高了餐饮行业的运营效率。而对于创业者和投资者来说，商业模式能否盈利，以什么方式盈利也很重要。

（资料来源：投资中国网，http：//www. chinaventure. com. cn/）

问题：

1. 在本案例中主要讲述了什么市场？
2. 从本案例中，你看到了哪些机遇？
3. 立足本案例，请你对此市场进行市场细分。
4. 如果你是该物流企业负责人，你将如何来开发此市场？

[案例4]

中国铁路总公司全面推出货物快运业务

2014年10月13日记者从中国铁路总公司获悉，为充分发挥铁路在综合交通运输体系中的骨干作用，降低全社会物流成本，中国铁路总公司进一步加大货运组织改革力度，全面推出货物快运业务。这一业务有如下四个突出特点。

（1）业务覆盖全国。全国铁路所有货运营业站，共计4200余个，均开办快运业务，形成覆盖全国的货物快运网络。货物快运业务取消对货物的品类、重量、体积、件数和批量的所有限制，除法律禁止运输的货物外，对各种零散货物均敞开受理，并且全部按实际重量或体积受理。

（2）办理简单方便。客户“一个电话”或“一键”即可办理货物快运业务。客户只需拨打营业站的客服电话，12306客服电话，或者登录12306铁路客户服务中心网站提交运货需求，铁路客户代表即会上门服务。铁路部门为客户设计了菜单式服务方案，提供站到站、门到站（站到门）、门到门等全程物流服务，客户可自主选择。

（3）货物限时运达。货物快运列车按客车化模式组织开行，其中在各铁路局管辖区域内开行的货物快运列车，全程运行时间一般在24小时以内；在京沪、京广、京哈、陇海、襄渝、沪昆等主要干线开行8对货物快运列车，在各区域开行跨区域的货物快运列车，铁路部门将制订运达时间表并向社会公布，确保按时运行。

（4）运费低于公路。充分发挥铁路运量大、价格低的比较优势，动态跟踪公路运费水平，在政策允许范围内，实行与市场对接的收费标准，并向社会公布，实现完全清晰的一口报价、一次核收。

（资料来源：新华网，http：//news. xinhuanet. com/fortune/2014-10/13/c-1112807363. htm）

问题：

1. 目前我国铁路货物运输存在什么样的问题？
2. 中国铁路总公司全面推出货物快运业务的目的是什么？
3. 立足本案例，请你对铁路货物运输进行市场细分。
4. 如果你是中国铁路总公司货物运输部门负责人，你将如何来开发此市场？

[案例5]

主打三公里配送的“众包物流”

一、O2O时代的快递需求

电商时代的顺丰和“四通一达”显然满足不了O2O时代下的快速响应需求，围绕“同城”和“三公里”的需求，O2O时代的新物流快递平台风生水起。

“我快到”是试图用众包物流方式解决“最后三公里”配送的新兴快递平台之一，成立于2015年3月，由同样在众包领域耕耘多年的e代驾投资。

具体做法上，我快到类似Uber模式，招募审核快递员进入平台，一旦有快递送单需求产生，通过就近匹配的方式安排快递员接单并完成配送。

与打车需求不同，我快到的上游为B端商户，并且每一家都是通过合作签约的方式达成合作，截至目前，已与1000多家商户完成签约合作。

下游为C端用户，但我快到方面并不希望与C端用户发生配送之外的联系，甚至明确表示将始终不参与交易。在整个商业闭环上，完整的链条应该为B2B2C，但我快到更愿意定位自己为：只提供B2B的快递配送服务的众包物流平台。

在我快到创始人刘丹看来，三公里同城配送已是一个足够大的市场，此外，作为物流平台参与到C端交易并不是明智之举。

刘丹认为，做交易是最快能赚到钱的，但是如果你作为服务商来讲，既做裁判员又当运动员，又当教练，这个事玩起来就比较辛苦。目前，我快到也有一些竞品公司，其实并不具备有流量，如果转型做流量，转型做平台，可能就要死了。

“比如说像我们友商达达，号称几十万的交易，如果他们要做平台了，可能就要死了。原因是如果你是百度、美团等平台方，都跟达达合作。突然说我也要卖餐，你们两个会把业务交给我吗？因为你们所有的数据都在我的平台上，哪怕你只跑千分之一，你的千分之一的客户也在我的手里，很危险的。”

实际上，虽然刘丹认为物流平台获取数据转型做流量平台的模式并不可行，但类似京东到家、百度外卖、饿了么为代表的流量平台也有顾虑，即使明知自建物流平台成本不菲，也不愿将物流完全交于第三方。不论是近日开放配送平台的饿了么，还是号召广场舞大妈也来配送的京东到家，都将配送支配权牢牢抓在自己手中。

然而，巨头参与并不意味着众包物流毫无机会。“这个市场大得惊人，是一片全新的领域，目前情况甚至都称不上冰山一角，主要的原因是用户胃口都被养刁了，大家会越来越习惯送到家的服务，而且只会要求速度更快、服务更好。这会是一个容纳很多家的领域，更何况现在也没有谁完全跑出来。”刘丹告诉新浪科技。

二、众包物流的三大隐患

不过，大市场和新领域并不意味着会一帆风顺，隐患来自三方面。

首先，众包物流模式下，快递员的招募更加便捷。没有学历和技能方面的硬性门槛，只要成年并认路，都可以注册申请成为快递员。但人恰是最不确定的因素，审核机制变得格外重要。

据刘丹介绍，我快到方面除了基本的身份审核和服务培训，也会采取其他措施规避快递员方面的潜在风险。比如这个群体圈子不大，基本相互认识，可以通过社交关系来降低管理成本，而且只要有案底，一律不用。此外，利益方面的诱惑也是风险规避的有效措施，刘丹表示，如果让快递员明白“多劳多得”，其实他自己会计算代价得失。

其次，标准化流程下的快递配送，具体服务中可能是非标准化的。一方面是配送品类方面的具体情况，另一方面是用户需求方面的临时变化。比如用户的冰摩卡咖啡已在配送中，但他希望换成热摩卡。

对于具体的非标准化服务，刘丹认为确实是对整个行业的一个考验。“我们的做法是有一些应急的解决方案和客诉流程，把这些应急流程加到我们标准流程里面去。”

最后，也是最大的风险，来自政策。按照我国《邮政法》规定，企业要从事快递业务，必须取得快递业务经营许可证。这是进入行业的必备条件。同时，个人要从事快递员职业，需要参加邮政部门组织的培训，并考取快递员从业资格证书才可以上岗。后者正是众包物流一帆风顺的最大风险，如果扩大范围来看，众包模式的典型代表 Uber，至今游走在政策风险的钢丝绳上。

当然，作为蓝海领域，激烈的行业竞争必然无法避免。目前赛道上，除了京东到家旗下的京东众包、饿了么、亚马逊和悄悄布局的百度外卖等巨头，我快到还将与人人快递、达达、闪送、您说我办和 51 送等进行市场争夺，而看似风平浪静的市场，实则残酷而真实，之前主打 C 端同城配送的 E 快送已于 7 月 31 日宣布破产。

"我们的投资方e代驾在众包管理和控制上有很独到的经验，我们也相信通过服务和为上下游提供价值是能赢得市场的，毕竟这是一个大趋势，顺势而为肯定没错。到年底，我们就能扩展到60个城市了。"刘丹告诉新浪科技。

（资料来源：新浪网，http：//tech. sina. com. cn/）

问题：

1. 三公里配送的"众包物流"这个市场细分是按什么标准划分出来的？
2. 请问你是如何看待主打三公里配送的"众包物流"的？
3. 三公里配送的"众包物流"这个产品服务的对象是谁？
4. 三公里配送的"众包物流"这个产品是如何定位的？
5. 三公里配送的"众包物流"这个产品主要存在哪些风险？应该如何管控？

【知识拓展】

生鲜电商发展的五个可行方向

近年来，生鲜电商一直被誉为"电商发展的最后一片蓝海"，众多资本纷纷进入生鲜电商行业，或是投资生鲜电商项目，或是关注冷链物流配送，而生鲜电商品牌也深受冷链配送困难、食材产品同质化严重、价格促销战惨烈等行业性难题困扰；放在生鲜电商面前，其有五条可行性道路，而且均有其成功者及典型做法，深深值得我们借鉴。

一、生鲜电商快速发展须具备的五重战略性能力

生鲜电商发展有其战略性优势，凭借其经营生鲜业务的资源积累，凭借其持续运作"生鲜价值链"的能力沉淀，生鲜电商普遍已经积累了运作"生鲜电商产业链"的资源能力，这些也是生鲜电商后期持续发展的重要基础；其要想快速发展须拥有五重战略资源能力。

1. 一重能力：生鲜产品精选采购能力

生鲜电商大多经历多年发展，其对水果、蔬菜、海参等农产品的鉴别、分级等能力已经具备，采购能力突出，对于各种农产品生鲜食材相当熟悉，对于时令、农药等对农产品的影响已经能大致有所判断，这是生鲜电商成长的基础，也是其快速发展必备的一大战略能力。

2. 二重能力：冷链物流配送能力

我们常说"冷链物流"最后一公里对于生鲜电商来说是"噩梦"，对其来讲，要想获得长期发展，就要拥有自主的冷链物流配送团队，或者自己建设，或者引入"众包物流"，或者"引入生鲜社区配送"资源，真正补足自身发展的短板。

3. 三重能力：烹饪指导及服务能力

生鲜产品毕竟是涉农产品，其终究是用来吃的，"美食"是生鲜电商的最终消费路径，强化美食烹饪指导能力，强化美食服务能力，对美食消费者精选食材、烹饪等给予必要指导对于生鲜电商来说是重要的，也是必需的，这是生鲜电商快速发展需要重点强化的战略性能力之一。

4. 四重能力：用户的高美食消费黏性

“美食用户”是生鲜电商的核心消费者，是其推动食材采购、美食菜谱研发等的“最大用户群体”；移动互联时代，生鲜电商须更多关注“美食用户”的需求，大大提升“电商与用户的黏性”，强化与用户的互动沟通，大力提升“用户的高美食消费黏性”是生鲜电商需要重点强化的能力之一。

5. 五重能力：多屏终端联动能力

未来的生鲜电商会拥有APP、微官网、微信商城、终端数字屏等多个终端应用程序，每个应用程序有自己的应用场景和主要人群，而终端程序间的内容联动、活动互动、端口互通等就显得尤其重要，这就要求生鲜电商强化多屏终端的自主建设和彼此联动，注重塑造其多屏联动的能力，以此推进生鲜电商终端应用的快速发展，更好地满足生鲜消费者的需要。

二、生鲜电商的五个可行方向

生鲜电商有其发展必备的战略资源能力，更有其发展的方向，生鲜电商绝不仅仅是简单的农产品电商销售，也绝不是简单的美食烹饪，而是以食材、农产品等为根基，强化集合类产品的打造、用户美食体验和自然生活方式彰显等。

1. 第一个方向：品类垂直方向

代表品牌：天天果园

典型做法：

(1) 凸显农产品品类大集合。生鲜电商做垂直是有优秀的“先决条件”的，其拥有强大的农产品资源，拥有较好的食材集合；做“品类垂直”的生鲜电商，可以选择最优秀的品类，做大产品、大集合，如“天天果园”选取世界级的水果，和国内外产地建立长期的合作关系，更举办“美国水果节”，保证了品类的大集合、大汇聚等，提供给客户一站式的“水果享受”；品类垂直也可以选择“多品类的组合”，基于同一消费场景如家庭、办公室等精选各类生鲜产品，统一提供给用户，如“办公室美食套餐”、“家庭美食套餐”等。

(2) 创造重度产品内容。“生鲜垂直电商”和其他生鲜电商最大的区别在于，其是产品最大集合、消费场景最大集合，用“生鲜产品消费”贯穿了生鲜用户消费的全过程，与之相对应，其产品内容就要求更全面、更精深、更透彻。如天天果园，其对每一个水果的产地、来源、故事等讲解极为详尽，更选取不同种类苹果进行纵向对比，围绕“水果”做精深的商品内容展示、“水果控”社区强化用户互动，更在微信、微博等方面刊载多样化产品内容，以广泛引发用户共鸣。

2. 第二个方向：自然生活情怀

代表品牌：本来生活

典型做法：

(1) 卖情怀而非单产品。既然是彰显生活方式，生鲜电商所卖的产品自然就成为了“一种生活介质”，此种产品就成为一种“用户消费的情怀”，跨越了产品本身，其成为一种象征；如本来生活其在选择“生活方式产品”方面极具慧眼，其选择了“褚时健”先生的“橙子”，称之为“褚橙”，不仅仅谈“褚橙”的自然、原味、严密生产管理等，更把其提升到一种“人生情怀”，不畏困难，不畏起落，深度吸引了大量粉丝，最终“一炮而红”；其后本来生活又推出“柳桃”、“潘苹果”等，一次次的情怀洗礼，一次次的市场运作，其确实创造了不少生鲜电商的市场盛举，值得我们深思玩味。

（2）倡导自然生活情趣。如果说“卖情怀”是将生鲜用户的消费人群扩大了，将生鲜产品的外延扩大了，那“卖自然的产品”就是对“生鲜特性的回归”，其更加关注生鲜产品本身，更加关注自然的特色，更加注重自然情趣的表达。如本来生活网，其在关注“人物励志故事”的同时，也不忘诉求其“自然生活”特色，从“自然产品特性”的描述，到“自然情趣的内容”，到“自然生活”的主题诉求，通过种种诉求的“深度运作”，自然情趣和本来情怀相互映衬、犄角互动。

3. 第三个方向：锁定价值人群

代表品牌：莆田网

典型做法：

（1）锁定价值人群做突破。据相关调查资料显示，目前生鲜食材的购买人数还大多集中在中年人、老年人，青年人和中年人的网络购买比例在逐步上升中，而“大众化”的食材必会面临着菜市场、便利店等社区小店的冲击和挤压，“特色化生鲜食材”就成为“生鲜电商”发展的一大方向。如莆田网，其锁定中高端白领及在华外国人，提高中高端特色食材，诉求安全、健康和高端食品，高端食材及产品需求成为其市场制胜的法宝。

（2）专注中高端特色食材。锁定“价值人群”就是要在高处做文章，要在特色处做文章；作为生鲜电商而言，我们需要在关注“中高端生鲜消费人群”的同时，关注其专注的“特色食材需求”，提供一站式、集合式、定制式服务；如莆田网，其不但提供英文版、日文版、韩文版等网站语言，更提供各种套餐、礼品卡等，设置“至醇汤品”、“健康色拉”等食谱指导用户烹饪，深受用户欢迎。

4. 第四个方向：社区生活

代表品牌：爱鲜蜂

典型做法：

（1）专注社区服务。生鲜电商作为“生活服务类电商”的一部分，其深具生鲜商品提供、烹饪服务指导等服务功能，其重度消费人群集中在社区，并日渐成为“社区生活服务”的一部分；作为生鲜电商，其可以成为“社区生活服务”的有益组成部分，同时在专注“生鲜产品配送”的同时可以带入其他产品销售。如“爱鲜蜂”除了销售小龙虾、酸奶、星巴克、便当、冰淇淋、卤味小吃等生鲜产品外，还销售香烟、蚊香等生活急需用品，立足社区生活用品做文章，更和线下便利店、小超市经营等相结合。

（2）通过“物流众包”进行配送。生鲜电商的物流配送一直是个行业性难题，不但是其“生鲜产品”冷链物流配送难的问题，更是用户要货普遍比较急、要求配送快捷等现象突出，这对生鲜物流配送提出了更高要求，生鲜电商需要在配送频次、配送产品等方面强化“众包式物流”，更多和社区便利店、小超市等合作，采用社会力量进行配送。如爱鲜蜂，其一方面广泛吸引社区小商家进行合作，提供更快、更好的社区配送，另一方面做重“线下配送服务”，为店主们提供配送车、服装、包装袋等更规范化的配送服务，“众包式配送”大有可为。

5. 第五个方向：内容导向

代表品牌：豆果美食

典型做法：

（1）聚焦美食内容。生鲜电商做的是食材，提供的是烹饪指导及现场烹饪服务，其对内容需求是全方位的，既包括食材选择、产地介绍、品牌介绍等内容，又包括菜品烹制、菜谱构建、现场烹饪等服务；我们需要呈现更好的精致食材描述，更细致的美食烹饪指导过程，更高频次的美食内容，来传递“生鲜电商品牌价值”。如豆果美食，其是国内领先的“美食电商”，其有丰富的内容设置，不但囊括食谱、菜系等美食内容，更提供食材、烹饪指导等多层次服务，内容丰富，极具实用性。

（2）强化社区互动。做生鲜其实就是做社区，虽然目前生鲜电商大多处于“商品交易驱动”时代，但其最终会发展到“美食社区”主导的时代，美食客的讨论、互动等深度参与必会极大提升生鲜电商的社区经营水平，同时提升其生鲜食材销售额。如豆果美食，其不但在网络上设置有微社区，更在线下同城会、美食交流活动、大厨烹饪指导活动等，推动用户间的充分互动，激发用户积极性。

（3）通过电商变现。目前美食内容比较强的电商大多是“美食电商”，不是单纯的“生鲜电商”；美食社区电商不但有美食内容，而且有社区资源、有用户黏性，而单纯的“生鲜电商”商品完善、类目完整，这需要两者紧密结合起来，美食内容商通过“生鲜电商”变现，生鲜电商强化内容经营提升“用户黏性”。如豆果美食，其已经开通了“优食汇”频道，将原有的“美食内容”和“生鲜电商运作”结合起来，通过持续的“美食内容”创新提升用户黏性，通过“优食汇”推动电商销售，同时“优食汇”以美食套餐进行销售，提供的不再是单一食材，而是集食材、调料、厨具等于一体的“厨房美食解决方案”，一步到位，充分满足用户厨房美食烹制需求。

（资料来源：东方财富财经频道，http：//finance. eastmoney. com/news/）

【复习思考】

一、简答题

1. 市场细分的目的是什么？
2. 物流企业该如何选择目标市场？
3. 市场定位的含义是什么？
4. 对于物流行业，如何进行市场细分？
5. 物流企业或产品的定位方法有哪些？

二、讨论题

1. 物流服务产品与有形产品的市场细分方法有哪些异同点？
2. 物流企业或服务产品的定位方法与有形产品有哪些异同点？

【实习与实训】

1. 对目前国内外物流行业中的物流业务进行市场细分，写一篇物流行业市场细分分析报告。

2. 承接上一章实习与实训 3，本次任务是对你们小组完成的物流企业业务市场进行分析，分析所有的细分市场，选择目标市场，并对你们的产品进行定位。

第五章　物流产品营销策略

☞知识目标

1. 理解和掌握物流市场营销组合基本理论。
2. 掌握产品、价格、渠道、促销策略制订的过程和方法。

☞能力目标

1. 能够熟练地运用营销组合策略。
2. 能够熟练制订中小规模物流企业的产品、价格、渠道、促销策略。

第一节　市场营销组合策略

【课前预习思考题】

1. 什么是市场营销组合策略？并列举生活中的实例说明。
2. 常见的市场营销组合策略有哪几种？
3. 本书中营销组合策略适用范围是否一致？

【案例引入】

石头的价格

从前，有一个孤儿，生活无依无靠，既没田地可以种，也没有钱用来经商，他十分迷惘和彷徨，整天过着流浪与乞讨的日子，没有人看得起他。有一天，他感觉再也不能这样生活下去，便去拜见一位高僧，向他求教。

高僧把他带到一处杂草丛生的乱石堆旁，指着一块石头说："明天早晨，你把它拿到集市去卖。但要记住无论多少人出多少钱要买这块石头，你都不要卖。"

孤儿满腹狐疑，心想这块石头虽然不错，但怎么会有人花钱买呢？但他还是抱着石头来到集市内，在一个不起眼的地方蹲下来叫卖石头。

可是，那毕竟是一块石头啊，根本没有人把它放在眼里。第一天过去了，第二天又过去了，依然无人问津。直到第三天，才有人来询问。第四天，真的有人想要买这块石头了。第五天，那块石头已经能卖到一个很好的价钱了。

孤儿回到寺庙里，兴奋地向高僧报告："想不到一块石头值那么多钱。"

高僧笑笑说："明天拿到黄金市场上去，记住，无论人家出多少钱都不能卖。"

孤儿又把石头拿到黄金市场去，一天、两天过去了，第三天，又有人围过来问，几天以后，问价的人越来越多，价格也已被抬得高出了黄金的价格，而孤儿依然不卖。但是越是这样，人们的好奇心就越大，石头的价格被抬得越来越高。

孤儿又去找高僧，高僧说："你再把石头拿到珠宝市场去卖，记住，无论别人出多少钱你都不能卖。"

孤儿把石头拿到珠宝市场，又出现了同样的情况，到最后，石头的价格已被炒得比珠宝还要高。由于孤儿无论如何都不卖，更是被传扬为"稀世珍宝"。

对此，孤儿大惑不解，去请教高僧。

高僧说："世上人与物皆如此，如果你认定自己是块陋石，那么你可能永远只是一块陋石；如果你坚信自己是一个无价的宝石，那么你就是无价的宝石。"

（资料来源：任我行网，http：//www.366club.com/users/3671/article/32784.html）

问题：

1. 为什么不同地点，这块石头的价格各不相同？

2. 结合营销组合策略知识来分析这个故事？

3. 通过这个故事，你有什么启发？

物流企业通过对市场经营环境的分析，借助于营销信息系统和营销调研，进行了市场细分，选择了目标市场，这就需要综合利用各种营销手段，实施营销组合策略，使物流服务营销活动有效地开展起来。

一、营销组合基本理论

（一）"4P、6P、10P"理论

1960 年美国的杰罗姆·麦卡锡教授指出，企业营销整体策略是由相互联系的产品（Product）策略、定价（Price）策略、销售渠道（Place）策略以及促销（Promotion）策略所组成的，这 4 个因素组合起来通常被称为"4P"理论。事实上，"4P"中的每一个"P"又分别含有若干次一级的因素，从而就使得营销组合千变万化。1984 年，菲利普·科特勒教授提出在大营销中应增加两个"P"，即政治权力（Political Power）与公共关系（Public Relations），将市场营销组合的范围扩展到"6P"，并认为产品、定价、销售渠道、促销四因素是战术性 4P。1986 年他又提出了探查（Probing）、分割（Partitioning）、优先（Prioritizing）、定位（Positioning）的市场营销战略"4P"理论。市场营销组合理论由过去的旧"4P"发展到现在的新"10P"。其实，不论是"4P"、"6P"还是"10P"，都是企业面对市场需要所采取的营销策略组合。

下面以日本企业为例，看营销组合策略("6P")运用。

许多获得成功的日本企业，都花费许多时间、精力和资金去分析市场机遇，并对目标市场作深入的了解，研究顾客需求，摸清市场营销的活动规律。例如，索尼公司在进入美国市场之前，就先派出由设计人员、工程师以及其他人员组成的专家组先去美国，考察、研究如何设计其产品以适应美国顾客的爱好。然后，还招聘美国工业专家、顾问和经理等

人员，帮助索尼公司分析如何进入市场。在仔细地研究分析市场机遇，确定目标市场后，日本企业就着手制订以产品、价格、分销、促销、公共关系和政治权力运用等内容的市场营销组合策略。

（1）产品策略。在20世纪50年代后期和60年代期间，为了打入世界市场，日本各企业特别强调产品的设计要具有低成本、高质量和创新性。日本企业以产品开发战略和市场开发战略为重点，进行目标市场渗透，一旦在某国市场取得了立足点，就努力扩大其产品的生产线，以便增加产量，扩大销售额，日益增加对整个市场的控制范围。不断地改进产品质量，是日本企业获取成功的又一大特征。日本企业对不断改进产品的质量倾注了大量心血，他们经常与顾客保持联系，甚至不惜花费大量钱财和许多宝贵时间，通过各种渠道，不断地了解和虚心听取顾客对产品提出改进质量的意见。

（2）价格策略。日本企业在进入国际市场时，一直采用一种所谓的“市场份额”价格策略。这种策略就是采用较低的进入市场价格，以便取得一部分市场并进而达到长期控制该市场。为此，日本企业总是将价格定得比竞争者低。他们乐于在最初几年里受点损失，把这种损失视为对长远市场发展的一种投资。

（3）分销策略。第一，集中全力选好进入市场的突破口。他们不是采取全线出击，一下子占领全部市场，而是选中该市场的某一地区、某个批发商或某种类型的顾客，先打进去，站稳脚跟后再逐步扩大，如丰田汽车公司首先选择了加利福尼亚市场，通过该地区了解到美国市场的特点、顾客的爱好以及与美国批发商和经销商打交道的经验。在“突破口”取得成功，而后全面进入美国市场。第二，精心挑选有效的销售渠道和能干的批发商。第三，对某些特殊产品，直接与用户联系，建立独立的销售机构。第四，利用竞争者的销售网络进行销售，即在打入某国市场后，利用该国中间商或生产者的牌号或商标销售日本的产品。当其产品打入市场并占有一定地位时，就逐步建立自己的产品品牌形象，形成自己的销售渠道，最后取而代之。

（4）促销策略。日本企业在进入某个市场时，十分注意与批发商的友好合作，向他们提供各种帮助，付给较优厚的酬金，激发中间商经营日本产品的积极性。日本企业坚持“经销者利益第一，本企业利益第二”的原则，始终与中间商保持友好商务关系。日本企业还大量投入金钱和精力，开展广告宣传，推进和提高产品的市场声誉，扩大销售额。

（5）公共关系策略。日本企业的公共关系开展得颇具风格，有力地扩大了企业的知名度。日本企业进入美国市场后都积极地致力于美国的社会服务，抽出人力、物力和资金，从事那些看起来和本职工作毫不相干的社会服务工作，并与当地社区建立了亲密关系。通过义务活动小组活动、研究西方问题的捐款委员会，向当地的慈善机构捐赠钱物，还组织当地的居民到工厂参观和组织当地中学生每学期到工厂体验一天的工厂生活等。这些许许多多的活动和亲善态度颇得当地社区居民的好感。这也是日本企业打入美国市场的竞争策略的重要因素。

（6）政治权力运用策略。历史记录表明，日本企业在打进美国市场初期，很少与美国的公司进行正面冲突，而是寻找薄弱环节，甚至从美国公司尚未到达的市场先行突破，求得一席之地。然后，他们就像“滚雪球”一样，进行战略推进，建立他们的产品基地，巩固市场阵地，以便在将来某时与美国竞争者进行正面对抗或直接竞争。随着正面进攻

"猛烈战斗"的日益加剧，必然遭到美国公司的强烈反击，于是就产生了"贸易摩擦"。日本企业或是周旋于当地社团、政府，或是吸引大量本来属于美国企业的零售网及小型企业，或是改善工厂中美国员工的待遇等，采用各种方式和途径，以减弱美国竞争者的反击力量，减少乃至消除摩擦。有时也通过种种骚扰，使对手士气低落，以便最后迫使对手作出让步。当"贸易摩擦"激烈到企业无法运用自己的力量来消除时，最后只有通过政府的外交手段来解决。日美进行的"东京回合"谈判就是有力的佐证。

（二）"4C"理论

20 世纪 80 年代，美国营销专家劳特朋向传统的"4P"理论发起挑战，提出"4C"理论。这一理论强调以顾客需求（Consumption）为导向，充分考虑顾客所愿意支付的成本（Cost）、照顾顾客的便利性（Convenience）、与顾客进行沟通（Communication）。基于市场竞争的变化以及物流服务的特殊性，应该说"4C"理论对物流企业开展物流市场营销具有进一步的指导作用。

1. "4C"理论主要内容

（1）顾客需求。物流企业首先要了解、研究、分析顾客的需要与欲望，而不是先考虑企业能提供什么样的物流服务。现在有许多企业开始大规模兴建自己的物流中心、分拨中心等，然而一些较成功的物流企业却不愿意过多地把资金和精力放在物流设施的建设上，他们主要致力于对物流市场的分析和开发，争取做到有的放矢。

（2）顾客愿意支付的成本。这就是要求物流企业首先要了解物流需求主体满足物流需要而愿意付出多少钱（成本），而不是先给自己的物流服务定价，即向顾客要多少钱。该策略指出物流的价格与顾客的支付意愿密切相关，当顾客对物流的支付意愿很低时，即使某物流企业能够为其提供非常实惠但却高于顾客的支付意愿时，物流企业与顾客之间的物流服务交易也无法实现。因此，物流企业只有在分析目标顾客需求的基础上，为目标顾客量体裁衣，制定个性化的物流方案才能为顾客所接受。

（3）顾客的便利性。此策略要求物流企业要始终从顾客的角度出发，考虑为顾客提供物流服务能给它带来什么样的效益。如时间节约、资金占用减少、核心工作能力加强、市场竞争能力增强等。物流企业只有为顾客提供效益和便利，顾客才会接受物流企业提供的服务。

（4）与顾客沟通。即以顾客为中心，实施营销策略，通过互动、沟通等方式，将物流企业的服务与顾客的物流需求进行整合，从而将顾客和物流企业双方的利益有机地整合在一起，为顾客提供一体化、系统化的物流解决方案，形成互相需求、利益共享，共同发展的关系。

从上所述的"4C"内容可以看出，"4C"物流营销组合有着很强的优势。一是"4C"物流营销组合首先以顾客对物流的需求为导向，这与物流的供求现状相适应。着眼于企业与顾客间的互动，能达到物流企业、顾客以及最终消费者都能获利的三赢局面。"4C"物流营销组合能主动考虑顾客需求，运用优化和系统的思想积极适应顾客需求，通过与顾客建立长期、稳定的合作关系，把企业与顾客联系在一起，形成竞争优势。二是"4C"物流营销组合考虑顾客愿意付出的成本，实现成本的最小化。物流企业的利润是顾客效益中的一部分，只有顾客的效益提高了，才能促进物流的需求增加和质量的提高；反过来，物流企业的服务质量的提高又会促进顾客效益的提高，形成良性循环。

2. “4C”理论对物流企业的指导作用

（1）“4C”可引导物流企业关心顾客的需求，注重客户关系的维护，并根据顾客的行为来预测顾客的物流需求，并为其设计物流服务，这样就可以使物流企业有可能获得长期、稳定的物流客户。

（2）“4C”可引导物流企业有效把握竞争与合作。物流业所产生的效益具有共享性，这种共享是在物流企业和顾客之间实现的。在企业的物流营销过程中，必须时刻注意到如果顾客不能从外包的物流业中获取效益，那么物流企业的所有努力都将是徒劳的。同时，物流企业在从事物流活动时，应该把本企业最擅长的一面（核心竞争能力）充分展示给顾客，让顾客充分相信物流企业的能力，能为其带来满意的效益，最终将物流业务交付给专业物流企业完成。

（三）“4R”理论

20世纪90年代，美国的舒尔茨提出“4R”理论，阐述了全新的营销要素，包括与顾客建立关联（Related），提高市场的反应速度（Reflect），重视关系营销（Relation）和营销回报（Reward）。与顾客建立关联，是指在竞争的环境中，企业必须时刻关注顾客的需求及其变化，提高顾客的满意度和忠诚度，同时必须注意与上游厂商形成一个卓越的价值让渡系统或战略网，提高整个战略网的竞争力。提高市场的反应速度，是指厂商应在顾客的需求变化时，甚至是变化前做出适当的反应，以便与顾客的需求变化相适应。重视关系营销，是指企业应当与顾客建立长期、稳定且密切的关系，降低顾客流失率，建立顾客数据库，开展数据库营销，从而降低营销费用。营销回报，是指企业营销的真正动机在于为企业带来短期的利润回报和长期的价值回报，这是营销的根本出发点和目标。“4R”理论强调以竞争为导向，注重关系营销，维护企业与顾客之间的长期合作关系。

二、物流服务营销组合策略

（一）物流服务营销组合策略基本内容

物流服务营销组合策略，需要系统考虑服务产品、价格、渠道（地点）、促销、人员、有形展示、过程等多个因素，形成一体化的服务解决方案服务。

（1）产品策略（Product Strategy）。产品策略是指与物流企业提供的服务产品有关的策划与决策。物流企业向目标市场提供什么产品，不能从企业本身的角度出发，而应站在顾客的立场上去考虑，充分理解在顾客的心目中，本企业的产品是什么？本企业如何满足目标市场需要？物流企业提供的产品是一种服务产品，是为满足顾客（货主）位移需要的服务产品，它的核心是物流企业借助运输工具和信息技术实现货物在空间上的位移。物流市场营销组合中服务产品因素包括了若干个子因素，诸如产品设计、产品定位、产品质量、产品品牌、产品组合广度和深度、产品的担保、承诺等。

（2）价格策略（Pricing Strategy）。价格策略是指物流企业如何估计顾客的需求与成本，以便选定一种吸引顾客、实现服务营销组合的价格。物流企业定价既要考虑到目标市场的竞争状况及顾客的可能反应，又要考虑满足企业盈利的要求。物流服务营销组合中的价格因素包括了诸如折扣、折让、支付期限、招标等子因素。由于物流企业提供的产品会随着需求的变化而变化，因此定价通常采用随行就市法进行。

（3）分销渠道策略（Placing Strategy）。分销渠道策略指物流企业如何选择产品从供应商顺利转移到顾客的最佳途径。对于物流企业而言，分销渠道策略包括了网点设置、运输储存及配送、区域分布、其他合作商的选择等子因素的组合运用。

（4）促销策略（Promoting Strategy）。促销策略是指物流企业利用信息传播手段向顾客、社会传递有利于自己的信息，进而引起顾客、社会的关注，提高企业的知名度的各种措施。它包括了物流企业与市场沟通的所有方法，如利用人员推销、广告、营业推广、公共关系等进行促销。

（5）人员策略（People Strategy）。物流服务产品是由人来提供的，营销人员的行为和素质直接影响到产品质量的高低。要建立高效的营销队伍，要把握好个人、企业、顾客三者之间的关系，使物流服务增值。

（6）有形展示策略（Physical Evidence Strategy）。在物流服务中，物流企业应该向外界主要是顾客实施有效的服务展示策略，从而赢得顾客和社会满意。要注意加强员工培训，规范员工的行为、态度、文明用语等，树立高素质员工形象；改善顾客经常接触的业务部门的环境条件，为顾客提供良好的适时的服务环境；服务承诺要做到"一诺千金"，坚守诚信；要文明安全作业，注重环保；建立有效的顾客投诉处理机制，及时处理顾客投诉问题；建立界面友好的物流服务信息系统。

（7）过程策略（Process Strategy）。所谓"过程"是指物流服务产生和提供的过程。要方便顾客，简化缩短办事、作业流程，实行"一站式服务"，一单到底、一个窗口、一次性收费。不断运用新技术和创新管理，满足顾客对物流服务更快捷、更便利、更经济、更安全的要求，同时实现物流服务过程的低成本、高效率和快节奏。如网上发布信息、查询、订立合同、结算、实时监控等。

（二）物流服务营销组合示例

以中外运为摩托罗拉提供物流服务为例，看物流企业是如何开展营销组合服务的。

第一，认知顾客需求。摩托罗拉对物流服务的要求是：

（1）提供24小时的全天候准时服务。主要包括保证通信联络24小时畅通、保证运输车辆24小时运转、保证天津与北京机场办事处24小时提货和交货。

（2）服务速度快。摩托罗拉公司对提货、操作、航班、派送都有明确的规定，时间以小时计算。

（3）服务的安全系数高。要求对运输的全过程负全责，要保证航空公司及派送代理处理货物的各个环节都不出问题，一旦某个环节出了问题，将由服务商承担责任，赔偿损失，而且当过失达到一定程度时，将被取消做业务的资格。

（4）信息反馈快。要求公司的电脑与摩托罗拉公司联网，做到对货物的随时跟踪、查询，掌握货物运输的全过程。

（5）服务项目多，内容复杂。

第二，设计营销组合服务策略。为了满足顾客的需要，根据摩托罗拉公司货物流转的需要，中外运公司通过发挥网络综合服务优势，提供了包括出口运输、进口运输、国内空运、国内陆运、国际快递、国际海运和国内提货派送等全方位的物流服务。

（1）制定科学规范的操作流程。摩托罗拉公司的货物具有科技含量高、货值高、产品更新换代快、运输风险大、货物周转以及仓储要求零库存的特点。为满足摩托罗拉公司的服务要求，中外运公司从1996年开始设计并不断完善业务操作规范，并纳入了公司的程序化管理，对所有业务操作都按照服务标准设定工作和管理程序进行，先后制定了出口、进口、国内空运、陆运、仓储、运输、信息查询、反馈等工作程序，每位员工、每个工作环节都按照设定的工作程序进行，使整个操作过程井然有序，提高了服务质量，减少了差错。

（2）提供24小时的全天候服务。针对客户24小时服务的需求，实行全年365天的全天候工作制度，周六、周日（包括节假日）均视为正常工作日，厂家随时出货，中外运随时有专人、专车提货和操作。在通信方面，相关人员从总经理到业务员实行24小时的通讯畅通，保证了对各种突发性情况的迅速处理。

（3）提供门到门的延伸服务。普通货物运输的标准一般是从机场到机场，由货主自己提货，而快件服务的标准是从门到门、库到库，而且货物运输的全程都要在监控之中，因此收费也较高，中外运对摩托罗拉公司的普通货物虽然是按普货标准收费的，但提供的却是门到门、库到库的快件服务，这样既提高了摩托罗拉公司货物的运输及时，又保证了安全。

（4）提供创新服务。从货主的角度出发，推出新的更周到的服务项目，最大限度地减少货损，维护货主的信誉。为保证摩托罗拉公司的货物在运输中减少被盗，中外运在运输中间增加了打包、加固的环节，为防止货物被雨淋，增加了一项塑料袋包装，为保证急件货按时送到货主手中，增加了手提货的运输方式，解决了客户的急、难问题，让顾客感到在最需要的时候，中外运公司都能及时快速提供解决方案。

（5）充分发挥中外运的网络优势。中外运通过在全国拥有的比较齐全的海、陆、空运输与仓储、码头设施所形成的遍布国内外的货运营销网络，为摩托罗拉公司提供服务，服务网点达98个城市，实现了提货、发运、派送全过程的定点定人，信息跟踪反馈，满足了客户的要求。

（6）对客户实行全程负责制。作为摩托罗拉公司的主要货运代理之一，中外运对运输的每一个环节负全责，即从货物由工厂提货到海、陆、空运输及国内外的异地配送等各个环节负全责。对于出现的问题，积极主动协助客户解决，并承担责任和赔偿损失，确保了货主的利益。

第二节　产品策略

【课前预习思考题】

1. 你是如何理解产品的？物流服务属于产品吗？
2. 产品组合是什么意思？举例说明。
3. 如何开发新产品？
4. 请针对在校大学生开发一个物流服务产品。

【案例引入】

顺丰小盒

顺丰小盒是顺丰快递在快件基础上划分出来的电商惠系列产品之一。电商惠系列是顺丰速运为电商客户打造的专属快递服务，电商客户可依据实际的物流需求选择不同的产品组合策略，助力电商客户实现物流成本与效益的最大化。

惠系列是以快时效的电商速配和稳定时效的电商特惠为基础，在此两大基础产品之上，针对不同的细分市场和目标客群，制订了不同的服务策略和特殊定价，分别为顺丰小盒、商盟惠和绿色通道。

1. 产品说明

顺丰小盒是顺丰为3C配件、低值首饰、轻巧夏装等小件类客户打造的专属服务，在使用电商速配或电商特惠寄递重量（含包装）不超过200g（相当于小瓶可乐的重量）、体积不超过1200cm^3（半个纸巾盒大小）的快件时，价格更优惠。

2. 目标客户

低值珠宝首饰、3C配件、景点、演唱会门票票务（不包括发票、机票证件等）、配饰等。

3. 产品优势

重量小，体积小，价格低。

（资料来源：顺丰官网，http：//www.sf-express.com/cn/sc/#）

问题：

1. 电商惠系列有哪些产品？
2. 顺丰为何推出顺丰小盒？
3. 顺丰小盒和顺丰快递服务有本质的差别吗？
4. 请谈谈你了解的物流产品类型。

一、产品概述

（一）产品的基本概念

1. 产品

对于产品的含义，人们有各种不太一致的看法，最为一般的是从狭义、广义两个角度来予以阐述。

（1）狭义的产品是指生产者通过生产劳动而生产出来的、用于满足消费者需要的有形实体。这一概念强调产品是有形的物品，在生产观念盛行的时代极为流行。基于此狭义认识，生产者可能只关注于产品的物质特征及生产成本，而消费者则关心通过产品实体的消费来满足某种需要。在生产力高度发展、商品日益丰富、市场竞争十分激烈的现代市场环境下，狭义的，也是传统的产品概念已不能适应需要了。

（2）广义的产品不仅指基本的产品实体这一物质属性，还包括产品的价格、包装、服务、交货期、品牌，商标、企业信誉、广告宣传等一系列有形或无形的特质。广义的产品是从满足消费者需要出发的，是为顾客提供某种预期效益而设计的物质属性、服务和各种标记的组合，是适应现代市场经济发展要求的。基于以上认识，我们将产品定义为：产品是能够提供给市场以引起人们注意，让人们获取、使用或消费，从而满足人们某种欲望或需要的一切东西。这里的产品具有两种形态：

实体产品（有形产品），呈现在市场上具有一定的物质形态，如面包、衣服、汽车、房屋等；

软体产品（无形产品），指各种劳务或销售服务，如运输、通信、保险等劳务以及产品的送货服务、维修服务，等等。

2. 产品的三个层次

从市场营销学的角度出发，产品的概念是一个整体概念。产品的整体概念是由三个层次的产品所构成的，它们之间的关系如图 5-1 所示。

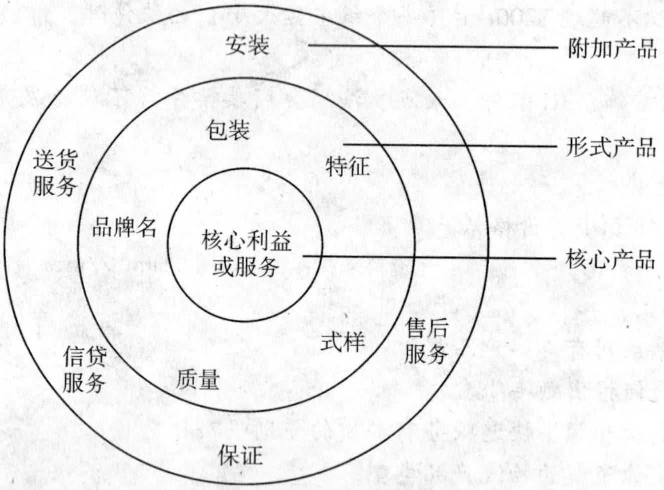

图 5-1　整体产品的三个层次

（1）核心产品，也叫实质产品，是指产品能给购买者带来的基本利益和效用，即产品的使用价值，是构成产品最本质的核心部分。

消费者购买某种产品，并不是为了获得产品的本身，为了占有该种产品，而是通过对产品的消费来满足某种需要。人们购买产品的目的都是为了实现自己的需求。某一种产品以自己的物质形态存在着，但在实质上是为了满足消费者欲望而提供的一种服务。营销人员的任务从满足消费者的需求出发，揭示出消费者购买每一产品的真正目的。

（2）形式产品，指消费者需要的产品实体的具体外观，是核心产品的表现形式，是向市场提供的实体和劳务可以为顾客识别的面貌特征。

形式产品有五个基本特征：

第一，质量水平，指产品实体满足消费者需要的可靠程度，是可以用技术参数表现的产品内在本质水平，如水泥的型号表示它能够达到的强度。

第二，特征。满足某种需求的产品应该是多种多样、各具特色的，这样才能适合不同层次、不同爱好的顾客的需要。

第三，式样，指物质产品的外观形状、款式，或无形产品如服务的不同表现形式。以出租汽车服务为例，可有日夜服务、事先预约、电话随时要车等多种。

第四，品牌名称，即产品和劳务的名称和标志。如“太太”是一种口服液的品牌名称，“EMS”是一种邮政特快专递业务的名称。

第五，包装，是物质产品的盛装容器及装饰。

以上五个特征，物质产品都具备，而服务也具有相类似的特征，可能具备其中的部分或全部特点。

形式产品是呈现在市场上可以为顾客所识别的，因此它是消费者选购商品的直观依据。产品的基本效用必须通过形式产品的有效实现，才能更好地满足消费者的需要。

(3) 附加产品，指消费者购买产品时所能得到的附加服务和附加利益的总和。比如，购买计算机产品，获得的不仅仅是计算机本身，即主机、终端、存储设备、打印设备等硬件，而且得到使用说明书、软件系统、送货服务、安装调试、程序设计服务、维修服务以及保证等。因为消费者实施购买的目的是为了满足某种需要，因而他们希望得到与满足这一需要有关的一切。

只有向消费者提供具有更多实际利益、能更完美地满足其需要的附加产品，企业才能在日益激烈的竞争中赢得胜利。美国市场营销专家莱维特指出：“现代竞争的关键，并不在于各家公司在其工厂中生产什么，而在于它们能为其产品增加些什么内容——诸如包装、服务、广告、用户咨询、融资信贷、及时送货、仓储以及人们所重视的其他价值。每一公司应寻求有效的途径，为其产品提供附加价值。”

核心产品、形式产品、附加产品作为产品的三个层次是不可分割和紧密相连的，它们构成了产品的整体概念。其中，核心产品是基础，是本质；核心产品必须转变为形式产品才能得到实现；在提供形式产品的同时还要提供更广泛的服务和附加利益，形成附加产品。由此可见，产品的整体概念以核心产品为中心，也就是以顾客的需求为出发点。企业在充分考虑消费者需要的前提下，作出实现这一需要的产品决策，将核心产品转变为形式产品，并在此基础上附加多种利益，进一步满足消费者的需要。一个产品的价值大小，是由顾客决定的，而不是由企业决定的。

(二) 产品分类

在市场营销中，要根据不同产品制订不同的营销策略。而要科学地制订有效的营销策略就必须把产品进行科学的分类。产品的分类有多种方法，前文也已有所涉及。这里只介绍其中的一种，即按照产品的实质性和耐用性对产品进行分类。

产品的实质性是指产品是否为物质实体，即有形与否，以此区分，产品有实物产品和服务产品两类；产品的耐用性是指产品的耐用程度，由此产品可分为耐用品和非耐用品。两者结合起来，就可将产品分为以下三大类。

1. 耐用品

耐用品是有形的实体物品，并且可以较长时间地使用，例如：空调、机床、服装等。对于耐用品来说，企业一般需要更多地采用人员推销和提供多种服务和保证，如维修、送货服务及分期付款等。同时，企业由于投资较大，也应当有较高的利润。

2. 非耐用品

非耐用品也是有形的实体物品，通常只能使用一次或数次，例如：肥皂、香烟、啤酒、糖果等。这类产品消费速度快，购买频率高，因而企业必须广设零售网点，使消费者能在许多地方方便地购买到所需的非耐用品。企业还应薄利多销，大力做广告，以吸引消费者试用并形成偏好。

3. 服务

服务是非物质实体产品，是为出售而提供的活动、利益和满足。也就是说，一项服务是一方能够向另一方提供的任何一项活动或利益，它本质上是无形的，并且不产生对任何物品的所有权问题，它的生产可能与实际产品有关，也可能无关。

二、产品组合

（一）产品组合的概念

现代企业为了满足目标市场的需要，扩大销售，分散风险，增加利润，往往生产经营多种产品。但是，企业所生产经营的产品并非多多益善，而是需要对产品组合进行认真的研究和选择。

所谓产品组合，也称为产品花色与品种配合，是指一个企业生产经营的所有产品线和产品品种的组合方式，即全部产品的结构。其中，产品线是指密切相关的一组产品，这些产品能满足类似的需要或必须在一起使用，销售给同类顾客群，而且经由同样的渠道销售出去，销售价格在一定幅度内变动。在产品目录上所列出的每一个产品都是一个产品品种，具有上述密切相关性的产品品种就组成了产品线。

要研究产品组合，可从产品组合的三个要素入手。产品组合主要有三个变化因素：广度、长度和关联性。

（1）产品组合的广度，是指企业内有多少条不同的产品线。如果一家企业拥有牙膏、肥皂、洗涤剂、除臭剂等 4 条产品线，则其产品组合的广度是 4 条产品线。

（2）产品组合的长度，是指每一产品线上平均拥有的产品品种数。如果上述企业产品组合中一共拥有 22 个品种（总长度），那么产品线的平均长度就是总长度除以产品线数：22/4=5.5。这就是说，该企业每一产品线上平均拥有 5.5 个品种。实际上，每一条产品线的长度当然各不相同，比如牙膏有 8 种，肥皂有 6 种，洗涤剂有 5 种，除臭剂有 3 种。

（3）产品组合的关联性则是指各条产品线在最终用途、生产条件、分销渠道等方面相互关联的程度。像上面的 4 条产品线都是通过类似分销渠道销售的非耐用消费品，因而产品组合的关联性较大；如果某公司同时生产精密机床和化妆品，则这两条产品线的关联性就很小。

企业产品组合选择和评价的依据是：是否有利于促进销售和增加企业的总利润。上述产品组合的三个要素对促进销售、增加赢利有直接效果。一般来说，拓展产品组合的广度，即增加产品线、扩大业务范围、实行一体化或多角化经营，可以充分利用企业的各项资源，发挥企业优势，开拓新的市场，提高经济效益；延长产品线，即增加产品品种，使各产品线具有更多规格、花色丰富的产品，可以适应更加广泛的消费者需要，吸引顾客，扩大总的销售量；提高产品组合的关联性，可以增强企业的市场地位，充分发挥企业的技术、生产和销售能力。

（二）产品组合的分析

由于市场需求和竞争形势的变化，产品组合中的每个产品必然会在变化的市场环境下发生分化，一部分产品获得较快的成长，一部分产品继续取得较高的利润，也有一部分产品趋于衰退。为此，企业需要经常分析产品组合中各个产品品种销售成长的现状及发展趋势，以作出开发新产品、改进名产品和淘汰衰退产品的决策，适时调整产品组合，力求达到一种动态的最佳产品组合。

对产品组合进行分析，首先要对产品组合中现有的产品线的状况进行分析，然后要对每一条产品线中产品品种的销售、盈利情况及定位状况作出分析评价。

1. 产品线组合的评估分析方法

对产品线组合进行评价的方法有若干种，这里只介绍比较简便和常用的两种方法。

（1）波士顿矩阵法：由波士顿咨询公司首创。如图 5-2 所示，以市场占有率为横坐标，以市场增长率为纵坐标，每一坐标从低到高分成两部分，就形成四个象限，每一象限中可放入不同的产品线，然后加以分类评价。

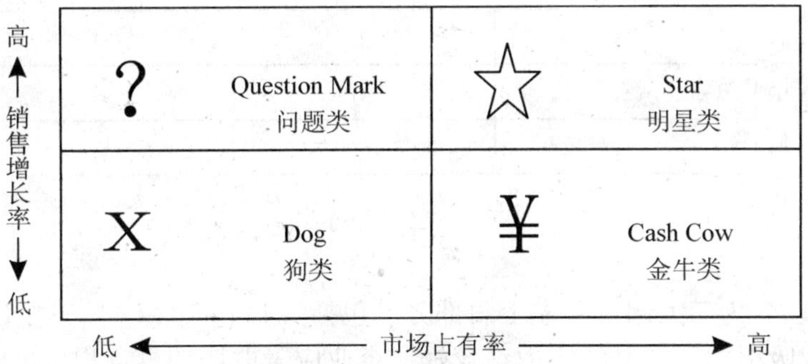

图 5-2　波士顿矩阵图

问题类：这类产品线具有高的市场增长率和低的市场占有率，需要投入大量资金，以提高其市场占有率，但有较大风险，需慎重选择。

明星类：这类产品线市场占有率和市场增长率都很高，具有一定的竞争优势。但是由于市场增长率很高，竞争激烈，为了保持优势地位需要许多资金，因而并不能为企业带来丰厚的利润。但当市场增长率放慢后，它就转变为金牛类，可大量为企业创造利润。

金牛类：这类产品线有低的市场增长率和高的市场占有率，收入多利润大，是企业利润的源泉。企业常要用金牛类产品线的收入来支付账款和支持明星类、问题类和狗类产品线。

狗类：这类产品线的市场增长率和市场占有率都很低，在竞争中处于劣势，是没有发展前途的，应逐步淘汰。

对产品线进行这样的分类评价后，企业可以确定产品线组合是否健康。如果问题类和狗类产品线较多，而明星类和金牛类较少，则应当对不合理的组合进行调整：那些很有发展前途的问题类产品线应予以发展，努力提高其市场占有率，增强其竞争能力，使其尽快成为明星类；金牛类产品线要尽量维持其市场份额，以继续提供大量的资金收入；处境不佳、竞争力小的金牛类产品线和一些问题类、狗类产品线应实行收缩，尽量减小投资，争取短期较多的收益；没有发展前途又不能盈利的那些狗类和问题类产品线应放弃，进行清理、淘汰，以便把资金转移到更有利的产品线上。

（2）GE 矩阵法：由通用电气公司（GE）首创。GE 矩阵法较之波士顿矩阵法，综合考虑了更多的重要因素，而不只局限于市场增长率和市场占有率，所以更加切合实际。

如图 5-3 所示，对每一产品线从行业吸引力和产品线实力两方面予以衡量。行业吸引力主要根据该行业的市场规模、市场增长率、历史毛利率、竞争强度、技术要求、通货膨胀、能源要求、环境影响以及社会、政治、法律因素等加权评分得出，分为高、中、低三档。产品线实力主要根据企业该产品线的市场份额、市场增长率、产品质量、品牌信誉、分销网、促销效率、生产能力与效率、单位成本、物资供应、研究与开发实绩及管理人员等加权评分得出，分为强、中、弱三档。于是，在 GE 矩阵中有九个区域。

行业吸引力＼产品实力线	强	中	弱
高	(1)	(2)	(3)
中	(4)	(5)	(6)
低	(7)	(8)	(9)

图 5-3　GE 矩阵图

GE 矩阵可以分为三大部分：左上角部分，包括（1）（2）（4）三个区域，表示最强的产品线，行业吸引力和产品线实力都较好，企业应采取增加投资积极扩展的策略；左下角到右上角的对角线部分，包括（3）（5）（7）三个区域，表示产品线的总体吸引力处于中等状态，企业一般应维持投资保持盈利；右下角部分，包括（6）（8）（9）三个区域，表示总体吸引力很低的产品线，企业一般应采取收缩和放弃策略。

2. 产品线中各品种的分析评价

要实现产品组合的动态优化，不仅需要对各条产品线进行分析评价然后予以调整，还要对每一条产品线中的每一个产品品种的销售、盈利情况逐一分析评价，并且还要分析产品法中产品定位与竞争者的对比情况。

（1）产品品种贡献大小分析。产品线上的每一个产品品种对总销售额和利润所作的贡献是不同的。例如，某条产品线有 5 个产品品种，其中，第一个品种占总销售额的 50%和总利润的 30%，第二个品种占总销售额的 30%和利润额的 30%，两者共占总销售额的 80%和总利润的 60%。如果这两个品种遇到强烈的竞争，整条产品线的销售额和利润额将会急剧下降。把销售高度集中于少数几个品种之上，产品线往往具有较大的脆弱性。另一方面，对于最后一个品种，它的销售额和利润只占到整条产品线的 5%，管理者应考虑是否停止生产这一品种，以便抽出资源来加强其他品种或开发新产品（参见图 5-4）。

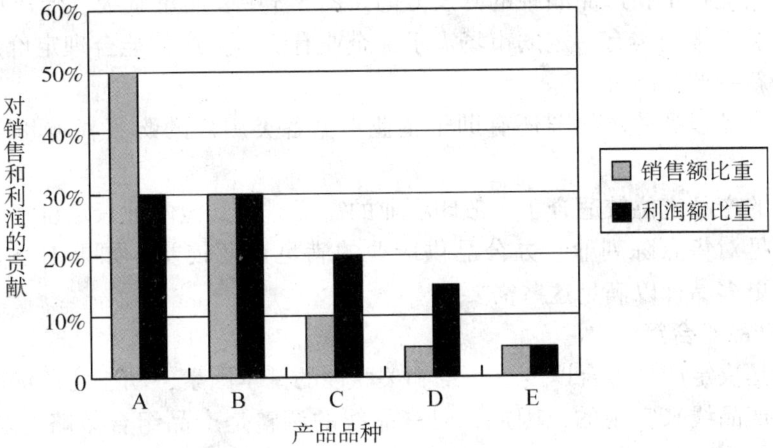

图 5-4　产品品种对销售和利润的贡献

（2）产品线品种定位图。产品线品种定位图是一种有效的分析工具，有助于企业了解自己的产品线与竞争者产品线的对比情况，明确竞争形势。现举例说明如下。

H 造纸公司有一纸板产品线。纸板的两大属性是纸张重量和成品质量。纸重一般分为 90、120、150、180 四个级别，质量则有高、中、低三个水准。图 5-5 为纸板产品线的品种定位图，表明 H 公司与 A、B、C、D 四个竞争者纸板产品线中各产品品种的定位情况。如 A 公司的两个产品品种都为超重级，质量一个中等偏上，一个低等；H 公司在轻、中、重三个级别各有一品种，质量在低等和中等间变动。

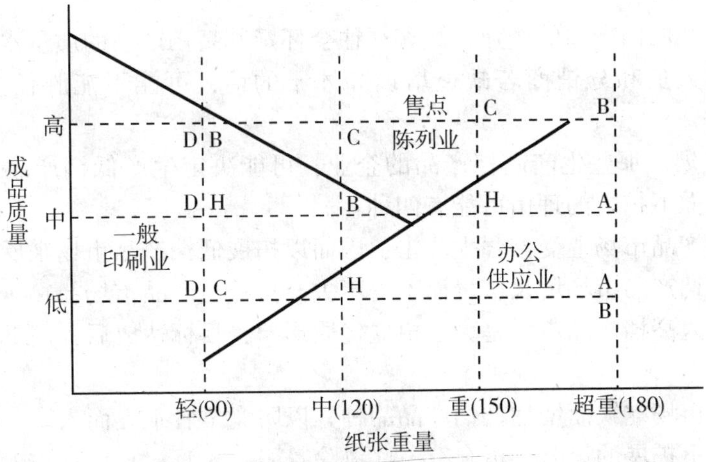

图 5-5　纸板产品线的品种定位图

产品品种定位图有如下作用：

第一，它可以明确显示出互相竞争的产品品种。如H公司轻量级、中等质量的纸板与D公司的纸板相竞争，而重量级、中等质量的纸板没有直接的竞争对手。

第二，它能提示新产品品种的开发方向。图5-5中表明重量级、低质量的纸板无人生产，如果这种纸板确实有一定的市场需求，企业有能力生产并能合理定价，那么它就应积极开发这一新的产品品种。

第三，产品线品种定位图还有助于企业根据各类用户的购买兴趣和需要来识别细分市场。

H公司的产品定位较适合于一般印刷业的需要，但其他两种只定位在办公品供应业的边界上，可见对售点陈列业、办公品供应业的满足程度较差，如果H公司有能力的话，应考虑生产更多品种以满足这些需要。

（三）产品组合策略

产品线是决定产品组合广度、长度和关联性的基本因素，动态的最优产品组合正是通过及时调整产品线来实现的，因此，对产品线的调整是产品组合策略的基础和主要组成内容。

1. 产品线扩展策略

产品线扩展是指企业把产品线延长而超出原有范围。促使产品线延长的因素有很多，包括：企业生产能力过剩，推销人员和分销商希望以更为全面的产品线去满足顾客的需求，企业希望开拓新市场而谋求更高的销售量和利润等等。产品线扩展策略有三种形式。

（1）向上扩展。有些企业的产品线原来只定位在低档产品，由于希望发展各档产品齐全的完全产品线，或者是受到高档产品较高的利润率和销售增长的吸引，企业会采取产品线向上扩展的决策，准备进入高档产品市场。

向上扩展可能存在一些风险：

那些生产高档产品的竞争者会不惜一切坚守阵地，并可能会反戈一击，向下扩展进攻低档产品市场；

对于一直生产低档产品的企业，顾客往往会怀疑其高档产品的质量水平；

企业的营销人员和分销商若缺乏培训和才干的话，可能不能胜任为高档产品市场服务。

（2）向下扩展。那些生产高档产品的企业，可能决定生产低档产品，也即将产品线向下扩展。企业向下扩展的理由可能有四种：

企业在高档产品市场上受到强大攻击，因而以拓展低档产品市场来反戈一击；

企业发现高档产品市场增长缓慢而不得不去开拓低档产品市场；

企业最初进入高档产品市场是为了树立优质形象，目标达成后，向下扩展可以扩大产品市场范围；

企业为填补市场空缺而增加低档产品品种，以防竞争者乘虚而入。

企业采取向下扩展的策略，也会有一些风险：

企业新增的低档产品品种可能会损害到高档产品品种的销售，危及企业的质量形象，所以企业最好对新增低档产品用新的品牌以保护原有的名牌产品；

可能会刺激原来生产低档产品的企业转入高档产品市场而加剧竞争；

经销商可能因低档产品获利微薄及有损原有形象而不愿意或没有能力经营低档产品，从而企业不得不另建分销网，增加许多销售费用。

(3) 双向扩展。生产中档产品的企业在市场上可能会同时向产品线的上下两个方向扩展。

2. 产品线填充策略

产品线填充策略是在现有产品线的经营范围内增加新的产品品种，从而延长产品线，所以同产品线扩展是有区别的。

采取这一策略的动机主要有：增加盈利；充分利用过剩的生产能力；满足经销商增加产品品种以增加销售额的要求；阻止竞争者利用市场空隙而进入；企图成为领先的完全产品线的企业。

产品线的填充要避免导致新旧产品的自相残杀和在消费者中造成混乱，为此，企业要使新增品种具有显著的差异，使顾客能够区分清楚。企业还应该调查新增品种是否适合市场需要，而不可仅仅为了满足企业自身填补空隙或形成完全产品线的需要。

3. 产品线现代化策略

有的企业，其产品线长度是适当的，但其产品多年以来一直是老面孔，所以必须使产品线现代化，以防被产品线较为新式的竞争对手所击败。

产品线现代化，要考虑是采取渐进式，还是一步到位。渐进式，即逐步实现现代化，它的优点在于：

(1) 可以使企业在全面改进产品线之前，观察和了解消费者和经销商对新式产品的喜爱情况；

(2) 可以使企业耗费较少的资金。

它的主要缺点在于易被竞争对手察觉到企业的行动，而采取类似的行动，也推出新式产品。

4. 产品线号召策略

企业可以在产品线中有目的地选择一个或少数几个产品品种进行特别号召，一般有以下三种情形：

(1) 对产品线上低档产品品种进行特别号召，使之成为“开拓销路的廉价品”，以此吸引顾客。一旦顾客登门，推销员就会想方设法地影响并鼓动消费者购买高档产品。

(2) 对优质高档产品品种进行号召，以提高产品线的等级。如某公司的一种帽子售价高达300美元，无人问津，但这种帽子起到了“旗舰”的作用，提高了整条产品线的地位。

(3) 当企业发现产品线上有一端销售形势良好，而另一端却有问题时，可以对动销较慢的那一端大力号召，以努力促进市场对动销较慢的产品的需求。

5. 产品线削减策略

产品线常常被延长，而增加新品种是会使设计费、工程费、仓储费、促销费等费用相应上升的，因此，企业可能会出现资金短缺和生产能力的不足。于是，管理当局就会对产品线的盈利能力进行研究分析，从中可能发现大量亏损的产品品种，为了提高产品线的盈利能力，会将这些产品品种从产品线上削减掉。在企业中，这种产品线先延长而后被削减的模式将会重复多次。

三、新产品开发

（一）新产品的概念及类别

新产品是相对老产品而言的，目前尚无世界公认的确切定义。一般是指企业初次试制成功的产品，或是在结构性能、制造工艺、型体材质等某一方面或几个方面比老产品有显著改进的产品。我国规定“在结构、材质、工艺等某一个方面或几个方面对老产品有明显改变，或采用新技术原理、新设计构思，从而显著提高产品的性能或扩大了使用功能”的产品为新产品。

新产品的名目繁多，可按不同的标准进行分类。

1. 按地域范围划分新产品

如按照地域范围划分新产品，可以分为世界级新产品、国家级新产品、地区级新产品、企业级新产品。

（1）世界级新产品，是指在全世界第一次试制成功并投入市场的新产品。这种新产品如有重大价值，国家应予以重点保护与支持，企业应申请专利以防其他国家的侵犯，从而维护其竞争优势。

（2）国家级新产品，是指其他国家已试制成功并投入使用，而在本国尚属初次设计、试制、生产并投入市场的新产品。这种新产品能够填补国内空白，提高一个国家的竞争力。

（3）地区级新产品，是指在国内其他地区已试制成功并投入市场，但在本地区尚属初次试制和生产的产品。发展这类新产品要认真进行市场研究、慎重决策，以防重复生产导致国内大市场的供过于求。

（4）企业级新产品，是指在本地区其他企业早已生产销售、本企业初次开发生产并销售的同类产品。这种新产品更要注意市场需求动向，盲目上马常会导致惨痛损失。

2. 按产品的新颖程度分类

按照产品新颖的程度划分新产品，可分为全新型新产品、换代型新产品、改进型新产品、仿制型新产品四大类。

（1）全新型新产品，是指应用新原理、新技术、新结构、新材料研制成功的前所未有的新产品。如电灯、电话、汽车、飞机、电视机、计算机、抗生素、激光唱片等研制成功并投入使用，就属全新型新产品。这类新产品往往伴随着科学技术的重大突破而诞生。

（2）换代型新产品，是指在原有产品的基础上，部分采用新技术、新材料、新元件等，使结构性能有显著提高的产品。如电子计算机问世后，已经过多次换代，经电子管、晶体管、集成电路、大规模集成电路四代后，目前正进入具有人工智能的第五代新产品。随着科学技术的迅猛发展，产品更新换代的速度正在加快。

（3）改进型新产品，是指对老产品在质量、结构、功能、材料、花色品种等方面作出改进的产品，主要谋求性能更加良好，结构更加合理，精度更加提高，功能更加齐全，式样更加新颖，材料更加易于获得，成本能有较大降低，耗费减少，节约能源等。改进型新产品，可以是对原有产品进行适当的改进，也可以是原有产品派生出来的变型产品。

(4) 仿制型新产品，是指市场上已经存在，而本国、本地区或本企业初次仿制并投入市场的产品。这种产品对较大范围的市场来说已不是新产品，但对企业来说，是用新工艺、新设备生产出来的与原有产品不同的产品，仍然可作企业的新产品。目前，我国企业中不少新产品都属于仿制型新产品之列。

此外，从营销角度出发，那些试制成功后只放在陈列室供参观或展览会供展览的产品，不能纳入新产品之列。新产品必须是正式生产并投入市场的产品，因为只有接受消费者的选择，产品才能真正为企业、社会创造效益。

(二) 新产品开发的意义

在科学技术迅猛发展、市场竞争日益激烈的今日世界，新产品开发对于社会进步、生产力发展，对于一个国家和地区经济的发展，对于企业的生存和发展，对于满足消费者需求，都有着不可估量的作用。

(1) 新产品开发，能够推动社会进步和生产力的发展。新产品尤其是全新型新产品的出现是科学技术进步和社会生产力发展的结果，但新产品的出现又进一步促进了科学技术和社会生产力的发展，推动社会不断前进。因为有些新产品本身就是先进生产力的要素，人们利用这些要素可以取得科学技术的更大进步，生产力的更大提高。

(2) 新产品开发，能够促进国家振兴。开发新产品，采用新技术、新材料、新设备是衡量一个国家科学技术水平和经济发展水平的重要标志。在当前形势下，我国企业要大力开发新产品，为国民经济发展提供更多更新的新材料、新设备和新品种，以加快我国经济建设的步伐。

(3) 新产品开发能满足不断增长的消费需求。由于社会生产力的发展和科学技术的不断进步，消费需求不断向多样化和高要求发展；而且人们生活水平的提高正是通过不断增长的收入转化为实际的购买所实现的。这就要求消费品的品种、规格不断丰富，产品质量不断改进提高，就要求大力发展新产品，为消费者提供日益增多和丰富多彩的产品来满足他们不断增长的消费需求。

(4) 新产品开发直接关系到企业的生存与发展。随着科学技术的发展和经济全球化浪潮的加快，企业间的竞争将更加激烈，产品的生命周期将越来越短。西方发达国家的企业都设有强大的研究开发部门，并拥有雄厚的研究与开发经费和众多优秀的研究开发人员，就是因为它们认识到研究开发新产品是对企业生死攸关的大事。

(三) 新产品开发成功的关键条件

在现代激烈竞争的环境下，不开发新产品要冒很大的风险，因为在消费者需求多变、技术日新月异、产品生命周期日益缩短以及本国和外国公司的竞争与日俱增的情况下，企业的老产品将被淘汰。但是，新产品开发也存在着很大的市场风险。

对于新产品开发可能失败的风险管理，就是要保证新产品开发的成功。新产品成功开发的关键在于发展良好的组织。在新产品开发过程的各个阶段中，关键条件主要包括两个方面：

（1）企业组织机构必须改进新产品开发过程的组织安排；

（2）它必须用最有效的技术来处理开发进程中的每个步骤。

企业最高管理层对于新产品开发工作的成败负有最终的责任；而不能简单地雇用几个新产品专家，委托他们提供有用的新产品构思。管理层必须建立明确的标准来决定是否接受新产品构思，必须决定新产品开发需用多少预算支出。按照常规标准编制新产品开发预算是十分困难的，因为新产品开发结果很不确定。为此，有些企业采用鼓励措施和财务支持的方法来争取尽可能多的项目建议书，并希望从中择优录用。

有效的新产品开发工作的一个关键因素，就是建立切实可行的组织机构。从目前国内外企业新产品开发的组织机构来看，主要有以下五种。

1. 产品经理

产品经理是专门负责某类或某种产品的计划、生产、销售等一系列工作的经理人员；在许多企业里，他们也负责新产品开发工作。不过，产品经理们往往忙于管理他们的生产线，除了对品牌更改和扩充感兴趣外，很少有时间考虑新产品；同时他们也较少具备开发新产品的专有技能和知识。

2. 新产品经理

有些企业设有隶属产品群经理领导的新产品经理，由他们专门负责新产品的研制开发工作。不过，这种新产品经理的工作往往局限在企业已有的产品市场范围的产品改进和产品线的扩展。

3. 新产品开发委员会

这是一个负责审核批准新产品建议的高层管理机构，由来自营销、生产、财务、技术、工程等部的代表组成。新产品开发委员会并不直接从事新产品的研究、试制、生产、销售活动，但对企业的新产品开发负有组织、领导的责任，享有决策和指挥权。

4. 新产品部

一些大型企业设有新产品部，直属最高管理层领导。新产品部的主要职责是产生和筛选新产品构思，指挥和协调研究开发工作，进行实地试销和商品化前的准备工作。

5. 新产品开发小组

这是根据新产品开发需要而成立的专门负责某项新产品的研究、设计、试制、生产、销售的组织，由各业务部门的专业人员临时组成，互相协作又各司其职。一旦新产品开发成功，成为企业的常规产品，该小组自行解散。通常比较大型的企业或高新技术产业会有多个新产品开发小组来完成多个新产品开发的任务，并根据进展情况及环境变化予以调整。

由于企业各自情况不同，企业新产品开发的组织机构也是不一样的。企业有必要从各自的实际情况和需要出发，建立适宜的新产品开发组织，以便迅速而有效地开发新产品。例如，日本企业中出现了一种称为“产品开发生产销售一条龙”的新产品开发组织，把新产品的研究、设计、试制、生产、销售等诸个环节有机地结合起来，不仅加快了新产品开发速度，还使开发出来的新产品适销对路，能迅速占领市场。另外，企业也可以实行契约式新产品开发，即不通过自己力量来开发，而是雇用聘请社会上独立的研究开发人员或新产品开发机构来为本企业开发新产品。

（四）新产品开发的程序

新产品开发是一项艰巨而又复杂的工作，要投入大量资金，还要冒很大的风险。为了把有限的人财物力用在刀刃上，新产品开发工作中极为重要的是：必须按照一定的科学程序来开发新产品。这一程序，一般包括产生构思、筛选构思、概念发展与测试、制订营销计划、商业分析、产品开发、市场试销、商品化等步骤。

1. 产生构思

一切新产品的开发，都必须从产生构思开始。一个成功的新产品，首先来自于一个有创见性的构思。

新产品构思的来源很多，企业应该集思广益，从多方面寻找好的产品构思。新产品构思的来源有：消费者和用户、科研人员与科研机构、竞争者、经销商和代理商、企业管理人员和职工、大专院校、营销咨询公司、工业顾问、专利机构、国内外情报资料等。其中，调查和搜集消费者与用户对新产品的要求，是新产品构思的主要来源。实践证明，在此基础上发展起来的新产品，成功率最高，据有关调查数字显示，除军需用品以外，美国成功的技术革新和新产品有60%~80%来自用户的建议，或用户使用中提出的改革意见。

真正好的构思来自于灵感、勤奋和技术。通常用来帮助个人和企业产生好的构思的创造性技术主要有以下五种。

（1）产品属性一览表法。这种方法将某一产品的主要属性列成一览表，然后对每一种属性进行分析研究，提出改进意见，从而在原有产品基础上发展新产品。

（2）关联法。这种方法将几种不同的物品排列出来，然后考虑每一物品与其他物品之间的关系，利用物品的关联性进行组合或延伸来产生一种新产品构思。

（3）结构分析法。这种方法就是将一个问题的结构进行分析，然后审查结构的各个方面之间的关系，再进行各种自由联想，找到某些新颖的组合。

（4）消费者提问分析法。这种方法，要求消费者参与构思的产生过程。它要求消费者提出他们使用某一特定的产品或产品类型时所遇到的问题，每一问题都可能是一个新构思的来源。当然，并非所有的构思都值得开发；对消费者提出的问题必须就它们的重要意义、影响程度和改进成本加以评估，据之选定值得开发的构思。

（5）头脑风暴法。这种方法一般是由6~10人在一起就某一问题进行讨论，运用头脑风暴法会激发与会者极大的创造想象力，可以帮助人们产生许多构思。这种方法的有效运用要求与会者尽可能地想象构思，越多越广越好，而且不准批评，鼓励对构思合并和改进。

2. 筛选构思

在前一阶段提出了大量构思，在今后的各个阶段里要不断优化构思，首先要做的就是筛选构思。筛选的目的是尽可能早地发现和放弃错误的构想，以尽力减少高昂的开发成本。

对产品构思的筛选，首先根据企业目标和资源条件评价市场机会的大小，从而淘汰那些市场机会小的构思，然后对剩下的构思利用加权评分来予以分等设计，筛选后得到企业所接受的产品构思。某构思的分等计算如表 5-1 所示。

表 5-1 **产品构思加权评分法**

产品成功的必要因素	相对权重（A）	企业能力水平（B）											评分
		0.0	0.1	0.2	0.3	0.4	0.5	0.6	0.7	0.8	0.9	1.0	
企业声誉	0.20							✓					0.120
营销能力	0.20										✓		0.180
研发能力	0.20								✓				0.140
人力资源	0.15							✓					0.090
财务能力	0.10										✓		0.090
生产能力	0.05									✓			0.040
地理位置和设备	0.05				✓								0.015
采购和供应能力	0.05										✓		0.045
总计	1.00												0.720

分等标准：0.00—0.40 为差；0.41—0.75 为尚佳；0.76—1.00 为佳。

最低接受标准：0.70

3. 概念发展与测试

产品构思只是企业希望提供给市场的一个可能产品的设想，在这一阶段要将产品构思发展成产品概念，即要用有意义的消费者术语将构思予以精心的阐述表达：然后通过测试来了解消费者对这些产品概念的态度。

消费者不会去购买产品构思，而要去买的是产品概念。任何一个产品构思都能转化为几种产品概念，比如说某企业获得一种营养液产品的构思。由此可形成多个产品概念，诸如延年益寿适于老年人饮用的补品、有助儿童增强记忆健壮身体的滋补品、病人易于吸收加快康复的营养品、老少咸宜味道好的营养型饮料等。对于每一个产品概念都需要进行定位，以便了解有关的竞争状况，例如按照营养液的价格、营养成分两种属性可分别对营养液市场进行定位，以判定该营养液在整个市场上的位置和竞争者的多少、远近、实力大小等。

然后应将一个个精心制作的产品概念说明书放在消费者面前，要求消费者回答每个概念所带来的问题，包含对概念的理解、偏好性、购买意愿、改进意见、目标用户及价格认定等。通过和合适的目标消费者小组一起测试产品概念，消费者的回答将帮助企业确定吸引力最强烈的产品概念。这个将产品构思发展成若干可供选择的概念并充分测试的阶段是不可缺少的，有些企业对此的忽视导致了产品后来在市场上遇到各种各样的问题。

4. 制订营销计划

对经过测试人选的产品概念，企业要制订一个初步的营销计划，这个营销计划将在以后阶段中被不断完善发展。

营销计划一般包括以下三部分内容：

(1) 描述目标市场的规模、结构和行为，该产品的定位、销售量和市场占有率，开始几年的利润目标。

(2) 描述该产品的最初的价格策略、分销策略和第一年的营销预算。

(3) 描述预期的长期销售量和利润目标，以及在不同时期的营销组合策略。

5. 商业分析

在管理层对某一产品概念制订了营销计划之后，就可以进一步分析评价该产品概念的商业吸引力。

管理层先要估计销售量的大小能否使企业获得适当的利润；要审查类似产品的销售历史，调查市场意见，还应通过对最低和最高销售量的预计来了解风险的幅度。在销售预测之后，研究开发部门、生产部门、营销部门和财务部门等进一步估算该项产品的预期成本和盈利状况。如果销量、成本和利润预计能满足企业目标，那么产品概念就能进入产品开发阶段。

6. 产品开发

产品开发的任务是把通过商业分析的产品概念交由企业的研究开发部或工艺设计部等部门研制开发成实际的产品实体。这一阶段要力争把产品构思转化为在技术上和商业上可行的产品，需要大量的投资。

(1) 开发部门将开发关于该产品概念的一种或几种实体形式，而后从中选择能满足消费者要求、功能要求、预算要求的一种产品原型。

(2) 将对准备好的原型进行一系列严格的功能测试和消费者测试。功能测试是在实验室和现场条件下进行的，以确保产品运行、使用的安全和有效，消费者测试则可以采用多种方式，以了解消费者对产品的意见、建议和偏好等。

7. 市场试销

开发成功、测试满意的产品进入市场试销阶段，在此阶段将要准备确定品牌名称、包装设计和制订一个准备性的营销方案，并在更可信的消费者环境中对产品进行试销，以达到了解消费者和经销商对使用、购买及重购该产品的反应和市场规模、特点等目的。

市场试销的数量一般受到投资成本和风险、时间、研究成本的制约。高投资（风险）产品更值得认真进行市场试销。试销成本本身也对试销的数量和方式产生影响。

消费品与工业品的市场试销方法有所不同。

消费品市场试销，企业希望从中了解到消费者对试用、首次购买、再购买、采用和购买频率等决定销售状况的主要因素的态度、水平，并了解愿经营该产品的经销商的数量、规模、承诺和要求。主要的试销方法有以下四种。

（1）销售波试销法。企业向最初免费试用产品的消费者以优惠价重复提供该产品或竞争者产品3~5次（销售波），并注意有多少消费者再次选择本企业的产品及他们表露的满意程度，从而估计消费者在企业产品与竞争产品并存时自己花钱的重复购买率。企业还能用此法测定不同的广告概念对产生重复购买的影响程度。

（2）模拟商店测试法。企业邀请30~40名顾客观看简短的商业广告，内含该企业要推出的新产品广告，但并不加任何特殊说明；然后提供少量资金供他们到一商店中去购物，可以购买或不买任何物品，企业注意观察有多少消费者购买了新产品和竞争产品；接着把他们召集起来了解购买或不买的理由；几周后，用电话再次询问他们对产品的态度、使用情况、满意程度和重购意向。该方法能衡量产品试用率、广告效果，收效迅速，并能把握竞争状况。

（3）微型市场试销法。企业在一两家合适的商店里经销新产品，测试货架安排、橱窗陈列、购货点的促销活动和定价等因素对消费者的影响以及小型广告的效果，并通过抽样调查征求了解消费者对产品的印象。

（4）代表城市试销法。企业选定少数有代表性的测试城市，将产品在商业部门经销并努力取得良好的货架陈列机会，同时展开全面的广告和促销活动。这种方法能获得对未来销售较可信赖的预测，能对不同的营销计划进行测试，发现产品的缺点，得到有价值的线索，但费用昂贵。

工业品市场试销主要希望了解新的工业品在实际运作时的性能、影响购买的关键、对不同价格和销售方法的购买反应、市场潜力以及最佳的细分市场。普遍运用的工业品市场试销方法有产品使用测试法、贸易展览会测试法、中间商陈列室测试法三种，有些企业也运用微型市场试销法来研究市场对新品的兴趣。

8. 商品化

依据市场试销提供的信息，企业基本上能作出决策是否推出新产品。在推出新产品时，企业必须对推出新产品的时机、地域、目标市场和进入战略作出决策。

（1）企业要判断何时是推出新产品的正确时机，要注意新旧产品的接替、产品需求的季节性等因素。

（2）企业要决定新产品是推向某一地区、多个地区、全国市场还是国际市场，一般是实行有计划的市场扩展，这当中要对不同市场的吸引力作出评价并关注竞争者现状及动向。

（3）企业要将它的分销和促销目标对准最理想的购买群体，以尽快获得高销售额来鼓励销售队伍和吸引其他新的预期购买者。

（4）企业必须制订一个把新产品引入不断扩展的市场的实施计划，在营销组合中分配营销预算并安排营销活动的合理次序。

总结以上阶段，新产品开发程序概要见图5-6。

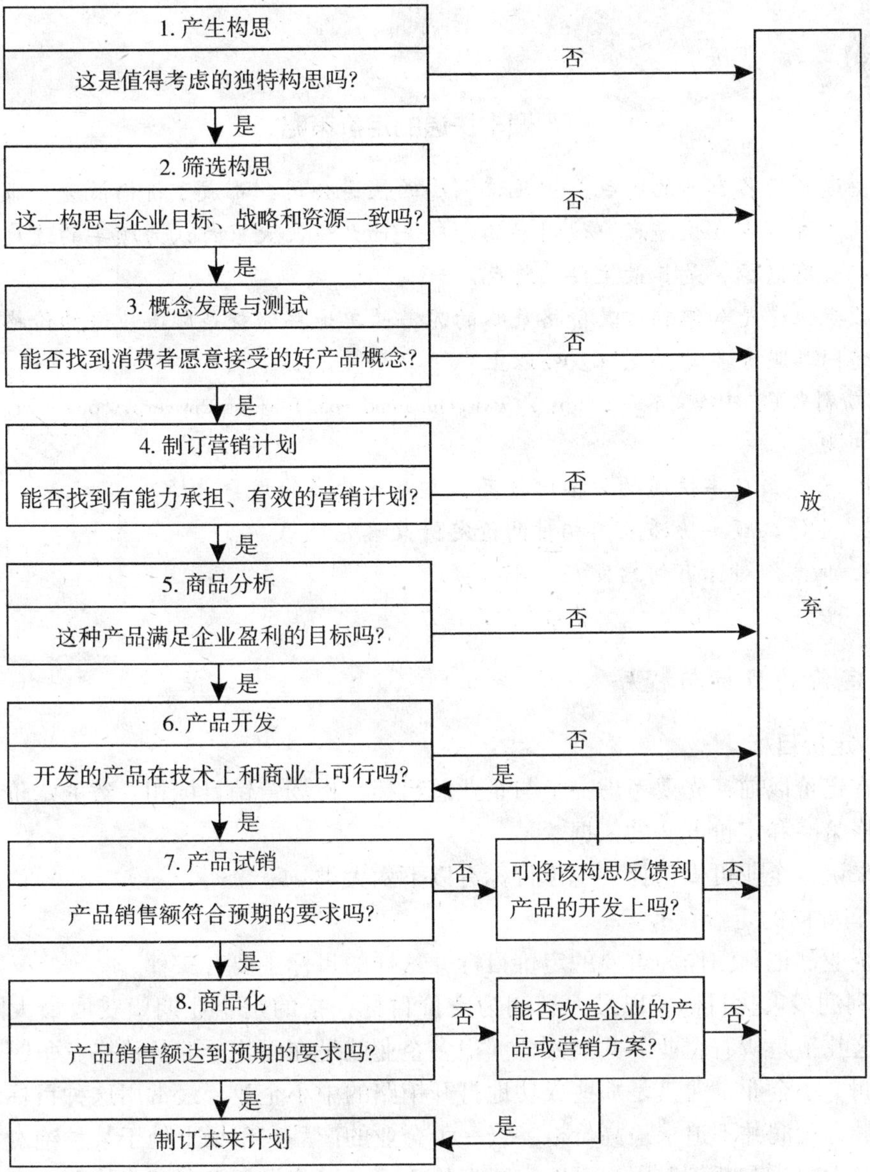

图 5-6 新产品开发程序

第三节 价格策略

【课前预习思考题】

1. 影响产品定价的因素有哪些?
2. 产品定价的方法有哪几种?

3. 产品定价策略有哪几种？各种策略在什么条件下适用？

【案例引入】

顺丰快递的定价策略

快递市场各有各的特色，但凡谈到小的快递公司，都成了价格低廉、服务差劲的代名词。那顺丰在快递客户使用者的形象是什么呢？大家都认为顺丰的速度快、价格高、安全有保障，是其最主要的特色。

顺丰快递是如何制订其价格策略的呢？简单地描述就是顺丰快递的价格策略比其他快递同类服务要贵一点（20%以上）。

（资料来源：中华文本库，http：//www. chinadmd. com/file/36su2pwvexpvx66uvxouvezc_16. html）

问题：

1. 为什么顺丰快递的价格比较高，却是如此多的用户选择？

2. 为什么顺丰快递采用相对高价定价策略呢？

3. 此案例对你有何启发？

一、定价的目标与程序

（一）定价目标

企业在定价以前，先要考虑一个与企业总目标、市场营销目标相一致的定价目标，作为确定价格策略和定价方法的依据。

一般来讲，企业可供选择的定价目标有以下六大类。

1. 利润导向的定价目标

许多企业都把利润作为重要的定价目标，这样的目标主要有三种。

（1）利润最大化目标。以最大利润为定价目标，指的是企业期望获取最大限度的销售利润。这几乎是所有企业的共同愿望。很多企业就是在面临严峻的价格竞争时，还在力争最大利润。小企业，尤其是那些成功地打开销路的中小企业，最常用这种目标。

追求最大利润并不追求最高价格，当一个企业的产品在市场上处于某种绝对优势地位时，如有专卖权或垄断等，固然可以实行高价策略，以获得超额利润，然而，由于市场竞争的结果，使任何企业要想在长时期内维持一个过高的价格几乎是不可能的，必然会遭到来自各方面的抵制。诸如，需求减少，代用品加入，竞争者增多；购买行为推迟，甚至会引起公众的不满而招致政府干预等。

（2）目标利润。以预期的利润作为定价目标。就是企业把某项产品或投资的预期利润水平，规定为销售额或投资额的一定比例，即销售利润率或投资利润率。产品定价是在成本的基础上加上目标利润，根据实现目标利润的要求，企业要估算产品按什么价格销售、销售多少才能达到利润目标，一般来说，预期销售利润率或投资利润率要高于银行存款利率。

以目标利润作为定价目标的企业，应具备以下两个条件：

该企业具有较强的实力，竞争力比较强，在行业中处于领导地位；

采用这种定价目标的多为新产品、独家产品以及低价高质量的标准化产品。

(3) 适当利润目标。也有些企业为了保全自己，减少市场风险，或者限于实力不足，以满足于适当利润作为定价目标，例如按成本加成方法来决定价格，就可以使企业投资得到适当的收益。而它的限度，则可以随着产销量的变化，投资者的要求和市场可接受的程度等因素有所变化。这种情况多见于处于市场追随者地位的企业。

2. 销量导向目标

这种定价目标是指企业希望获得某种水平的销售量或市场占有率而确定的目标。

(1) 保持或扩大市场占有率。市场占有率是企业经营状况和企业产品在市场上的竞争能力的直接反映，对于企业的生存和发展具有重要意义。所以，有时企业把保持或扩大市场占有率看得非常重要。因为，市场占有率一般比最大利润容易测定，也更能体现企业努力的方向。一个企业在一定时期的盈利水平高，可能是由于过去拥有较高的市场占有率的结果，如果市场占有率下降，盈利水平也会随之下降。因此，许多资金雄厚的大企业；喜欢以低价渗透的方式来建立一定的市场占有率。一些中小企业为了在某一细分市场获得一定优势，也十分注重扩大市场占有率。一般来讲，只有当企业处于以下几种情况下，才适合采用该种定价目标。

该产品的价格弹性较大，低价会促使市场份额的扩大。

产品成本随着销量增加呈现逐渐下降趋势，而利润有逐渐上升的可能。

低价能阻止现有和可能出现的竞争者。

企业有雄厚的实力能承受低价所造成的经济损失。

采用进攻型经营策略的企业。

(2) 增加销售量，指以增加或扩大现有销售量为定价目标。这种方法一般适用于企业产品的价格需求弹性较大，企业开工不足，生产能力过剩，只要降低价格，就能扩大销售，使单位固定成本降低，企业总利润增加。

3. 以竞争为导向的定价目标

以竞争为导向的定价目标指企业主要着眼于在竞争激烈的市场上以应付或避免竞争为导向的定价目标。在市场竞争中，大多数竞争对手对价格都很敏感，在定价以前，一般要广泛搜集信息，把自己产品的质量、特点和成本与竞争者的产品进行比较，然后制定本企业的产品价格。通常采用的方法有：

(1) 与竞争者同价；

(2) 高于竞争者的价格；

(3) 低于竞争者的价格。

当市场存在领导者价格时，新加入者要想把产品打入市场，争得一席之地，只能采取与竞争者相同的价格。一些小企业因生产、销售费用较低，或某些企业扩大市场份额，定价会低于竞争者。只有在具备特殊优越条件，诸如资金雄厚、拥有专有技术产品质量优越、推销服务水平高等情况下，才有可能把价格定得高于竞争者。

企业在遇到同行业的价格竞争时，常常会被迫采取相应对策。诸如，竞相削价、压倒对方；及时调价、价位对等；提高价格，树立威望。在现代市场竞争中，许多企业经营者认识到，价格战容易使双方两败俱伤、风险较大，所以，悄然地开展非价格竞争，如在产品质量、促销等方面苦下工夫，以巩固和扩大自己的市场份额。

4. 产品质量导向目标

产品质量导向目标指企业要在市场上树立产品质量领先地位的目标，而在价格上作出的反应。优质优价是一般的市场供求准则，研究和开发优质产品必然要支付较高的成本，自然要求以高的价格得到回报。从完善的市场体系来看，高价格的商品自然代表或反映着商品的质量及其相关的服务质量。

采取这一目标的企业必须具备以下两个条件：一是高质的产品，二是提供优质的服务。如果企业不具备以上条件，而采取高价位策略，只会吓跑顾客，失去市场。

5. 生存导向目标

当企业遇到生产能力过剩、激烈的市场竞争或者要改变消费者的需求时，它要把维持生存作为自己的主要目标。为了保持工厂继续开工和使存货减少，企业必然要制定一个低的价格，并希望市场是价格敏感型的。生存比利润更重要，不稳定的企业一般都求助于大规模的价格折扣，为的是能保持企业的活力。对于这类企业来讲，只要他们的价格能够弥补变动成本和一部分固定成本，即单价大于单位变动成本，他们就能够维持企业的生存。

6. 分销渠道导向目标

对于那些须经中间商推销的企业来说，保持分销渠道畅通无阻，是保证企业获得良好经营效果的重要条件之一。为了使得分销渠道畅通，企业必须研究价格对中间商的影响，充分考虑中间商的利益，保证对中间商有合理的利润，促使中间商有充分的积极性去推销商品，在现代市场经济中，中间商是现代企业营销活动的延伸，对宣传产品，提高企业知名度有十分重要的作用：

（1）企业产品的市场特征，市场覆盖面的大小；

（2）企业自身的营销能力和营销网络；

（3）市场需求程度和同类产品的竞争状况；

（4）企业实力和愿望。

企业在激烈的市场竞争中，有时为了保住完整的销售渠道，促进销售，不得不让利于中间商。例如，1973 年的石油危机发生后，国际汽车市场受到严重冲击，因而汽车市场竞争异常激烈，为了推销产品，日本的 MAZDA 公司规定每推销一辆汽车给予中间商 500 美元的回扣奖励。这一政策的结果，使该公司保持了完整的销售渠道，保证了在 1976 年向市场投放新型车型的销售获得了成功，使该公司受益匪浅。

综上所述，企业可供选择的定价目标归类如图 5-7。

（二）定价程序

企业在新产品投放市场或者在市场环境发生变化时需要制定或调整价格，以利于企业营销目标的实现。由于价格涉及企业、竞争者、购买者三者之间的利益，因而为产品定价

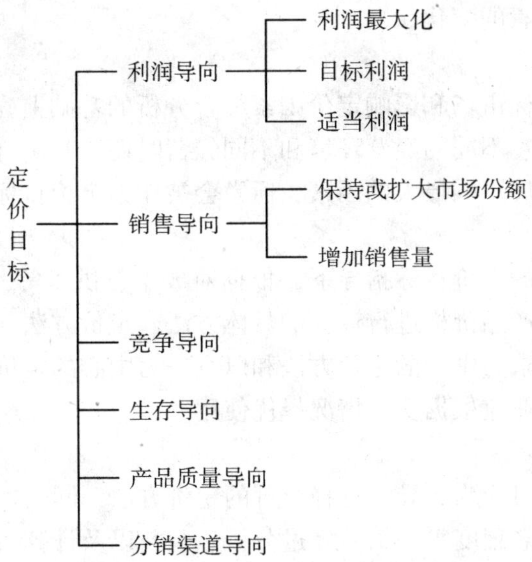

图 5-7　企业定价的归类

既重要又困难，掌握定价的一般程序，对于制定合理的价格是十分必要的。定价程序通常可分为以下几个步骤。

1. 明确目标市场

定价的第一步，首先要明确目标市场，目标市场是企业的产品所要进入的市场。具体来讲，就是谁是本企业产品的购买者和消费者。目标市场不同，定价不同。分析目标市场一般要分析：该市场消费者的基本特征、需求目标、需求强度、需求潜量、购买力水平和风俗习惯等情况。

2. 分析影响产品定价的因素

（1）产品特征。产品是企业整个营销活动的基础，在产品定价前，必须对产品进行具体分析。主要分析产品的寿命周期、产品的功能对购买者的吸引力、产品成本水平和需求弹性等。

（2）市场竞争状况。在竞争的市场中，任何企业为产品定价或调价时，必然会引起竞争者的关注，为使产品价格具有竞争力和盈利能力，产品定价或调价前，对竞争者产品及其价格进行分析是十分重要的。对竞争者进行分析，主要分析：同类市场中主要的竞争者是谁，其产品特征与价格水平如何，各类竞争者的竞争实力等。

（3）货币价值。价格是价值的货币表现，商品价格不仅取决于商品价值量的大小，还取决于货币的价值量的大小。商品价格与货币价值量成反比例关系。在分析货币价值量对定价的影响时，主要分析通货膨胀的情况，一般是根据社会通货膨胀率的大小对价格进行调整，通货膨胀率高，商品价格也应随之调高。

（4）政府的政策和法规。一定的经济政策和法规对企业定价有约束作用，因此，企业在定价前一定要了解政府对商品定价方面的有关政策和法规。

为产品定价不仅要了解一般的影响因素，更重要的是要善于分析不同经营环境下，影响商品定价的最主要因素的变化状况。

3. 确定定价目标

定价目标是在对目标市场和影响定价因素综合分析的基础上确定的。定价目标是合理定价的关键。不同企业、不同的经营环境和不同经营时期，其定价目标是不同的，在某个时期，对企业生存与发展影响最大的因素，通常会被作为定价目标。

4. 选择定价方法

定价方法是在特定的定价目标指导下，根据对成本、供求等一系列基本因素的研究，运用价格决策理论，对产品价格进行计算的具体方法。定价方法一般有三种，即以成本为中心的定价方法，以需求为中心的定价方法和以竞争为中心的定价方法。这三种方法能适应不同的定价目标，企业应根据实际情况择优使用。

5. 最后确定价格

确定价格要以定价目标为指导，选择合理的定价方法，同时也要考虑其他因素，如消费者心理因素、产品新老程度等。最后经过分析、判断以及计算活动，为产品确定合理的价格。

二、定价的基础与方法

定价方法，是指企业为了在目标市场上实现定价目标，而给产品制定一个基本价格或浮动范围的方法。影响价格的因素比较多，然而在制定价格时主要考虑因素是产品成本、市场需求和竞争情况。产品成本规定了价格的最低基数，竞争者的价格和代用品的价格提供了企业在制定其价格时必须考虑的参照点，在实际操作中往往侧重于影响因素中选定若干定价方法，以解决定价问题。

（一）成本导向定价法

成本导向定价法是以成本为中心，是一种按卖方意图定价的方法。其主要理论依据是，在定价时，首先要考虑收回企业在生产经营中投入的全部成本，然后再考虑获得一定的利润。产品的成本包括企业在生产经营过程中所发生的一切费用。定价中考虑的成本是按照成本习性进行分类和应用的。为了便于叙述，先解释几个成本的概念。

1. 成本的概念

（1）变动成本。这是指在一定时期，随着产销量变动而变化的成本。例如：直接材料、直接人工等。

（2）固定成本。这是指在一定时期，不随着产销量变动而变化的成本。例如：折旧费、保险费、企业管理人员的工资等。

（3）单位变动成本。这是指单位产品的变动成本。单位变动成本在一定的技术经济条件下是不变的。

（4）单位固定成本。这是指单位产品分摊固定成本。单位固定成本是随着产销量的增加而相应减少。

（5）总成本。这是变动成本与固定成本之和。当产销量为零时，变动成本为零，因而总成本就等于固定成本。

（6）平均成本。这是单位产品的总成本，亦即单位产品的变动成本与固定成本之和。

（7）边际成本。这是指每增加或减少一个单位生产量所引起总成本的变化量。

2. 定价方法

以成本为中心的定价方法主要有以下三种。

（1）成本加成定价法。

这是一种最简单的定价方法，就是在单位产品成本的基础上，加上一定比例的预期利润作为产品的售价。售价与成本之间的差额即为利润（这里的成本中，包含了税金）。由于利润的多少是按一定比例反映的，这种比例习惯上称为“几成”，所以这种方法称为成本加成定价法。其计算公式为：

单价产品价格＝单位产品成本（1+加成率）

其中，加成率即为预期利润占产品成本的百分比。

例某种产品的单位产品成本为100元，加成率为20%，则：

单位产品价格＝100×（1+20%）＝120元

这种方法的优点是，简便易行，因为确定成本要比确定需求容易，价格盯住成本，企业可简化定价工作，也不必经常依据需求情况而作调整；采用这种方法可以保证各行业取得正常的利润，从而可以保障生产经营的正常进行；如果同行都采取此种方法定价，价格竞争就会大大削弱。

这种方法在西方国家广为应用，尤其在零售业中，大多采用加成定价。它们对各种商品加上预先规定的不同幅度的加成。比如，百货商店一般对烟类加成20%，照相机28%，书籍34%，衣物41%，珠宝饰品46%等。

这种方法的不足是，它是从卖方的利益出发进行定价的，其基本原则是将本求利和水涨船高，没有考虑市场需求和竞争因素的影响，因而这是一种卖方市场条件的产物。另外，加成率是一个估计数，缺乏科学性，由此计算出来的价格，很难说一定能为顾客所接受，更谈不上在市场上具有竞争能力，同时此种方法过分强调了历史实际成本在定价中的作用。因此在应用这种方法时，应当根据市场需求、竞争情况等因素的变化作必要的调整。

（2）目标收益定价法。

这种方法又称目标利润定价法，或投资收益率定价法。它是在成本的基础上，按照目标收益率的高低计算价格的方法。其计算步骤如下：

确定目标收益率。目标收益率可以表现为几种形式，投资利润率、成本利润率、销售利润率和资金利润率等。

确定目标利润。根据目标收益率表现形式的不同，目标利润的计算也不同。计算公式分别为：

目标利润＝总投资额×目标投资利润率；

目标利润＝总成本×目标成本利润率；

目标利润＝销售收入×目标销售利润率；

目标利润=资金平均占用额×目标资金利润率。

计算单价。

$$单价=\frac{总成本+目标利润}{预计销售量}$$

或 $$单价=单位变动成本+单位贡献毛益$$

例：某企业年生产能力为100万件A产品，估计未来市场可接受80万件，其总成本为1000万元，企业的目标收益率，即成本利润率为20%，问单价应为多少？

解：
$$\begin{aligned}目标利润&=总成本×利润率\\&=1000万元×20\%\\&=200万元\end{aligned}$$

$$\begin{aligned}单位产品成本&=\frac{总成本+目标利润}{预计销售量}\\&=\frac{1000+200}{80}\\&=15元\end{aligned}$$

因此，该企业产品的定价应为15元。

目标收益定价法的优点是，可以保证企业既定目标利润的实现；缺点是，这种方法只是从卖方的利益出发，没有考虑竞争因素和市场需求情况。这种方法是先确定销量以后，再确定和计算出产品的价格，这在理论上是说不通的。因为，对于任何一种商品而言，一般是价格影响销售，而不是销售决定价格。因此，按此种方法计算出来的价格，不可能保证预计销售量的实现。尤其是那些价格弹性较大的商品，不同的价格，有不同的销售量，而不是先有销售量，然后再确定价格。

所以，目标收益定价法，一般适应于需求的价格弹性较小，而且在市场中有一定影响力的企业，市场占有率较高或具有垄断性质的企业，对于大型的公用事业单位更为适用。因为这类企业的投资大，业务具有垄断性，又和公众利益息息相关，需求弹性较小。政府通常为保证其有一个稳定的收益率，常允许这类企业采用目标收益进行定价，而政府则只对其目标收益率进行限制和控制。

（3）售价加成定价法。

这是一种以产品的最后销售价为基数，按销售价的一定百分率来计算加成率，最后得出产品的售价。其计算公式为：

$$单位产品价格=\frac{单位产品总成本}{1-加成率}$$

例：某种产品的单位产品成本为100元，加成率为20%，则单价为125元

这种定价方法，多为商业部门，尤其是零售部门采用。因为，对零售商来说，此种方法更容易计算商品销售的毛利率；而对于消费者来说，在售价相同的情况下，用这种方法计算出来的加成率较低，更容易接受。

以上几种定价方法的共同特点是：以产品的成本为基础，在成本的基础上加上一定的

利润来定。所不同的只是对利润的确定方法略有差异。它们的共同缺点是没有考虑市场需求和市场竞争情况。

（二）需求导向定价法

这是一种以需求为中心，以顾客对商品价值的认识为依据的定价方法。

1. 认知价值定价法

这种方法的基本指导思想是，认为决定商品价格的关键因素是顾客对商品价值的认知水平，而不是卖方的成本。因此，在定价时，先要估计和测量在营销组合中的非价格变量在顾客心目中建立起来的认知价值，然后根据顾客对商品的认知价值，制定出商品的价格。

一般说来，每一种商品的性能、用途、质量、外观及其价格等在消费者心目中都有一定的认知和评价。当卖方的价格水平与消费者对商品价值的认知水平大体一致时，消费者才能接受这种价格。

认知价值定价法与现代产品定位思想很好地结合起来，成为当代一种全新的定价思想和方法，被越来越多的企业所接受。其主要步骤如下：

（1）确定顾客的认知价值。即确定顾客对企业产品的性能用途、质量、外观及市场营销组合因素等在其心目中的认知价值。

（2）根据确定的认知价值，决定商品的初始价格。

（3）预测商品的销售量。即在估计的初始价格的条件下，可能实现的销售量。

（4）预测目标成本。公式如下：

目标成本总额＝销售收入总额－目标利润总额－税金总额

单位产品目标成本＝单位产品价格－单位产品目标利润－单位产品税金

（5）决策。即把预测的目标成本与实际成本进行对比，来确定价格。

当实际成本不高于目标成本时，这说明，在初始价格的条件下，目标利润可以保证，因而初始价格就可定为商品的实际价格。

当实际成本高于目标成本时，这说明，在初始价格的条件下，目标利润得不到保证。需要进一步作出选择，要么降低目标利润，要么设法进一步降低实际成本，使初始价格仍可付诸实施。否则，只能放弃原有方案。

（6）判定顾客的认知度。

认知价值定价法的关键是准确地确定消费者对所提供商品价值的认知程度。对自己提供的商品价值产生夸张自满看法的卖主，会令他们的产品定价过高。对自己的产品的消费者认知价值估价过低，定的价格就可能低于他们能够达到的价值。为了建立起市场的认知价值，进行市场调研是必不可少的。正确判断顾客对商品价值的认知程度，目前采用的办法主要有以下三种。

直接评议法。即邀请有关人员，如顾客、中间商及有关人士等，对商品的价值进行直接评议，得出商品的认知价值。

相对评分法，又称直接认知价值评比法。即请顾客等有关人员用某种评分方法对多种同类产品进行评分，然后再按分值的相对比例和现行平均市场价格推算评定产品的认知价值。

诊断评议法。即用评分法对产品的功能、质量、外观信誉、服务水平等多项指标进行评分，找出各因素指标的相对认知价值，再用加权平均方法计算出产品总的认知价值。

例：设有 A、B、C 三家企业制造同一种开关，抽样选出一组工业用户为对象，邀请这些用户的采购员来检查和评价这三家企业产品的价值。这里有三种可供选择的方法。

解一：直接评议法。在这种情况下，采购员们为他们认定的每种开关估计一个能反映从这些企业购买这种开关的价格。他们评议的结果是：A、B、C 三家企业开关的价格分别为 2. 55 美元、2. 00 美元和 1. 52 美元的价格。

解二：相对评分法。在这种情况下，采购员们给三家企业的产品以 100 分打分计算，依此来反映购买每家企业开关的总价值。假设 A、B、C 三家企业分别获得 42 分、33 分、25 分。如果一只开关的平均市场价格为 2 美元，三家企业分别收取的价格就是 2. 55 美元、2 美元和 1. 52 美元，以反映认知价值的变化。

解三：诊断评议法。在这种情况下，采购员们对三家企业提供的一组产品属性进行评价。他们对每种属性，分配 100 分给三家企业，他们也分配 100 分以反映各属性的相关重要性。假设结果如表 5-2。

表 5-2　**产品属性评价表**

重要性权数	属性	产　品		
		A	B	C
25	产品耐用性	40	40	20
30	产品可靠性	33	33	33
30	交货可靠性	50	25	25
15	服务质量	45	35	20
100	认知价值	41. 65	32. 65	24. 9

把对每家企业的评分乘以重要性权数，然后加总，我们可以发现，A 开关的认知价值约为 42 分，高于平均分；B 开关的认知价值等于平均分；C 开关则低于平均分。

显然，在顾客眼里，A 企业产品有更高的认知价值，可以定较高的价格。如果 A 企业希望按其认知价值成比例定价，它可以定价为 2. 55 美元（2×42/33，其中：2 美元为平均价格）。

如果三家企业都按其产品的认知价值成比例地定价，那么，每个企业都可得到相应的市场占有率。因为它们各自的认知价值对价格的比例相等。如果一个企业的定价低于其认知价值，它就会得到较高的市场占有率。因为，在顾客看来，他付同样的钱，可以得到更多好处。相反，如果一个企业的定价高于其认知价值，它就会得到较低的市场占有率，或者根本得不到市场的承认。

2. 差别定价法

这种方法又称区分需求定价法，是指在给产品定价时可根据不同需求强度、不同购买力、不同购买地点和不同购买时间等因素，采取不同的价格。

(1) 以顾客为基础的差别定价。指对不同的消费者，可以采用不同的价格。例如，对老客户和新客户，采用不同价格，对老客户给一定的优惠；同一产品卖给批发商、零售商或消费者，采用不同的价格，等等。

(2) 以产品式样为基础的差别定价。例如，对于不同地区的购买者采用不同的价格；同一地区或城市的影剧院、运动场、球场或游乐场等因地点或位置的不同，要价也不同。

(3) 以时间为基础的差别定价。不同季节、不同日期，甚至在不同时点的商品或劳务可以制定不同的价格。例如，旅游宾馆、饭店在旅游旺季和淡季的收费标准不同；公用事业如电话、电报等在不同时间（白天、夜晚、节假日、平日等）的收费标准不同；出租小摊贩车在白天和夜晚的收费标准不同，等等。

采用差别定价法，要具备一定的前提条件。首先是要分析需求差别，搞好市场细分；其次要防止引起顾客反感和敌意。

（三）竞争导向定价法

这种方法是指，企业为了应付市场竞争的需要而采取的特殊的定价方法。

(1) 随行就市定价法。即根据同行业企业的现行价格水平定价，这是一种比较常见的定价方法。一般是基于产品的成本测算比较困难，竞争对手不确定，以及企业希望得到一种公平的报酬和不愿打乱市场现有正常秩序的情况下，采用的一种行之有效的方法。

采用这种方法既可以追随市场领先者定价，也可以采用市场的一般价格水平定价。这要根据企业产品特征，及其产品的市场差异性而定。

(2) 倾销定价法。这是指一国企业为了进入或占领某国市场排斥竞争对手，以低于国内市场价格，甚至低于生产成本的价格向国外市场抛售商品而制定的价格。

采用这种定价法制定的价格，一般使用的时间比较短。一旦达到预期的目的，占领了国外市场后，企业就提高价格，以收回在倾销中的损失，并获得应得的利润或垄断利润。但是，采用这种方法制定的价格，易受反倾销法的限制和制裁，因而风险比较大。

(3) 垄断定价法。这是指垄断企业为了控制某项产品的生产和销售，在价格上作出的一种反映。垄断定价法分为垄断高价定价法和垄断低价定价法。垄断高价定价法是指几家大的垄断企业，通过垄断协议或默契方式，使商品的价格大大高于商品的实际价值，获得高额垄断利润。垄断低价定价法，是指垄断企业在向非垄断企业及其他小企业购买原料或配件时，把产品的价格定得很低。

(4) 保本定价法。这是指企业在市场不景气和特殊竞争阶段，或者在新产品试销阶段所采用的一种保本定价方法。它是在保本产销量的基础上制定的价格，即保本价格。其计算公式是：

$$\text{保本成本}=\frac{\text{企业固定成本}}{\text{保本产销量}}+\text{单位变动成本}$$

一般来讲，在成本不变的情况下，价格定在保本价格以上，企业就可以盈利，而定在保本价格以下，必然出现亏损。

很显然，这种方法只说明了企业在产量为多少时什么价格是保证不亏本的最低限度，但是并没有考虑在这种价格水平上这个产量能否销售出去。

（5）变动成本定价法，又称边际贡献定价法。这是一种以变动成本为基础的定价方法。其计算公式为：

单位产品价格=单位变动成本+单位边际贡献

或者单位产品价格>单位变动成本。

单位产品价格大于单位变动成本出现的余额，称为单位边际贡献。而边际贡献=固定成本+利润。当利润为零时，边际贡献=固定成本。因此，只要单位产品价格大于单位变动成本就可以补偿一部分固定成本。

企业在市场竞争激烈，产品供过于求、订货不足时，为了增强企业竞争和生存能力，采用变动成本定价法是非常灵活和有效的。

例：某企业A产品的生产能力为每年1000台，全年固定成本总额为50万元，单位变动成本为1000元，单位成本为1500元，每台售价为2000元，已有订货量600台，生产能力有40%的闲置。现有一家外商提出订购400台，但每台出价只有1200元，请问外商的订购是否可以接受？

如果按照以往的定价水平，外商的出价显然不能接受，但是，如果采用变动成本定价法的思想，这批订货就可完全接受。因为，如果不接受，企业的利润为：

利润=销售收入-变动成本-固定成本

=120万元-60万元-50万元=10万元

如果接受的话，

利润=120万元+48万元-60万-40万-50万=18万元

即接受订货比不接受多挣8万元。

应当注意的是，固定成本作为期间成本不随着业务量的变化而变动，这时只要单位售价大于单位变动成本，新订单的边际贡献即为企业的新增利润。

（6）密封投标定价法。这也是一种依据竞争情况来定价的方法，是招标人通过引导卖方竞争的方法来寻找最佳合作者的一种有效途径。它主要用于建筑包工、产品设计和政府采购等方面。其基本原理是，招标者（买方）首先发出招标信息，说明招标内容和具体要求。参加投标的企业（卖方）在规定期间内密封报价和其他有关内容，参与竞争。其中，密封价格就是投标者愿意承担的价格。这个价格主要考虑竞争者的报价研究决定，而不能只看本企业的成本。在投标中，报价的目的是中标，所以报价要力求低于竞争者。

例：某企业参加一次建筑包工投标，企业根据对竞争者的分析，招标单位的要求以及企业自身条件的分析，设计了几种不同报价以及中标的可能性，结果如表5-3。

表5-3　**报价方案表**

	企业报价	利润	中标可能性	利润
方案1	90万元	10万元	80%	8万元
方案2	100万元	12万元	60%	7.2万元
方案3	105万元	18万元	20%	3.6万元
方案4	110万元	20万元	10%	2万元

方案1的期望利润最高为8万元。因此，企业可考虑报价为90万元。

(7) 拍卖定价法。这是指卖方委托拍卖行，以公开叫卖方式引导买方报价，利用买方竞争求购的心理，从中选择高价格成交的一种定价方法。这种方法历史悠久，常见于出售古董、珍品、高级艺术品或大宗商品的交易中。

三、产品定价策略

价格竞争是一种十分重要的营销手段。在市场营销活动中，企业为了实现自己的经营战略和目标，经常根据不同的产品、市场营销组合中的其他因素更好地结合，促进和扩大销售，提高企业的整体效益。

（一）制定价格的策略

1. 新产品定价策略

在激烈的市场竞争中，企业开发的新产品能否及时打开销路、占领市场以及获得满意的利润，这不仅取决于企业适宜的产品策略，而且还取决于其他市场营销手段和策略的协调配合。其中新产品定价策略就是一种必不可少的营销策略。

(1) 撇脂定价策略。这是一种高价格策略，是指在新产品上市初期，价格定得很高，以便在较短的时间内获得最大利润。

撇脂定价策略的优点是：

新产品初上市，竞争者还没有进入，利用顾客求新心理，以较高价格刺激消费，开拓早期市场。

由于价格较高，因而可以在短期内取得较大利润。

定价较高，在竞争者大量进入市场时，便于主动降价，增强竞争能力，同时也符合顾客对待价格由高到低的心理。

这种方法的缺点是，在新产品尚未建立起声誉时，高价不利打开市场，有时甚至会无人问津。如果高价投放市场销路旺盛，很容易引来竞争者，加速本行业竞争的白热化，容易导致价格下跌、经营不长就会转产的局面。因此，在采用高价策略时，要注意这种方法的适应条件。

撇脂定价法一般适应于以下几种情况：

第一，拥有专利或技术诀窍。研制这种新产品难度较大，用高价也不怕竞争者迅速进入市场。

第二，高价仍有较大的需求，而且具有需求价格弹性不同的顾客。例如，初上市的电视机、录像机等，先满足部分价格弹性较小的顾客，然后再把产品推向价格弹性较大的顾客。由于这种产品是一次购买，享用多年，因而高价市场也能接受。

第三，生产能力有限或无意扩大产量。尽管低产量会造成高成本，高价格又会减少一些需求，但由于采用高价格，比之低价增产，仍然有较多收益。

第四，对新产品未来的需求或成本无法估计。定价低则风险大，因此，先以高价投石问路。

第五，高价可以使新产品一投入市场就树立高级、质优的形象。

(2) 渗透定价策略。这是一种低价格策略，即在新产品投入市场时，价格定得较低，以便消费者容易接受，很快打开和占领市场。

这种方法的优点是，一方面可以利用低价迅速打开产品销路，占领市场，从多销中增加利润，另一方面又可以阻止竞争者进入，有利于控制市场。因此，渗透定价策略又戏称“别进来”策略。

这种方法的缺点是，投资的回收期较长，见效慢、风险大，一旦渗透失利，企业就会一败涂地。

这种方法的适应条件是：

第一，制造新产品的技术已经公开，或者易于仿制，竞争者容易进入该市场。企业利用低价排斥竞争者，占领市场。

第二，企业新开发的产品，在市场上已有同类产品或替代品，但是企业拥有较大的生产能力，并且该产品的规模效益显著，大量生产定会降低成本，收益有上升趋势。

第三，供求相对平衡，市场需求对价格比较敏感。低价可以吸引较多的顾客，可以扩大市场份额。

第四，出于竞争或心理方面有利弊，采用哪一种策略更为合适，应根据市场需求、竞争情况、市场潜力、生产能力和成本等因素综合考虑。

（3）满意定价策略。这是一种介于撇脂定价策略和渗透定价策略之间的价格策略。所定的价格比撇脂价格低，而比渗透价格要高，是一种中间价格。这种定价策略由于能使生产者和顾客都比较满意而得名。有时又称为“君子价格”或“温和价格”。

由于这种价格介于高价和低价之间，因而比前两种策略的风险小，成功的可能性大。但有时也要根据具体情况进行具体分析。

以上三种新产品定价策略的价格与销量的关系如图 5-8。

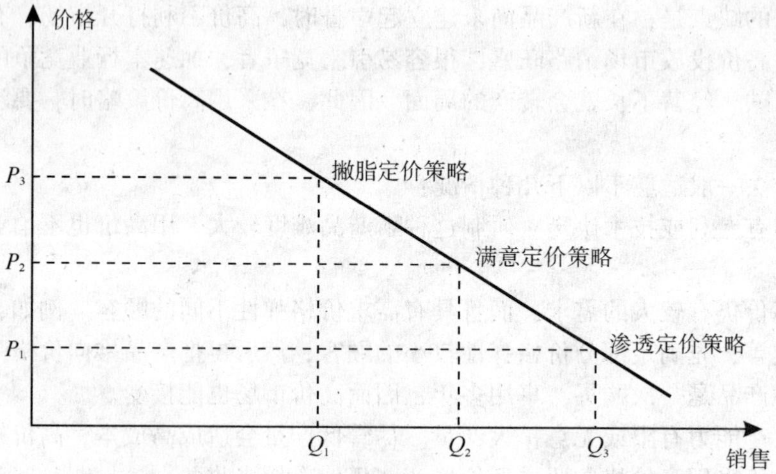

图 5-8　新产品定价策略的价格与销量的关系

2. 心理定价策略

这是一种根据消费者心理要求所使用的定价策略，是运用心理学的原理，依据不同类型的消费者在购买商品时的不同心理要求来制定价格，以诱导消费者增加购买，扩大企业销售量。具体策略包括以下六种。

(1) 整数定价策略。在定价时，把商品的价格定成整数，不带尾数，使消费者产生"一分钱一分货"的感觉，以满足消费者的某种心理，提高商品的形象。

这种策略主要适应于高档消费者或消费者不太了解的某些商品。例如，一台电视机的定价为2500元，而不是2499.98元。

(2) 尾数定价策略。这是指在商品定价时，取尾数，而不取整数的定价方法，使消费者购买时在心理上产生大为便宜的感觉。

(3) 分级定价策略。这是指在定价时，把同类商品分为几个等级，不同等级的商品，其价格有所不同。这种定价策略能使消费者产生货真价实、按质论价的感觉，因而容易被消费者接受。

采用这种定价策略，等级的划分要适当，级差不能太大或太小。否则，起不到应有的分级效果。

(4) 声望定价策略。指在定价时，把在顾客中有声望的商店、企业的商品的价格定得比一般的商品要高，是根据消费者对某些商品、某些商店或企业的信任心理而使用的价格策略。

在长期的市场经营中，有些商店、生产企业的商品在消费者心目中有了威望，认为其产品质量好，服务态度好，不经营伪劣商品、不坑害顾客等。因此，这些经营企业的商品可以定价稍高一些。

(5) 招徕定价策略。这是指在多品种经营的企业中，对某些商品定价很低，以吸引顾客，目的是招徕顾客购买低价商品时，也购买其他商品，从而带动其他商品的销售。

(6) 习惯定价策略。有些商品在顾客心目中已经形成了一个习惯价格。这些商品的价格稍有变动，就会引起顾客不满。提价时，顾客容易产生抵触心理，降价会被认为降低了质量。因此，对于这类商品，企业宁可在商品的内容、包装、容量等方面进行调整，也不采用调价的办法。

3. 产品组合定价策略

产品组合是指一个企业所生产经营的全部产品大类和产品项目的组合。对于多品种生产经营的企业来说，各种产品有需求和成本之间的内在相互关系及受到不同程度竞争的影响。如何从企业总体利益出发，为每一种产品定价，发挥每一种产品的有关作用，是这类企业定价过程中经常遇到的问题。

(1) 产品大类定价策略。产品大类是一组相互关联的产品，产品大类中每个产品都有不同的特色。确定这类商品的价格差额，一般要分析各种产品成本之间的差额、顾客对商品的评价、竞争者的价格等。如果产品大类中前后两个相联产品的价格差额较小，顾客就会更多地购买性能较先进的产品。此时，若这两个产品的成本差异小于价格差额，企业的利润就会增加。

(2) 任选品定价策略。任选品是指那些与主要产品密切关联的可任意选择的产品。例如，顾客去饭店吃饭，除了要饭菜之外，可能还会要点酒、饮料、烟等。在这里，饭菜是主要商品，烟酒、饮料等就是任选品。

企业为任选品定价有两种策略可供选择，一种是为任选品定高价，靠它来盈利；另一种策略是定低价，把它作为招徕顾客的项目之一。

（3）连带产品定价策略。连带产品，又称受制约产品，是指必须与主要产品一同使用的产品。例如，胶卷是照相机的连带产品，剃须刀架是剃须刀的连带产品。

大多数企业采用这种策略时，主要产品定价较低，而连带产品定价较高。以高价的连带产品获取高利，补偿主要产品因低价造成的损失。例如，柯达公司给它的照相机定低价，胶卷定高价，增强了照相机在同行业中的竞争实力，又保证了原有的利润水平。

（4）副产品定价策略。在生产加工肉类、石油产品和其他化学产品时，常常有副产品。如果副产品没有价值而且事实上在处理它们时花费也很大，这将会影响主要产品的定价。制造厂商为这些副产品寻找市场，并接受比储存和利用这些副产品的费用更多的任何价格。

（二）修订价格的策略

在市场营销中，企业为了竞争和实现经营战略的需要，经营对价格规定一个浮动范围和幅度，根据销售时间、对象以及销售地点的不同，灵活地修订价格，使价格与市场营销组合中的其他因素更好地配合，促进和扩大销售。

1. 价格折扣与折让策略

价格折扣与折让，是指企业为了更有效地吸引顾客，扩大销售，在价格方面给顾客的优惠。

（1）现金折扣。这是指企业为了加速资金周转，减少坏账损失或收账费用，给现金付款或提前付款的顾客在价格方面的一定优惠。例如，某企业规定，提前付款 10 天的顾客，可享受 2%的价格优惠，提前 20 天付款，享受 3%的价格优惠。

（2）数量折扣。这是指企业给大量购买的顾客在价格方面的优惠。购买量越大，折扣越大，以鼓励顾客大量购买。数量折扣又分为以下两种形式：

累计折扣。这是指在一定时期内，购买商品累计达到一定数量所给予的价格折扣。采取这种策略，可以鼓励顾客经常购买本企业的商品，稳定顾客，建立与顾客的长期关系；同时，适宜推销过时、滞销或易腐易坏的商品。这种策略在批发及零售业务中经常采用。

非累计折扣，这是规定每次购买达到一定数量或一定金额所给予的价格折扣。采取这种策略，可以鼓励顾客大量购买，扩大销售，同时又可以减少交易次数和时间，从而节省人力、物力等方面的费用，达到增加利润的目的。例如，一次购买 50 个单位以下，单价 20 元，购买 100 个单位以上，单价 16 元。

（3）职能折扣，又称同行折扣或贸易折扣。这是生产企业给予中间商或零售商的价格折扣。

例如，某生产企业报价为 200 元，按价目表给中间商和零售商分别为 10%和 15%的职能折扣，以鼓励他们经销自己的产品。

（4）季节折扣。这是指生产季节性产品或经营季节性业务的企业为鼓励中间商、零售商或顾客早进货、早购买而给予的价格优惠。例如，冬季购买电风扇，夏季购买皮大衣，旅游淡季乘坐飞机等都可给予一定的价格折扣。

采取这种策略，是为了减少企业的仓储费用，加速资金周转，实现企业均衡生产和经营。

（5）推广折扣。这是指生产企业为了报答中间商在广告宣传、展销等推广方面所做的努力，在价格方面给予一定比例的优惠。例如一个零售商，在电视上做服装广告，因而扩大了某服装厂的销售，服装厂为鼓励和报答零售商的努力而给零售商一定比例的折扣或折让，以弥补零售商支付的广告费。

（6）以旧换新折让。企业收进顾客交回本企业生产的旧商品，在新商品价格上给予顾客折让优惠。例如，一台新洗衣机的售价为480元，顾客交回本厂产的旧洗衣机，那么厂方规定新洗衣机的售价为320元，给予顾客160元的价格折让。

2. 促销价格策略

工商企业为了促进商品销售，把价格修订得低于价目表，甚至低于成本，这种价格称为促销价格。

（1）季节性削价。这是指商店在季节更替之际，为了节省仓储费用，加速资金周转，对季节性商品削价销售。例如每年秋季，商店对夏季服装实行降价销售，春季对冬季服装实行季节性降价销售。

（2）心理折扣。商店对某些商品定价很高，然后大肆宣传大减价，使顾客在心理上产生大降价，大为便宜的感觉。

（3）促销。商店为了招徕顾客，暂时大幅度削减几种商品的价格，以吸引顾客购买，并带动其他正常定价商品的销售。

采取这种策略一般要注意以下几点：

第一，商品质量好，不能是质量低劣的处理品，否则就没有吸引力。

第二，削价幅度要足以能引起顾客的注意和兴趣，刺激购买。

第三，商品种类要适当。种类太少，对顾客缺乏吸引力，种类太多，对企业又不一定合算，一般以顾客多少能有一些满足为宜。

第四，数量要有一个合理的限度，否则企业会吃不消。

采取以上促销价格策略时，企业事先都应作好可行性分析，对降价幅度、品种数量、顾客心理、产品成本，以及降价所能达到的效果等进行认真研究和分析，使削价达到预期的目的。

3. 地理定价策略

与地理位置有关的修订价格的策略，主要是在价格上灵活反映和处理运输、装卸、仓储、保险等多种费用。这种策略，在对外贸易中更为普遍，根据商品的流通费用在买卖双方中分担的情况，表现为各种不同的价格。

（1）产地价格，又称离岸价格，是指顾客在产地按厂价购买产品，卖主负责将产品运至顾客指定的运输工具上，交货前的有关费用由卖方负担，交货后的有关运费、保险费等由买方负担。我国企业的商品进口中，多选择这种方式。

（2）买主所在地价格，又称到岸价格。这种策略与前者相反，企业的产品不管卖向何方，也不管买方路途的远近，一律实行统一运送价格，即把商品运到买方指定的目的地。到达目的地前的一切运费、保险等费用均由卖方负担。

（3）成本加运费价格，又称C&F价格。内容与买主所在地价格相似，只是卖方不负担保险费。

（4）分区运送价格，这是买方所在地价格的一种变化形式，是指把整个市场划分为几个大的价格区域，在每个区域内实行统一价格，一般是原材料和农产品实行此种价格策略。

（5）运费补贴价格。这是指卖方对距离远的买方给予适当的价格补贴，以补偿买方较大的运输费用。

（三）市场竞争中的价格调整

产品在定价以后，由于情况发生了变化，经常需要对价格进行调整。调整价格的主要原因有两种：一是市场供求环境发生了变化，企业认为有必要对自己产品的价格进行调整，二是竞争者的价格发生了变动，企业不得不作出相应的反应，以适应市场竞争的需要。前一种调整称为主动调整，后一种调整称为被动调整。

1. 主动调整

（1）主动调整的价格策略。企业对价格主动进行调整，采取的策略有两种，一是调高价格策略，二是调低价格策略。

调高价格策略。这是指在市场营销活动中，企业为了适应市场环境和自身内部条件的变化，而把原有的价格调高。

造成调高价格的主要原因有以下几点：第一，应付成本上涨。这是企业调高价格的最主要原因。如果企业的原材料、工资等费用上升，企业成本提高，产品继续维持原价，妨碍企业合理利润的获得，甚至会影响企业再生产的进行。这时企业只好通过涨价来转嫁成本上涨的压力，维持正常的盈利水平。第二，通货膨胀。由于通货膨胀、货币贬值，使得产品的市场价格低于其价值，迫使企业不得不通过涨价形式来减少因货币贬值造成的损失。第三，产品供不应求，市场需求旺盛。企业通过调高价格，抑制部分需求。第四，改进产品。企业通过技术革新，提高了产品质量，改进了产品性能，增加了产品功能。企业为了补偿改进产品过程中支付的费用和显示其产品的高品位，而提高产品价格。第五，竞争策略的需要。有的企业涨价，并非出于前几个原因，而是由于竞争策略的需要。以产品的高价格，来显示产品的高品位。即将自己产品的价格提高到同类产品价格之上，使消费者感到其产品的品位要比同类产品高。

调高价格的方式与技巧主要有：第一，公开真实成本。这是指企业通过公共关系，广告宣传等方式，在消费者认知的范围内，把产品的各项成本上涨情况真实地告诉消费者，以获得消费者的理解，使涨价在没有或较少抵触的情况下进行。有的企业趁成本上涨之机，过分夸大成本上涨幅度，从而过高地提高商品价格，这种做法容易引起消费者的反感。第二，提高产品质量。为了减少顾客因涨价感受到压力，企业在产品质量上多下功夫，如改进原产品、新设计同类产品，在产品性能、规格、式样等方面给顾客更多的选择机会。使消费者认识到，企业在提供更好的产品，索取高价是应该的。第三，增加产品含量。即涨价同时，增加产品供应分量，使顾客感到，产品分量增多了，价格自然要上涨。第四，附送赠品或优待。涨价时，以不影响企业正常的收益为前提，随产品赠送一点小礼物，提供某些特殊优待，例如买一赠一、有奖销售等。这种方式在零售商店最常见。

调低价格策略。这是指企业为了适应市场环境和内部条件的变化，把原有的产品的价格调低。

调低价格的主要原因有：第一，竞争压力。企业在竞争对手降价或者新加入者增多的强大竞争压力下，企业的市场占有率下降，迫使企业以降价方式来维持和扩大市场份额。第二，企业的生产能力过剩，需要扩大销售，而又不能通过产品改进和加强销售等措施来扩大销售，在这种情况下，企业就必须考虑降价。第三，企业的成本比竞争者低。企业希望通过削价方式来提高市场占有率，从而扩大生产和销售，控制市场。第四，需求曲线的弹性大。在这种情况下，降价可以扩大销量，增加收入。第五，经济形势。在经济紧缩的形势下，由于币值上升，价格总水平下降。企业的产品价格也应降低。

调低价格的方式与技巧有：第一，增加额外费用支出。在价格不变的情况下，企业增加运费支出，实行送货上门，或免费安装、调试、维修以及为顾客保险等。这些费用本应该从价格中扣除，因而实际上降低了产品价格。第二，改进产品的性能，提高产品的质量。增加产品功能，提高产品质量。在价格不变的情况下，实际上等于降低了产品的价格。第三，增加或增大各种折扣比例。增加折扣，或者在原有的基础上，扩大各种折扣比例，在其他条件不变的情况下，实际上降低了产品的价格。第四，馈赠礼品。在其他条件不变的情况下，给购买商品的顾客，馈赠某种礼品，如玩具、工艺品等。赠送礼品的费用应从商品价格中补偿，这实际上也等于降低了商品的价格。

（2）顾客对价格调整的反应。顾客对价格调整的反应是检验调价是否成功的重要标准，因此，必须对此进行认真分析和研究。分析顾客对调价的反应，既要看顾客的购买量是否增加，又要研究顾客的心理变化，研究顾客如何理解这次调价，以便从中找出正确的答案，采取有效的措施。根据国外的经验，预测顾客的反应，可以从分析需求的价格弹性和购买者的感知因素出发来进行。

顾客对降价的心理反应：商品质量有问题，卖不出去了；商品式样不行了，要被新产品代替了；还会再降价，不如再等一等；企业经营不善，恐怕维持不下去了，以后的售后服务没有着落。

（3）竞争者对价格变动的反应。竞争者对价格变动的反应，也是企业调整价格时需要认真考虑的重要因素。分析竞争者的反应，需要建立在企业长期对竞争市场及竞争对手的了解上。调价前，企业必须了解竞争者目前的财务状况，近年来的生产、销售、顾客的忠实程度和企业目标等情况。由于每个竞争者对企业调价的理解不同，所以问题比较复杂。例如，竞争者对企业降价行为就有可能认为：企业想夺去它的市场；企业想引起全行业降价，以刺激需求；企业经营不善，想改进销售状况；企业可能有替代产品上市。不同的认知导致竞争者不同的对应行为。

如果竞争者事先已有一组价格反应政策，企业可以通过搜集信息，如通过顾客、金融机构、中间商、供应商等或者借助于统计分析来了解他们。

2. 被动调整

被动调整是指在竞争对手率先调价之后，本企业在价格方面所作的反应。

（1）对竞争者的研究主要包括：竞争者变动价格的目的是什么？是想扩大市场份额，还是因为成本变化；或者是充分发挥其以获得有利需求。竞争者的价格变动是长期的，还是暂时的？其他竞争者对此会作出什么反应？本企业对竞争者的调价反应后，竞争者和其他企业又会采取什么措施？

（2）对本企业情况的研究主要包括：本企业的竞争实力，包括产品质量、售后服务、市场份额、财力状况等等；本企业产品的生命周期以及需求的价格弹性；竞争对手调价对本企业有何影响。

（3）经过对竞争者和企业自身的分析研究后，就可以做出正确的反应。

一般情况下，对调高价格的反应，比较容易，方法主要有：跟随提价；价格不变。

对调低价格的反应就比较复杂，需要慎重对待。在这方面，企业做出的反应主要有以下三种方式。

置之不理。这就是在竞争者降价幅度较小时采用的方法。因为企业认为，随之削价会减少利润，而保持价格不变，市场份额损失不大，必要时很容易夺回来。

价格不变，运用非价格手段出击。这是在竞争者降价幅度稍大时采用的方法。例如，企业改进产品、服务和信息沟通等，一般来讲价格不动而增加给顾客的利益比削价更有竞争力。

跟着降价。即跟随着竞争者降价，这是在竞争者的降价幅度较大时采用的。这种方法一般是企业认为市场对价格非常敏感，而且竞争对手的降价幅度又很大，如果企业不跟着降价，就会丢失太多的市场份额，影响企业以后的市场竞争和生产经营活动，损害企业长远的利益。至于降低到与竞争者相同的幅度，还是较小幅度，或更大幅度，要根据具体情况进行具体分析。

（四）价格竞争与非价格竞争

竞争是商品经济的基本特征之一。现代商品竞争的方式有两种：价格竞争和非价格竞争。

1. 价格竞争

价格竞争是指企业为了实现一定的经营目标或经营战略，适应市场环境的变化，把产品价格调整到正常定价水平以下或以上，以排斥竞争对手、赢得市场的一种竞争策略。

（1）在早期的商品经济中，由于生产力水平低下，经济落后，进入市场的商品主要是以原料、食品和一般消费品为主。产品本身的差异性很小，消费者用来区别竞争品的工具就是价格，因而在早期的商品社会中，价格就成为商品竞争的主要手段。

在现代商品经济中，由于科学技术的发展和生产力水平的提高，导致两种倾向，一种是生产的标准化，另一种是产品的差异化。对于生产标准化的产品来说，价格竞争仍然是一种重要的竞争手段。

（2）在经济不发达时期，人们的收入水平有限，消费者必然对商品价格的调整十分敏感。因而企业对产品价格的调整就会自然抑制或促进商品的销售，价格在竞争中的作用就变得十分明显。在现代社会中，虽然人们的生活水平普遍提高，收入增加，但是收入水平参差不齐，价格的变动对低收入水平的消费者来讲仍有重要影响。

（3）长期以来，由于受传统观念的影响，面对复杂的市场供求变动，人们简单地把一些市场变动的表面现象归结于价格因素。

(4) 无论过去还是现在，价格竞争比其他竞争手段来得更快、更及时，见效也最明显。

因此，价格竞争无论是过去还是现在，仍然是一种必要的竞争手段。但是，在现代商品经济中，不能过分夸大价格在竞争中的作用。

2. 非价格竞争

(1) 非价格竞争及其原因。非价格竞争是指在商品竞争中，企业为了实现一定的经营目标或经营战略，适应市场环境的变化，运用价格以外的其他营销手段，来赢得市场的一种竞争策略。

非价格竞争产生于20世纪30年代后期，并且随着商品经济的不断发展而日益兴起，成为现代市场营销活动中的重要竞争策略。非价格竞争策略的产生和发展的主要原因如下：

第一，在激烈的商品竞争中，单纯依赖价格竞争，有许多弊病，不利于企业开展全面而广泛的竞争。为此，企业需要有新的途径和方式来丰富市场商品竞争。

第二，商品经济与科学技术的进一步发展，新的营销理论的诞生，为非价格竞争的兴起创造了良好的市场环境和条件。具体表现为：科学技术的发展和生产力水平的提高为生产差异性产品提供了客观条件，也为消费者鉴别竞争商品提供了条件；市场供求关系发生了深刻的变化，供过于求的商品日益增多；人们的购买力水平提高，消费者变得更加挑剔和个性化；营销革命，创立了许多新的营销理论，为企业开展非价格竞争提供了理论指导。

(2) 非价格竞争策略。非价格竞争策略主要有：

产品差异化策略。通过提供与竞争对手同类而不同特征的商品来扩大市场销售的策略。

市场定位策略。这是指根据消费者对于某种产品属性的偏好，赋予产品一定的特色，以满足特定市场需求的一种策略。

服务多样化。通过向消费者提供多样化的服务项目引起消费者的好感，为本企业产品争取有利的竞争地位。

在现代市场营销中，无论在理论上还是在实践中都充分证明，成功的市场营销有赖于市场营销组合，即产品、价格、分销和促销手段和策略的综合运用，而不是单独采用价格竞争或非价格竞争。只是在具体应用时，根据不同竞争环境，有所侧重罢了。

第四节　渠道策略

【课前预习思考题】

1. 请问你是如何理解分销渠道的？请列举生活中的实例说明。
2. 影响分销渠道选择的因素有哪些？
3. 如何管理分销渠道？
4. 物流产品该如何建设和管理分销渠道？

【案例引入】

圆通、申通等快递公司已经开始从加盟制向直营制转型

圆通上市计划预计将在2015年至2016年间完成，而快递公司上市前的直营率必须达到85%以上。目前，圆通、申通等公司已在全国转运中心城市和十几个省会城市实现了直营。业内人士也指出，快递企业想要完成所有省会城市和二三线城市的加盟商改造，将需要多年时间。据记者了解，近两年，圆通、申通等快递公司已经开始从加盟制向直营制转变。

在民营快递市场，除了顺丰速递，“四通一达”(申通、圆通、中通、汇通、韵达）采用的均是加盟发展模式。加盟经营在快递行业起步之初，确实帮助了快递企业迅速扩张，到了2013年，“四通一达”这五家公司年销售额超过了500亿元，占据快递市场55%左右的份额。然而，如今的快递企业总部往往要面对成千上万的加盟商，加盟模式下的各快递网点其实各自为政，物流链之间存在障碍，总部难以掌握每个加盟商的情况，更不用谈每一个快递员的信息了，监管显得越来越无力，这也使得快递业的乱象越来越多。快递货物没有保障，包裹丢失赔偿难，面对快递业的种种乱象，中国快递咨询网首席顾问徐勇表示，问题根源主要在于快递公司的经营发展模式上。

快递行业协会和各地的邮政管理部门，可以通过对每一个快递网点征收“快递服务质量保证金”，来增强监管力度。“在全球范围内，只有中国快递企业采取加盟形式。”徐勇认为，国内快递企业若要发展，必须改变加盟的做法，尽快向直营模式转变。在转变期间，快递企业要主动配合主管部门为加盟营业网点办理证照，合法经营，取缔无许可、无执照的网点。

（资料来源：上海华谊物流公司，http：//www. hy-qingdan. com/index. html)

问题：

1. 圆通、申通等快递公司为什么开始从加盟制转向直营制？
2. 请分析有形产品渠道策略与物流服务产品渠道策略异同点？
3. 渠道策略的本质是什么？
4. 请分析物流服务产品渠道建设与管理的难点。

一、分销渠道综述

（一）分销渠道的涵义

分销渠道即商品流通渠道。美国市场营销协会所属的定义委员会，在1960年将分销渠道定义为：公司内部单位以及公司外部代理商和经销商的组织机构，通过这些组织，商品才得以上市营销。而美国市场学者爱德华·肯迪夫和理查德·斯蒂尔认为，分销渠道是指：当产品从生产者向最后消费者和产业用户移动时，直接或间接转移所有权经过的途径。

菲利普·科特勒则认为：分销渠道是指某种货物或劳务从生产者向消费者移动时，取

得这种货物或劳务的所有权或帮助转移其所有权的所有企业和个人。因此，分销渠道主要包括商业中间商（因为他们取得所有权）和代理中间商（因为他们帮助转移所有权）。此外，它还包括处于分销渠道的起点和终点的生产者和消费者。

从以上论述中可以看出，市场营销学中的分销渠道，不仅是指商品实物形态的运动路线，还包括完成商品运动的交换结构和形态。具体来讲，分销渠道包括四层涵义。

（1）分销渠道的起点是生产者，终点是消费者和用户。它所组织的是从生产者到消费者之间完整的商品流通过程，而不是商品流通过程中的某一阶段。

（2）分销渠道的积极参与者，是商品流通过程中各种类型的中间商。在商品从生产领域向消费领域转移的过程中，会发生多次交易，而每次交易都是企业（包括个人）的买卖行为，可表示为：生产者—批发商—零售者—消费者。批发商和零售商组织收购、销售、运输、储存等活动，一个环节接着一个环节，把产品源源不断地由生产者送往消费者和用户手中。

（3）在分销渠道中生产者向消费者或用户转移产品或劳务，应以商品所有权的转移为前提。商品流通过程首先反映的是商品价值形态变换的经济过程，只有通过商品货币关系而导致商品所有权随之转移的买卖过程，才能构成分销渠道。

（4）分销渠道是指某种特定产品从生产者到消费者或用户所经历的流程。分销渠道不仅反映商品价值形态变化的经济过程，而且也反映商品实体运动的空间路线。

分销渠道的重要意义在于它所包含的轨迹构成了了解营销活动效率的基础。企业产品是否能及时销售出去，在一定程度上取决于分销途径是否畅通。

（二）分销渠道的作用

1. 对企业的作用

（1）分销渠道是企业进入市场之路。企业生产的产品只有通过销售渠道，进入消费领域，才能实现其价值形态。如果没有分销渠道，企业产品不能进入市场，则其价值形态实现不了，企业就谈不上获得利润，更谈不上发展。

（2）分销渠道是企业的重要资源。现代企业的生产经营活动，必须依赖于人、财、物、管理、信息、时间、市场七大资源。在这七大资源中，市场资源是重要的外部资源，是企业最难拥有与控制的一种资源，又是关系到企业生存发展的一项资源。在这一资源中，分销渠道是重要组成部分，从某种程度上来讲是主体。

（3）分销渠道是企业节省市场营销费用，加快商品流通的重要措施。大多数企业不可能完全自产自销，这是因为企业除了生产外，再筹建商品分销渠道推销自己的产品，为人力、资源、财力所不允许，所以分销渠道的存在，有助于企业产品流通的加快，可以节约流通环节中的人力、物力、财力，减少库存，加快资金周转。

2. 对消费者的作用

分销渠道为消费者获得价廉物美的商品，提供了便利，节省了选购商品的时间与精力。因为分销渠道的存在，节省了流通费用，使商品流通过程中的销售成本降低，从而减轻了消费者的负担；同时，由于分销渠道的存在，使其有可能聚集并经销着上百家厂商的产品，花色品种齐全，使消费者可从中选购到满足自己所需的商品，从而节省了消费者的精力与时间。

3. 对国家的作用

（1）分销渠道的存在，连接着生产和消费，是整个社会再生产过程中的一个重要环节，是国民经济的一个重要组成部分。离开流通环节，将会使整个国民经济处于崩溃边缘。

（2）在整个社会化大生产过程中，分销渠道起着调节产、供、销平衡的作用；同时，对国家税收的增加、资金的积累、就业的扩大起着不可忽略的作用。

（三）分销渠道的功能

分销渠道是生产者之间、生产者和消费者之间商品交换的媒介，它具有以下的功能。

1. 传统观点的三大功能

从传统的观点来看，它具有集中商品、平衡供求、扩散商品三大功能。

（1）集中商品的功能。流通部门可以根据市场预测或国家计划，收购和采购大量生产者制造出来的产品，把其集中起来，充分发挥了蓄水池的作用。

（2）平衡供求的功能。通过分销渠道，可以随时按市场的需要，从品种、数量、质量和时间上调节市场供应，以利于按质、按量、按品种、按时间、成套齐备地组织供应，以满足市场需求、达到供需平衡。

（3）扩散商品的功能。利用分销渠道，可以把产品扩散到各地方、各部门和各商店中去，并可以用优良的服务工作，满足用户需要或便于用户购买。

2. 现代营销观点的六大功能

从现代营销观点看，分销渠道在克服产品及服务与使用者之间在时间、地点和所有权方面的关键性差距上，具有以下六大功能。

（1）完成产品的所有权和实物向消费领域转移的功能。营销机构按市场需求向生产厂商订货，在订货过程中双方就产品的价格和其他条件达成最终协议，成交付款后，物质产品的所有权转移到营销机构，然后通过分销渠道将产品转移到消费领域中去。

（2）促进销售功能。营销机构通过广告、展示、商标、现场演示等促销手段、刺激消费者的需求，引进其购买欲望，并利用自己良好的信誉来劝说顾客购买。

（3）为生产厂商筹集资金的功能。生产厂家的产品如果不经过分销渠道，由厂家直接卖给消费者，则产品实现其价值转移所经历的时间较长，生产厂商往往不能得到足够的资金而难以维持正常生产。借助分销渠道，由营销机构预付资金以购入产品，然后再分销，可以使生产厂商及时获得资金，使生产过程得以正常进行。

（4）承担风险的功能。流通部门由于对生产者的产品收购，而承担了由于商品缺失、损耗及其他原因而造成的损失，从而为消费者提供风险保证。

（5）信息渠道功能。分销渠道能帮助企业搜集、传递顾客对产品性能、样式、质量等方面的意见和要求；也可以搜集和传递潜在的顾客的需求，以便企业开发新产品和改进老产品；同时也可以帮助企业收集竞争对手的信息，使企业做到知己知彼，在竞争中获胜。

（6）为消费者提供商品的功能。通过分销渠道，可以为目标顾客提供花色品种齐全的商品，以便消费者在较短时间内、以较少的精力满足不同的需求。

（四）分销渠道的模式

商品分销渠道的基本形态，由于工业品市场与消费品市场具有不同的特性，所以它们的分销途径也有所不同。

消费品分销渠道模式有五种分销形式（或称三级分销渠道），如图 5-9 所示。

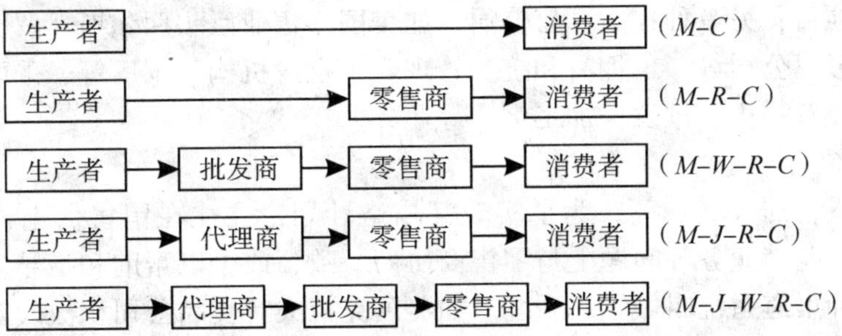

（M–C）零级分销渠道

（M–R–C）一级分销渠道

（M–W–R–C）二级分销渠道

（M–J–R–C）二级分销渠道

（M–J–W–R–C）三级分销渠道

图 5-9　消费品分销渠道模式

工业品分销渠道，一般不设零售机构，由生产者直接向用户供货或者经代理商、批发商供应给用户。具体有四种分销形式（或称二级分销渠道）。如图 5-10 所示。

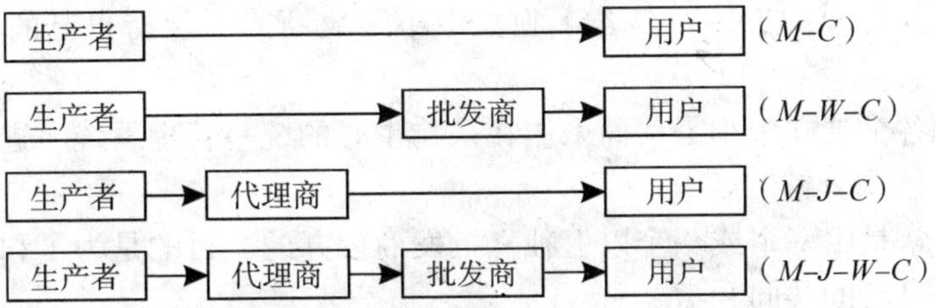

（M–C）零级分销渠道

（M–W–C）一级分销渠道

（M–J–C）一级分销渠道

（M–J–W–C）二级分销渠道

图 5-10　工业品分销渠道模式

以上是分销渠道的基本模式，也称为传统渠道。但近几十年来，由于商业趋于集中与垄断，特别是世界市场一体化趋势的发展，使传统分销渠道有了新的发展。大公司为了控制和占领市场，实行集中和垄断，往往采取一体化经营或联合经营的方式，而广大中小批发商、零售商为了在激烈竞争中求得生存和发展，也常常走联合经营的道路，因此形成了一种联合系统式的分销渠道。

1. 公司系统

公司系统即指一家公司拥有和统一管理若干工厂、批发机构、零售业务。这种渠道系统又分为两种形式：第一种是大工业公司拥有和统一管理若干生产单位和商业机构，采取工商一体化经营方式，如美国胜家公司在美国各地设有缝纫机商店，自产自销，并经营教授缝纫等服务项目；另一种在大零售公司，如美国零售业巨头西尔斯·罗巴克、大西洋和太平洋茶叶、彭尼公司等，也拥有和统一管理若干批发机构、工厂等，采取工商一体化经营方式，综合经营零售、批发、加工生产等业务。

2. 管理系统

有些素有盛誉的大制造商，为了实现其战略计划，往往在销售促进、库存供应、定价、商品陈列、购销业务等问题上与零售商协商一致，或予以帮助和指导，与零售商建立协作关系，这种渠道系统叫做管理系统。如美国克拉夫特食品公司积极改善产品包装，广泛开展销售促进，对食品杂货商提供购销业务指导，帮助他们改进商品陈列。

3. 合同系统

这种渠道系统又分为三种。

（1）特许经营系统。这种系统也可分为以下两种。

制造商或饮食公司、服务公司创办的零售商特许经营系统。如美国福特汽车公司、麦当劳公司、肯德基等素享盛名的大制造商、大饮食公司、服务公司和一些独立零售商签订合同、授予经营其流行商标的产品或服务项目的特许权。

制造商创办的批发商特许经营系统。如美国可口可乐公司与某些批发商签订合同，授予在某一地区分装和发运可口可乐的特许权。

（2）批发商创办的自愿连锁。自愿连锁和一般连锁商店主要在以下几个方面存在不同。

自愿连锁（又称契约连锁）是若干独立中小零售商为了保持自己的独立性和经营特点而自发形成的；

自愿连锁的各个独立中小零售商采用在采购中心的统一管理下统一进货，但分别销售的办法，实行“联购分销”；

自愿连锁通常是由一个或一个以上独立批发商创办的，目的是为了和大制造商、大零售商竞争，维护自己的共同利益。

（3）零售商合作社。这是一种由一群独立中小零售商为了和大零售商竞争而联合经营的批发机构，各个成员通过这种联营组织，以共同名义统一采购一部分货物，统一进行宣传广告活动以及共同培训职工等，有时还进行某些生产活动。

在市场竞争日趋激烈的今天，企业为了获得更多利润，在竞争中求得生存和发展，不仅采取以上所述的前向式系统销售渠道，还采取后向渠道（即产品的运动方向，由消费者流向生产者），亦可更好地利用现有资源，既做到资源的有效利用，又可以使社会污染得到更好地控制、清理，为消费者创造一个良好的生活环境。

直接后向渠道。它是指消费者直接送还可“再生”的废旧物资给原生产者的后向渠道。

传统经销渠道，即通过经销商收回空瓶（既出售啤酒又回收啤酒瓶），是一种传统的经销渠道。

专门收购废旧物资的渠道，即依靠专门从事废旧物资收购的企业和人员所组成的后向渠道。

偶发性渠道。由于政府倡导或开展某种社会运动，突击性地组织废旧物资回收，这属于偶发性渠道。

目前，由于市场激烈的竞争，产品销售实际上是出现了多种分销途径并存的局面。

二、批发商和零售商

（一）批发商

1. 批发商的类型

（1）商人批发商（即独立批发商）。它不同于商品代理商，对其经营的商品具有所有权。按其经营商品的范围来分，可分为以下三类。

第一，普通商品批发商。这种批发商经营普通货物，而且经营商品的范围很广，种类繁多。如经营织物、小五金、家具、化妆品、药品、电器、汽车设备等。

第二，单一种类商品批发商。这种批发商经营的商品仅限于某一类商品，而且这类商品的花色、品种、厂牌等齐全。同时还经营一些与这类商品密切相关的商品。如单一种类食品杂货批发商不仅经营罐头、蔬菜、水果等食品，还经营刀片、肥皂、牙膏等杂货商店通常出售的商品。

第三，专业批发商。这类批发商的专业化程度较高，专门经营某一类商品中的某种商品，如食品行业中的专业批发商专营罐头食品，或者专门经营保健食品，或者专门经营东方食品等。

（2）商品代理商。商品代理商区别于商人批发商的主要特点是：他们对于其经营的商品没有所有权，只是替委托人推销或采购商品。其主要类型有五种。

第一，商品经纪人。这种代理商联系面广，认识许多买主和卖主，了解哪些卖主要卖什么，哪些买主要买什么，他们拿着货物说明书和样品，替卖主寻找买主，或者替买主寻找卖主，把卖主和买主结合在一起，介绍和促成卖方和买方成交。成交后，由卖主把货物直接运给买主，经纪人向委托人收取一定的佣金。

第二，制造商的代理商。制造商利用这种代理商推销机器设备、汽车产品、电子器材、家具、服装、食品等产品。这种代理商通常和几个制造商签订长期代理合同，在一定地区，按照这些制造商规定的销售价格或价格幅度及其他销售条件，替这些制造商代理全部或部分产品，而制造商按销售额的一定比例支付佣金，以鼓励这种代理商积极扩大推销，获得最好价格。使用这种代理商的情形一般有以下几种：自己没有推销员的小制造商和新公司以及产品种类很少的制造商，往往使用这种代理商去推销产品；自己有推销员的大制造商，在有大量潜在购买者、买卖较多的地区，使用自己的推销员去推销产品，而在潜在购买者不多、买卖不多的地区，委托制造商的代理商去推销产品；有些制造商往往使用这种代理商在某一地区开辟新市场，等到市场销路打开、销量大增以后，再使用自己的推销员去推销产品。

第三，销售代理商。这种代理商也和许多制造商签订长期代理合同，替这些制造商代销产品，但它与制造商的代理商有显著不同：每一个制造商只能使用一个销售代理商，而且制造商将其全部销售工作委托给某一个销售代理商办理以后，不得再委托其他代理商代销产品，也不得再雇用推销员去推销产品；销售代理商通常替委托人代销全部产品，而且不限定在一定地区内代销，它在规定销售价格和其他销售条件方面有较大权力，即销售代理商实际上是委托人的独家全权销售代理商。

第四，拍卖行。拍卖行为卖主和买主提供交易场所和各种服务项目，以公开拍卖方式决定市场价格，组织买卖成交，并从中收取规定的手续费和佣金。

第五，进口和出口代理商。这种代理商在主要口岸设有办事处，专门替委托人从国外寻找供应来源或向国外推销产品。

（3）制造商的分销机构和销售办事处。制造商的分销机构和销售办事处，顾名思义，是属于制造商所有、专门经营其产品批发销售业务的独立商业机构，分销机构和销售办事处有所不同：前者执行产品储存、销售、送货和产品服务等职能，后者没有仓储和产品库存，主要从事产品销售业务。

2. 批发商营销策略

（1）批发商销售渠道策略。

普遍性分布策略。这是指批发商为了使自己经营的商品能够在更大的市场范围内推销，利用尽可能利用的分销渠道，广泛推销商品所采取的一种策略。采用这一策略的批发商往往需要承担一部分零售商的广告经营费用，以刺激零售商的大批量的购买。

选择性分布策略。有些企业在采用普遍性分布策略后，不得不淘汰一部分零售商经营自己的商品所采取的一种措施。这种策略适用于所有的商品。特殊商品及耐用消费品较适宜采取选择性分布策略。采取普遍性分布策略的企业往往开支很大，采取选择性分布策略，企业就可以节省很多不必要的开支，从而有利于提高企业的经济效益。

专营性分布策略。这是对特定的产品批发商只选择一个或几个零售商独家经营这种产品所采取的策略。专营性分布策略的有利之处在于：易于控制零售市场，能决定零售价格，在广告和其他方面能够得到零售商店的配合，销售、运输、结算手续简便，销售费用可以减至最低限度，可以排斥或防止竞争者，有利于获得市场信息，有利于提高企业及产品声誉。其缺点在于：市场单一，销售能力有限，过于依赖零售商，经营风险太大。

（2）批发商的定价策略。

满意定价法。这一策略就是将批发产品的价格订得比较适中，既能使用户感到满意，又不致引起其他批发商的反感。

折扣与让价策略。这一策略是指批发商为了赢得更多的用户，让出一部分利益给零售商。折扣包括现金折扣、数量折扣、交易折扣、季节折扣，让价包括推广让价、运费让价。

单一价格与变动价格策略。单一价格策略主要是指批发企业对购买相同数量商品的用户，采用统一的价格，如有优惠也一视同仁；变动价格策略，则是指企业对购买相同数量的用户，采用不同的价格，一般通过讨价还价达成交易。

降价保证策略。批发商为了扩大销路，刺激零售商的购买，向零售商保证：在一定时期内，如果商品价格下跌，批发企业包赔零售商的全部损失。

（3）批发商的促销策略。

批发商的人员推销策略。批发企业采用人员推销，首先遇到的问题是如何确定销售人员。由于企业经营品种的差异，在销售人员确定上所采取的策略也不同。在一般情况下，确定推销人员应从三方面入手：确定需要人员的数量；确定需要人员的种类；确定需要人员的主要职责。

如何分配已有的推销人员是批发企业利用人员推销所面临的第二个问题。由于推销人员自身的特点及企业经营品种、销售区域和顾客类型的不同，决定了批发商必须按下列因素来分配销售人员的工作：按销售区域、产品结构、顾客类型及三者的组合结构分配销售人员；按销售区域的销售潜力和工作量来分配推销人员；按推销区域的形状分配推销人员。一般而言，销售区域有五种形状：长方形区域、圆形区域、六角形区域、丁香叶形区域和扇形区域，其形状如图 5-11。

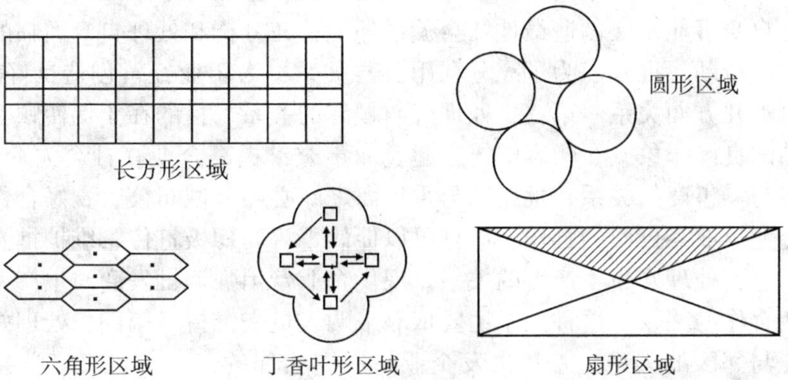

图 5-11　销售区域形状

长方形区域，是将整个市场以纵横线分割成相等面积的区域，一个销售人员可以负责一个乃至多个区域的推销工作；圆形区域，是假定顾客在圆形内均匀分布，销售人员行动距离最短，批发商可以依此来分配推销员于不同的圆形之内；六角形区域，是为了弥补圆形区域之间的空隙而形成的区域，它仍以距离最短为原则安排推销人员；丁香叶形区域以顾客位于三个不同位置为依据，推销人员位于中央，在一定时间内访问一片丁香叶形区域内的顾客，然后返回中央；扇形区域是由于区域过多，销售人员无法顾及整个大区域的需要而形成的区域，这样安排推销人员于中心位置后，可以使每个推销员访问市区及郊区的顾客，而不至于失去顾客。

批发商的广告推销策略。批发商在考虑广告的具体安排上，既要考虑广告是集中播出，还是连续、间断播出，又要考虑播出频率是水平的，还是上升、下降或交替的。这几个因素可组成 12 种可供选择的形态模型。如图 5-12 所示。

图 5-12 中三个横行分别表示广告播出可集中月份的部分时间、连续分布在整个月份中或间歇式地出现在月份中，四个纵列表示广告播出可以水平频率、上升频率、下降频率和交替频率四种形式出现。行列交叉就出现 12 种不同的具体模式。必须指出，决策者在

选择使用某种模型时，需要仔细考虑广告播出的目的、目标顾客及其他因素。

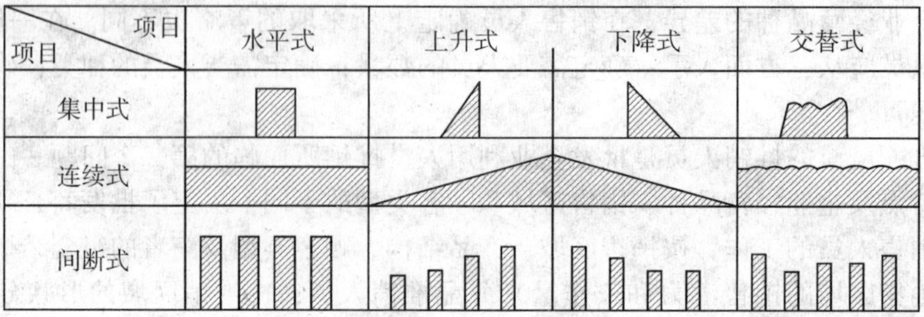

图 5-12　广告推销策略形态模型

批发商的公共关系。批发商的公共关系就是指批发企业为了增进内部及社会公众的信任和支持，为自身事业发展创造最佳社会关系环境，在分析和处理自身面临的各种内外部关系时所采取的行动。批发商为了充分利用公共关系，为企业经营创造良好的社会环境，必须处理好以下几方面关系：第一，处理好与顾客的关系。目的在于促使顾客形成对企业及其经营产品的良好印象，在顾客中树立起企业声誉，提高企业在社会大众中的知名度。第二，处理好与零售商的关系。批发商与零售商之间必须开诚布公，友好合作，这样不仅有助于批发企业争取零售商的合作，而且可以促使零售商积极宣传、维护批发企业经营商品的声誉。第三，处理好与生产者的关系。现代企业营销强调批发商与生产者之间建立互惠互利、密切合作的关系。这种关系主要依靠采购人员来维持。第四，处理好与邻区的关系。批发企业与邻区的关系，是指批发企业与周围相邻的工厂、机关、学校、商店、旅馆、医院、公益事业单位及居民等的相互关系。处理好这方面关系，对企业的发展极为重要。

批发商的营业推广策略。一类是针对消费者的营业推广策略，目的在于通过灵活多样的促销手段，促进消费者的购买欲望。常用策略有赠送样品、发放代金券、附赠赠品、免费试用等。

另一类是针对零售的营业推广策略，目的在于增加零售商的购买，取得零售商的支持与配合，鼓励零售商进行橱窗陈列，增加进货，积极推销。常用策略有购货折扣、协助零售商举办展销会、延期付款、合作广告、推广津贴等。

3. 批发商的发展趋势

（1）集中化与分散化。重要商品的批发业务越来越趋向集中化，被少数大公司所控制；日常用品批发业务和小批发商越来越多。

（2）计算机在批发企业中更广泛地应用，及时提供存货成本最低的存货量指标，能及时确定不盈利的商品，及时提供最低订货成本的订货批量，计算运输成本最低的运输路线，从而提高业务水平。

（3）批发商加强了市场调查，经常了解和掌握新技术、新产品的动态，了解零售商、用户、消费者的需求，使他们知道从供应企业购进哪些产品或不购进哪些产品，以便减少经营风险。

（二）零售商

1. 零售商的类型

零售是向最终消费者直接销售商品和服务的一系列活动。从事这种销售活动的组织和个人被称为零售商。零售商的形式多种多样。但随着经济的发展，城市的变迁和人们消费习惯的变化而不断发生着变化，一些新形式兴起，一些旧形式被淘汰。目前存在的零售商形式，大体上可以分为以下两种。

（1）有门市的销售形式。

百货商品。这种经营有两种方式：采取独家经营方式，没有下属分店；连锁经营的方式，一家百货公司开设很多分支商店。独家经营的商店规模较小，连锁经营商店一般规模都比较大。百货商店的特点：一是经营的商品齐全，品种多；二是经营的商品，从高档商品到日常生活中的必需品，无所不包；三是进行大量销售、大量采购；四是商品周转快，进货价格低，因而商品价格竞争能力较强；五是可以为顾客提供多种服务。

超级市场。它是以自我服务、低价销售为特殊的方式。它的经营特点主要是连锁经营，总店下属很多分店，经营品种已从主要经营食品发展到经营日用杂品、服装、针织品和家具等。

廉价商店（也称折扣商品）。它的突出特点是以比一般商店明显低的价格销售商品。这对那些愿意以低价格购买商品的消费者阶层来说，有很大的吸引力。它的经营以毛利低、费用节省、商品周转快著称，并以此来维持其廉价销售。

连锁商店。它是零售商品垄断组织的主要形式，也是中小商店组织起来和大商店相抗衡的主要形式。典型的大型连锁商店是指由一家大型商店控制的许多家经营相同业务的分店。

特许经营商店。在西方国家有些大公司掌握了某些产品的货源，还有大公司生产的产品是名牌或有特色的产品。中小独立商店要经营这些产品，必须向这些大公司购买经营这些产品的特许经营权。对某些产品购买到特许经营权的商店就是特许经营商店。所有特许经营商店的经营都要使用特许经营权所有者的商标、店名，经营产品的规格、质量、经营方法都要高度标准化。

方便商店。方便商店多数是小型商店，建立在居民居住区内，补充超级市场的不足。小型方便商店可以在购买场所、购买时间、商品品种上为顾客提供方便，成为人们生活中不可缺少的一种购买形式。

（2）无门市的销售形式。

邮寄贸易。这种销售形式没有门市也没有专门的售货人员，商品购买者通过报纸、杂志、广播、电视等，用信件或电话向销售单位订货，销售单位按照订货要求，寄到购买者手中。

访问销售。这种销售方式是商店的推销人员携带商品或者样品到消费者工作单位或家庭进行商品销售。

电话通信销售。这种方式是商店通过报纸、广播、电视等向顾客发出商品广告，顾客用电话或信件向商店订货，商店接到订货通知后，按要求将商品送到顾客手中。

2. 零售商营销策略

（1）零售商选择商品策略。零售商店经营商品，一般可以划分成三个部分：主力商品、辅助商品和关联商品。一个商店的主力商品应该是在市场上具有竞争能力的商品或者名牌畅销商品，如果在销售过程中发现主力商品的某些品种滞销，就要及时采取措施进行调整，或用辅助商品来代替，以保证销售额不至于因为某些品种的影响而下降。辅助商品是对主力商品的补充，它不要求同主力商品有关联性，只要是商品能够经营，而且又是顾客需要的商品就可以。因此经营辅助商品一定随着季节变化和流行性的变化，做到少进、勤进、快销，对于价格便宜、销路好的辅助商品，也可以增加其经营比例。

（2）零售商的营业推广策略。

针对消费者的营业推广策略。减价促销是指在原订价格基础上打一个折扣，优待买者。其主要方式有三：单包减价、多包减价、搭配减价。减价的名义有节日减价，周日减价等，减价的商品有正常商品、过季商品和积压商品。

赠券是零售商向顾客赠送物品的一种形式。赠券的数量与顾客的购买金额成正比，顾客在同一商店内，可把这些赠券作为货币使用，购买其他物品或换成现金。

赠送样品，即提供免费试用的商品，以建立起顾客对企业商品的信任感。样品可派人挨户赠送或邮寄赠送、店内分送，还可以在广告上发布消息，函索即寄。

使用示范，即利用推销人员现场分送样品，并进行使用该产品的示范活动，常用于化妆品、衣物、厨房用具等商品的销售。

召集推销人员开会，请有关人员介绍新产品及新推销技术，以利于零售商进行新的推销工作。

（3）零售商的商品陈列策略。

综合陈列法，即通过商品陈列使顾客便于参观，获得丰富、鲜明的美好印象。一般要把主力商品突出陈列，辅助商品和关联商品附带陈列，以显示经营商品品种的多样性。

联想陈列法。联想陈列是使顾客在接触某种商品时联想到与这一商品的相关商品。如在卖裙装的地方，放一穿裙装丝袜的模特，顾客在购买裙装的同时就联想到买丝袜；在购买西装时，就会联想到购买领带等。

季节商品陈列法。季节性商品陈列法的要点是迎季陈列，即在什么季节陈列什么商品。如果需要同时陈列不同季节的商品，可把迎季商品陈列在突出的位置上，季节商品陈列出来还要表现这一季节商品的特点。

相关商品陈列法，即要求把相关联的商品摆在一起陈列。如把西装和领带摆在一起陈列，把学生用本和小刀、橡皮摆在一起陈列，把化妆品、护肤用品摆在一起陈列，都会达到陈列的目的，取得好的陈列效果。

商品说明卡片和价格标签。卡片和标签是商品陈列的有效辅助手段，有了商品说明卡、价格标签摆在陈列商品的旁边，即使没有营业员的介绍，顾客也可以作出购买决策。

3. 零售商的发展趋势

（1）连锁经营的重要性日益增长。因为集中进货，在进货价格上能取得数量折扣，成本较低，从而售价也较低。同时由于标准的商店门面和平面布置，便于顾客识别，可以增加销售量，而连锁商店还使用标准的广告策略，这样可以从广告媒体经营者中取得广告费用的折扣。

（2）购物中心迅速增加。大型购物中心从大城市的市中心将向郊区扩散，并由一两家大型百货公司吸引广大顾客，再加上许多简便商店和专营商店，构成新的购物形式。

（3）不断强调自助服务。使顾客直接接触货架，便于挑选商品，这样既可使顾客购买到符合自己心愿的商品，也可以降低销售成本。

（4）争奇商品。即零售商经营不属其正常经营的商品种类内的商品品种。如药房销售化妆品、玩具、棋类、调味品等，食品店销售药品等。

三、渠道的选择与管理

（一）影响分销渠道选择的因素

影响选择商品分销渠道的因素很多，生产者在决定选择何种分销渠道前，应对产品、市场及企业本身各种因素进行综合的研究与判断，才能作出恰当的选择。

1. 产品因素

（1）单位价值的高低。一般而言，商品单价越低，分配路线越长，反之，单价越高，分配路线越短。

（2）体积大小与重量。考虑到产品运输和储存的条件及费用，体积过大或过重的商品，应选择最短的分配路线。

（3）式样或款式。时尚程度较高的产品，即式样或款式较易发生变迁的产品，如各种新奇玩具、时装等，应尽可能缩短分配路线，以求速售。

（4）易毁性和易腐性。易毁、易腐产品，应尽量缩短分销途径，迅速把产品出售给消费者，如牛奶、水果、肉类与蔬菜等。

（5）技术性与销售服务。多数工业品及耐用消费品中的家用电器，具有高度技术性或需要经常服务与保养，可由生产者直接供应消费者或用户，以及经极少数零售商供应。

（6）标准产品与专用产品。通用的、标准的、用户比较分散的产品，例如通用机械、量具刀具等，宜用间接形式销售。专用产品，例如专用设备，特殊品种规格的产品，需要量较大的原材料和燃料等应由产需双方直接签订供货合同。

（7）开发的新产品。为了尽快把新产品投入市场，一般采用强有力的推销手段去占领市场。生产企业往往不惜为此付出大量资金，组成推销队伍，直接向消费者推销，在情况许可时，也应考虑利用原有的分销途径。

（8）政府政策规定。某些按政府政策应严格管理的商品或计划分配的商品，只能由指定的单位经营，这必然影响分销途径的选择。

2. 市场因素

（1）商品的数量。品种少产量大，往往由中间商销售；品种多产量大，除中间商外，往往得自己推销一部分。有的大型商店，购买数量极大，使生产者不必另寻买主。

（2）潜在顾客数量。潜在顾客的多少，决定了市场的大小，市场范围越大，越需要中间商提供服务。如潜在市场仅有少数顾客，则可由生产者自己推销。

（3）市场的地区性。工业品市场集中时，适合直接销售。消费品市场也可区分出密度较高地区，直接售予零售商，一般地区则采用传统的分配路线，即经批发商售予零售商。

(4) 消费者购买习惯。顾客对各种各样的消费品购买习惯，包括愿意付出的价格，购买场所的偏好，以及对于服务的要求，均直接影响分配路线。如消费品中的便利品，需要采用传统的分配路线。而特殊品，则可以选择较短的分配路线。

(5) 商业的季节性。具有季节性的商品，均应充分发挥中间商的作用，以不失时机地组织好采购和销售。

(6) 竞争性商品。同类商品的分配方法，在选择分配路线时，应注意研究和参考。一般来说，采取竞争品同样的分配路线，比较容易占领市场，除非有绝对把握，不宜另辟途径。

3. 企业本身因素

(1) 商誉与资金。企业声誉愈大，资金雄厚，愈可自由选择分配路线，甚至建立自己的销售网点，采取产销合一的方法经营。反之，必须依赖中间商提供服务。

(2) 管理能力与经验。有的企业虽在生产方面表现了卓越的知识和技能，但在市场营销方面却经验甚少。因而有必要物色可靠和有力的代理商，如选择不当或中间商未能尽力，势必使整个企业业务受到影响。

(3) 可能提供的服务。生产者对其产品大做广告或愿负担广告费用，中间商多乐于代其销售，生产者能提供充分的售后服务，或能按零售商要求建立陈列柜，或经常派服务与修理人员驻店，也能增加中间商经销的兴趣。

(4) 其他营销策略。如企业需要控制零售价格，或要求大量增加推销力量，均会影响分销蹊径的选择。

(二) 分销渠道的选择策略

1. 分销的基本策略

(1) 广泛分销策略。此策略通常用于日用消费品和工业品中标准化、通用化程度较高的供应品的分销。因为这类商品的消费者偏重于迅速而又方便地满足需求而不太重视厂牌商标，其生产者则希望自己的产品能尽量扩大销路，使广大消费者能及时、方便地买到所需的商品。

(2) 有选择的分销策略。这种策略也是选择间接销售方式，但是生产者只在一定的市场中选用少数几个中间商。这种策略适用于销售消费品中的选购品、特殊品和工业品中的零件，因为这些商品的消费者和使用者往往注重产品的牌子。

(3) 独家专营的分销策略。这种策略也是采用间接销售方式，但生产者在一定时期内，在一定地区只选择一家批发商或零售商来推销本企业的产品。通常双方订有书面协议，中间商不得再代销其他产品。

(4) 直接销售策略的优点有如下几个方面。

销售及时。由于直接销售中生产企业和消费者之间的交易活动不经过流通领域中的中间环节，这样就可以简化流通过程，缩短流通时间。

节约费用。由于流通时间的缩短和中间环节的减少，就相应地节约了流通资金占用量，减少了流通过程中人力、物力和财力的消耗和流通过程中商品的损耗，从而节约了销售费用。

了解市场。直接销售使产需双方直接接触，从而可以加强双方的了解和协作，生产企业直接掌握市场的需要，掌握用户对产品质量等各方面意见，有利于改进生产和发展适销对路的产品。

提供服务。直接销售能使用户得到企业更直接的服务，保证商品合理且可靠地使用，有利于企业扩大产品的销路。

控制价格，增加利润。直接销售使生产企业对产品价格掌握较大的自主权，并且当价格高于批发价时，使企业能增加这一部分的销售利润。

（5）间接销售的主要优点。

随着商品生产和商品交换的扩大，间接销售具有客观必然性。对生产企业而言，间接销售的主要优点是：简化了交易过程，减少了生产企业销售工作量，同时又方便了消费者；有利于生产企业集中力量搞好生产；间接销售使生产企业减少销售费用，又能更快地取得销售收入，从而减少了流动资金的占用量；调节产需关系，通过中间商参与的间接销售，发挥各种经销单位集中、平衡和扩散商品的功能，才能有效地调节产需关系，解决产需之间数量和品种要求方面的矛盾。

（6）长渠道或短渠道策略。间接销售不一定只经过一个层次的中间环节，也不一定只经过一种类型的中间环节。分销策略的制订，不仅要在直接销售和间接销售两种基本途径中进行选择，还要在间接销售的多种途径中作出抉择。一般说来，在销售量一定时，每个中间商销售能力大，中间商配置层次就少，反之则要求增加。技术性较强的产品，由于销售技术服务要求较高，不宜采用长渠道和配置太多的中间商，必要时在一个区域只设置一个特约中间商；而对消费者选择性不强，要求方便购买的商品，则可在较宽的市场区域配置较多的中间商。还应考虑企业本身的销售能力和财力，企业销售能力强，运输和存储条件好，在财力负担和销售收益上又合理时，则可减少中间批发环节，直接销售给零售商或消费者。

2. 选择中间商的条件

在间接销售中，不仅要考虑配置中间商的层次结构，还要考虑选择中间商的标准。因为中间商的质量如何，也直接关系到生产企业销路和经济效益。从生产企业角度要求，合适的中间商一般应具备下列条件。

（1）接近所期望的目标市场。选择批发商或零售商，最重要的是考虑其服务的对象是不是本企业所要发展的市场。

（2）地理位置。零售商应处在顾客流量大的地区，批发商应具有较好的交通运输和储存条件。

（3）商品经营范围。应选择经营相互连带需要的中间商。生产厂商一般不愿意将其产品交给仅有竞争品的中间商经营，如果要将其产品交予经营竞争品的中间销售，则应考虑要与竞争品的品质、价格的差别不要过于悬殊。

（4）促销措施。一般说来，拥有独家经销权的零售商，均要求负责部分广告活动，或者与厂商合作共同负起其他促销活动与费用。

（5）对顾客提供的服务。生产某些产品的厂商，往往把中间商能否提供各种服务，如代客送货、技术指导、换配零件、维修保养等，作为选择个别中间商的因素。

(6) 运输与储存措施。某一类产品的厂商，对于中间商的运输工具与运输能力及其储存设备，甚为重视，往往将之作为选择中间商的重要因素。

(7) 中间商的财务状况。每一家厂商均应调查与了解可能被选择为中间商的财务状况。毫无疑问，所有的厂商期待中间商能及时结清货款，有些经济力量薄弱的厂商，还希望能预收货款。

(8) 企业管理能力。要了解中间商领导人员的才能、经营本领、组织机构和人员配备，这对经营成败关系极大。

3. 批发商以外的分销途径

当生产者认为不经过批发商能获得更好的经济利益时，可不用批发商的分销途径，而用以下的途径。

(1) 生产者建立分销机构。采用这种形式要考虑下列条件：产品具有集中的市场；生产者本身具有较强的销售力量；产品需要售前售后服务；消费者要求迅速、经济地得到产品。

(2) 生产者把产品直接销售给消费者。具体方式很多，如开设门市部、办理邮购，在生产现场直接出售等。

(3) 厂店挂钩。由生产者将产品直接销给零售商，减少中间批发环节借以获得更多的经济利益。

4. 生产者支持中间商的方法

在商品流通过程中和竞争激烈的国际市场上，生产者与中间商的活动目标是共同的，经济利益是相关联的，因此必须协力共进。生产者为了开拓销售市场，扩大产品销路，更应积极协助支持中间商，充分发挥中间商的作用，提高市场营销效果。

(1) 生产物美价廉、适销对路的产品。这从根本上给中间商创造了良好的销售条件。在产销合作过程中，若产品的生产数量、质量、品种、价格和交货时间与中间商的要求发生矛盾时，生产者应根据市场需要，合理调整生产计划，改进提高生产技术，按照中间商的要求来组织生产。

(2) 广告宣传。生产者利用广告宣传推广产品，最受中间商的欢迎。广告费用可由生产者自己支付，也可要求中间商合理分担。

(3) 促进销售活动。生产者应经常派人前往中间商开设的商店，协助安排商品陈列，举办产品展览会进行操作表演、训练销售人员，或根据中间商的推销业绩给予合理的奖励。

(4) 提供情报。市场情报是开展市场营销活动的重要依据。生产者应将所获情报及时传递给中间商，使其做到心中有数。为此，有必要定期或不定期地邀请中间商座谈，共同研究市场的动向，制定扩大推销的措施。同时，生产者应将企业的生产状况及生产计划通知中间商，为中间商合理安排销售提供依据。

(5) 资金支持。一般可采用售后付款的办法来解决中间商资金不足的困难。

对分销商下面的大量零售商，公司建议分销商寻找有推销冲劲的人做零售商，并协助零售商解决一切难题。另外零售商应做到式样领先，创造消费者需求，并且统一牌子、统一宣传。

（三）分销渠道的管理

1. 分销渠道的合作、冲突和竞争

渠道合作是同一渠道中各成员之间的通常作为，分销渠道实际上由各企业基于相互利益结合而成，制造商、批发商和零售商彼此间互有需求，各成员由于相互合作而获得的利益，要比自己单独从事分销工作所获得的利益大得多。渠道合作是市场营销观念下的必然产物，这种合作有利于各企业更好地满足目标市场的需求。

渠道冲突有水平渠道冲突和垂直渠道冲突。

（1）水平渠道冲突是指处于同一渠道层次的各企业之间的冲突。对于这种冲突，渠道领导者有责任制订正确得力的政策，使渠道冲突的信息能反馈到最高管理当局，并迅速果断地采取行动，以缓和或消除这些冲突，否则它将损害渠道的形象和向心力。

（2）垂直渠道冲突是指不同渠道层次的企业之间的利益冲突，它比水平冲突更为常见。如通用汽车公司在前几年因增加服务、降低价格和强化广告而和它的经销商发生冲突。有些垂直冲突不一定有害，反而有益，所以问题不在于如何去压制它，而在于如何因势利导，使大家受惠。渠道领导者应为其渠道系统确立一系列目标，并强化系统内的管理职能，以增强渠道成员的信任感，消除彼此间的冲突。

渠道竞争是指同一系统内不同企业之间或不同系统之间为了同一目标市场而展开的竞争。水平渠道竞争是指同一渠道层次中的各企业为了同一目标市场而展开的竞争。如百货公司、折扣商店等经营家用电器的零售商，它们为从同一目标市场那里获得利润收入而展开竞争。渠道系统竞争是指不同系统之间为了同一目标市场而展开的竞争。

2. 渠道管理决策

（1）选择渠道成员。为了实现企业的市场营销目标，各企业都须招募合格的中间商来从事渠道分销活动，从而成为企业产品分销渠道的一名成员。不同的企业，其招募能力也不相同，有些企业可以毫不费力地找到特定的商店加入其渠道之中，而有些企业必须费尽心思才能招到期望数量的中间商。但不论生产者在招募中间商方面容易还是困难，他们都必须决定哪些特性可体现出中间商的优劣。他们需要评估中间商经营时间的长短、增长记录、偿还能力、合作意愿及其声望。如果中间商准备给予某家百货公司独家经销权，则生产者需评估该商店的位置、未来的发展潜力及经常光顾的顾客类型。

（2）激励渠道成员。中间商需要激励以尽其职，使他们加入渠道的因素和条件已构成部分的激励因素，但尚需生产者不断地督导与鼓励。生产者在处理与经销商的关系时，往往采取不同的方式，主要有合作、合伙、分销规划三种。分销规划是指建立一套有计划、专业化管理的垂直市场营销系统，把制造商及经销商的需要结合起来。制造商在市场营销部门下成立一个专门的部门，即分销关系规划处，主要工作为确认经销商的需要，制订交易计划及方案，以帮助经销商能以最适当的方式经营。

（3）评估渠道成员。生产者必须定期评估中间商的绩效是否达到某些标准。如果中间商绩效低于标准，则应考虑造成的原因及补救的方法。生产者有时必须容忍这些令人不满的绩效，因为若断绝与该中间商关系或以其他中间商取代可能造成更严重的后果。但若对该中间商的使用存在其他有利方案时，生产者应对中间商达到某种水平有时限，否则就要将其从渠道中剔除。

如果生产者及渠道成员能事先就绩效及制裁标准达成协议，则可避免许多失误。并且生产者经常以制定销售配额来代替其对当期绩效的期望。在某些情况下，这些配额仅供参考，而在另外一些情况下，它却代表严格的标准。有些生产者在销售期间结束后，引出各中间商的销售量并加以评分，这种作法是希望激励那些名列榜尾的中间商为了自尊而努力上进，使名列前茅的中间商为了荣誉而保持其良好表现。

3. 分销渠道的控制

（1）渠道控制的主要形式有激励、强制、利用专门知识和利用权威性。

激励。如给予渠道成员较大的利润幅度和各种促销津贴，给予渠道成员在某一地域经销某些产品的权利，或无偿给予销售设备等。激励必须针对受控制的渠道成员的真正需要。

强制。它包括制裁和处罚等手段，如减少渠道成员的产品利润幅度，撤销过去所答应的奖励措施，减少供货量或采购量等。

利用专门知识。渠道领袖拥有能帮助渠道成员提高经营能力的专门知识，利用这些专门知识，可促使渠道成员的业务行为与自己的期望相一致。

利用权威性。渠道中的一个成员具有很高的市场声誉，其他成员会自觉地依附和服从它。因此，渠道中实力强的大企业常被其他成员看成是理所当然的领袖，但这种形式施加的影响范围是比较小的。

（2）渠道控制有以下几种不同的类型。

第一，制造商对渠道的控制。大制造商常被看成是潜在的渠道领袖。他们的渠道控制力量源自他们的巨大财力，他们能保持高度的产品研究和开发势头，通过大规模促销来建立他们的企业声誉，他们拥有现代化的信息沟通手段，他们所具有的强大的激励和强制力量，能在渠道中对他们的产品作有力的控制。在某些情况下，小制造商也能在渠道网络内具有潜在控制力量，最常见的是小制造商保有优良的、独特的产品，他就能在渠道中对其产品进行控制。

第二，批发商对渠道的控制。批发商控制渠道的一种有效形式是自愿连锁，即由众多小零售商以契约的形式建立一个以某一批发商为渠道领袖的纵向营销系统。批发商控制渠道的另一种方法是发展自己的中间商品牌，但限于产品差异性较小，有需求并经常购买的产品，同时应以较低的批发价作为控制手段。

第三，零售商对渠道的控制。大零售商具有激励、强制、专业知识和权威性等手段用以控制渠道，另外，他们利用其他控制手段如选择供货的制造商，运用大规模广告宣传和营业推广来发展和巩固消费者的惠顾动机，建立中间商品牌和中间商标签来加强销售，从而使制造商依赖他们。

第五节 促销策略

【课前预习思考题】

1. 请谈谈你对直接营销的理解？物流服务产品是不是直接营销产品？

2. 促销的方法有哪些？
3. 请制订一份物流产品促销计划。

【案例引入】

亚马逊的物流促销

亚马逊的物流促销（免费送货上门），成为了电子商务行业的经典案例。它是如何用五年时间使物流成本降低近一半的？

很多年前，网上购物快递价格昂贵的现实是使消费者摒弃网络购物而选择实体商店购物的主要因素，也是导致电子商务公司失去顾客、经营失败的重要原因。在电子商务经营处于“高天滚滚寒流急”的危难时刻，亚马逊独辟蹊径，三次大胆地将免费送货作为促销手段，并且不断降低免费送货服务的门槛。薄利多销、低价竞争，以物流的代价去占领市场，招揽顾客，扩大市场份额。

与国内企业深度介入物流运输环节不同，亚马逊的配送环节全部外包。美国境内部分外包给美国邮政和UPS，国际部分外包给基华物流、联邦快递等。

亚马逊如何加强对物流环节的掌控呢？

答案就是大规模建设“物流中心”。截至2009年底，亚马逊在美国本土拥有物流仓储中心约110万平方米，在海外则达到53万平方米。上述物流中心，除了为亚马逊自己的货物提供收发货、仓储周转服务外，也为亚马逊网站上代销的第三方卖家提供物流服务。

无论是个人卖家还是中小企业，都可以把货物送到较近的亚马逊物流中心，亚马逊按每立方英尺每月0.45美元收取仓储费（相当于每立方米每月人民币106元）。

客户下单后，亚马逊的员工就会负责订单处理、包装、发货、第三方配送及退换货事宜，并按每件货物0.5美元或每磅0.40美元收取订单执行费。

目前，由第三方销售的商品占到亚马逊总销量的30%，活跃的卖家有190万，通过亚马逊系统配送的货物达100多万种。

通过物流中心，亚马逊将分散的订单需求集中起来（不仅是信息集中，也是货物集中），再对接UPS、基华物流等规模化物流企业，以发挥统筹配送的规模效应。

规模化的平台也为现代科技的应用提供了空间。2006年，亚马逊选定“伯灵顿北方圣达菲物流”作为其美国本土的“物流管理解决方案”提供者，通过进一步优化物流体系，降低物流成本。

（资料来源：全国物流信息网，http：//www. 56888. net/）

问题：

1. 根据案例材料，分析亚马逊成功的原因是什么？
2. 亚马逊的物流促销属于哪种类型的促销？
3. 结合案例，分析促销的本质是什么？

一、直接营销

直接营销起源于20世纪50年代，这种一对一的销售方式自其诞生以来，就以其独特的魅力引起了一场营销方式观念的变革。直接营销最早以直接邮寄的方式出现。20世纪90年代中期，由于互联网的出现，传统营销已经受到猛烈的冲击，网上营销也成为当前流行的营销手段。在现代公司的客户中，互联网用户占据了相当大的比例，互联网已逐渐成为邮购公司与客户之间新的沟通渠道。

（一）直接营销的含义和内容

1. 直接营销的含义

直接营销是为了达到量化的市场营销目标，公司与顾客或潜在的顾客之间进行直接接触，并系统地使用数据信息的沟通过程。

直接营销意味着与顾客是一对一的营销形式，绕过代理商、分销商和零售商等中间环节，直接面对消费者。直接营销进行促销的目标在于与顾客建立一种长期的关系，并通过直接联系及时获得反馈信息和传播公司的产品与服务，从而最终建立顾客忠诚。

2. 直接营销的内容

直接营销并不仅限于大众所熟知的直接邮寄的方式，直接营销所包含的内容非常广泛。

直接邮寄。直接将信件经过邮局寄到客户或潜在客户手中的一种方法。直邮是一种具有独特化和目标性的营销形式。直邮分为硬销方式——注意力+兴趣+愿望+行动，和软销方式——情景+困难+解决方案+行动+礼貌。

直接反应广告。与一般反应广告不同，它要求客户和潜在客户作出反应：索要样品、寄回参赛券、电话预约、写信等方式。这种直接营销方式的发展得益于技术的演进和企业期望准确测定沟通的结果。许多广告商将其作为一种建立数据库的基础。

电话营销。通常分为外向拨打电话和内向接受电话。电话营销并不只是指电话销售，其也可作为其他销售方式的补充。因为通过电话可以与顾客或潜在顾客进行直接交流。电话营销展示了直接营销的广阔应用领域：销售、询问解答、接受订货、关心顾客、市场调研、顾客不满的处理、支持其他直销活动等。

目录销售（邮购），是指把目录直接寄给顾客和潜在顾客并附上购货单的一种方法。目的是将给分销商的利益转移给消费者。

上门推销。这通常是指通过信箱发送的没有写收信人地址的邮件和销售宣传品，如优惠券、小册子和样品。这种方式以其锁定目标、范围精确、整体性强、内容详细、成本低廉、及时有效和印象深刻而著称，虽缺乏电视广告的魅力，但也不乏独特的优势。

新媒体。随着技术的发展，对直接营销的推动力越来越明晰。通过互联网缩小了企业与客户之间的距离，也降低了成本，同时客户数据库的管理由于联机网络、电脑、通信、交互式数字媒体等技术的引进而更加完善。

（二）直接营销的战略计划

采用直接营销的方法需要进行战略性的规划，主要包括以下四项内容。

1. 建立客户数据库

建立客户数据库是直接营销的起点和终点，完善、有效的客户数据库将为直接营销提供所需的信息并进行有效的分析。客户数据库不是单独的数据库，而是与财务、生产等数据库紧密相连的综合客户数据库。高效的客户数据库具备三个特征：根据客户号组建数据库；综合各类信息：个人信息、地址信息、付款信息和行为信息等；按不同的查询路线均可查到信息。

【教学案例】

戴尔计算机公司

麦克·戴尔1984年创立了戴尔计算机公司，戴尔的理念是：按照客户的要求制造PC并向客户直接发货，戴尔公司能够事半功倍地了解客户的需求，并作出及时有效的反馈。经过十几年的努力，戴尔公司通过其开拓性的“直销模式”，培植了与其顾客的直接关系，成为世界上成功的计算机直销商。

1998年8月，戴尔公司在厦门建立“中国客户服务中心”，投入大量资金建立顾客信息数据库，包括所有中国客户的信息。客户只需打电话来告诉戴尔公司工程师计算机的序列号，工程师便能准确地查出顾客所购计算机的所有配置，一般关于使用上的问题可以在30分钟内通过电话解决问题。

尽管这些成本都计入开支中，戴尔公司仍可拥有数目可观的利润。因为直销的模式节省了大量的花销（非直销模式的企业在培训和支持代理商以及库存上都需要消耗大量的现金）。戴尔公司通过直销模式与顾客建立一种互动的关系。

表5-4　**戴尔公司1999年概览**

销售额（百万美元）	18243	增长率	48%
净收入（百万美元）	1460	增长率	54.7%
员工数（人）	16000	增长率	54.6%

2. 选择目标市场

确定目标市场是直接营销的重点，公司实施直接营销要么是想将新产品上市，要么是想用产品目录或网站的链接吸引新的消费者，要么是发掘潜在客户去购买产品或服务。公司首先明确营销的目标，然后利用客户数据库分析市场和潜在市场的容量，寻找和挑选最合适的客户和潜在客户，确定目标市场。戴尔计算机公司进入中国瞄准的就是能与美国技术同步的市场，70%的产品卖给在中国的跨国企业，如花旗银行、摩托罗拉、通用电气、强生等。50%的顾客是中国本地如电信、银行等需要高科技计算机的部门。

3. 寻求合适途径

直接营销的方式有六大类：直接邮寄、直接反应广告、电话、上门推销、邮购和新媒体。不同的途径所花费的成本和效益是不同的。公司要根据过去营销活动的分析、公司的目标市场、公司的财务、产品的特色等方面决定接近客户和潜在客户相对较佳的途径，花费较少的费用获取最佳的效益。戴尔计算机公司原先通过免费直拨电话向顾客提供技术支持，进入网络时代的戴尔进一步利用国际互联网推广其直销模式。

4. 设计创造性的直接营销

确定目标市场和途径之后，还有一个重要的问题就是如何设计选用的方式进行营销。公司要依据不同的客户设计不同的广告、产品目录、传单或宣传材料。并在实践过程不断反馈给客户数据库，使每个设计的细节体现公司的良好形象，注重视觉效果，并运用刺激的手段协同说服性的宣传材料，以调整到最好的设计方式。

二、促销行动

（一）促销的类型和特点

促销又叫营业推广，是指企业在特有的目标市场中，为迅速地刺激需求和鼓励消费而采取的策略。简言之，是短时间的，刺激性强的手段。促销手法多种多样，随不同对象、不同产品变化而变化，如赠送样品、有奖销售、举办展销等，但多数为完成某一时期特定的营销目标而运用的短期的特殊推销方法。

促销往往对刺激需求的效果十分明显，因而常被企业用作新产品进入市场的重要策略，若与广告配合使用，则更能相得益彰，有利于缩短产品介绍期，迅速占领市场。这一策略对于西部这样购买力迅速增强，而广大消费者仍对新产品价格有很大敏感性，以及消费时尚层出不穷的巨大潜力市场有很高的实用价值。而当企业产品进入成熟期后，促销又是制造品牌转换者与竞争者争夺顾客的主要手段。

诚然，促销方法运用不当、求售过急，会损害商品以及该商品制造商与经销商的形象，特别是像折价、赠送等办法，一些努力维护其产品高品质、高档次形象的企业不会轻易使用，至少不会过度使用。

1. 促销的特点

由于促销形式的广泛应用和迅速发展，其特点也发生了很大的变化，见表5-5。

表5-5　**传统促销和现代促销的特点**

传统促销	现代促销
辅助性手段	重要沟通方式和策略
刺激性	冲击性
针对性	针对性
被动性	主动性
局部性	全面性
时效性	时效性
非经常性	经常性转化为长期性
形象损坏	发展形象
单一销售活动	整体营销活动
	抗争性

表 5-5 中针对性指促销是针对企业的产品积压、市场占有率减少等问题展开的；形象损坏指促销容易损坏自身形象，容易给消费者不良印象；冲击性指促销对消费者、中间商和企业内部的刺激性是非常强烈的；抗争性指促销不是应急之策，而是竞争的必要手段；时效性指促销见效快、方法灵活，能使消费者迅速对产品产生好感。

传统促销往往只是就问题解决问题，而没有预测性，其结果会造成不良循环，如图 5-13。

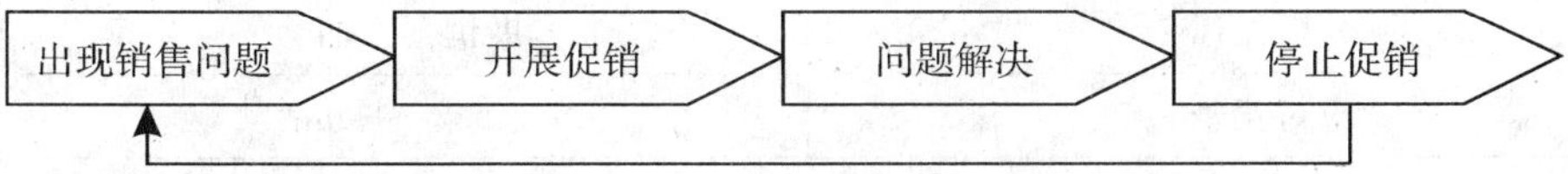

图 5-13　传统促销循环图

2. 促销的类型

由于促销是除公共关系、广告、人员推销以外的所有沟通方式，因此，其范围是非常广泛的，其分类也会有多种划分方法。可以按促销作用来分，可以按促销针对性来分，可以按促销对象来分，还可以按促销对产品销售的影响来分。

（1）对消费者的促销。这是指对广大消费者进行的促销活动。由于最终消费者大多是利益敏感型或价格敏感型，所以促销的效果一般较好，且见效快，这也许是为什么许多企业经常采用此种方法的原因。

（2）对中间商的促销。这是指对中间购买者（包括批发商、零售商）的促销。这种促销有很强的意义，因为中间商是以赚取利润为目的的，它需要的批量较大。这对企业来说销售利润率高，销售成本低，资金周转快。所以，很多企业都热衷于这种促销，以便尽快实现经济效益。

（3）对推销人员的促销。这是指对企业内专门从事销售工作的销售人员进行的促销。其优点在于从销售的根本问题入手，影响深远。它与企业的管理工作紧密结合在一起，反映了“以人为本”的思想。其缺点是促销结果不能立竿见影。

（二）促销目标

企业运用促销一般要根据目标市场的需求、企业的营销计划来确定，它具有针对性和灵活性的特点，不仅要明确促销的对象，而且要有明确的促销目标，借此才能有效地运用具体的战术。

1. 消费者的促销目标

（1）短期目标。

第一，促使顾客使用新产品。对于新产品，顾客常表现出犹豫和观望。如果顾客对产品本身的性能存在疑虑，则可让他们免费试用新产品的样品，只要顾客愿意尝试样品，他们中的一部分就可能会愿意不断购买这种新产品。诸如香皂、牙膏、简易剃须刀之类的产品常以这种方式打开市场。

对于价格敏感的顾客来说，在某一段时间内，以优惠价销售新产品，或将新产品与其他产品组合采用“以卖附赠”的方式搭配销售，是十分常见且有效的手段。

表 5-6　　　　　　　　　　**对消费者各种促销目标的计划表**

目　　标	一般采取的计划
短期目标	样品赠送、价格优惠、附赠等
促使顾客试用新产品	价格折扣、数量折扣、赠品等
鼓励顾客重复购买	优惠券、陈列、折扣、赠品等
鼓励偶尔型顾客改变购买习惯	
长期目标	展销会、抽奖、竞赛等
应付竞争	主办活动
巩固与扩大市场份额，增强知名度	

在国外，制造商还经常使用“退款优待”的方式来鼓励顾客对新产品的第一次购买。即顾客从零售商店按正常价格购买商品，而后把某种证明寄给制造商，即可获得制造商寄回的一定数额的现金，其退款数额的大小取决于顾客购买的商品数量。

第二，鼓励重复购买和改变购买习惯。要让顾客重复购买、多购买某种商品，先要使顾客对该商品产生好感，向顾客赠送一些印有公司印记的精美纪念品和小礼物，如钢笔、日历、手袋等是一种常见的方式。

利用发放奖券来造成公司产品与竞争者之间差异，使顾客改变购买习惯，也是一条有效的促销途径。有时，奖券设计成顾客可以凭积累的一定数量的奖券来换取相应的具有一定价值的奖品，这就鼓励了顾客的重复购买或一次大量购买。

（2）长期目标。

当市场上同类商品不同品牌之间的竞争十分激烈时，有许多方式可以刺激顾客在品牌之间的转换与选择。赠奖与折价能在短期内创造很高的销售反应。举办展销会、陈列会、博览会也是创造销售机会的重要手段，它可以使消费者了解产品，对产品产生兴趣，这是取得竞争优势的重要条件。

2. 对中间商促销的目标

制造商除了对顾客要以促销手段来推动其购买外，推动中间商，特别是零售商的营销工作，对于最终实现商品价值，建立制造商和商品品牌声誉、提高市场占有率具有重要意义。

（1）促使中间商参与制造商的促销活动。

制造商策划与掀起的促销活动，如果没有中间商的响应、参与、支持，常常会事倍功半。许多制造商为此向零售商提供交易补贴，用以弥补零售商陈列产品、制作零售广告所支出的费用，也有的给中间商以各种交易馈赠，包括陈列品馈赠、互补品馈赠等。

生产胶卷的公司常要求专业性照相器材商店或照相馆专售该公司胶卷，并在其橱窗内作陈列宣传，公司愿意承担这些费用或以优惠供应胶卷的方式对此予以弥补。公司还可能向这些经销商优惠供应该公司的照相器材、洗影液、相机等。

表 5-7 **对中间商各种促销目标的计划**

目　标	一般采取的计划
促使中间商参与制造商的促销活动	价格折扣 津贴 免费商品
刺激中间商更多购买	数量折扣 免费赠送 价格折扣 销售竞赛 目录
帮助中间商改善营销工作	培训人员 人员激励

（2）激励中间商更多购买。

激励中间商更多地购买商品的最有效的方法可能就是给予价格折扣，主要是数量折扣。或者，与此相类似，当中间商订货达到一定数量之后，就免费赠送他们一部分产品。

销售竞赛是另一种有效的刺激中间商的方式。制造商设立奖金，奖励最好的商品陈列点、销售额最高的或进货额增加最多的中间商。

制造商以目录形式在其商品广告中详细列出各零售商的名称、地址，这不仅用于推销该种商品，也可以促进零售商的销售业务。

（3）帮助中间商改善营销工作。

为中间商培训推销人员、维修服务人员，使中间商更好地向顾客示范介绍产品、为顾客作使用培训以及保证产品售后服务质量，对于有效地促进中间商的营销工作，吸引广大顾客购买具有积极作用。这种促销支持实际上是向中间商提供一种资助，即为中间商承担了额外的营运费用。这种情况在计算机、高档家电等领域广泛使用。

3. 对推销人员的促销目标

对推销人员的促销不单是指制造商对本企业推销人员的促销，也包括制造商对中间商推销人员的促销。其目标显然是鼓励推销人员积极工作，努力开拓新市场，增加产品的销售量。对于推销人员进行促销不仅有助于将新产品打入市场，也有助于推销落令产品或滞销产品。制造商对本企业推销人员的促销手段主要有销售提成、销售竞赛、推销培训，对中间商推销人员除培训、销售竞赛外，常见的还有馈赠礼品。

（三）促销工具

一项工具可以同时为几项目标服务，而一项目标有时又需多项工具的支持，对促销来说，亦是如此。而且，市场营销发展到今天，促销的工具层出不穷，多种多样。因此，促销的策划者在选择何种推广工具时，要综合考虑市场营销环境、目标市场特征、竞争者情况、促销的对象和目标、每一种工具的成本效益预测等因素，特别是还要注意将促销同其他沟通策略如广告、公共关系、人员推广等互补配合。

1. 对消费者的促销工具

对消费者的促销工具很多（如图 5-14），但往往需要与广告配合，否则很难在某种促销策略实施的有效时间内让更多消费者获知这一消息，并立即作出反应，从而造成促销的效率损失。

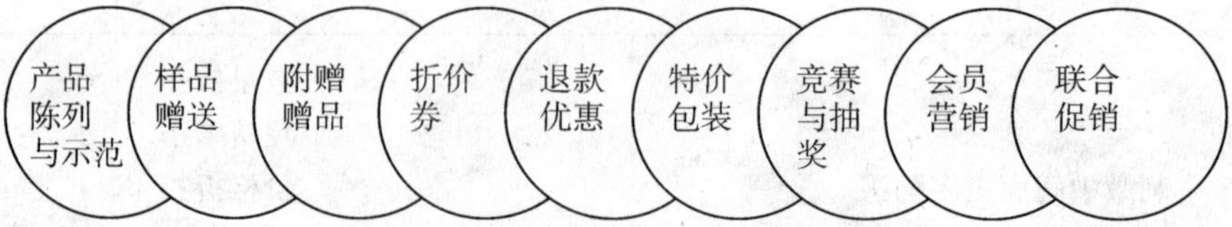

图 5-14　对消费者的促销工具

（1）产品陈列与示范。

制造商在零售店占据有利位置进行橱窗陈列、柜台陈列或流动陈列，有时同时进行操作使用示范，以展示产品的性能与特长，打消顾客疑虑。这种方法在新产品进入市场，以及在食品业、家用电器、化妆品业等方面都有广泛应用。如有些化妆品制造商派专门的人员占据一些大商店的位置，为顾客测试皮肤性能，而后根据皮肤的不同，向顾客介绍相应护肤品及其使用方法，甚至让顾客试用来劝说顾客购买。

（2）样品赠送。

向消费者免费赠送样品，通过他们了解效果，传播信息来争取扩大销量。如联合利华在推出其夏士莲产品时，推出了免费试用样品，包括黑芝麻洗发露、天然润白霜、润肤香皂等。这些产品在广告播放的同时，向居民家中派发样品以供试用。这些样品通常都是少量的试用品，其分量只够消费者认识该产品的利益所在，尽管如此，它仍是最为昂贵的促销工具之一。

样品赠送适用于价值低廉的日用消费品，那些易于小包装、差异明显，且目标客户群能区别的产品可以通过消费者亲身试用来提高接受度。该方法特别适用于新产品导入市场期，不少情况下是改变其他品牌忠实消费者的唯一方式。另外，样品赠送能提高入市速度。广告需反复诉求才能达到效果，但总不如“眼见为实”来得更有说服力，但开展样品赠送活动时，必须有足够的广告加以支持，这样才能达到预期的效果。

（3）附赠赠品。

附赠赠品是顾客购买某种特定产品后，免费或以极低价格获得产品。它与样品赠送不同，前者是为有市场基础的产品而设立的，主要为了争取竞争性产品的消费者转移到使用促销者的产品，也是为了防止竞争者侵入促销者的产品市场。因此，赠品必须让消费者有深刻的印象和一定的实用价值。赠品的优势是明显的，它可以创造产品的差异化、传达品牌概念、增加产品的使用频率和购买量。但不少附赠赠品失败的最主要原因是赠品太差，当赠品的吸引力不够、品质欠佳时，反而会使本想购买该产品的顾客打退堂鼓，从而导致销售量的下降。因此赠品的选择是非常重要的。

（4）折价券。

折价券是持有人的一种凭证，在指定地点购买某种商品时，可免付一定金额的钱。这种方法一般适用于已有一定品牌声望的商品当中，但这种产品应该是一次性使用，周期较短，顾客需经常购买或一次性购买量较大的产品。如果在购买率较低的产品上使用折价券，通常反应冷淡。在实际操作过程中，企业应慎重考虑兑换率的问题，因为它影响到促销的预算及其分配。另外应注意不要过于频繁地使用折价券以免影响品牌形象。

折价券可以邮寄，或附在其他商品中，或在广告中附送，但一般是由制造商发出的，因此该策略要取得预期效果，必须得到零售商的支持、配合，并要给他们以适当的补偿。

（5）退款优惠。

退款优惠运用的方式非常简单，通常指厂商在消费者购买商品后，消费者邮寄特定产品的购买证明，可以得到部分全额或超额退款的一种促销方式。该产品主要用于鼓励试用新产品。

这种促销方法投资成本低，有利于收集客户资料，而且能刺激消费者购买一些不易销售的高价位商品。但是邮寄购买证明费时费力，因此消费者真正利用此项优惠的比率往往很小，回收兑换率低，自然会影响到促销效果。

（6）特价包装。

制造商对其产品的正常零售价格给予一定的折扣优惠，并把原正常价格与限定的优惠价标明在商品包装或标签上。特价包装的形式，可以是将同种商品包装起来减价出售，如“强生”沐浴露产品的促销包装，不论外形、款式都与平时的相似，但容量更大了一点，包装瓶上清楚地标明“加送 200 毫升”。包装也可以采取组合包装的形式，将两件或多件相关商品包装在一起，如“白猫”将其系列产品（佳美洗衣粉、洗洁精、百洁布、卫生纸等）组合销售，原价为 43 元，活动期间消费者只需 25 元就可买到。

特价包装用于非耐用消费品、购买频繁、价格较低的商品。对于短期促销它比折价券更能刺激消费者。这种方法操作简易，容易控制，并能塑造“消费者能以较低的花费买到较大、较高价值的产品”的印象。

（7）竞赛与抽奖。

竞赛就是让消费者按照竞赛要求，运用其知识技能来赢得现金、实物或旅游奖励，这种竞赛不完全依靠一个人的本领，还需要借助运气，而竞赛题目或内容又总与主办者自身特征或多或少地联系或结合。

抽奖是指消费者凭其资格证明，如购物发票或以此换取的兑奖券，所使用的商品标记，如包装纸、瓶盖等，向主办者申请获奖机会。而主办者根据事先公布的准则、程序，以一定比例从参加者中抽取获奖者，向其颁发奖金或奖品。

竞赛和抽奖的诱惑力还是很高的，它有助于增强广告吸引力，强化品牌形象。但竞赛活动参加率低，无法普及，设计创新的难度也较大；抽奖虽然普及面高一些，但它通常需要大量的媒体经费进行宣传才能达到一定的效果，而且很难事先对活动效果进行完善的效益评估。

（8）会员营销。

会员营销又叫俱乐部营销，它是指企业以某项利益或服务为主题，将各种消费者组成俱乐部形式，开展宣传、促销和销售活动。加入俱乐部的形式多种多样，可以是交纳一定的会费，也可以将产品与特定消费者联系起来。

会员营销易培养消费者的品牌忠诚度，缩短厂商与消费者之间的距离，加强营销竞争力。另外，由于这种促销直接与消费者接触，是“暗中”进行的，企业的一举一动不易被竞争者察觉。但会员营销的回报结果较慢，费用较高，而且由于俱乐部的服务是否真正受欢迎，只有看俱乐部运转一段时间后的效果，因此其效果是难以预计的。

（9）联合促销。

联合促销是指两个或两个以上的公司合作开展促销活动，推销他们的产品或服务，以扩大活动的影响力。这种方法的最大好处是可以使联合体内的各成员以较少的费用，获得最大的促销效果。

联合促销最大的好处在于降低促销成本，促销活动中的广告费、赠品等各项成本均可由联合各方分摊，大大降低了各自的促销投资。另外，选择目标顾客已接受的品牌作为联合促销的合作伙伴，可使本产品快速接触到目标消费者，加快本产品的推进速度。

当然，联合促销需估计到合作各方的利益，协调有一定困难；而且促销中多品牌的出现可能影响本企业产品形象的突出，因此，联合促销中的新产品尤其要注意配合相应的独立广告，以补充说明产品的利益点。

2. 对中间商促销的工具

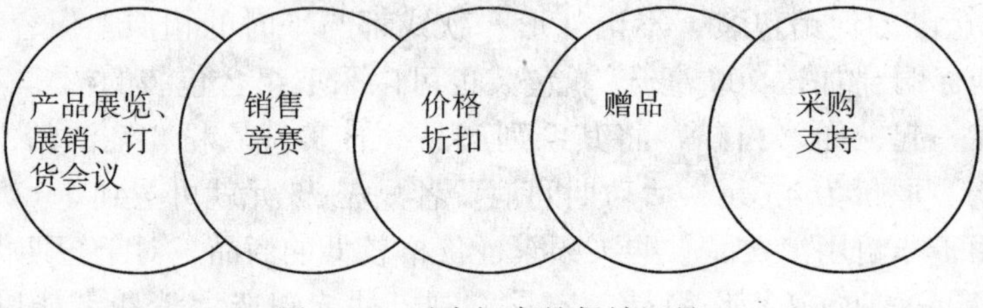

图 5-15 对中间商的促销工具

（1）产品展览、展销、订货会议。

生产厂商，无论是消费品生产厂商还是工业品生产厂商，都可以利用产品展览、展销、订货会议等多种方式来陈列其产品并作示范操作。生产厂商的推销员可以在会上同前来参观的消费者、有购买影响力的客户代表以至高层决策者进行直接洽谈，接受询价，引导进一步的消费行为。参加或发起主办这些展出的卖主可以由此获得多方面的利益，如招徕顾客，发展顾客，向准顾客与既有顾客介绍新产品，与老顾客加强联系并劝导他们购买更多的产品。

要有效地运用这一促销策略，使其实现生产厂商的预期目标，还有赖于生产厂商对参加展出的准备，包括布置展览摊位、介绍资料、印制产品宣传、利用传播媒体开展广告与公关宣传活动等。若是自己发起组织的展销会、订货会，则还要做好来客的迎送接待工作，任何细节方面的不妥都会影响促销效果。

（2）销售竞赛。

生产厂商为了激励中间商竭尽全力推销其产品，规定一个具体的销售目标，凡在实现这一既定目标过程中的优胜者便可以获得生产厂商的奖励。竞赛优劣通常以销售额、销售增长率、货款回笼速度、售后服务质量等一系列指标为标准，而奖励的形式也多种多样，除可获得生产厂商的财务支持、福利支持外，还可获得更多的促销支持。

生产厂商规定的竞赛目标对于中间商而言既要有一定的挑战性，又要现实合理，这样才能吸引尽可能多的中间商投入竞赛。因为，每一参赛者所实现的小幅度销售增长，汇总起来将是相当可观的，而生产厂商为竞赛所支付的促销费用相对来讲就可能微不足道。虽然，这一促销策略也难以有持续性效果，但它对于促进与改善生产厂商与中间商的合作关系却有不容忽视的作用。

（3）价格折扣。

这是一种运用非常普遍的促进中间商大量进货的方法。包括制造商给予中间商数量折扣或职能折扣两种基本形式。前者是指购货者在一定时期内进货到达一定批量即可享受一定的价格折扣率，后者是指当中间商为产品作了广告宣传而给予其费用补偿或对中间商特意陈列产品而给予相应津贴。一般而言，对于作出同样贡献或提供同样服务和促销支持的中间商，应给予同样的待遇。执行统一的促销政策才能使中间商感知受尊重并受激励，由此而化为对产品的促销努力。

为了将一种新产品导入市场，或者鼓励中间商尝试推销其从未销售过的产品，或者为了吸引中间商加入制造商组织的整个地区的联合促销活动，价格折扣往往是不可避免的选择，只是数量折扣的效果相对具有持久性，可作为一种日常的促销手段，而职能折扣更具有瞬时性效果。

（4）赠品。

赠品不仅是刺激消费者的有力工具，而且对于中间商来说，也是一种重要的刺激手段。首先，它表现为一种实际的利益；其次，它又可表现为制造商对中间商的一种感恩情结，有利于增进与稳定合作关系。因此对中间商的赠品选择更加广泛，它可以是促销产品本身或样品，也可以是各种有价值的文具用品、日用品乃至纪念品，在这些赠品上篆刻上公司的名称或产品品牌是值得考虑的一项策略。

（5）采购支持。

采购支持是指企业为了帮助中间商节约采购费用和库存成本等，而采取的一系列帮助采购的促销活动。它的具体形式有以下几种形式。

库存支持系统。在这个体系中，企业一接到中间商的需求通知就立即送货。这种方法在库存如此重要的今天尤其被中间商看中。但这样企业可能开销太大，因此可根据情况对某些产品，在某段时间采用这种方式。

自动订货系统。企业向中间商提供订购的各种表单，并通过计算机与中间商保持紧密的联系，一旦需要订货，企业马上提供。这种方式在计算机特别是网络技术普及的今天越来越受到重视。它的优点是联系性强，交货时减少了必要的沟通费用。但这个系统必须通过一定时期人员的感情联系才能正常运转。

报销采购费用。企业对中间商人员到本单位提货的住宿费、差旅费、运输费均给予报销，以此来吸引中间商的采购人员。

3. 对推销人员的促销工具

对销售人员的激励手段，长期以来最有效的莫过于销售提成，广泛的事实证明，销售人员的报酬与其销售实绩挂钩总比销售人员只享有固定工资更有激励性，销售人员会更主动、积极地工作，销售实绩会不断体现销售人员的潜力。只是制造商对自己的销售人员易实行提成制，而要沿用于中间商的推销人员则难度较大。

销售竞赛既可以一年评比一次，也可以配合一阶段的促销活动而进行，无论对制造商还是中间商的推销人员，只要宣传深入、目标明确、评选公平、奖励富有吸引力，都是可行的。给予推销人员的奖励一般只是其创造的额外收益的一小部分。

制造商的推销人员会更多地重视培训机会，这将证明他受肯定、受重视以及富有发展潜力。为此，他们可以付出更多的努力，争取更多的销售实绩。制造商有计划地设置培训课程、确立培训目标，并将此与推销人员的职位、薪水收入有机结合，可以激发起推销人员极大的工作热情，不仅可以由此发现与培养优秀推销员，而且也会给企业带来实际业务增长与稳定的客户关系。

（四）促销策略的制订

促销策略是一个复杂多样的系统工程，它包含促销目标的确定、促销工具的选择、促销规模的确定、促销媒介的确定、促销时间和时机的确定以及促销预算的确定。

1. 促销目标的确定

促销目标在前文已提到，在确定促销目标时要注意对效果进行综合全面的策划，对于希望在多大时间内维持这种效果也要有必要的平衡，长期目标与短期目标之实现还需要不同的促销手段组合运用。

2. 促销工具的选择

促销工具在前文已有详细描述，在选择促销工具时要注意促销目标的影响。如将一项新产品引入市场与对一项已进入成熟期或衰退期、市场竞争极其激烈的产品进行推广时，前者会倾向于选择产品陈列、展销、对中间商和消费者赠送样品、有奖销售、向中间商提供职能折扣等，后者则倾向于发放折价券、奖券、给中间商以较大的数量折扣等。

不同的促销对象，应选择的激励手段也会不同，对中间商提供的价格折扣中会有职能折扣这一重要因素，这比向消费者提供折扣更富有目的性，而推销培训是只适用于对推销人员的激励，对于消费者则是大可不必的。

不同的促销效果（如希望短期内创造很高的市场需求、营业额迅速增大，或希望长时间内保持稳定、可观的销售记录）要求所选择的促销策略会明显不同。一般来说，对推销人员展开的推广活动时效性很长，而对消费者的刺激一般只能帮助实现阶段性目标。

3. 促销规模的确定

以多大的费用投入来刺激消费者需求决定着销售实绩。如果要促销成功，一定的最低水平的刺激是不可或缺的，随着刺激强度的增加，销售量会增加，但到了一定程度后，其效应是递减的。所以一个营销经理不仅要了解各种促销手段的效率，还要认清刺激强度与销售量变化的关系，以争取合理、预期的推广效果。

4. 促销媒体的确定

以怎样的途径来传递促销信息、实施促销手段，这对促销的效率起着至关重要的作用。一种新型食品上市期间优惠5%的折价券，可以放在零售商处分发，可以邮寄，可以放在包装袋里，也可以附在报纸、广告上。显然，每一种分发方法的效率和成本各不相同：以包装为媒体，只能刺激曾经消费过的顾客；零售点宣传资料可以烘托促销气氛，影响力却只局限于该零售店内的顾客；邮寄可以达到特定的顾客，用得过滥或顾客消费意识成熟，反应就可能不理想；广告有利于大范围快速传播，影响大但成本高。

5. 促销时间及时机的确定

促销时间应有一定的持续性，但要恰当：持续时间太短，一些顾客将由于无法及时重新购买而失去享受优惠的机会，由此会导致其今后购买重复率降低，持续时间太长，则促销的号召力逐步递减，起不到刺激消费者马上购买的作用，如赠品促销一般维持在 8～12 周，优惠券维持 6—8 周，抽奖以 2—4 个月为宜。安排促销时间，应考虑选择一个理想的起始日，并保持一个合适的持续时间，同时，它应置于整体营销策略之中来筹划，以求与整体营销活动相协调，创造一个预期的销售高潮。

时机的选择对促销效果来说也是很重要的，不同的促销方式选择的促销时机各不相同。样品理想的运用时机是旺季来临前，且商品的铺货率达到 50%以上；优惠券促销选择在旺季或旺季来临前，有时企业为维持淡季的生产任务，在淡季也加以使用。

6. 促销预算的确定

（1）预算方法。

促销方案的制订最终要落实到预算上，常用的预算方法有三种。

第一，参照上期费用来测算本期费用。这种方法简便易行，在促销对象、手段、预期效果都不变的情况下可以采用，但许多主观因素和客观因素都在不断变化，故运用这种方法必须考虑对一些费用构成予以调整。

第二，比例法。根据一定的比例从沟通费用中提取促销费用的额度，再将它按不同比例分配到各个产品或品牌上。对不同的产品、不同品牌的促销，在不同市场上的促销，其费用预算的百分率是不同的，而且还要受到产品生命周期的不同阶段及该市场上竞争者的促销投入的影响。如果一个公司的某种产品有若干个品牌，则哪种品牌需要促销，哪种不需要，应该很好地统筹与协调，在预算上也必然反映为不同的百分比。

第三，总和法，即先确定每一个促销项目费用，然后汇总得出该次促销成本总预算。促销各项目的费用主要包括：优惠成本，如免费赠送样品、奖品成本、折价券折让成本等，运作成本，如广告费、印刷费、邮寄费等管理费用。显然，在预算制定过程中，对促销期间可能售出的预算数量的估计是必不可少的。

（2）预算应注意的问题。

进行促销预算时特别要注意量力而行、留有余地，要做到这一点，应对以下两点加以注意。

切忌赌徒心理。有的公司在市场上碰到困难时往往只想通过组织一两次促销活动来解决公司面临的问题，从而把“宝”完全压在促销上，这样做会导致公司将大量资金投入在促销上，而一旦促销未达到效果，不仅原有问题没解决，还会使公司背上新的财务包袱。另外，在赌徒心态下，公司决策者必然会被焦躁心理支配，这很容易失去“平常心”，作出种种错误判断。

事先对资金的安排作出周密计划。在活动开始之前，公司应清楚自己投入的资金回报如何。如果是增加销售额，那么增加多大，公司投入的资金才能取得可接受的回报。因此，公司就必须确定一个切实可行的目标，根据目标调整资金投入的数量。

（五）促销的实施和评价

促销方案一旦被批准，就可以予以实施，但在实施之前，可考虑进行预试。这是因为促销往往是在经验基础上制定的，只有经过预试才能明确所选用的工具是否适当、刺激的规模是否符合预期目标、实施的媒体是否有效。对于一些预算大、影响面广，尤其是新产品大规模上市推荐都应考虑选择一些特定区域进行预试，甚至可作不同方案的预试，以最后选择较优方案。

1. 正式实施和控制促销

（1）一个好的促销方案能否实现其预期目标，将取决于实施阶段的努力，这种努力体现在两个方面：对推广的控制，以求符合既定方案的思路；对一些不测事件的控制和必要调整，以求最大限度排除意外干扰的负面影响。

成都一家有名的醋厂，在《成都晚报》上登载一条促销广告，内容是“明天吃醋不要钱”，但是第二天当醋厂发现许多人持广告来领取“不要钱”的醋时，未能及时控制，反而使得企业弄巧成拙。

（2）一般来说，一项促销活动在时间上可以分为两个阶段：准备阶段和销售阶段。

准备阶段的工作包括各种促销工具的策划，如广告和销售人员材料的创意、设计、制作等；促销信息的传播，如材料邮寄或分送到户，广告播放或刊登等；产品包装的修改；赠品的选择与采购；零售点合理库存的分配，促销人员的招聘与培训等。所有这些准备工作，有的尽管是琐碎具体的，但将决定日后销售的结果是否能达到预期水平。

销售阶段是指从某一特别选择的起始日开始的一段持续的促销时间，在这段期间，消费者由于受到吸引，如各种优待、优惠方法的刺激，会纷纷加入到购买者行列中，从而掀起一个销售高潮。这段时间可短可长，短的一周、十天，长的可达一两个月。促销的控制是保证促销活动实现其方案构想的重要手段。

2. 评价促销效果

对促销效果的评价不仅是对本次促销活动的总结，而且对于了解该促销方式的有效性、如何运用其他沟通策略以提高整体营销效率，以及为今后改进和提高促销手段提供丰富的经验教训等方面，都有积极意义。

（1）衡量促销效果最常用的方法是分析促销前、促销过程中及实施后的销售量变动情况。在其他条件不变的情况下，将由于销售量增加而增加的贡献毛利率与促销成本比较，即得出该次促销的净效果，以此可基本评价该次促销活动的得失。

（2）另一种用于评价促销效果的方法是对顾客调查。调查是为了了解顾客数量、类型、购买量、重复购买率以及他们的意见、要求与今后的行为趋向。调查的问题可以是：你是否还会购买促销的产品？赠品你觉得是否实用？如果换一种促销方式，你最希望换成什么？促销后你的购买量有没有变化？

（3）促销也可以通过实验加以评估。这些实验可随着促销措施的性质、方式不同而异，如可以通过改变优惠价值、促销规模、持续时间、传播媒体、分销渠道等来了解顾客的不同反应。

可见，促销在整个促销组合中占据着极其重要的位置，它不仅给顾客带来某些实惠，而且在产品生命周期的不同阶段，运用不同的促销手段，并恰当配合其他沟通手段，就可以使企业实现其预期的促销目标，或暂时削减产品库存，或有效撤退。显然，要实现促销目标，离不开一个完整周密的方案以及实施过程中的有效控制。

【案例分析】

［案例 1］

苏州物流中心的物流服务与品牌建设

苏州物流中心（SEALL）利用自身的区位优势、功能优势和政策优势，从一个海关监管点发展成为集口岸物流、保税仓储等六大功能于一体的现代化物流中心。在保持传统的运输、仓储、报关业务之外，SEALL 在全国率先实现空陆联程（SZV）、保税物流中心（B 型）等多项特色业务。目前，它已拥有全省最大、最先进的仓储设施群，并将进出口贸易、国际货运代理、运输仓储、电子商务等供应链的服务功能集于一身，成为长三角地区制造集群的国际运输枢纽、区域运输分拨中心、地区共同配送与物流增值加工中心。

从成立之日起，SEALL 向着“打造具有整合资源实力的‘现代中国物流服务品牌’”的目标积极奋进。SEALL 在区域性国际物流公共信息平台的建设方面填补了国内空白。虽然没有一架飞机、一艘轮船、一辆卡车，却为 30%的亚洲人提供流通服务，这是一个新模式。通过创新管理体制，SEALL 在全国首创的空陆联程快速通关模式（SZV）、保税物流中心（B 型）、苏州工业园综合保税区，以及作为全国首批试点的陆路口岸、出口加工区。通过构建新一代开放数据网络，全面提供美国海关 AMS、日本、新加坡、中国香港、中国台湾海关数据等丰富的高品质电子数据业务，以及加快完善电子口岸、全国性和区域性物流信息公共平台华东数据中心、全球供应链亚太地区数据中心等现代信息网络设施的建设。SEALL 导入品牌形象的设计、宣传和推广。由 Sea——海、Air——空、Land——陆、Logistics——物流的英文首字母组合而成 Logo“SEALL”，表明在强大的海陆空优势下的高效运作流程；SEALL 又可拆分为单词 Sea 和 All，寓意“海纳百川，有容乃大”的豪迈气势。在创新服务理念上，SEALL 秉承了园区的亲商“法宝”。

操作中的空陆联程快速通关模式 SZV，目前囊括企业已达 542 家，其中世界 500 强 25 家，开通该模式的航空公司达到 30 家、货代公司 60 家、地面代理 5 家，园区企业覆盖率达到 33.4%；全国目前唯一运行的保税物流中心，业务范围辐射大江南北 23 个省、直辖市的 1000 余家生产企业，在全球 81 个市场、2341 处物流配送设施，为超过 4697 个客户提供服务；33.4 万平方米的仓储面积，已吸引到阿迪达斯、诺基亚、三星、欧莱雅、迈拓、横河电机中国配送中心等大公司落户。

（资料来源：苏州物流中心网，http：//www.seall.cn/ntml/cn/）

问题：

1. 请分析 SEALL 的物流服务模式及产品组合。

2. 请分析 SEALL 的物流服务产品优势。

［案例 2］

联邦快递的中国策略

2006 年 4 月，美国联邦快递收购天津大田集团，结束了与大田集团 7 年的合作，转而成为一家独资企业。事实上，从 1999 年 7 月，联邦快递与规模虽小，但灵活、效率高的大田组建合作公司——大田联邦快递有限公司，联邦快递就已经选择依赖自己的投入为主的策略。

2003 年可谓联邦快递发展史上遭遇最多挑战的一年。2003 年 2 月，联邦快递在中国的主要对手敦豪速递（DHL）收购了中国最大货运公司中外运的股份，成为中外运最大的外资股东。两个月后，敦豪又宣布打算收购美国第三大快递公司"空中快递"(Airborne Express)。联合包裹服务公司（UPS）则宣布与海南航空下属的扬子江快运达成协议，扩大其在华南的服务网络。

对于联邦快递的国际谋略而言，在快速增长、高度竞争的中国快递市场保持领导地位具有至关重要的意义。敦豪和联合包裹的举措究竟对联邦快递在中国的业务有何影响？联邦快递在这一日益复杂的市场应该采取什么样的对策？回顾这一系列问题以及联邦快递最后的收尾之笔，可以看出联邦快递在全球竞争层面上的抉择思路。

1. 联邦快递中国运营策略

2003 年，联邦快递已经成长为一家年营业额达 160 亿美元的跨国公司，具有世界上最大的全货运飞机机群，日运送能力达到 2650 万磅，服务全世界 378 个机场。

联邦快递从 1984 年就开始在中国市场提供服务，但正式进入中国则是在 20 世纪 90 年代中期。1995 年，联邦快递以 6750 万美元收购了当时唯一可以直飞于美国和中国之间的常青国际航空公司。在完成此收购之后，联邦快递成为第一家提供由美国直飞至中国的国际快递物流公司。美中主要城市之间的快递时间只需要 3 天。

运营依靠自身的出色运营能力，联邦快递在香港和中国内地大量投资飞机群、地面运输和包裹处理设施。尽管中国政府的规定不允许联邦快递在中国内地拥有自己的配送设施和运输网络，但这并不影响它发展在中国香港和邻近的菲律宾的包裹处理能力。联邦快递通过与中外运建立合资企业进入中国市场。联邦快递的直行航班有美国至北京、上海等主要城市，中外运则将包裹发送到中国各地。1997 年，联邦快递结束与中外运的关系，转而与更加灵活的大田公司结盟。自此，联邦快递的中国运营、卡车和员工与美国的看上去基本一致。

到 2003 年，联邦快递每周 11 个航班直行往来于美国和中国的香港、北京、上海、广州及深圳。在所有的快递公司中，联邦快递拥有最多的美中直飞货运航班。按照联邦快递创始人和首席执行官弗雷德·史密斯的话说："我们的目标是打造网络。一旦建好了网络，而且如果我们的假设是正确的，那增长前景将无限。我们也将有望享有领导地位。"

市场营销联邦快递在中国采用了 20 世纪 80 年代在欧洲成功使用的进攻型营销策略。在中国，它推出了非常西方式的广告。

1997 年，联邦快递制作了统一的印刷广告，展示的是联邦快递飞机停泊在北京紫禁城前。广告说："给联邦快递打电话吧，这几乎不会遭人禁止。"意思是寻求联邦快递公司的服务总不会成为错误的决定。

这一策略引起了许多传统中国顾客的反感，但联邦快递针对的是在中国运营的跨国公司，这些跨国公司在美国就已使用联邦快递的服务。他们也针对中国的企业家，相信他们很快就会采纳联邦快递的"及时交付"信条。对于重视联邦快递高度控制的配送系统以及精确及时投递跟踪服务的客户来说，联邦快递的营销哲学相当有吸引力。

"我们是世界上最大的全货运航空公司，我们拥有出色的进攻任何市场的公式。"联邦快递营销副总裁迈克尔·格伦曾说："不管是在中国、日本，还是德国，这并没什么不同。"

联邦快递正式进入中国市场不久，就面临了一系列挑战，首当其冲的是亚洲金融危机，这对于在亚洲国家有很大份额基础设施投资的联邦快递来说打击很大。1998年3月25日，联邦快递公布了自1996年以来第一个国际业务运营亏损季报，这主要是由亚洲的业绩不佳造成的。尽管在亚洲的财务损失巨大，联邦快递管理层依然对这一地区充满信心，认为亚洲国家锐减的空运量会通过中国对西方出口的增加得到补偿。联邦快递对中国市场也更加青睐。

在中国，联邦快递几乎垄断了华南深圳和广东市场，这一战略投资与深圳、广州地区是中国最重要的生产加工基地密不可分。为了保护这一市场，联邦快递于2001年和美国交通部及其劲敌联合包裹服务公司达成协议，联邦快递让出两条珍贵的美中航线，以此换得联合包裹服务公司货机不得进入深圳的保证。

2. 中国快递市场分析

20世纪80年代中期，中国的低成本劳动力制造了无穷无尽的廉价消费品。但是，到90年代末，中国到处可见崭新的世界级高技术工厂。在加入世界贸易组织之后，高附加值生产能力大规模从西方转移到中国，这大大提高了对中国后援物流服务的要求。除了文件，高附加值和时间紧迫的零件需要快速进出中国以保证"及时生产"的实现。到2003年，大约3.9万家外国公司在中国从事各种业务，需要快递服务：从几磅重的文件和零件到数千磅重的货物。这对于国际速递公司来说，无疑是发展机遇。

不过，中国快递服务业的发展不是一帆风顺的。交通设施不完善，配送系统太官僚。香港Kamino亚洲物流公司的尼尔·霍维兹说："物流是中国的大市场，但由于基础设施和游戏规则透明度方面的问题，这一市场并不总像商家想象的那样有利可图。"2003年，快递业务依然被高度调控，管理部门甚多，包括空运、铁路、公路和水路运输的各方政府机构。政府调控使得本土快递企业拥有得天独厚的优势，而限制了外国竞争者的行动。

中国12亿美元的快递市场可以分为国内和国际两个部分。国内快递市场指的是在包括中国香港在内的国内同天和次日送抵快递服务。2003年，国内快递市场价值3.5亿美元，在2010年以前将以15%~25%的年增长率发展。中国邮政快递主宰了这一市场。

2002年4月17日，国家邮政管理局推出新的法规，禁止私营公司速递轻于500克的邮件，并要求私营公司的价格高于邮政快递的价格。这在当时引起了各方争议，但邮政管理局指出，这有利于促使服务标准化，并防止一些小投递商靠压价获取市场份额。

2001年11月，中国正式加入世界贸易组织。相应地，中国政府放松了对公司所有权的限制，允许外国公司在中国的合资企业占有多至75%的股份，此政策为联邦快递、联合包裹和敦豪在中国拥有更紧密的运营整合打开了大门。

加入世界贸易组织意味着国内和国际快递市场有望进一步放开，外国快递公司也将能够与国企和国内私营快递公司直面竞争。另一方面，贸易方面的增长使得中国2.5亿城市人口的财富和购买力大大增加，中国不仅是世界工厂，也很快就会取代美国成为世界上最强大的消费市场。到2010年，中国国内快递市场将达到10亿美元以上。据预测，在今后5—10年中，中国的经济增长将由国内消费而非出口驱动。

中国的国际快递市场包括在中国与北美、亚洲或欧洲之间的文件、包裹、货物递送服务。这一市场2003年预计是8.5亿美元，年增长率为15%~20%，客户主要是在中国有生产和销售业务的跨国公司。

自20世纪80年代，世界上大多数知名的跨国快递公司竞相进入中国市场以期获得最大份额。随之形成的行业标准是，在中国内地任何一个城市接受的快递单必须在一天内送至香港，两天内送至欧洲，三天内抵达美国。中国邮政传统上主宰了国际快递的物流市场，在20世纪90年代还占据90%市场份额，但到2003年这一份额跌至35%。

外国快递公司不得拥有自己的配送网络或提供清关经纪服务、地面运输、仓储联合服务。它们能够将包裹直接运输到香港、上海、北京、广州和深圳等主要城市，但不得直接投递到其他城市。因此，敦豪、联邦快递、联合包裹服务以及TNT等都通过与中外运建立合资企业来进入中国市场。中外运拥有巨大的、现成的运输网络，但是管理分散，在各省有独立的运营单位。每个中外运运营单位都可以自由与外国公司结成独立的、又常常相互冲突的合资企业，例如，中外运敦豪，联合包裹服务-中外运，OCS-中外运等，由此制造了相当复杂的竞争环境。这些中外运合资企业成为国际快递公司在中国的地面运输保证。

3. 竞争对手分析

1986年，DHL通过与中外运合资，率先进入中国市场。到2003年，中外运敦豪已经在318个城市开设服务，在上海、北京、深圳和广州等主要城市拥有枢纽。中外运敦豪在中国国际快递服务市场中是无可争议的领军人物，占据37%的份额。中外运敦豪主要依赖预定的商业航空服务来投递进出中国的国际包裹。其六成业务由预定航空服务提供，余下的则由租赁或自有飞机完成。不像联邦快递，敦豪速递在中国市场没有航线权，因此彻底依赖中国的航空货运服务或中外运的地面运输服务。但是，敦豪在东南亚和欧洲有很强的运营实力，在中国的国际快递业务主要发生在中国、东南亚和欧洲之间。

（资料来源：中大网校，http：//www.wangxiao.cn/）

问题：

1. 联邦快递在中国采用了何种竞争策略？为此他们做了哪些准备？
2. 中国邮政传统上主宰了中国国际快递市场，为何被迅速蚕食？
3. 敦豪速递与联邦快递在渠道策略上有何差异，为什么？

[**案例3**]

顺丰战略潜行全产业链

虽然已经是国内最大的民营快递公司，但顺丰始终对外界保持着一层神秘的面纱。这种神秘感源自一种刻意的低调，其创始人王卫迄今从未接受过任何媒体的采访。1993年，22岁的王卫在广州顺德创立顺丰速运，那时仅有6个人。2011年，这家公司的销售额已经达到150亿，拥有15万名员工，年平均增长率50%，利润率30%。

这些数字，它们简直就是王卫在这个行业的“话语权指数”。用顺丰内部高管的话说，王卫是那种很有危机感的人，三个月没有创新和变革，就会让他有危机四伏的感觉。因此，在积弊深重的快递行业，顺丰凭借几大关键战役，实现了对行业既有格局的颠覆。

第一战：强势收权，扎根细分市场

顺丰成立初期，为了节约成本、加快速度，在顺德之外，顺丰的快递网点多数采用合作和代理的方式。在松散的加盟体制下，对地方网络的管理很多时候也是一纸空谈。这让高速扩张中的顺丰很快面临失控的危险。最严重时，顺丰的一些大加盟商甚至抢走顺丰的客户，自立门户，成为顺丰的竞争对手。

这时的王卫已下定决心结束加盟制，结束这种诸侯割据的局面。

2002年，顺丰正式从加盟制转为直营制，并在深圳设立企业总部。这使其成为国内仅有的两家采取直营模式的快递公司之一，另一家是国有的EMS。

当时，国内快递企业大多走的是“快递优则物流”的路径，而顺丰在一开始便按照客户细分设计了自己的产品价格体系，高端和低端都被舍弃，只做剩下的中间端客户群。同时，顺丰也明确了产品定位：主要做中端的文件和小件业务，不做大件重货的运输和派送，且以商业信函为主。

从这一点上看，王卫对市场的判断是迅速而敏锐。王卫很早对顺丰的战略指导思想中，便定下先做区域性快递公司，而后才是全国性快递公司。直到现在，除了收费标准逐步调高、取送件时间逐渐缩短之外，顺丰速递的产品定位一直没有任何改变。

曾几何时，淘宝快递逐渐升温后，很多人开始吹冷风，说王卫丢了淘宝这块大肥肉，团购铺天盖地的时候，又有人来说王卫失去了团购快递的蛋糕。

相比起来，“四通一达”80%的业务是来自于淘宝和团购网，而顺丰在2011年之前，电子商务业务量占比不到10%。曾有业内资深人士果断地认为顺丰切入电子商务为时晚矣。“顺丰一直没有切入到这一块，它现在也想切，但已经切不进去了，因为‘四通一达’已经差不多瓜分完了。”

但发展情况并非如此。首先，走货量大的淘宝店在一些地区的淘宝发件价一般在6块左右，有可以压到5.5甚至还有5块的，按照顺丰“收件2元派件3元”的分成，再扣除运营成本，顺丰不赚反亏，所以顺丰当时本着“有所为有所不为”的发展路径，躲掉了这块鸡肋（所以，直到现在，很多人在淘宝店买东西选顺丰，还是要格外拍运费的吧）。而此后，“四通一达”才恍然发现自己被电商网站“绑架”，已经丧失价格话语权，生存空间越来越窄。

2005年，顺丰的营业额是16亿元，基本和申通持平。当时，业内有“南顺丰，东申通，北宅急送”的说法。但到了2010年，凭借着对市场的深耕细作，顺丰营业额120亿，申通60多亿，宅急送20多亿。

第二战：便利店延伸产业链

被称为“最后一公里”的“门对门”配送服务一直是困扰着物流业的难题。各大快递巨头都在考虑如何在这“最后一公里”中出奇制胜。

此时，实行直营模式的顺丰，已经构建起华东、华北、华南、东南、华中五大区相互关联的业务架构。每个区都有一个区部，区部再往下就是各个城市的分公司。而每个分公司之下，又有若干分部。

为了确保一线收递员能在1小时内到达所属区域内任何地点，公司规划部会根据数学模型计算出不同客户数量与不同商业流通频率下的服务半径，比如二线城市市区的服务半径一般是7公里，每隔7公里范围内就必须设置一个“点部”。每个分部之下，有若干“点部”。而每个点部有10~100名收派员、仓管、组长和经理等。他们每天直接和客户打交道，负责收件和派件。而今，他们已经有了近8万人。正是这些“蚂蚁雄兵”，支撑起了整个顺丰庞大的快递网络。

但这样的人工成本占到了顺丰整个成本的40%。20个人的“点部”，一年的工资开支约为120多万。除此之外，还要支付“点部”的房租，置办员工的衣服、车辆等。总花费可能要超过150万。但是，除了收发快递之外，这个“点部”其实没有更多功能。

于是，王卫想，如果将其改造成一个便利店，开支至少可以省下一半。而改造的办法，就是培养顾客的新习惯，将上门收派件变成顾客自己到店中收派件。

事实上，这种便利店与快递的组合在国外早有先例，业内的常规做法是先做零售，当网点布局到一定程度后，再借力网点做快递业务。

早在2007年，顺丰就在台湾采取了同样的策略。迄今为止，顺丰已经与全家、莱尔富、OK便利店的4900多家门店合作，开展24小时便利店取件服务。

顺丰显然是在台湾尝到了与便利店合作的甜头，才将这一模式进一步复制到大陆市场。

2011年10月，顺丰在深圳与7-11便利店达成合作协议，将深圳地区的一百多家7-11门店变成了顺丰的“授权代办点”。同年12月，广州的8字连锁便利店也加入其中。

在这些“授权代办点”，客户除了可以直接收、寄快件外，还可以享受一定的优惠，比如，1公斤同城快递收费9元，省内11元，分别比其标准快递便宜3元和2元。

在开展这种“挂靠式”合作的同时，顺丰也在建立自己的便利店。在南方城市，顺丰的便利店业务进行得如火如荼，从顺丰的大本营深圳到东莞，再到厦门……

第三战：试水电商，艰难转型

在各快递公司指责电商企业自建物流抢了自己的饭碗的时候，顺丰早就在零售业有了根基。有了产业链延伸的第一步，顺丰向前推进电商业务，就要容易很多。

电商物流市场越来越大，顺丰也不想离这个市场越来越远。2010 年，顺丰和 EMS 加在一起，平均一天的包裹量不到 400 万单。但是，单单淘宝一家电商，一天的包裹量就达到了 700 万单。

就在王卫犹豫不决的时候，市场格局已经悄悄发生了深刻的变化。2011 年 1 月，马云发布了阿里巴巴的大物流战略，表示将在第一期投资 100 亿元人民币，打造一个开放的物流平台。刘强东更是野心勃勃，宣称京东商城将 2010 年融到的 15 亿美元的一半投放到物流建设，在全国购置 1200 亩土地建设物流平台。

于是，一个名为“顺丰 E 商圈”的网站开始面世了。不久，该项目随后停止了在内地的经营，目前仅在香港地区开展业务。有了“顺丰 E 商圈”的经验，2012 年 3 月份，顺丰又推出了面向中高端商务人士的送礼平台“尊礼会”；2012 年 6 月 1 日，“顺丰优选”上线。此时，北京 10 号线地铁站出现了顺丰电子商务的大幅广告。这也是顺丰自诞生以来的第一个广告，尽管不是为了物流。

更狠的是，顺丰的手笔还不止于此，“顺丰 E 商圈”与“尊礼会”这两个顺丰的直属电商网站，除了支持网银和网站积分支付之外，还支持顺丰自己的支付工具顺丰宝。

由于日常运输和代收货款业务会涉及大量的支付环节，快递物流企业一直是第三方支付企业的重要客户，因此，搭建自己的支付平台，是快递物流企业保证资金安全，甚至降低金融成本的重要方式。

在目前获得第三方支付牌照的企业中，拥有快递和物流背景的，只有两家，一家是海航集团旗下大新华物流的子公司，另一家就是顺丰。“三流合一”暴露了顺丰更大的“野心”——顺丰很可能将“顺丰宝”运用于电子商务网站的支付工具，进一步做大电子商务领域。

另外，之前不做淘宝件，不代表永远不做淘宝件。今年 8 月，顺丰宣布推出首款经济类快递产品“四日件”，主要针对陆运方面的业务，面向异地快递，包括化妆品、光碟、奶粉、电子类等航空渠道无法寄递的品类都可用“四日件”寄送。外界曾评价顺丰此举意在从四通一达手中夺回 20%~30%重价格轻时效的客户归为己有。

就这样，顺丰凭借三大战役的突围，将企业触角延伸到了销售和支付这类服务产品领域，依托的，当然还是现有的发达的物流体系。

凭借过去 20 年内在行业内的知名度和信誉度，顺丰在价格大战中坚持民营物流的最高定价，同样获取了不菲的利润。

向电子商务方向延伸，是顺丰顺应市场发展的一种态度，在电商企业纷纷自营物流或被物流运营困扰时，顺丰早已搭建好了自己的物流体系，而用自己的物流体系做销售，自然是水到渠成的问题。第三方支付工具的开发，使顺丰更紧密地将客户锁定在自己的产业链中，从而识别真正的用户，挖掘更深的利润源。

顺丰向非快递行业的延伸，是依靠自己强有力的运输能力和健全的配送体系建起起来的。这种配送能力形成了顺丰在仓储销售行业独特的关键资源能力，从而构建起新的商业模式。

（资料来源：研修培训网，http：//www. sjtupmm. com/index. html）

问题：

1. 顺丰的渠道策略发生了什么样的变化？为什么？
2. 顺丰的产品策略发生了哪些变化？其指导思想是什么？
3. 顺丰的产品采用了何种定价策略？
4. 谈谈此案例给你所带来的启发。

[案例4]

美国西南航空公司案例分析

事情发生在20世纪90年代，西方经济进入衰退期，美国航空业因此受到极大影响。1991和1992两年，美国航空公司的赤字总额累计达80亿美元。曾经盛极一时的TWA、大陆、西北三家航空公司均因经营不善而宣告破产。但一家名叫西南航空公司的小企业却在一片萧条气氛中异军突起，并在1992年取得了营业收入增长25%的令人难以置信的佳绩。

西南航空公司的成功得益于该公司一贯坚持的营销战略和赫伯特·克莱尔的出色领导。这是一个小企业战胜大企业的经典案例。

“二战”结束后，美国经济进入高速发展的繁荣期。在世界第三次科技革命的推动下，航空业等新兴工业蓬勃兴起。20世纪60年代末，美国GNP高达9741亿美元，人均收入为2579美元。生活水平的提高使人们对交通工具有了更高的要求，而飞行以及快速舒适的特点受到广泛青睐。

20世纪60年代中期，美国有大航空公司更热衷于跨洋长途飞行，对短程空运业务则不屑一顾。而国内日趋频繁的商务旅行与美国过于广阔的疆土使短程运输业变成了有利可图的“战略性机会窗口”。1967年，克莱尔律师与罗林·金在餐桌上发现了这个窗口。他们以56万美元建立起西南航空公司，开始在大航空公司夹缝中生存。

1968年，西南航空公司成立后，只经营达拉斯、休斯敦和圣安乐尼奥3个城市间的短程航运业务。在巨头如林、竞争残酷的美国航空界，克莱尔对战略性营销初始战略的选择无疑是明智的。在寻找“战略性机会窗口”，即市场切入点是通过SWOT分析法来实现的。S即Strengths（长处），W即Weaknesses（弱点）以及O即Opportunities（机遇），T即Threats（威胁）。前两者为企业内部因素，是可控变量；后两者是外部因素，属非可控变量。但是，它们可以被利用。

通过SWOT的系统分析法，西南航空公司进行了正确的市场定位。20世纪70年代，西南航空公司只将精力集中于得克萨斯州之内的短途航班上。它提供的航班不仅票价低廉，而且班次频率高，乘客几乎每个小时都可以搭上一架西南航空公司的班机。这使得西南航空公司在得克萨斯航空公司市场上占据了主导地位。

尽管大型航空公司对西南航空公司进行了猛烈的反击，但由于西南航空公司的经营成本远远低于其他大型航空公司，因而可以采取价格战这种最原始而且做到了任何一家大型航空公司都无法做到的低成本运营。

不论如何扩展业务范围，西南航空公司都坚守两条标准：短航线、低价格。1987年，西南航空公司在休斯敦至达拉斯航线上的单程票价为57美元，而其他航空公司的票价为79美元。20世纪80年代是西南航空迅猛发展尽其所有的时期，其客运量每年增长300%，但它的每英里运营成本不足10美分，比美国航空业的平均水平低了近5美分。

西南航空公司在选准战略性机会窗口后，低价格是保证它打赢这场战争的关键。为了维持运营的低成本，西南航空公司采取了多方面的措施。在机型上，该公司全部采用节省燃油的737型，这不仅节约了油钱，而且使公司在人员培训、维修保养、零部件购买上，均只执行一个标准，大大节省了培训费、维护费。

同时，由于员工的努力，西南航空公司创下了世界航空界最短的航班轮转时间。当别的竞争对手需用1个小时才能完成乘客登机离机及机舱清理工作时，西南航空公司的飞机只需要15分钟。在为顾客服务上，西南航空公司针对航程短的特点，只在航班上为顾客提供花生米和饮料，而不提供用餐服务。

一般航空公司的登机卡都是纸质的，上面标有座位号，而西南航空公司的登机卡是塑料的，可以反复使用。这既节约了顾客的时间又节省了大量费用。

西南航空公司没有计算机联网的订票系统，也不负责将乘客托运的行李转机。对于大公司的长途航班来说，这是令顾客无法忍受的，但这恰恰是西南航空公司的优势与精明之所在。它选择并进入这样一个狭小的战略性窗口，使大型航空公司空有雄厚的实力却无法施展。正如一位大型航空公司的经理所说："它（西南航空公司）就像一只地板缝里的蟑螂，你无法踩死它。"西南航空公司是在确保控制成本、确保盈利的条件下拿起价格武器的。为了降低成本，它在服务和飞机舒适性上做了些牺牲。但是，只要质量、安全、服务不是太差，顾客是欢迎低价格的。

对于服务类企业来说，对自身及外界各基本要素进行深入分析，建立起战略性服务观是在竞争中处于不败之地的关键。到1993年，西南航空公司的航线已拓展到15个州的34座城市。它拥有141架客机，这些客机全部采用相对节油的波音737，每架飞机每天要飞11个起落，由于飞行起落频率高、精心选择的航线客流量大，所以西南航空公司的经营成本和票价依然是美国最低的，其航班的平均票价仅为58美元。而当西南航空公司进入加利福尼亚州后，几家大型航空公司不约而同地退出了洛杉矶—旧金山航线，因为它们无法与西南航空公司59美元的单程票价格展开竞争。在西南航空公司到来之前，这条航线的票价高达186美元。西南航空公司的低价格战略战无不胜，1991年，当克莱尔发现已找不到竞争对手时，他说："我们已经不再与航空公司竞争，而要与行驶在公路上的福特车、克莱斯勒车、丰田车、尼桑车展开价格战，我们要把高速公路上的客流搬到天上去。"

在西南航空公司的发展过程中，克莱尔一直坚持稳健的发展战略。对于实力弱小的中小企业来说，四处出击乱铺摊子的"游击战"是无法取得战略性胜利的。克莱尔主张集中力量、稳扎稳打，看准一个市场后就全力投入进去，直至彻底占领该市场。他拒绝了开通高利润的欧洲航线的邀请，坚定不移地坚守短途航线，以避免与大航空公司兵刃相见，克莱尔对开通航线的城市也有着严格的标准。对每天低于10个航班客运量的城市，西南航空公司是不会开辟航线的。

（摘自《经营》）

问题：

1. 西南航空公司采用了何种价格策略？
2. 西南航空公司采用了何种产品策略？
3. 西南航空公司是如何实现这一营销策略的？

[案例5]

加盟OR直营快递业变革中前行

一直以“自营”为显著标签的顺丰，将在一些地区相继开放乡镇代理，探索解决“农村最后一公里”的末端配送乏力。近日，顺丰代理的步伐也迈进了云南，在多个偏远县份展开。

就在顺丰开启代理之路时，圆通等快递公司却打算让云南中转场由加盟变革为直营，这让一些网点加盟商对还能做多久产生了担忧，然业内人士指出：云南网点代理转直营并不当时。

和其他省份一样，云南的一些县城被看成是快递接下来发展的蓝海，但现状却有些残酷。从之前中通、圆通、申通等快递公司进驻的县份来看，由于县份居民的网购意识有限，使得业务量没法保障。

一直以“直营”、“商务”为显著标签的顺丰，在省外一些地区相继开放乡镇代理。这成为物流行业内连日来关注的话题。在2013年一年的时间里，顺丰的服务网点就从4000多个扩充到6000多个，增加了600多个县级经营区域。按2013年初顺丰的内部规划，本年度原计划只新增500个服务网点，但从4月份开始，顺丰猛然发力，实际增长的服务网点是原计划的4倍还多。

顺丰此举被一些业内人士视为其继2013年布局县级城市后，进一步渗透农村的大战略。“农村有数亿潜在网购人群，且农业互联网化是趋势。”中国物流与供应链管理高端联盟理事黄刚指出。

从布局上看，第一批顺丰乡镇代理站点主要落在华中、华西和华北的经济欠发达地区。这个物流渗透节奏恰恰也是当今中国网购市场的竞争主线。来自中国快递协会、淘宝等多方机构统计数据显示，我国中西部地区以及三、四线城市的网购需求迅猛增长，电商零售增速在国内三、四线以下地区60%的增速，远高于传统网购消费主力的一、二线城市40%的增速。

从之前媒体的相关消息来看，顺丰此次的加盟早在年初就开始启动，眼下首批乡镇代理站点已进入代理商资质审核以及人员培训阶段，预计在本月内将投入运营。

谈及“加盟”二字，顺丰相关人士表示，这样的说法存有偏差，准确地说是顺丰鼓励内部员工创业农村网点，不针对社会公开招募，且保持直营，推行“顺丰标准”。“顺丰做代理站点，主要是想让更多的乡镇级消费者享受到顺丰的优质服务，这些站点的硬件、软件设施都跟一、二线城市一样，收件、派件全程运作都会实时接入顺丰大平台系统中。这个标准的统一也包括全国价格的统一。”但从掌握的相关材料来看，此次的加盟云南也有份，和外省的差别在于尚未触及乡镇，只是一些偏远县份。

眼下，顺丰在云南铺设网点80余个，覆盖16个地州市。能服务于昆明全境，16个地州市中心区，以及大理古城、丽江束河古镇、石林、弥勒、开远、个旧、宁洱、勐海等地域。

（摘自《云南信息报》）

问题：

1. 根据本案例资料分析，顺丰的渠道策略有何变化？为什么？

2. 这种渠道策略变化会对顺丰服务质量有何影响？为什么？

[案例6]

维珍大西洋航空公司

1. 集团公司简历

1984年6月22日，从英国伦敦到美国纽约的首次飞行标志着维珍大西洋航空公司的成立。到1994年底，维珍集团在全世界12个国家拥有100多家公司，它由3个完全自营的股权公司组成：维珍零售集团，主要在英国、欧洲大陆、澳大利亚和太平洋地区经营大型连锁超市，销售唱片、CD光碟、游戏盘以及其他娱乐制品，1998年营业收入为6.71亿美元；维珍传播公司，出版电脑游戏软件，电台节目的投资管理，投资相关的出版、娱乐活动和电视制作后服务等，1998年的营业收入为13亿美元；旅游投资公司，包括维珍大西洋航空公司和维珍假日俱乐部等旅游相关业务。1998年的营业收入为16亿美元。

2. 航空公司的服务定位和成长

维珍大西洋航空公司自建立起，其目标就十分明确：为各层次的乘客以最低的成本提供最高质量的旅行服务。公司的最初构想是提供从伦敦到纽约的商务飞行服务，但理查德·布兰森认为这与维珍公司一贯的形象不符，并为此深感不安。他认为，维珍航空公司的潜在顾客与维珍商店相同，即一群年轻、流动性强、相对较富足的人。他们普遍受过良好的教育，有较高的社会地位或在公司中有一定的职位，年薪在3万美元以上。因此，他把公司定位为“为追求价值的旅行者提供服务的小航空公司”。但是，为了避免被认为是“快乐的廉价航班”，公司在休闲旅行市场站稳脚跟后，马上转向利润更丰厚的商务人士市场。这些人对服务很挑剔，但很容易形成品牌忠诚。他们逐渐成为顾客中的主要部分。到1991年，10%的乘客和35%~40%的收入都来自商务人士这一子市场。如今维珍大西洋航空公司已发展成为优秀的商务航空公司，但同时保持了趣味和娱乐的传统特色，对那些对维珍唱片和维珍商店感兴趣的年轻人仍有吸引力。

1993 年 4 月，维珍从空中客车公司订购了 4 架 A340 飞机（该型号飞机能容纳 292 名乘客），成为英国首家拥有此类飞机的航空公司。维珍从 1997 年 2 月份起每日从荷塞勒机场直飞香港采用的就是 A340 飞机。1994 年该公司购买了首架波音 747-400 飞机，并很快用它开辟了旧金山航线，从而打破了长期的英航—联邦航空的双头垄断。到维珍 10 周年时，它已有 8 架 B747-200S、一架 747-400 和 3 架 A340，雇员人数为 2602 人。

3. 竞争态势

无论是规模还是公众知名度，维珍都远比不上庞大的英国航空公司，英航的规模是维珍的 15 倍。英航从伦敦跨越大西洋每周有 278 次航班，座位 83000 个，而美洲航空公司是 35000 个座位，168 次飞行；联合航空公司是 30000 个座位，122 次飞行。相比之下，维珍只有 84 次飞行，30000 个座位。英航号称是“世界上最受欢迎的”航空公司。但维珍与英航的竞争相当激烈，他们都飞那些最有利可图的航线。竞争中甚至发生了称为“肮脏伎俩战役”(Dirty Tricks Campaign）广为流传的事件。1992 年，维珍大西洋公司诉英航进入公司的电脑系统并散布流言。1993 年 1 月，维珍起诉英航获胜。此事被媒体大量曝光后，英航颇感尴尬。维珍的竞争对手除了英航之外，几乎在每条航线上都至少有一个强大的竞争者。它们大部分在营业额、员工人数和飞机的数量等方面是维珍的若干倍。

维珍只选定美国与欧洲为主要市场，在全国最有潜力的、人口密度较大的大城市开设长途航班，如洛杉矶、迈阿密、奥兰多、纽约、波士顿、东京、旧金山、新加坡、悉尼、华盛顿、芝加哥等。但是，维珍灵活地采用多种手段进行扩张。1994 年，维珍与德尔塔航空公司（Delta Air Lines）开展联合，这次联合，一方面使得维珍大西洋航空公司营业额增长了 1.5 亿美元，同时也使德尔塔得以进入荷塞勒机场。从 1995 年 1 月 1 日起，维珍大西洋航空公司与马来西亚航空公司（Malaysia Airlines）宣布结成单独伙伴关系并开通从荷塞勒雷到吉隆坡的每日双飞，并接着飞到澳大利亚。

20 世纪 90 年代以来，维珍与美国运通（America Express）、洲际饭店（Inter-Continental Hotel）、英国内陆公司（British Midland）等国际公司共同推出了“免费之行常客惠赠”(Freeway Frequent Travelers）活动以吸引顾客，里程赠送给乘坐维珍上等和中等仓或使用上述其他公司服务的顾客。

4. 服务和价格策略

维珍航空公司并不仅仅是以价格来竞争，它提供了许多创新性服务与强大的竞争对手抗衡。维珍在提供优质服务方面不遗余力，不断推出新的服务，往往超出顾客的期望。1990 年，维珍就决定将每架飞机减少 50 个座位，用来为顾客提供比其他竞争对手更为宽敞的腿部活动空间，虽然这一决定将使公司蒙受 120 万英镑的短期利益损失。从 1992 年开始，公司把舱位分为 3 个类型：上等舱（Upper Class)、中等舱(Mid Class）和经济舱（Economy Class)。这与一般航空公司的头等舱（First Class)、商务舱（Business Class）和经济舱（Economy Class）的分类不同。在与竞争对手相对应的每一类舱位上，维珍都希望以更低的成本为顾客提供更优质的服务。表 5-8 是维珍大西洋航空公司各种舱位服务的一览表。

表 5-8　　**维珍大西洋航空公司各种舱位服务一览表**

服务流程	上等舱	中等舱	经济舱
订票	优先选择座位	优先选择座位	预先选择座位
到机场	·起始免费专车接送 ·免费停车（该服务在盖特维克机场价值 28 美元，荷塞勒机场价值 26 美元） ·盖特维克机场旅客获赠该机场快航公司的一等舱机票	无	无
在机场	·优先登机、取行李和下机 ·免费携带行李 ·提供上等舱候机室及商业中心等设施，可参加维珍俱乐部和荷塞勒机场俱乐部	·单独登机 ·快速行李检查	无
飞行中	·一流睡椅，55 英寸的腿部活动空间 ·服务人员与顾客比例为 1：7 ·舱内设置酒吧 ·32 频道电视娱乐节目，个人音响，每一座椅都配有电视屏幕 ·特别菜肴、各种饮料 ·部分航班有美容美发专家服务 ·夜间提供休息用羽绒被、枕头、睡椅和眼罩	·单独机舱 ·舒适座位，腿部活动空间 38 英寸 ·全程提供饮料 ·优先用餐 ·14 频道电视娱乐节目，部分收低额费用 ·优先选择各种免费赠品 ·提供各种便利配套设施 ·提供报纸	·舒适座椅 ·全程提供饮料 ·16 频道电视娱乐节目，每一座椅都配有电视屏幕，部分收低额费用 ·提供儿童食品 ·提供各种便利配套设施 ·提供本公司自办的航空杂志《热情之旅》
在美国、东京转机	·专用豪华轿车送旅客到各指定城市 ·免费租用汽车（往返旅客 4 天，单程旅客两天） ·提供由波士顿到罗斯福码头的短程火车 ·提供到东京市区或羽田机场的豪华大巴 ·提供免费运货进出成田机场和其他城市服务 ·免费乘坐成田机场捷运公司的火车头等厢至东京市中心	无	无

续表

服务流程	上等舱	中等舱	经济舱
其他额外优惠	·获维珍免费之行成员资格 ·其后每次乘头等舱将获双倍飞行距离的免费经济舱剩余机票	·获维珍免费之行成员资格 ·起飞前提供饮料	无

另外，维珍还对10人以上团体提供以下服务：

（1）盖特维克机场的团体登机服务。

（2）提供机场外办理登机手续服务。

（3）各类舱都提供印花头垫和毛毯。

（4）有关欢迎乘坐本航班的致辞。

（5）预先座位分配。

（6）经济舱内提供上等舱标准的便利设施。

（7）荷塞勒机场候机使用室使用权，收取最低费用。

与其所提供的服务相比，它的价格非常诱人。下面是维珍大西洋航空公司与其最大的竞争对手英国航空公司各种舱位的价格（英镑）比较表。

表5-9　**维珍与英航各种舱位价格比较**

路线	维珍大西洋航空公司			英国航空公司			
	上等舱	中等舱	经济舱（提前21天往返票）	头等舱	俱乐部	经济舱	提前21天往返票
纽约	1195	473	489	1935	1061	620	538
旧金山	1627	595	538	2179	1627	920	638
洛杉矶	1627	640	538	2179	1627	920	638
东京	1806	783	993	2751	1806	1580	993
香港	979	600	741	3280	2075	1808	741
波士顿	1082	473	439	1935	1061	620	538
迈阿密	1144	529	498	2085	1144	780	598
奥兰多	1144	529	498	2085	1144	780	598

（摘自《物流市场营销》）

问题：

1. 从维珍公司的发展看，企业如何进行市场细分、市场定位？

2. 这一案例给物流公司进行市场细分、市场定位和目标市场营销带来哪些启示？

[案例 7]

迷你考拉：私人仓储试水 2.0

企业名称：考拉迷你仓（北京）仓储服务有限责任公司

创业时间：2012 年

创业地点：北京

创始人：秦轩

商业模式：私人存储 O2O，提供一站式物品寄存服务，24 小时上门取送。

融资情况：A 轮获纪源资本数百万美元。

因为搬家或者家里空间不够，给自己的物品另找一个安身之所？在大街上随机问路人，几乎没多少人听过这种源自美国的自助式私人仓储。可大城市尺土寸金、流动性强的特点，还是让不少人觉得这项业务在中国大有可为，近两年陆续有创业公司冒出。

租下门店、划分仓储、布控安防，私人仓储的模式大同小异。已在线下运营两年的迷你考拉，最近在“仓”之外推出存放小型物品的“盒”，用户可以用 APP 下单、专人上门取送，以适应更灵活、便捷的存储需求。

1. 存储盒 O2O 服务

秦轩曾经在美国求学、工作，对私人仓储相当熟悉。而当他在 2011 年回国的时候，却发现这项业务在中国是一片空白，偏偏自己又经常出差外派，没地方存放的物品只好都扔掉。这段经历让他萌生了往这个方向创业的想法。

在美国，提供私人仓储服务的公司达数千家，其中不乏上市公司。但正所谓“橘生于南为橘，生于北为枳”，这种模式在中国有多大市场？秦轩对南都记者分析，相比美国绝大多数用户是因为搬家等流动性原因而存放物品，国内的应用更加广泛。比如：节节攀升的房价和稀缺的城市空间资源，使得另找地方存储物品、释放家里空间的需求会越来越明显；除了个人和家庭，迷你考拉的用户里还有相当一部分是中小型企业，他们每做完一次市场推广活动都需要找一个可以存放物料的地方，而租仓库显然比租办公室划算。

过去两年里，秦轩在北京的核心商圈开了多家门店，提供 1~30 立方米的多种仓型，如果用户需要更多空间，可以专门定制储物方案。为什么要在存储仓的基础上发展更迷你的存储盒呢？他解释，这是满足两种不同的需求：前者适合搬家、长期出行时存放家具、家电等大件物品，是一种临时性的存储场景；后者不一定在流动的时候才用到，只要觉得家里空间不够大，都可以用这种盒子长期存放物品，比如放书籍、CD 等，由配送员 24 小时上门取送。存放后，用户可以用 APP 实时管理、随时存取，就像一个网盘似的。据悉，下一个版本的 APP 还将实现跟踪、搜索等功能。

2. 低频市场黏性强

做私人仓储这门生意不是租个门店再招租那么简单，布控安防是一大投入。秦轩介绍，仓库都是恒温恒湿，而且安防联网，任何一个角落出现异常就会马上报警；迷你考拉盒的安保措施相当，更高科技的一点是配备了蓝牙解锁，只有用户通过他的

APP 才可以打开。与安防相呼应的是一套赔付机制，每个存储仓和盒子的基本保险都在数千元。

与此同时，仓储需要最大化地利用空间、控制成本，才能“有利可图”。他告诉南都记者，以仓体这一环节为例，团队花了将近 1 年的时间摸索核心最优的生产与合成方式，现在所有仓体的每个零件都是可分开的，想要怎样的空间，把标准化的零件像拼接木一样“组装”就行。

“相对于大多数互联网创业公司，私人仓储在线下要花更多工夫，是一种比较重的模式，回报周期相对较长，而且成长速度受门店所限，规模化效应也来得慢。”秦轩坦言，目前公司还处于投入阶段，不过，他看好存储是个长线行业，虽然不是高频需求，但胜在黏性强，迷你考拉在北京的 1000 多个用户里，70%以上都存储超过半年，而且一旦跟用户建立起信任，下次有存放物品需求，还会来找你。

从市场竞争的情况看，私人仓储作为房地产行业的一个分支，一些大型开发商也有意涉足，作为社区的配套产品，比如万科就推出过名为“万物仓”的自存仓服务。对此，秦轩认为：“这是一个需要专注才能建立品牌的细分领域，作为副业或者附加服务赚钱不太可行，反倒是基于私人仓储未来有更多可延伸的空间，比如闲置物品交换，不过前提是把现有业务做出品牌、做大规模。”

3. 风言风语

(1) 需求场景不明显

点评人：起点创业营创始合伙人查理

私人仓储这门生意很传统，简单来说租个地方给人存放物品，就看有没有人愿意花钱租。在美国，很多人在搬家、搬公司的时候会用到，除此以外，一般人家里有足够大的空间，都不需要另外找存储的地方。在中国，人们向来没有私人仓储的概念：那些北漂的年轻人，大多是拎个包就走的，本来就没带什么家具；公司外派、换到别的城市居住，原来的家具就卖掉或者扔掉就好了；至于说买不起大房子、通过仓储释放空间，房子小的人会买很多东西放家里吗？要是很贵重的物品，比如珠宝首饰等，那完全可以拿到银行保管箱，总之，我没有看到私人仓储在中国有很明确的需求场景。

(2) 小型物品存放有市场

点评人：戈壁投资合伙人徐晨

私人仓储在中美的业态不一样。在美国，一方面家里空间大，家具、设备多，而且更换成本比较高。举个例子，在北美买一个炉灶，最便宜也要 2000 ~ 3000 美金，因此很多人在更新设备的时候不会把旧的马上扔掉；另一方面，北美和加拿大的地都很便宜，最小的存储空间跟一间小屋子差不多大，因此人们很自然就养成了存储家具的习惯。加上北美有相当大比例的人是不买房只租房的，搬家的时候这种中转存储空间就显得更为重要。而在中国，一般人家里没有特别大件的物品，而且家具、家电产品降价趋势明显，要换基本就把旧的扔了，因此存大件物品的需求不明显。

倒是存放小型物品的盒子会有市场需求。比如放一些纪念品、工艺品、个人信件、小孩玩具等等，考虑到涉及的保险金额有限，一般都不会是价值很高的物品。至于这门生意能不能做成，就看综合空间利用率和价格以后，这笔账能否算得过来。具体来说，单个用户的存储体量小，意味着空间分割程度高，企业是否有更强的优化集成能力；在定价策略上，如果太贵，想必多数人宁可放弃存储，但如果既要投入上门取送的物流成本，又要走中低价路线，那对创业公司来说将是挺大的挑战，尤其在前期用户不多的时候。归根到底还是要看企业自己的运营能力，能否合理控制每个环节成本，比方说把门店迁至相对偏远的地方，节省租金。总的来看，私人仓储目前仍然是一个相对小众的市场，也许能做成，但在成长性、规模化方面没有太大想象空间。

（摘自《南方都市报》）

问题：

1. “迷你考拉：私人仓储”服务产品的服务对象是哪些人？
2. “迷你考拉：私人仓储”服务产品的服务目标是什么？
3. “迷你考拉：私人仓储”服务产品在营销策略上有哪些难点？
4. 谈谈此案例给你带来的启发。

[案例 8]

德国汉莎航空公司经营理念：复杂的单纯

在文德眼中，东西方思维方式存在差异。“中国汉字各种偏旁部首组合在一起，构成不同的发音和不同的意义，比西方的字母文字复杂得多。”汉莎航空公司中国区首席代表文德对《每日经济新闻》说：“这种特殊的文字组成方式，让中国人的思维方式相比欧洲人，更为复杂。”

如果说中国人的思维复杂的话，那么德国人的思维则表现为复杂的单纯。

自 1979 年毕业加盟汉莎以来，文德见证了这家欧洲目前最强势的航空公司的成长之路，也掌握了汉莎航空的复杂之道。2003 年出任中国区首席代表之前，文德在日本汉莎工作了 7 年。文德以典型的德国做派，要将汉莎的品质带到中国，再给汉莎烙上中国印。

文德一上任就作了一个惊人的决定，他宣布实行弹性工作制：只要保证每天的工作时间长度，具体上、下班时间，员工可以自由安排。“中国的市场真的很复杂，必须作复杂的考虑。”文德对《每日经济新闻》说。

一个带着德国人典型的严谨甚至有些刻板作风的老总，作出这样的决定着实让人瞠目。

事情是这样的，到北京不久，文德就深刻体会到了上、下班时间交通的拥挤。他得知，每天上、下班高峰期，员工浪费在路上的时间过长，需要接送小孩的员工更是天天为交通堵塞头痛。文德作出如此规定，不仅赢得了员工的心，也提高了办公效率。

“听说世界上最烦恼的事之一，就是你聘请到一个德国厨师，因为德国厨师会用计算精确到克的作料烹饪出世界上最难吃的饭菜。这是在说德国人刻板、不善变通，既缺少法国人的浪漫，也没有你们中国人的口腹之欲。”文德给《每日经济新闻》记者讲述了这个有些调侃德国人的笑话。

为了学习中国人复杂的思维和中国文化，在日本的时候，文德就买了很多学习汉语的书，他最喜欢一本介绍常用汉字的词源、含义及造字方法的书。“状态最好的时候，我可以认识200多个汉字！学汉字真的很好玩。”文德自豪地告诉《每日经济新闻》记者。

用文德的话说：“中国几千年的历史构成了一个完整而脉络清晰的体系，古老文明在人们的保护下，一代一代流传至今。相比之下，欧洲很多国家只有200多年的历史，在文化上显得不够集中、统一。”

其实，学习汉字、了解中国文化对文德来说，并不仅仅是好玩，他要借此真正接近中国市场，了解中国乘客的需求。文德在中国要做的功课很多，比在日本还要复杂，而这一切都是因为汉莎面对的是一个更复杂的中国市场。

目前，中国市场是汉莎在亚洲最重要的市场，份额已经超过日本和印度，占据汉莎亚洲业务的50%。但这并不能让文德满足。他认为，未来10年，中国市场将以世界其他市场两倍的速度高速增长。“现在，才是汉莎真正拓展中国市场的时候。”文德说。

汉莎每周有41个航班，直飞上海、北京、香港和广州，是中国市场上航班最多的欧洲航空公司。“像汉莎公司为中国航班开放法兰克福和慕尼黑两个航空枢纽港，这种情况在欧洲航空公司中也是独一无二的。”文德告诉记者：“这些都是因为中国的市场具有很大的不同，不能简单地对待。”

“复杂是为了单纯将飞行做到完美，一切精益求精。”文德这样阐释汉莎的品质追求。

德国人的严谨，使得汉莎保持了连续75年没有飞机事故的记录。自1926年以来，70多年汉莎的理想一直很单纯，要实现这一点单纯，德国汉莎无论在战略、技术上，还是在业务、服务上都经历了复杂的追求过程。

文德说，作为一家完全私有的航空公司，汉莎是国际航空业少有的将客运、地勤、飞机维修、航空餐食、旅游和IT服务，六个服务领域完整做下来的航空公司，除航空运输外，汉莎航空力求向客户提供一系列的整体服务方案。

面对世界航空业的不景气，特别是自2002年以来，伊拉克战争、非典、“9·11”的影响，世界航空业阻力不断，再加上石油价格暴涨，航空公司的成本居高不下，整个航空业面临巨大挑战。

文德告诉记者：“与另外两家欧洲航空巨头英航、法航仍然依赖于飞行收入不同，汉莎选择了在六大块领域全方位的业务开展道路，并以此保持了难得的盈利状态。”

“天空厨师”就是汉莎塑造的著名品牌。“它是全世界最大的航空食品服务机构”，文德很得意这个硬拳头。在英航、法航等航空公司将配餐服务纷纷外包给食品供应商的时候，汉莎依然秉承着单纯的追求，目前，“汉莎天厨”占有市场份额的34%，为260多家航空公司提供配餐服务。

“汉莎围绕客运开展的相关业务，已经占销售额的40%，这在任何一家航空公司都是不可思议的。"文德说。有着典型德国思维的汉莎航空会为了一个单纯的理想，建立一个复杂的网络，让公司全方位航行。

早在20世纪90年代，汉莎就看出了航空公司只有走联合发展的道路才能有效降低成本，找到出路。

1997年，汉莎航空作为创始人之一，与其他四家世界顶级航空公司成立了全球第一个航空联盟——星空联盟。汉莎不仅为乘客提供了顺畅便捷的飞行服务，也带给乘客灵活的旅行选择。这些都得益于"星空联盟"的全球飞行网络。

随后，法航发起了"天合联盟"、英航发起了"寰宇一家"，但至今仍难超越已拥有16家成员航空公司的"星空联盟"的地位。

"如今的航空目的地不再像50年前那样集中在几个大城市。"关于加入星空联盟的好处，文德侃侃而谈，"拿中国市场来说，乘客想从青岛飞到里昂，中间需要中转航站，对航空公司来说，缩短转机时间才能争取到乘客。"

目前，汉莎已同慕尼黑机场合作，建立了专供"星空联盟"成员使用的航站楼。乘客在这里只用短短30分钟就可以完成转机。

文德向记者提起了一件简单的小事："在欧洲的时候，我就经常去当地的中国餐厅吃饭。2000年，我第一次到北京，却发现吃到的中国菜和在欧洲吃到的味道大不一样。直到后来请教了当地的厨师，我才明白，原来欧洲的中国餐厅为了照顾欧洲人的口味，对菜式作了调整，再加上有些特殊的调料在国外不容易买到，所以欧洲的中国餐馆做出来的菜味道已经变了。"

细心的文德想到，汉莎的航班上提供的中国菜都是"欧洲口味"，肯定不适合中国乘客的胃口。为此，他特地从上海一家著名的餐厅聘请厨师担任顾问，帮助汉莎选择和烹调出正宗的中国菜。2004年，"汉莎天厨"又与广州新白云机场合作，成为中国最大的航空配餐提供者。

"汉莎的标志是一只'鹤'，这鹤出自于神话，象征财富与长寿。这是不是与中国的文化很相近?"在秉承了汉莎传统的汉莎中国，文德的理想也很单纯——把汉莎品质带到中国，再把中国元素带给汉莎，给汉莎烙上深深的中国印。

为了实现这个单纯的理想，文德不在乎过程有多复杂。

"汉莎在中国开通定期航班已经有25年了，但汉莎在中国的历史远不止这25年。"文德告诉记者。1926年，汉莎的两架"容克G24"从柏林出发，分10个航行线段，飞行1万公里，6个星期后，抵达北京，完成了柏林到中国的首次航行。限于条件，当时的首航中国，飞起来不那么简单。

而今天，文德要在中国继续他的联手之路，才能将飞行从复杂变成简单。

目前，汉莎是唯一同时与中国两家航空公司——中国国际航空公司和上海航空公司建立战略联盟的外国航空公司。与两家中国公司的联手，实现在部分航线上代码共享。

"通过代码共享，汉莎的飞机来中国，除了北京、上海、广州和香港外，航线还能到达西安、成都、大连、杭州等7个城市，这意味着，一张票就可以到达中国内地，减少了很多换票的不便。"文德说："这种合作伙伴关系确保了汉莎在中国至欧洲航线的领先地位。”

汉莎在中国的业务做大了，也做复杂了。

从1992年的北京燕莎中心，2004年与深圳航空公司合资成立的翡翠国际货运航空公司，到继合作15年之后，又续写25年新合资的北京飞机维修工程公司，汉莎中国的网络覆盖到航空的方方面面。

不仅如此，为了更好地为中国乘客服务，也为了将汉莎的品质发挥到极致，文德曾大胆组织了一支200多名的中国空姐队伍，服务在北京、上海、广州往返法兰克福、慕尼黑的航班上。

文德说："除了语言上的便利，在言谈举止、行为习惯方面，中国空乘都更符合中国乘客的要求。”文德说，“在往返中国的航线以及中国乘客较多的航线上，我们都配备中国空乘提供服务。”

基于同样的考虑，在汉莎今年3月开通的从广州直飞法兰克福的航线上，还特地把原定的航班号从744、745改为了中国人眼中吉利的788和789。

“我们是第一家在飞机上推出宽带互联网服务的航空公司。”文德说，“在往返中德的飞机上，还引进了新的座椅。新商务舱的座椅可调制成两米长的睡床，乘客能找到理想的睡眠姿势，在长途飞行中好好地睡一觉。”

虽然这些都是小细节，但是文德一点都不马虎，不怕麻烦。“比起汉莎的战略制订，细节才是乘客选择汉莎的理由。”文德坚持着单纯的理想：将飞行从复杂变成简单。但文德也同样说：“航空公司业务做得越复杂，对乘客来说就越简单。”

（资料来源：中华考试网，http：//www.examw.com/）

问题：

1. 德国汉莎航空公司的营销策略接近哪种营销组合理论？
2. 营销组合理论的基本内容是什么？
3. 德国汉莎航空公司在哪些方面做了改进？
4. 谈谈此案例给你带来的启发。

[**案例9**]

中铁快运杀入快递市场 或采取自营模式

尽管被称为“铁老大”，但中国铁路总公司涉猎快递业务却布满荆棘。记者多方采访了解到，作为中国铁路总公司旗下主要承接快递业务的中铁快运，尽管面临前所未有的发展机遇，但横向比较同行让自身的先天不足尽显。业界认为，大量资金和时间才能弥补自身缺陷，而据中铁快运一位内部人士透露，公司尚未有实质性的改革举动。

据了解，中铁快运去年的收入约80亿元，快递业务仅10亿元，约占快递总业务量的1%。这一数字与顺丰速运、“四通一达”等动辄数百亿元的民营快递相比差距明显。尽管有铁路资源作为依靠，但业界认为中铁快运距离一家真正的快递企业存在先天不足。“中铁快运承接快递业务，但其主项仍以大件货物为主，也就是一家大型物流公司。由于常年依托铁路资源，其城市网点的搭建明显不足。‘最后一公里’这本该是快递企业的强项，但在中铁快运面前却成了短板。”

尽管转型快递之路布满荆棘，但中铁快运却面临着不得不变的大环境。中国铁路总公司改革前，中铁快运主要办理行李、包裹、快运，以及时限快递四种业务。但改革措施对中铁快运影响严重，据业内人士透露，行李、包裹业务属于“站到站”服务，此番改革后将归入铁路运输市场。以北京为例，收入将归于北京铁路局；快运和时限快递属于“门到门”业务，收入由中铁快运和北京铁路局按比例分享。

中国快递咨询网首席顾问徐勇认为，现代物流快递化是发展趋势，但就目前的市场环境看，中铁快运还没有找到一个合适的切入点。

比寻找定位更棘手的是，此番改革后，包括中铁快运在内的三家公司所属的车辆、集装箱资产将转交各属地铁路局。业内人士认为，要想杀入目前竞争激烈的快递市场，中铁快运需要在网点布局、车辆配置等方面大量投资。而且，中铁快运很可能采取自营而非省钱的加盟模式，这笔支出对负担沉重的铁路总公司而言恐怕并非易事。

（资料来源：中华铁道网，http：//www.chnrailway.com/）

问题：

1. 请对中铁快运的快递市场进行SWOT分析。

2. 在本案例中，中铁快递采用何种渠道策略比较有利于企业的发展？

3. 假如你是中铁快递负责人，你将如何营销产品？

[**案例10**]

天地华宇：拥抱互联网 打造“易到家”

打车软件已深刻改变了人们的出行方式，同时也带来了巨大的企业价值实现——疯传滴滴、快的最新估值已超过150亿美金。传统行业逐步向互联网化转移，传统的商业模式不断被颠覆，行业、产业之间的关系正在由“线状—串行”向“网状—并行”发展。出租车行业触网的巨大成功，也激发了越来越多的新创与传统物流公司纷纷进入互联网物流市场，互联网物流正快速崛起并成为行业热点。

物流互联网时代的关键在于价值突破——如何更好地利用空间和时间、减少消耗、推进信息的及时、透明化，以更好地应对行业变化？如何从物流信息平台逐步过渡到物流交易平台，最后升级形成一个完整的生态圈？

中国公路物流的领导者——天地华宇，深谙物流互联网时代价值突破的意义所在。这家创立于1995年的企业，20年来始终保持着行业领导地位，特别是近年来在中信产业基金的管理下，公司逐渐摆脱传统零担企业的模式，稳步和互联网+的战略融合，推出了“易到家”等一系列针对行业互联网化变革的独到产品，再次焕发了生机，迎来了“第二春”。走进天地华宇，笔者发现天地华宇的战略充满着对“互联网+物流”的独特诠释。

1. 开拓互联网+渠道

一直以来，天地华宇坚信“互联网+物流”可以营造出行业新气象。落实到具体的策略上，天地华宇针对客户的个性需求开发产品，提供差异化的服务，以提高客户的体验和黏性。运用于互联网的新技术，公司建立了电子渠道交互平台，通过天地华宇物流的官网APP、微信公众号、手机支付宝和“开放平台”等，均能实现一键批量下单功能。其中，“开放平台”是华宇的订单系统接口，可对接企业客户的ERP。系统对接后，客户系统便可以直接自动下单，随时反馈订单情况及货物走货轨迹。

通过互联网下单的渠道，天地华宇收获的是“数据”。天地华宇相关负责人对此解释道：“通过互联网，我们可以更好地保存客户下单记录，洞悉客户习惯。大数据的分析能使我们提供更契合客户需求的服务，这才是我们理解的互联网+物流。”

2. 服务电商客户

早在三年前，天地华宇就敏锐地把握到电商带来的商机。2012年7月，天地华宇宣布与腾讯网签约，成为其首家公路快运服务供应商，为腾讯旗下的QQ速递、QQ商城等电商运营商的客户提供以“定日达”为主的公路快运服务。截至2015年1月，天地华宇在全国约600个大中城市拥有超过50个货物转运中心、2000多家营业网点和3000多条线路，构建了一个能迅速响应电商物流需求的服务网络。

3. 创建“易到家”模式

电商猛烈、迅速的兴起颠覆了传统的多级分销层层代理模式。其大大简化了销售环节，由厂家（一级经销商）直接面向客户销售，最大限度地降低了销售环节的成本，最终实现买家的采购成本最优。网购模式催生的客户消费习惯的转变，进一步衍生了电商客户对物流需求的改变。

传统分销模式中，物流商的业务多是仓仓运输，即物流企业仅承运厂家（上级经销商）向下级分销商的大宗货物仓库到仓库的运输，末端客户的最后一公里环节的服务由终端销售商提供。在整个传统分销体系中，由于终端销售商掌控着面向终端客户的销售、运输派送（送货到门、送货上楼、部分安装售后服务）以及其他面对面服务等渠道，厂家（上级经销商）高度依赖于终端销售商。

正是对传统分销模式转型电商销售模式中物流需求转变的敏锐洞察，天地华宇在2015年4月推出了全新的产品模式——“易到家”。“易到家”迎合电商B2C销售模式的需求，不仅完整地承接了传统分销模式中由终端销售商提供的最后一公里送货到门、送货上楼、货物的安装等末端服务，还整合了原物流运输中的干线运输、上门提货等环节，提供从厂家出仓到客户收货的一条龙服务，完美诠释了“易到家”的产品理念。

“易到家”的产品理念仅从其字面意义就体现了天地华宇力求驱动行业大凡若简的态度。“易到家”打造直通买家家中的产品，其提供一揽子的解决方案，承接了物流、安装等业务，使得卖家更容易去关注销售和服务。而对买家而言，由物流仓自提到送货上门、上楼、安装等一揽子服务的改变，更带来了安心、舒心。关于“易到家”，天地华宇的产品负责人还给出了另一个层面的诠释：“这不仅仅是让卖家、买家更容易，更是让物流更容易。众所周知，我们现在整个大物流行业里面，快递是相对较早能提供送货到客户家中的服务，快递员因为骑车单兵作战，重货及大件货物就无法运输及上楼。传统的零担物流行业，提供自提业务的多，鲜有能提供送货上门、上楼的服务的。天地华宇解决了这个问题，我们以车辆进行运输，由司机配合专车业务员进行送货。基于内部的配送线路规划系统，实现成本和时效的最优化。同时通过对第三方资源的整合，我们还能根据客户的需求提供安装、返修等增值服务。"

在电商业务呈几何级数增长的今天，B2C 重货电商的触角已径直伸向了消费终端，天地华宇适时推出的"易到家"模式，将再次抓住这个机遇，为 B2C 重货电商解决配套难题。

天地华宇打造的"易到家"模式，从物流功能出发，承上启下，对供应链上的物流资源进行了嫁接和整合，提供客户轻松便捷、简单到家的网购感受，为重货网购提供"一站式"的服务保障。笔者认为"易到家"必将成为天地华宇在互联网时代新的增长引擎。

4. 拥抱互联网

业务模式的拓展，让运输管理由链条式转向网络结构，单个独立系统已难以满足其管理需求，"平台化"迎来发展的新契机。去年，天地华宇在中信产业基金的支持下收购了"如风达"快递，通过信息技术平台的整合，快递+快运能更好地融合，实现货运线上业务的所有闭环，解决互联网物流"最后一公里"问题；而在运力小微化的应用中，借鉴打车软件模式，天地华宇推出 APP，实现货车司机与货源实时、高效的直接对接，货车司机打开 APP，就能看到货源地理位置、货物类型、重量、发货时间、车辆需求，从而竞价，车主可根据要求对接发货方，该种物流模式的明显优势就是整合线下运力与线上发货需求，打破了传统物流信息的不对称性，提高了物流运行效率。包括嘟嘟货运在内的模式创新都是针对货运安全与信誉的问题，天地华宇搭建的这个平台，能提供良好的信用评价体系，通过信用数据共享，方便平台用户进行相应的认证监督及大数据跟踪。

通过互联网，天地华宇正构建未来的物流生态圈。物流业本就是融合运输、仓储、货代、信息等产业的复合型服务业，是支撑国民经济发展的基础性、战略性产业。天地华宇的互联网物流生态圈建设，目前已涵盖运输、货代、信息、车后市场，未来应不排除在仓储、金融、保险等业务有所发展。据天地华宇内部人士称，在华宇 20 周年来临之际，公司将发布重要战略，让我们翘首以待天地华宇的"互联网+物流"战略的再次惊艳。

（资料来源：新浪网，http：//news. sina. com. cn/0/201509-18/doc-ifxhxzxp4592101. shtml）

问题：

1. 天地华宇是如何应对"互联网+"的发展趋势的？

2. 请谈谈"互联网+"对物流销售渠道的影响。

3. 请谈谈"互联网+"对物流营销的影响。

【知识拓展】

联邦快递公司网站营销策略分析

联邦快递公司，一家全球快运业巨擘。它仅用25年的时间，从零起步，在联合包裹服务公司（UPS）和美国运通公司等同行巨头的前后夹击下迅速成长壮大起来，发展为现有130多亿美元、在小件包裹速递、普通递送、非整车运输、集成化调运管理系统等领域占据大量市场份额的行业领袖，并跃入世界500强。

公司现有全世界员工总数14.5万，开展业务的国家和地区211个，全球业务空港366座，备有各类型运输飞机达624架，日出车数近4万辆，处理超过2百万磅的空运货物。

这家奇迹公司每月提供两次机会供人参观，一批批客人也愿付每人250美元的票价，来到其位于田纳西州孟菲斯的超级调运中心，亲身感受一下它的恢宏气度、高速繁忙而精确的作业现场，领略其非凡的竞争力。

公司网站1995年开通。其1998年度提交股东的报告页面上，以“FDX=新的领先者品牌”为题，自豪地宣称：FedEx开创了快递产业中的“基地源泉”，史无前例地将智能化系统引入该行业中。

FedEx主推“服务、技术、与顾客协同拓展市场”的营业理念，成为在当今快速、竞争、全球一体化市场上，唯一能向顾客提供其需要的“综合性物资调运解决方案”的企业。可见，虽然同是快递行业，FedEx将其卖点建立在智能化服务体系上，深度介入到客户的物资调运业务中去，提供能与之协同运作的“整体解决方案”，让客户与股东俱欢颜，就能在强大的对手面前领先一步而发展壮大起来。

一、网站定位

FedEx网站注重的是它与客户，尤其是企业客户间的亲和力上，这对发挥其智能化运输控制系统作用是至关重要的。所以，网站定位在宣传“整体大于部分之和”的营销理念、力求与客户协同动作、共谋最佳效益。

与UPS等三产企业网站一样，FedEx网站也是个面向实际作业的服务窗口，故每层页面都有业务宣传、实地作业和树立企业形象的功能。同时，由于公司历史较短或其他原因，FedEx并未争取到如UPS“2000年悉尼奥运会指定承运商”那样高度的“形象工程”，虽少了一份云中漫步的潇洒，倒也能无所牵挂地在网页上做好自己的文章。

首页仅起迎客及目录入口作用。左上角是FedEx标志，其下以多种语言写上“欢迎”字样，一段说明为：“全世界约200百万人由FedEx及时、可靠的包裹送达开始其一日之计。您从本站点就可获得世界级的服务。”然后是一幅地球风云图片，环绕以由浅至深的单翼形饰边，一件邮包喷出尾气从饰边反向飞出。画面立意明晰、简练。再下是整个屏幕唯一的活动区，一条下拉目录为FedEx开展业务的各国，由此可实时提交业务、跟踪运输情况、得知抵达时间等。

由首页目录进入的各国页面，才是FedEx的作业区页面。画面采用标准版式设计。

1. FDX 中国业务系统主页

页面左上是公司商号标志，FedEx 五个字母分紫色与橘红两色，非常醒目。画面有两个不完整的椭圆区，大的在页眉部仅显蓝色曲冠，小的在中央人物左边。两个曲冠中都显示蓝色天空，大曲冠是星际空间，国名、国旗、地球均布在星空下，太阳初升，灿然耀目，取星夜兼程、飞送客货之意；小曲冠为晴空白云，反衬下的人物已抵达地面，带着清晨的背影将包裹送到顾客面前。

对不同国家，页面仅是国名、国旗和递送员形象三者不同。如中国主页的递送员选择了电视广告中主流模特形象，清纯靓丽，笑容可掬；而美国主页中则是位短发干练，体型结实、夹着大包裹风风火火闯天下的姑娘。FedEx 业务流主页的兴趣点都直接设在中央区，且都是递送员的形象，忙碌而面带微笑，体现网站设计的立意重在本地化、人性化服务上，力争给人以亲切感、可信赖感。

2. FDX 美国业务系统主页

任何一个网站，可以有无穷多的页面链接关系，许多企业网站也轻易地建立了无数的内外链接关系，但是应记住：一个成功的企业网站还应有一种超乎页面间的精神链接关系，它是企业的价值取向、管理风格、经营宗旨、营销手法等的综合体现，也可以说是“网站艺术”中的神韵所在。如美国运通网站中，不变的主题是绿色币纹水印背景，象征其以效率和成本为旨；而本站则处处是笑面世界、忙碌奔波的快递姑娘。

本页左侧一排选择按钮，分别为“登录”、“发货”、“查询”、“送达”、“服务”、“与我们联系”、“FDX 公司”等等；右侧向用户介绍其改进后的“FedEx Inter Net Ship”(联网运送) 业务系统，帮助世界各地顾客更便捷地查询 FedEx 信息，获得服务。它是基于国际互联网的一套智能化货物运送系统，目前为第四版，可提高发货速度，并能一次查询 25 件货运信息。这些都是 FedEx 网站业务类主页的标准格式部分。

二、网站结构

FedEx 网站共 3000 多页，功能强大。页面大致分为两类，一类是业务页面，以国别为页簇平行组织；另一类是宣传页面，按企业介绍及业务进程组织。两类页面互相链接，便于切换。所有页面均以清亮简洁为风格，页面间脉络清楚，链接关系简单。这些都是面向作业、面向流程的服务性网站所应具备的特征。否则，到处设活动区，链接关系复杂，不能按业务进程组织的页面，必然给顾客造成许多麻烦。

网站设有“新用户欢迎中心”和“在线服务中心”。新用户欢迎中心在简单的欢迎词后对服务项目（国内、国际的包裹航运及陆运），接货及送达（核实与接收待送货品、文件、包装、处理、送达等），运输及管理工具（如 Internet、专用软件、硬件、解决方案、运输进程的费用与时间优化等），运输示例（演示介绍 FedEx 系统的简单步骤，申请和提交业务表的填发等）做逐栏介绍。

在线服务中心功能也大致相似，只不过页面增加了实际作业按钮，故除向顾客介绍外，主要是对实际操作提供指导。

在公司宣传中，FedEx 很注重媒体对其报道，将其收入站点，尤其如《财富》、《华尔街周刊》、《巴伦》等权威杂志对其评论，目的是借助第三方之口来树立企业形象。其中精彩篇章如《联邦快运将从货物运输转向比特运输吗?》、《FedEx的API演绎了灰姑娘成功的故事》等等。

三、网站商业竞争力分析

FedEx网站上述页面属常规部分，与其他快递公司相同。FedEx能在短期内迅速崛起，自有多个原因，其中之一是它旺盛的竞争力。近两年来，FedEx的竞争力就体现在它在互联网上构建的智能化运输管理系统，其核心威力是对企业用户和对个体用户的吸引力上。

对于企业用户，FedEx的智能系统能与用户企业网无缝连接，或通过Web页面直接介入到用户物资运输中去。这样的结果是，任何公司在逻辑上都可直接将FedEx庞大的空运阵容和陆地车队当作自己的运输资源；而且FedEx智能系统还告诉他们，一切最快并非一切最佳，明智的运输方案应是各种待运物资在送抵目的地总体等待时间最短或最实时的解决方案。

一般企业不具备智能物资排运系统，也无建立的必要。FedEx知其系统对它们有独特吸引力，就主推“整体大于部分之和”的协作化、智能化货运解决方案，深受各类企业欢迎，大小公司趋之若鹜。如一家全球性女装零售商兼家居饰品商打算自己做产品的贮储和批发业务，它请求使用FedEx的系统来跟踪本企业的定单、检查库存、安排运货时间等等。结果，FedEx使其实现了所有接单送货均在48小时内完成。

FedEx的成功杰作之一，是其向计算机直销巨头Dell公司提供的“全球一体化运输解决方案”。它将Dell在马来西亚和美国本土总部分为两大整机及零部件制造与供应中心，对于世界任何一地、任何单位数量的零件或整机需求，均由Inter Net Ship系统排出总体成本最低、最快捷的优化递送方案，以“展示Dell对其顾客的那种‘成功、质量和服务’的独具魅力之承诺”。而它介入另一行业领袖——优利系统(Unisys)的供货业务时，更显示出该系统在处理不确定、突发性紧急需求时的非凡能力。

对于个人用户，FedEx网站的规范化作业流能使他们方便地进行自我服务，可以接发订单、提交运输业务、跟踪包裹、收集信息和开账单等。

该网站每月有300多万次的访问，所有数据都同时进入公司内部网。由于约2/3的运输都是通过该系统自动处理，极大地降低了用户向FedEx电话应答中心的巨额查询费用，从而为其节省了数百万美元，成本的降低就意味着竞争力的增强。

FedEx网站证明：在当前信息时代，一个公司的先进系统、运作模式和处理的信息，其价值远不止于在公司内部使用。它能在“整体大于部分之和”营销理念下，借助于国际互联网冲破无数企业在行业范围、物理形态和地理行程上的差异，彼此在虚拟的作业环节上实现无缝连接；借助于这种连接，一个企业可以让其先进的管理技术、战略资源，如在时间管理、信息管理、复杂的后勤规划、庞大的空中与陆上贮运资源等对其他无数企业产生如天体黑洞那样的无穷吸引力。

同时FedEx还表明，在服务业中，先进的系统和技术仍须与充满亲情的人与人的面对面交往为基础。令人仰慕的企业形象是要花很多年建立的，并具体体现在各员工与顾客接触的那几秒钟内。公司力求最大限度地调动员工积极性，让他们在一个表情和举手投足之间将企业的好形象传递出去。

在 FedEx 主页上最引以为豪的服务案例，是其在母亲节这一天中为成千上万的家庭送去充满人情的“FedEx 之盒”。因为这是全美餐馆最繁忙的一天，也是无数家庭表达其亲情与和睦的一天，但许多家却会因临时找不到餐馆空位而驻足久等，或在一家又一家的餐馆前徘徊。FedEx 就与一家全美最大的餐馆调查公司联手，运用其智能系统，根据各餐馆订座、距离、家庭人数等情况编排出应去哪家餐馆使用哪个餐位的计划，将其连同公司祝贺词一道灌录在那个著名的绿色小盒中，递送到千家万户，真正体现了“礼轻情意重”之服务要旨。

公众现在已经把“交给联邦快递”这句话同遵守诺言等同起来。这一成果来之不易，诚如 FedEx 电子贸易营销经理布朗称：“无论顾客是通过电话、亲自上门，还是通过国际互联网，我们的目标都是要保持百分之百的顾客满意。”

（摘自《网络营销手册》）

国内物流企业宣传营销策略分析

2005 年 12 月 11 日开始至当月底，我国将履行 WTO 的承诺，包括公路货物运输、货物租赁，一般货物的批发、零售及其物流配送，出入境汽车运输公司等将取消在地域、股权比例等方面对外资的限制，实现物流领域进一步对外开放。面临这一局面，国内各物流企业是否已经做好了应战的准备？他们将采取如何的应对措施？笔者认为，广告营销策略的变革将是必须重点考虑解决的问题。

据统计，我国大小物流企业约 73 万多家，但真正具有实力的综合物流巨头却屈指可数，大量民营物流企业仅经营运输、仓储等单一物流服务，起点低、规模小的特点使其基本也没有制定系统的经营战略，但肩负民族物流产业发展的大型物流企业必须把经营战略，特别是营销战略作为一项关系企业生存与发展的大事来抓。

物流企业提供的是若干单项物流服务或综合一体化的物流解决方案，国内传统储运企业转型改制后形成的物流企业多数仍未脱离过去经营服务垄断时期的陈旧思想，在已有固定的大量业务面前很少考虑宣传营销战略，居安思危，这不匹配在物流产业国际化情势下走物流综合服务路线的发展道路；一些富有竞争实力的民营物流企业虽考虑了宣传营销市场的发展，但多数做得不够，且策略与国际物流企业营销水平相差甚远。问题表现在以下方面。

一、营销宣传力度不够

国内现有的广告媒体中已越来越多地看到国外物流企业的身影，比如 TNT 物流在国内电视传媒领军单位中央电视台第二套王牌栏目——《绝对挑战》的黄金时间档的广告宣传及通过节目招聘人才扩大企业知名度；DHL 在国内媒体均广泛重视的法网、世乒赛等体育赛事中的高价广告牌位宣传等。而国内物流领军企业基本未涉足广告传媒营销市场，传统的中远物流、中邮物流等企业也仅通过经营运作中运输车辆等的醒目标志给受众留有简单的运输业务印象，没有形成综合物流企业概念。

现有通过电视传媒宣传的仅有1999年与FedEx合资组建的大田—联邦快递有限公司等受国外物流企业理念影响深远的几家企业，至于国内重大活动中的广告营销，基本很少见到国内物流企业的身影。更值得一提的是，通过互联网建立自己网站的国内物流企业为数不多，有的也多以物流业务操作板块为主，极少重视营销宣传的部分。

二、营销宣传创意不够

UPS、联邦快递等国际物流巨头在大举进攻营建中国物流网络的同时，也紧紧抓住了物流业务以服务为本的理念，大打亲情牌、优质服务牌，在广告词中大量渲染服务质量成分，对企业员工素质的要求与业务流程的有效接合也使与用户接触最紧密的营销人员给用户留下了良好的服务印象，极大地扩展了自己的业务群体。另外，其广告宣传中也多使用人性化理念、团结协作为用户奉献最大能力等内容，较易打动国内受众。这正与国内物流企业仅有的通过宣传运输配送速度等初始物流服务质量指标形成了鲜明的对比，将其置于不利的营销境地。

三、宣传营销手段单一

多数国内物流企业仅针对现有固定用户群供应链关系的维系，极少考虑扩展用户范围，根据企业发展的经历、经营的主要特色业务等提出富有创意的营销策略与施行措施。企业面对利润较高的配送、流通加工与包装、物流咨询等增值服务没有提出相应的市场营销方案，多数的经营着眼点都放在生资等传统储运这样业务量大但单位利润较低的物流服务上，而将这块“大蛋糕”拱手相让于国外竞争对手。

国内物流企业宣传营销策略的几点建议。

首先，国内强势物流企业应在宣传营销策略方面给予足够重视，在企业营销部门成立专门的负责机构制订方案，企业高层也应在营销资金方面充分考虑，在现有的资金储备中科学决策，确定一定数额的宣传营销资金支持。

其次，企业应本着“如果有宣传营销投入就要达到满意效果”的原则做好之前的计划与创业设计，紧扣企业文化与公司经营理念，重视结合国情和传统文化，取国内受众的喜好选择创意点。比如在春节、中秋节等特殊时期强调物流配送服务质量，为顾客营造圆满和谐气氛；针对我国奥运、航天事业发展及构建和谐社会等大事方面结合自身特点制作公益性广告等。不要将宣传营销只停留在明星策略，广告数量“轰炸”等传统低水平的层面，进入市场时应重视品牌效应，亲和力效应，提高营销质量，把物流服务与保险业、通信运营服务等看作是一样的服务理念，借鉴中国人寿保险、中国移动通信等企业的营销宣传策略为我所用，提高营销档次。

最后，国内物流企业应尝试借鉴并创造适合自己的营销方案，积极推广。可以组建物流营销战略同盟等协会机构，广泛交流营销经验，加强相互协作。企业同时也应重视和科研院所及国外物流企业、研究机构的合作，探讨国内物流企业宣传营销发展的前景与方法。像宅急送的校园行包物流营销策略，宝供设立物流奖学金等都是创新性的宣传营销手段，中国物流采购联合会等行业协会协同物流相关企业进行的各项物流企业的排名与评选也是一种有效的间接营销策略。

总之，国内物流企业要面对即将到来的“产业竞争风暴”必须有坚实的应对措施，物流宣传营销应是一个很好的突破口，值得引起它们的广泛关注与重视。

（资料来源：中大网校网，http：//www. wangxiao. cn/）

菜鸟首度公布数据 农村包裹八分之一可实现次日达

北上广快不算快，偏远的农村地区快才算快。菜鸟网络首度公布的数据显示，菜鸟统计了阿里巴巴村淘覆盖区域的快递进出时效，发现有约13%的订单也在当日或次日即可送到。

目前，菜鸟网络牵头的物流平台联同合作伙伴服务了淘宝、天猫、聚划算等主要网购平台，快递单量占全国总量的65%以上。此前阿里巴巴的招股说明书显示，旗下淘宝天猫等平台，约23%的订单可以在发货后48小时内送达。

1. 江浙沪送货最快

江浙沪是全国网购送货最快的地区。根据菜鸟数据，江浙沪当日及次日达订单占全部订单的近35%，江浙沪内部的订单则有60%以上都在次日送达，两项数据均占据全国首位。上海、无锡、杭州、嘉兴、苏州、常州、绍兴、宁波、湖州，当日及次日达占比最高的城市，全部位于江浙沪区域。

农村地区作为今年网购的热点，虽然整体快递时效明显低于城市，但部分地区也有惊喜。菜鸟统计了阿里巴巴村淘覆盖区域的快递进出时效，发现有约13%的订单也在当日或次日即可送到。在长三角、珠三角的网购更为普及的地区，农村快递速度已不逊于城市。

2. 天猫超市32个城市次日达

大家电在运输过程中对物流、配送要求极高，安装需要专业人员，人力成本比其他快递要高出不少。菜鸟同日日顺合作，面向商家和消费者开发出预约配送、限时配送等时效性产品，目前能够实现全国2600区县覆盖无盲区，其中1500多个区县实现24小时内限时达，460个区县实现次日送达。

超市百货方面，拣货是最考验功力的地方。以天猫超市为例，目前天猫超市已经覆盖了北京、上海、浙江、江苏等十省市的上百个城市，并在32个城市提供次日达服务，同时在部分城市开始推出定日达和夜间配服务。

生鲜方面，菜鸟网络生鲜物流负责人陈涛介绍，目前菜鸟为天猫喵鲜生搭建的生鲜物流体系，配送范围可达全国301个城市，主要覆盖一二线城市和部分三线城市，包括新疆等偏远地区目前也开通了配送。其中246个城市的24小时送抵，最快可三小时内完成。

3. 同合作伙伴提效应对网购包裹潮

菜鸟网络正与全国14家主要快递物流企业合作，共同推进中国智能骨干网的建设。按照规划，菜鸟将用5—8年的时间，努力打造遍布全国的开放式、社会化物流基础设施，未来能够支撑日均300亿（年度约10万亿）网络零售额，支持国内任何一个地方网购实现24小时送货必达。

（摘自《环球网科技》）

【复习思考】

一、简答题

1. 常见的市场营销组合策略有哪几种？这几种营销组合策略背后的指导思想有何变化？

2. 课本中提到的物流服务营销组合策略包含哪些要素？

3. 简述你对产品组合的理解。

4. 常见的促销方式有哪些？

5. 影响分销渠道选择的因素有哪些？

6. 物流企业如何进行产品组合设计？

7. 请对物流产品生命周期不同阶段的营销策略进行分析。

8. 一个物流企业的经理，将如何获得新产品的创意？

二、讨论题

1. 请讨论你对产品本质的理解。

2. 请讨论你对物流产品本质的理解。

3. 请谈谈你对现代促销的看法和理解。

4. 请谈谈在“互联网+”的环境下，渠道策略的发展趋势。

5. 请谈谈物流服务产品的渠道策略与有形产品的渠道策略的异同点有哪些。

6. 请谈谈物流服务产品的价格策略与有形产品的价格策略的异同点有哪些。

7. 请讨论新产品有哪些定价策略，并举例说明。

【实习与实训】

1. 请调查分析一家物流企业，总结其物流服务产品的营销策略，并对其产品的营销策略进行点评。

2. 请根据物流市场需求，开发一项物流服务产品。

3. 承接上一章的实习与实训 2，请为你们虚拟物流企业的服务产品制订完整、合理、可行的营销策略。

第六章　物流企业品牌管理

☞知识目标

1. 理解品牌的基本概念和品牌管理的重要性。
2. 理解物流企业内部营销和公共关系管控的重要性。
3. 掌握物流品牌策划的过程和方法。
4. 掌握广告策划的基本方法。

☞能力目标

1. 具备物流产品品牌策划和设计的基本能力。
2. 具备物流产品广告策划的能力。
3. 具备物流企业公共关系管控的基本能力。

第一节　物流产品品牌策划

【课前预习思考题】

1. 请问你是如何理解品牌这个概念的？请列举生活中的实例说明。
2. 对于物流企业或产品来说，品牌的重要性是如何体现出来的？
3. 如何进行品牌建设与管理？
4. 物流产品应该如何进行品牌建设与管理？

【案例引入】

天地华宇“定日达”荣膺“中国最佳国际品牌建设案例”大奖

近日，全球领先的国际快递集团 TNT 在华全资子公司天地华宇凭借“定日达”高端公路快运服务品牌的成功推出，荣膺第六届中国品牌价值管理论坛“中国最佳国际品牌建设案例”大奖，成为中国物流行业唯一获此殊荣的企业。同时荣获该奖项的企业还包括可口可乐、惠普、宝马等国际知名企业。

“天地华宇‘定日达’的成功，反映了天地华宇对国内公路快运市场的准确判断与定位，满足了国内市场对高端公路快运产品和服务的迫切需求，”天地华宇首席执行官徐水波在论坛上表示。“当前，国家正积极倡导产业升级，为实体经济服务的物流产业也应加快升级，为客户提供更好的产品和服务，从而改变中国公路运输行业发展相对比较落后的局面，同时帮助中国企业提升市场竞争力。”

2008 年年底，当不少物流企业正受到金融危机影响而困顿不前时，天地华宇主动出击，在进行了细致的市场调研和客户定位后，率先推出了中国公路快运市场首个高端定日到达产品——“定日达”，以其准时、安全、高品质服务的产品特性，让客户可以用不到 1/3 的航空价格，享受平均只比航空货运慢半天的高性价比服务。

在推出“定日达”后短短一年间，天地华宇不断完善“定日达”产品和服务，除了将建成由 338 条“定日达”干线组成的，覆盖全国 26 个主要城市、近 800 个网点的中国首个定日公路快运骨干网络，并借助 TNT 丰富的公路运输管理经验，引入大型分拨中心的网络管理系统，使“定日达”站到站的准时率达到 99%，差错率只有 0.1%，达到欧美最高标准。同时，天地华宇持续升级“定日达”营运网点的设施及服务能力，购置新车，进行人员培训，不断提高员工的专业化服务水平，成为国内高端公路快运服务提供商。“定日达”以差异化的品牌定位及优质的服务，在航空和零担卡车运输之间挖掘了一个新的细分市场，为受困于航空货运高价格的客户提供了更为经济而稳妥的公路快运解决方案，获得了极好的市场反馈。其客户不仅包括本土企业，还包括许多财富 500 强企业，特别是那些分布在高科技、电子、汽车零配件与纺织等行业的大企业客户。今年上半年，天地华宇已完成“定日达”去年全年的业务量，发展势头非常迅猛。

（摘自《钱江日报》，2010 年 12 月 3 日）

问题：

1. 天地华宇“定日达”品牌的内涵是什么？
2. 天地华宇“定日达”品牌为何荣膺“中国最佳国际品牌建设案例”大奖？
3. 如何理解物流企业的产品品牌？
4. 结合本案例分析，我国企业、物流企业应该如何进行品牌建设？

一、品牌的概念

品牌在企业营销活动中有独特的魅力，是销售竞争的有力武器。所以，有必要先对品牌及相关的几个概念进行阐述。

品牌不同于产品，史蒂芬金的一段话明确划清了产品与品牌的分界，也使品牌的定义更为清晰。

产品是具象的，消费者可以触摸、感觉、耳闻、目睹、鼻嗅；产品是物理属性的结合，具有某种特定的功能，比如车可以代步，饮料可以解渴。

品牌是抽象的，是消费者对产品一切感受的总和，它灌注了消费者的情绪、认知、态度及行为，如宝马是高贵的，三得利是可口的，万宝路是野性、阳刚的。

美国市场营销协会对品牌的定义是：品牌是一个名称、术语、标记、符号或图案设计或者是它们的不同组合，用以识别某个或某群销售者的产品或服务，使之与竞争对手的产品或服务相区别。

（一）品牌名称

品牌名称是品牌中可以被读出声音的部分，例如“联想”、“长虹”、“杉杉”都是我国著名的品牌名称。

（二）品牌标志

品牌标志是品牌中可以识别但不能读出声的部分，常常为某种符号、图案或其他独特的设计，如著名的“凤凰”牌自行车中的凤凰图案。

（三）商标

商标是品牌的一部分，代表商标所有者对品牌名称和（或）品牌标志的使用权。商标又可分为注册商标和非注册商标，其中注册商标经过注册登记受到法律保护。可以看到，商标与品牌是既密切联系又有所区别的。不过在生活中有不少人习惯于把商标与品牌相等同。

二、品牌作用

品牌在市场营销中有极为重要的作用。在市场上经常可以发现，同类产品，有的品牌消费者竞相购买，有的品牌却无人问津。因而，建立一个优秀的品牌，直接关系到企业的知名度和信誉，是企业产品策略的重要内容。

（一）对制造商的作用

（1）品牌的建立，便于制造商管理订货和及时发现并处理销售业务上的问题。

（2）品牌中的重要部分——注册商标代表产品的特色和质量特征，得到法律保护，可防止竞争者模仿、抄袭或假冒，保护企业的正当权益。

（3）使用品牌能促进企业销售。品牌能吸引忠实的顾客。品牌忠诚会使制造商在竞争中得到一定保护，并在规划营销组合时有较大的控制能力；同时，使用品牌有助于制造商细分市场，占领多个特定的细分市场；还有利于企业同一品牌的产品系列的拓展，所有这些都有利于企业的销售。

（4）良好的品牌有助于树立企业形象。品牌上印有企业名称能起到宣传作用，当产品创名牌后，相应地，企业声誉就会大增，反过来又会推动产品销售。

（5）品牌起着监督企业产品、保证其质量特征的作用，促使企业努力创名牌、保名牌；同时也有利于对市场的管理。

（二）对经销商的作用

（1）品牌的使用能为经销商经营销售产品提供方便。

（2）借助产品品牌，经销商可以识别供应商。

（3）品牌代表着产品的质量特征，有助于经销商把握一定的生产质量标准。

（4）品牌能增强购买者的偏好，对经销商的销售起到促进作用。经销商还可利用顾客对名牌产品的偏爱，以名牌商品带动其他商品的销售。

（5）有利于树立经销商的信誉。长期经营名牌产品的经销商会在消费者心目中有良好声誉；尤其是自己拥有品牌的经销商，其品牌的好坏与经销商的信誉更为休戚相关。

（三）对消费者的作用

（1）品牌能帮助消费者识别各种商品，更有效地选择和购买商品。

（2）借助品牌，消费者可以得到相应的服务便利，如更换零部件、维修服务等。

（3）品牌能有效地维护消费者利益。消费者购买商品时根据对品牌的印象来抉择，可以避免上当受骗；一旦商品出现问题，消费者可以凭商品品牌要求生产和销售商赔偿损失，并将这品牌公之于众，以免更多消费者受骗。

（4）好的品牌（名牌）对消费者具有强烈的吸引力，深受消费者的喜爱。名牌产品在品质上优于一般产品，具有极为鲜明的商品个性，能在消费者的心目中树立起颇有品位的形象，并能满足消费者的精神需求。

三、品牌资产

大多数人都已经认识到品牌资产是公司价值的重要构成部分，因此品牌资产的评价显得相当重要。

（一）评价品牌资产的会计方法

如果能精确地计算出品牌的资产，就像列在企业资产负债表上的资产一样，当然是最完美的了。资产的价值在于它能提供连续不断的未来所得。人们通常可以接受以下观点：如果品牌的资产在于能提供源源不断的将来的潜在收益，那么，就可以采用会计的方法，即计算它的直接收益。但是，不可否认，无论运用多么先进的模型来做这个工作，某些主观和不确定的因素都是不可避免的。比如，我们很难准确区分收益中哪一部分是来源于品牌资产，哪一部分又是属于公司的其他方面。而且，不同的企业会给其他企业的品牌定不同的价值。如蔓登琳这一品牌对联合利华（著名冷饮品牌“和路雪”的拥有者）的价值显然大大超过它对其他企业的价值，和路雪收购蔓登琳使这一国际知名品牌在亚洲冰淇淋市场上获得了不可动摇的主导地位。因此，虽然用会计方法评估得出的品牌资产由于用数字表示，看起来确定无疑，其实含有一定的不确定因素。

（二）多重准则法

有一个著名的英国模型，使用了一种叫做多重准则的方法来评价品牌资产，这是一个适合专业品牌公司评价国际品牌使用的模型。

国际品牌模型有以下三个基本的输入因素：

（1）品牌所赚取的净利润的估值。

（2）品牌的优势。它以如下七大因素为评价品牌的基础，即领导地位、稳定性、市场、国际化程度、趋势、支持、保护。每个因素允许的最大取值范围从5~25不等（如领导地位的最大值为25，而保护因素的最大值为5），也即给定了不同因素的相对权重。

（3）收益的倍数。它通常以品牌实力的得分为基础，以税前净收益的倍数来确定品牌的资产。

（三）品牌资产测试

一个品牌的资产由多种因素决定。虽然多重准则法考虑了多种因素，是估计品牌的一个好方法，但由于要预测净利润等指标，不确定的成分还是相当大。有一种更直观的品牌资产测试法，即将测试内容分为五大项：品牌知名度、品牌忠诚度、品牌联想、品牌知觉及法律资产（如商标权）。其中品牌忠诚度是品牌最核心、最具价值的内容。通过横向比较品牌的这些因素，就可以比较得出品牌的资产。

1. 品牌知名度

品牌知名度是一个品牌首先追求的，是其他内容的基础，可分四个等级：第一提及知名度、未提及知名度、提及知名度和无知名度。

第一提及知名度是消费者在没有任何提示下，想到某一产品类别立刻就会想起的品牌。比如说到香皂，就想到了力士，提及搜索引擎，第一反应就是雅虎。

未提及知名度，也是消费者在没有任何提示下，想到某一产品类别就会想起的品牌，只是没有第一个想起而已。虽然达到这一级别的品牌够不上产品类别的代名词，但也相当可贵了。

提及知名度，就是经过提示后，消费者表示知道该品牌。这是一个品牌最基础的目标。

无知名度，即经过提示后，消费者毫无反应，这样的品牌资产可能只是等丁它的商标价值了。

2. 品牌忠诚度

可以按消费者对品牌的忠诚度从低到高将消费者划分为：无品牌忠诚者、习惯消费者、满意消费者、情感消费者和承诺消费者。可依据品牌拥有的消费者的类型判断品牌忠诚度。

无品牌忠诚者对品牌的认识没有任何差异，会随时经常地更换品牌。只拥有这样的消费者的品牌可谓毫无忠诚度可言，只能盼好运的降临。

习惯消费者的品牌倾向若有若无，他们会在惯性状态下重复购买某一品牌，属于无意识的品牌忠诚者。

满意消费者对品牌相当满意，而且已经产生了品牌转换成本。提到转换成本，最显著的例子莫过于微软的 Windows 操作系统了。

承诺消费者不仅对品牌产生了感情，更以拥有品牌而骄傲，如人头马 XO 是高贵的象征、派克金笔是成功人士的象征。

3. 品牌联想

品牌联想是消费者在想起某一品牌时所勾起的所有印象、意义、联想的总和。当联想组合成一个完整、综合、有意义的品牌印象时，我们就称之为品牌形象。

4. 品牌认知度

品牌认知度是指消费者对某种品牌在品质上的整体印象。它不仅包括产品本身的品质，还包括产品服务的品质。比如，宝洁是“世界一流产品”，海尔代表星级服务，这些都是消费者对品牌的认同。

消费者对品牌的认知一般通过以下几个方面：

第一，产品的功能和结构；

第二，适用性；

第三，可信赖度；

第四，耐用度；

第五，外观、包装；

第六，价格；

第七，销售服务。

四、品牌策略

（一）品牌设计的基本要求

品牌设计是一种艺术和技巧在企业经营活动中的展现，它不仅需要非常熟悉产品的特性，而且需要有较高的文字和艺术修养，有丰富的人文社会生活知识。

1. 品牌设计要简明醒目

品牌的重要作用是有助于识别商品，为此，要使人们见到后能留下深刻的印象，起到广告宣传的作用，就必须简洁明了，一目了然。在语言上，文字要精练，要易于拼读、辨认、记忆，并朗朗上口、悦耳动听；画面要色彩匀称，图案清晰，线条流畅，和谐悦目。

2. 品牌设计要构思新颖、特色鲜明

只有构思上勇于创新，才能够推出美观大方、风格独特的品牌设计，给消费者以美的享受。

3. 品牌设计要能体现企业或产品的风格

一个品牌设计不是凭空捏造的，它要与企业或产品的风格相匹配，比如，“花花公子”是一个很著名的品牌，但用在机床产品上就十分不妥。好的品牌设计对此要求更高，它要能充分显示企业或产品的特色，使消费者能从中认识到企业及产品的形象和特点，产生购买欲望。

4. 品牌设计要与目标市场的文化背景相适应

尤其是出口商品品牌的设计特别要注重避免使用当地忌讳的图案、符号、色彩，以及令顾客产生异议的文字内容。我国企业在语言方面不光要注意翻译成外文时是否产生了异议，还要注意会不会因汉语拼音与英文混淆而产生异议。

5. 品牌设计要切忌效仿和过分夸张

效仿他人就会缺乏新意、毫无特色；过分夸张最终是自欺欺人，都不会有好的收效。而且，对商标来说，它是受到法律保护的，不可与别的商标雷同，否则是侵权行为，会受法律制裁。

（二）品牌策略

为了使品牌在市场营销中更好地发挥作用，必须采取适当的品牌策略。

1. 品牌化决策

对于一种新产品，有关品牌的第一个决策就是决定企业是否是给产品建立品牌。企业为其产品设立品牌名称、品牌标志，并向有关机构注册登记取得商标专用权的业务活动，就称为品牌建立。

但是，这并不意味着，鉴于品牌具有的多种作用，现代市场上的商品都应建立品牌。建立品牌是要付出代价的，包括设计费、制作费、注册费、广告费，等等，并且还要承担品牌在市场上失败的风险。因此，对某些产品使用品牌，如果对识别商品、促进销售的积极意义很小，就可能得不偿失，这时就可以不使用品牌。

可以不使用品牌的商品一般有以下几类：

（1）本身并不具有因制造商不同而形成的质量特点的商品，如电力、煤炭、木材等；

（2）习惯上不必认定品牌购买的商品，如食油、草纸等；

（3）生产简单，没有一定的技术标准，选择性不大的商品，小农具，以及品种繁多的小商品（如橡皮筋、纽扣）都属此类；临时性或一次性生产的商品。

有趣的是，在当今西方国家市场上存在两种截然不同的倾向：

（1）越来越多传统上不用品牌的商品纷纷品牌化，如食盐被特殊的容器包装以识别制造商，柑橘上贴上了种植者的姓名。

（2）欧美的超级市场上出现了无品牌产品，诸如卫生纸、肥皂、通心粉等，这些在食品、家庭用品等行业所出现的无品牌产品比使用品牌的产品要便宜，对消费者又很具吸引力，使品牌化受到考验。

2. 品牌归属决策

一旦决定对产品使用品牌，制造商对品牌归属就面临三种选择。

（1）使用制造商品牌，或称生产者品牌、全国性品牌。从传统上看，不论中外，因为产品的质量特性总是由制造商确定的，所以制造商品牌一直支配着市场，绝大多数制造商都使用自己的品牌。制造商所拥有的注册商标是一种工业产权，享有盛誉的著名商标可以租借给他人使用，但要收取一定的特许权使用费。

（2）使用经销商品牌，或称中间商品牌、私人品牌。近来，大型零售商、批发商都在发展自己的品牌，这种做法当然要付出代价，如要增加投资用于大批量订货和储备存货，要为宣传私人品牌增加广告费用，还需承担私人品牌被顾客否定的风险等。但是，由于中间商常能找到生产能力过剩的企业为其生产中间商品牌的产品，降低了生产成本和流通费用，从而能以较低售价取得较高的销售额和利润；并且，中间商有了自己的品牌，可加强对价格和制造商的控制；还能利用有限的陈列空间充分展示自己品牌的产品，因此，中间商还是喜欢使用自己的品牌，以增加获利。对于制造商来说，应根据品牌在市场上的声誉来决定采用制造商品牌还是中间商品牌。

（3）制造商品牌与经销商品牌混合使用。这可能有以下三种情形。

第一，制造商品牌与经销商品牌同时使用，兼收两种品牌单独使用的优点。

第二，制造商在部分产品上使用自己的品牌，另一部分则以批量卖给经销商，使用经销商品牌，以求既扩大销路又能建立品牌形象。

第三，为进入新的市场，先采用经销商品牌，待产品在市场上受到欢迎后改用制造商品牌。

3. 品牌质量决策

品牌的质量就是使用该品牌的产品的质量，这是一个反映产品的可靠性、精确性、方便性、耐用性等属性的综合性指标，其中有些属性可以客观地予以测定，但是从营销角度来看，品牌的质量应该以消费者的感觉来测定。品牌质量决策深受产品本身制约，把握消费者对产品的感觉以及产品在市场上的地位也很重要，因此应着重抓好两方面工作：先要决定品牌的最初质量水平是低等、中等还是高等，之后要随着时间的推移对品牌质量加以管理调整。

4. 家族品牌决策

制造商在决定给产品使用自己的品牌之后，面临着进一步的抉择，即对本企业产品是分别使用不同的品牌，还是使用统一的品牌或几个品牌？一般来说，可以有以下四种选择。

（1）对各种产品分别采用不同的品牌，即个别品牌。如上海牙膏厂有“美加净”、“黑白”、“玉叶”、“庆丰”等品牌。这种策略，能严格区分高、中、低档产品，使用户易于识别并选购自己满意的产品，而且不会因个别产品声誉不佳影响到其他产品及整个企业的声誉；还能使企业为每个新产品寻求建立最适当的品牌名称以吸引顾客。缺点在于品牌较多会影响广告效果，易被遗忘。

（2）对所有产品采用一个统一的品牌，即家族品牌。家族品牌是品牌扩展的结果。所谓品牌扩展，是指品牌可以在广泛且具有较大差异的产品领域中扩展，由此产生了家族品牌。美国通用电气公司是最好的例子。这个多年来一直位列世界500强前三甲的企业巨人从飞机引擎、广播、军事电子产品、电机、工厂自动化设备到照明设备、机车、家用设备以及财务服务等各个领域的产品及服务都使用“GE”这个品牌。

采用这一策略的好处在于能减少品牌的设计和广告费用，有利于新产品在市场上较快较稳地立足，并能壮大企业声势，提高其知名度。不过，进行品牌扩展是需要很多前提条件的：

第一，初始品牌的知名度和声誉要好，这样采用该品牌进入新领域的一开始就具有了很强的优势。

第二，新品牌的质量应有所保证。各种产品有相同的质量水平时，品牌扩展策略才能行之有效，否则，某一产品的问题会危及整个企业的信誉。

第三，品牌内涵应该仍能适用。例如，比尔·布拉斯的名字在美国所传达的含义是高档和时髦的女装，如果将其运用到巧克力上，就没有效果了。

第四，专业知识和专有技术的可移植性。比如，法国著名的品牌“达能”能够生产好吃的饼干、牛奶，但如果说达能也能制造高水平的机器，可能很难会有人相信。

第五，消费者感觉的生产难度。如果消费者认为新产品的生产有较大难度，则既有的优势品牌的影响就大得多。索尼在几年前进入个人电脑市场时就更多地享受了这种利益，因为那时电脑被消费者看作是复杂的高科技机器，因此人们信赖有家电技术领先优势的索尼。但是现在，电脑生产越来越普及，厂商也多如牛毛，索尼的名字也许就没有那么大的价值了。

第六，同一品牌的新产品和旧产品在一起是否舒服。如香奈尔的产品——服装、香水——在这个定位为高档消费市场的豪华品牌下相处融洽。

第七，存在市场空隙。这个市场空隙，不仅是对某种新产品，也是对某个特定品牌的产品而言的。比如对于登喜路的运动夹克存在市场空间，对李维斯则不一定了。

（3）对不同类别产品使用不同的品牌。当企业生产截然不同的产品类别时，不宜使用相同的家族品牌，要予以区分。比如美国的斯威夫特公司生产肥料和火腿两类截然不同的产品，就分别使用了费哥若和普瑞姆两种品牌，这样能适当兼顾个别品牌和家族品牌的好处。

（4）将企业名称与个别品牌相结合。这是在企业各种产品的个别品牌名称之前冠以企业名称，可以使产品正统化，享受企业已有信誉，而个别品牌又可使产品各具特色。如通用汽车公司生产的各种小轿车分别使用“别克”、“卡迪拉克”、“雪佛莱”、“庞蒂克”等品牌，而每个品牌前都另加“GM”字样，以表明是通用汽车公司产品。

5. 品牌延伸决策

品牌延伸决策是指企业尽量利用已成功的品牌来推出改进型产品或新产品。这里需要注意的是，品牌延伸和品牌扩展严格来说是两个不同的概念。前者是指在相同或相关领域介绍新产品时使用原有品牌，而后者则进入了差异较大的新的产品领域。

品牌延伸的一种情况是，某企业先推出A品牌的产品，然后推出新的、经过改进的A品牌的产品，接着又推出进一步改进、具有附加利益的A品牌新产品。另一种情况是，利用已获成功的品牌名称推出全新产品，比如，“本田”公司利用其著名的“本田”品牌推出了一种新型割草机。

品牌延伸策略的运用，可以使制造商节约促销新品牌所需的大量费用，而且能使新产品被消费者很快接受。若企业拥有一个强势品牌，绝对应该考虑发展和保护它在市场上的地位。品牌延伸可能有助于这一点，例如诺基亚、摩托罗拉、西门子等各手机知名厂商争先将品牌延伸至新一代的WAP手机，使企业科技领先的形象得以维持和发展。但是，品牌延伸也可能因以下四种情况削弱原有品牌。

（1）品牌延伸的失败会使消费者失去对原品牌产品的信任。如果新产品质量性能等不能令用户满意，就可能影响到消费者购买用同一品牌命名的其他产品的态度。

（2）品牌延伸可能只是从原品牌抢走销售额，即“同室操戈”，使原品牌产品更加虚弱。

（3）管理时间和总的预算时间将在原产品和新产品间分配，经理和工人们的注意力分散了。他们不像以前那样集中在原品牌产品上了。

（4）零售厂商只有有限的货架空间，而每一条新的产品线都会提出额外的货架需求。零售商们可能不愿意接受该品牌的延伸产品，或只把原先分给该品牌的货架划出一部分给这些新产品，这样显然侵害了原品牌产品的利益。

6. 多品牌决策

多品牌决策是指对同一种类产品使用两个或两个以上的品牌。制造商之所以愿意同时经营多种互相竞争的品牌，有如下原因。

（1）制造商可以获得更多的货架面积，而使竞争者产品的陈列空间相对减少。

（2）提供几种品牌可以赢得品牌转换者而扩大销售，事实上大多数消费者都不会因忠诚于某品牌而对其他品牌毫不注意，他们都是不同程度的品牌转换者。

（3）通过将品牌分别定位于不同的细分市场上，每一品牌都可能吸引许多消费者。

（4）新品牌的建立会在企业内部形成激励，并促进效率的提高。不同的品牌经理们在竞争中共同进步，从而使企业产品销售业绩高涨。

然而，品牌并不是多多益善。如果每一品牌仅能占有很小的市场份额，而且没有利润率很高的品牌，那么采用多品牌对企业而言，是一种资源的浪费。

7. 品牌再定位决策

品牌再定位是指因某些市场因素的变化而对品牌进行重新定位。一般而言，当竞争者品牌定位靠近本企业的品牌并夺去部分市场，使本企业的市场份额减少之时；或者消费者的偏好发生变化，形成某种新偏好的消费群，而本企业的品牌不能满足顾客的偏好之时，企业有必要对品牌再次定位。如“七喜”公司对“七喜”牌饮料进行重新定位，宣称“七喜”是非可乐饮料，从而大获成功。

企业在进行品牌重新定位的决策时，要认真考虑两个因素。

（1）将品牌转移到新的市场位置所需的费用，包括改变产品品质费、包装费、广告费等。重新定位离原位置距离越远，变化越大，则所需费用越高；企业改进品牌形象的必要性越大，费用也就越多。

（2）定位于新位置的品牌能获得多少收益。收益的大小取决于在这一细分市场上消费者的数量、平均购买率以及竞争者的数量和实力等因素。

【教学案例】

盈通达物流——打造干线快运龙头品牌

所属行业：物流运输。

服务模式：项目服务。

提供服务：品牌策划，品牌命名，品牌 logo 设计，VI 设计，品牌推广，营销策略。

背景：作为起步于 1997 年的现代综合型第三方物流企业，在竞争激烈的市场中，其陈旧的品牌形象已不足以支撑其进一步发展，盈通达迫切需要打造新的企业品牌形象，实现新的飞跃。

策略：炬创为盈通达规划出一套完整的 VI 重建策略，并通过快速整合推广，提升了品牌形象。

成效：盈通达的企业品牌形象有了焕然一新的面貌，增强了产品认可度和竞争力，迎来了拓展市场的全新机会。

打造中国干线快运龙头品牌——盈通达物流换装工程

作为快速发展的新兴产业，物流行业大大小小的企业如雨后春笋，外资物流企业也不断涌入，正是诸侯争霸，烽烟四起之时。如何在残酷而激烈的内外竞争中求生存求发展，壮大自身实力，已经成为民营物流最为关注的事情。

挑战：盈通达形象新飞跃

作为起步于 1997 年的现代综合型第三方物流企业，盈通达物流有限公司已构建起了覆盖内陆东北区域、华北区域、西北区域、西南区域、华东区域的深度服务网络，初步奠定了较为完善的网络终端服务基础，并凭借起步之初便已完善的海外网络全力拓展第三方物流业务。但在变化多端和竞争激烈的市场中，盈通达陈旧的形象系统已经不足以支撑其在市场中的竞争，如何打造新的品牌形象，实现品牌形象的新飞跃，突破市场重围，成为盈通达物流迫在眉睫的问题。

于是，炬创人从盈通达手中接过了为其量身定做一套全新策略规划，策划 2010 年换装工程这一战略任务。

通过调研分析，炬创发现：盈通达虽然是一家老牌物流企业，但并没有一套完善而具有企业特色的视觉形象识别系统，因此无法在市场中形成统一、鲜明的企业形象和品牌认知。原先沿用的企业标志因为没有突出的特点，在消费者头脑中无法形成冲击力，使盈通达品牌印象淡薄，无法产生品牌效能。

因此，统一视觉识别规范，推动新一轮换装工程，既是盈通达迫在眉睫的补课任务，又是盈通达最佳的品牌提势机会，还是盈通达涉及面最广的大动作！

破题：打造干线快运龙头品牌

任何设计与创意都离不开符合企业实际的良好策略，否则再好的设计与创意都将无的放矢。深谙策略的炬创人为盈通达规划出一整套完整的 VI 再建的换装思路，确保盈通达通过引入新的 VI 系统，达到物超所值的市场效果。

新口号：打造干线快运龙头品牌。

辅助语：干线快运快乐体验。

品牌推广的第一步便是最先抢占消费认知的制高点。盈通达在干线快运方面拥有着十余年时间的积累和积淀，能够整合丰富的快运资源，在该领域有着强劲的传统优势。目前，虽然也有物流企业打出干线快运的旗号，但都不够响亮。

此时，盈通达喊出“打造干线快运龙头品牌”的旗号，并配之以“快乐体验”的快运感觉，既体现了盈通达的核心竞争力，也表达了盈通达争先的企业使命，在同质化严重的物流市场中寻找到差异化切入点。

同时，“中国干线快运龙头品牌”也为企业换装工程定下了整体基调。围绕这一定位，能够通过盈通达对品牌视觉识别的整体思考，继承和延续，建立规范、鲜明、统一的品牌视觉风格。

承题：核心识别元素引领企业新形象

定位明确后，首要任务是建立核心识别符号，改变人们对盈通达品牌的混淆和陈旧的认知，为品牌注入新的活力，提升品牌势能。

炬创公司根据盈通达的企业风格，经过与盈通达的多次沟通交流，为盈通达重新设计制作了全新的企业 LOGO。

新标志整个画面层次分明，流动的波状线极富弹性，形成内动的视觉兴趣中心，有厚重感、力度感、速度感，图形简洁，极富视觉冲击力。画面由蓝色和绿色构成，蓝色寓意沉稳，象征永恒，绿色代表希望。使用这两个色调不仅在美观上给人清爽的感觉，而且也指盈通达干线快运快速稳定的发展。线与画的共构，充分发挥了各自的构形优势，很好地传达了盈通达干线快运的特点。

围绕着新企业标志这一核心元素，炬创设计延伸一套规范化的、必须遵循的、强有力的视觉传播系统。配合不同的辅助元素及色彩区分不同的产品。确保盈通达在任何一个地方都能被清晰地辨认出来，在客户心中留下深刻的品牌映像。

其中主要包括：

1. 事物用品。如名片、信纸、便签、信封、档案袋、文件夹等。

2. 室内标志应用规范。如公司大堂接待台标志应用规范、标准办公室标志应用规范、楼层指示标志应用规范、公共设施标志应用系统等。

3. 室外标志应用规范。如企业外观标志应用规范、户外导向牌标志应用规范、户外灯箱标志应用规范等。

4. 应用产品。如看板、旗帜、员工服装等。

5. 车体外观。

6. 媒体广告。如广告伞、气球、报纸，路牌，汽车等广告落格等。

强化：快速整合推广提升品牌形象

抓住契机！

核心策略确定后，便是执行到位，彻底及快速换装，开展整合推广运动，引起社会高关注度，提升盈通达品牌形象，运输、办公、销售、社会……“不留死角”，借机突破市场上品牌形象模糊的被动局面，使企业新形象尽快深入人心。

一、内部更换与外部更换同步展开

二、外部传播品方面，彻底清理市场遗留的老视觉标识系统

• 在新的传播规划指导下，特别是新的 VI 应用手册，来规范盈通达品牌传播的各种形式。

• 将原来随意的、各自为政的做法，变成统一、规范的应用行为，让消费者随处可以感受盈通达统一品牌形象。

• 凡是涉及公司品牌传播的内容，统一由市场部设计或审核之后制作或投放。

三、配套推广活动将协助换装工程展开

• 新闻发布会

• 报广、软文炒作

• 换装终端生动化

通过新一轮的换装工程，盈通达的企业和品牌形象有了焕然一新的面貌，在客户和合作伙伴心目中的形象也大为提升。换装工程极大地振奋了盈通达的员工士气，增加了加盟商、供应商的信心和信任度。

通过换装，盈通达为客户提供了了解和购买的新理由，增强了产品认可度和竞争力，重新塑造了品牌，迎来了拓展市场的全新机会。

（资料来源：www. juchuang. com/wuliuyunshu/27. html）

第二节　物流产品广告策划

【课前预习思考题】

1. 广告的本质是什么？你喜欢看广告吗？请和大家分享一则让你印象深刻的广告。
2. 广告媒体有哪几种类型？
3. 广告设计有哪些原则？
4. 请设计一个物流服务产品广告。

【案例引入】

盘点经典物流广告语

广告语，带给物流企业成功之作，感受物流艺术作品。广告语是企业形象的元素，是企业文化浓缩的符号。一个持久的企业广告语构思时一定要创新，要具有独特性和新特点，不容易落俗，与同行业不易混淆，要朗朗上口、意义深刻，还要易记、易读、易上口、易写、易懂，同时要符合物流企业自身特点、适合物流企业推广以及强化在行业地位。以下是万联网整理的一些企业的经典广告语：

"一路成就所托。"——敦豪（DHL）。

"你知道我吗?"——美国捷运公司。

"珍惜所托，一如亲递。"——UPS 快递。快递公司的广告宣传往往突出一个"快"字，但 UPS 快递公司通过一系列的广告宣传塑造了自己成为亲和的形象，从问候"早上好"的英俊青年到一张张服务人员的笑脸，UPS 更注重形象的感染力，"珍惜所托，一如亲递"，体现的是人文的关怀和情感的传达。

"使命必达。"——联邦快递（FedEx）。快递公司最注重服务，而服务的最集中体现就是"快"和"准时"，作为全球最早的快递公司，联邦快递拥有数百架专用飞机，因此，对于洲际运输服务也可以做到 24 小时送到，正如他们承诺：使命必达！

"谁更了解亚太地区?"——DHL 广告中的广告语，以此反问来说明：他们在亚太地区错综复杂的路况下反应迅速完成物流任务。

"长城，中国魂"——2000 年为江门新长城货运中心广告语。

"天赐雨露，润泽大地"——中国第一家物流市场：中山市天润物流市场。

"宝石品质，星级服务"——广州拥有 3 千辆货车城市配送供应商：宝星物流公司。

"鼎起中华，威扬天下"——中国物流示范基地：深圳宝鼎威物流中心。

"天下物流，宏图伟业"——中国物流第一村：中山天宏物流市场。

"金色满园，鹏程万里"——中国物流园区自主创新示范基地：深圳金鹏物流园。

"西部水都，舞动中国"——占地 18.66 平方公里的中国西部现代物流港。

"天发顺和，源盛李庄"——临沂李庄社区顺和工贸公司投资的天源国际物流园。

"黄海之滨，金色港湾"——22 平方公里的中国金港湾国际物流园区。

"首都北京，高端基地"——北京唯一的公铁联运物流基地：西南良乡物流基地。

"领衔关中，凤舞中华"——规划占地 9.3 平方公里的关中经济区-宝鸡物流园区。

"高原雄鹰，苍海明珠"——大理滇西物流商贸城。

"聚全球资源，畅天下物流"——顺德亚洲国际物流货运中心。

"选你所爱金色，爱你所选家园"——金家物流园招商广告语。

"卓越来自与您领衔川渝，乘天时，西部崛起；

成功来自与您拓展遂宁，据地利，物流添翼；

财富来自与您共创明天，聚人和，倾情合力。"——规划占地 18.66 平方公里的中国西部现代物流港招商广告语。

“联结万亿应用，通达亿万服务，为客户提供优质、高效的物流和供应链互动服务。”——万联网物流信息互动平台的公司愿景。

“厚德载物，根植物流，策划明天，创意未来”——中国物流策划研究院、广州李芏巍物流策划机构广告语。

“以心传递，畅达天下”——远成集团广告语。

“北方的物流港，中国的好望角。”——好望角物流广告语。这是为河北好望角物流发展有限公司量身定做的主广告语。好望角取自地名，位于非洲南部，是沟通印度洋和大西洋之间标志性的地域。该广告语把物流港和好望角对应起来，把方位、地名迅速地拉到一起，并生成一种新的意境，既体现了物流“汇通天下”的特点，也寓意公司立志成为中国物流示范企业的愿景。广告语寓意深远、大气磅礴，不仅朗朗上口，也融入了公司发展的全部理念。

（资料来源：海达范文网，http：//www. smhaida. com/）

问题：

1. 你觉得广告语重要吗？为什么？

2. 请点评案例中的广告语，你觉得哪些比较好？为什么？

3. 请为案例中你认为不好的广告语想一句更好的广告语。

一、广告的概念

（一）广告的概念

广告一词源于拉丁语 adverture，有“注意”、“诱导”、“大喊大叫”和“广而告之”之意。广告作为一种传递信息的活动，它是企业在促销中普遍重视且应用最广的促销方式。市场营销学中探讨的广告，是一种经济广告。市场营销学中的广告是广告主以促进销售为目的，付出一定的费用，通过特定的媒体传播商品或劳务等有关经济信息的大众传播活动。从广告的概念可以看出，广告是以广大消费者为广告对象的大众传播活动；广告以传播商品或劳务等有关经济信息为其内容；广告是通过特定的媒体来实现的，并且广告主要对使用的媒体支付一定的费用；广告的目的是为了促进商品销售，进而获得较好的经济效益。

（二）广告的种类

根据不同的划分标准，广告有不同的种类。

1. 根据广告的内容和目的划分

（1）商品广告。它是针对商品销售开展的大众传播活动。商品广告按其目的不同可分为三种类型：一是开拓性广告，亦称报道性广告。它是以激发顾客对产品的初始需求为目标，主要介绍刚刚进入投入期的产品的用途、性能、质量、价格等有关情况，以促使新产品进入目标市场。二是劝告性广告，又叫竞争性广告。它是以激发顾客对产品产生兴趣，增进“选择性需求”为目标，对进入成长期和成熟前期的产品所做的各种传播活动。三是提醒性广告，也叫备忘性广告或提示性广告。它是指对已进入成熟后期或衰退期的产品所进行的广告宣传，目的是在于提醒顾客，使其产生“惯性”需求。

（2）企业广告，又称商誉广告。这类广告着重宣传、介绍企业名称、企业精神、企业概况（包括厂史、生产能力、服务项目等情况）等有关企业信息，其目的是提高企业的声望、名誉和形象。

（3）公益广告。公益广告是用来宣传公益事业或公共道德的广告。它的出现是广告观念的一次革命。公益广告能够实现企业自身目标与社会目标的融合，有利于树立并强化企业形象。公益广告有广阔的发展前景。

2. 根据广告传播的区域来划分

（1）全国性广告。它是指采用信息传播能覆盖全国的媒体所做的广告，以此激发全国消费者对所广告的产品产生需求。在全国发行的报纸、杂志以及广播、电视等媒体上所做的广告，均属全国性广告。这种广告要求广告产品是适合全国通用的产品，并且，因其费用较高，也只适合生产规模较大、服务范围较广的大企业，而对实力较弱的小企业实用性较差。

（2）地区性广告。它指的是采用信息传播只能覆盖一定区域的媒体所作的广告，借以刺激某些特定地区消费者对产品的需求。在省及县报纸、杂志、广播、电视所做的广告，以及路牌、霓虹灯上的广告均属地区性广告。此类广告传播范围小，多适合于生产规模小、产品通用性差的企业和产品进行广告宣传。

此外，还有一些分类。例如，按广告的形式划分，可分为文字广告和图画广告；按广告的媒体不同，可分为报纸广告、杂志广告、广播广告、电视广告、互联网广告，等等。

二、媒体的选择

在广告传播活动中，公司都希望能以最小的成本获得最好的广告效果。在广告媒体运用时，如何选择媒体、媒体组合及把握媒体的推出时机，都牵涉到广告预算及广告效果评价，因此，必须精心策划，从众多广告媒体中作出正确的选择。

（一）广告媒体类型

广告媒体就像大海中的一叶飞舟，将信息传递给大海两岸的消费者。而广告媒体的发展也日新月异，种类不断增加，形式不断变化。

1. 报纸

报纸广告是一种历史悠久的广告媒体，我国全国性和省一级的报纸有一百多种，分成日报、晚报、隔日报、周报，并按报纸内容分成综合性和专业性等不同种类。由于报纸与广大消费者的生活密切相关，它成为我国最重要的广告媒体之一。

2. 杂志

我国共有五千多种杂志，可分为周刊、半月刊、月刊、双月刊、季刊以及年刊，专业领域分布从政治、经济、军事到文化、教育、生活、娱乐等多方面，有些是完全专门性的，有些是综合性的。杂志广告中封面和封底的价值最大，其次是封二、底二、中间插页以及其他部位。

3. 广播

广播广告在我国有七十多年的历史，是我国覆盖面最广、消息传递最迅速的媒体。广播广告完全通过语言和音响效果来表达广告的意境，要求广告语言自然、简短易记，并有很高的播音技巧。

4. 电视

电视广告集声音、形象、音乐于一体，作为现代社会信息传播中最具魅力的工具，其广告效果也是最为明显的。电视广告的表现方式丰富多彩，可以通过故事式、名人推荐式、解决问题式、引证式、示范式、警吓式、赋予广告以生命力的幽默式等形式，提高电视广告的吸引力。

5. 户外广告

户外广告主要包括路牌、霓虹灯、旗帜、招贴、灯箱等形式。如果我们能在城市的主要交通路口，人群汇集地选择引人注目的地方，用独特的方式进行户外广告，效果是非常好的。

6. 网络

随着互联网的发展，网络广告越来越得到广泛的运用。据报道，英国前 100 家最大的广告主中有 83 家做网络广告，全球最大的 500 家企业中有 400 家在环球网上注册了网址，目前中国也逐渐重视网络广告的作用，越来越多的企业采用了上网做广告的形式。

以上六种媒体可谓各具特色，它们的优缺点见表 6-1。

表 6-1　　**六种媒体优缺点比较表**

媒体形式	优　点	缺　点
报纸	读者广泛、稳定、覆盖面广；传递及时、可长期保存、反复研究；收费低，改稿容易	寿命短，因为报纸很少重印；内容多，易分散注意力；清晰度低，美感少
杂志	灵活性高；寿命长，能重复出现；宣传对象准确，效率高；转读率高，可保存	时间长，往往失去良机；杂志广告隐于书中，不易被发现；影响较小
广播	不受交通限制，传播信息快；灵活性高；范围宽广；费用低	电波转瞬即逝，不易保存；只有声音不见形象，不能给消费者以深刻的印象
电视	可利用各种艺术手法，给消费者强烈的感染力；较高的灵活性；范围广；不受时空限制，及时迅速	费用高；受外界干扰少，使广告的针对性下降；有时播放不当，容易引起消费者的反感
户外广播	展示时间长；表现手法灵活；不受竞争对手干扰；费用低	很难有特别的创意；可选地方受限制；难修改，时效性差
网络	速度快，制作成本低；跨越时间、空间限制；动态及时；反馈的可测性高；与消费者的互动性强	目前网络广告点击率还不高，这使宣传范围受限；技术含量要求高；在中国，网络广告还受种种限制

（二）具体广告媒体选择

在进行具体广告媒体选择时，一个最基本的指标是千人成本标准，即计算某一特定媒体工具触及一千人的平均成本。如某日报整版套红印刷的广告费用为800元，其读者约有300万人，则广告触及每一千人的平均成本是：（8800×1000）/3000000＝2.9元。又如，甲乙两种性质相同的报纸，对同一广告的收费分别为5万元和3万元，甲报的读者量为1000万人，乙报的读者量为500万人，用千人成本法比较：

甲报千人成本＝（50000×1000）/10000000＝5（元）

乙报千人成本＝（30000×1000）/5000000＝6（元）

由上可看出，选择千人成本较小的甲报作为广告媒体更合算。

当然，单就某种媒体每千人的成本就立即断定哪种媒体是最佳似乎还不够，我们还需要根据以下几方面的情况进行修正。

（1）根据这一媒体的观众性质进行修正，这就是指你的目标公众和你所选的媒体的观众是否一致。

（2）广告媒体的展示价值应根据观众注意的程度加以修正，例如时装杂志的读者对广告的注意率比某学报的读者对广告的注意率高得多。

（3）展示的价值还要根据媒体的声望和编辑质量加以修正，因为每一种媒体在公众心目中的可信度和接受程度对广告最后的影响力起到至关重要的作用。

（4）展示的价值还要考虑不同的广告地位并加以修正，在印刷媒体中，这种不同的地位意味着广告刊登的不同部位，其中对报纸来说，报眼的地位最高。

（三）广告媒体组合

每一种媒体都有其短处和长处，将两种或两种以上的媒体组合起来，优势互补，克服弱点，使广告达到最佳效果，这是媒体组合的根本指导思想。

1. 广告媒体组合的优势

广告媒体组合策略之所以能使商品产生轰动效应和良好的促销效果，主要由于具有以下三方面的优势：

（1）重复效应。由于各种媒体覆盖的对象有时是重复的，因此媒体组合的使用将使部分广告受众增加，广告接触次数增多，也就是增加广告传播深度。消费者接触广告次数越多，对产品的注意度、记忆度、理解度就越高，购买的冲动就越强。

（2）延伸效应。各种媒体都有各自覆盖范围的局限性，假若将媒体组合运用则可以增加广告传播的广度，延伸广告覆盖范围。广告覆盖面越大，产品知名度越高。

（3）互补效应。即以两种以上广告媒体来传播同一广告内容，对于同一受众来说，其广告效果是相辅相成、互相补充的。由于不同媒体各有利弊，因此组合使用能取长补短，相得益彰。

2. 媒体组合策略的方式

（1）瞬间媒体与长效媒体的组合。瞬间媒体指广告信息瞬时消失的媒体，如广播电视等媒体，由于广告一闪而过，信息不易保留，因而要与能长期保留信息，可供反复查阅的长效媒体配合使用。长效媒体一般是指那些可以较长时间传播同一广告的印刷品、路牌、霓虹灯、公共汽车等媒体。

（2）视觉媒体与听觉媒体的组合。视觉媒体指借助于视觉要素表现的媒体，如报纸、杂志、户外广告、招贴、公共汽车广告等。听觉媒体主要借用听觉要素表现的媒体如广播、音响广告，电视可以说是听觉、视觉完美结合的媒体。听觉媒体更抽象，可以给人丰富的想象。视觉媒体更直观，给人以一种真实感。

（3）大众媒体与促销媒体的组合。大众媒体指报纸、电视、广播、杂志等传播面广，声势浩大的广告媒体，其传播优势在于"面"。但这些媒体与销售现场脱离开来，只能起到间接促销作用。促销媒体主要指招贴、邮寄、展销，户外广告等传播面小、传播范围固定，具有直接促销作用的广告，它的优势在于"点"，若在采用大众媒体的同时又配合使用促销媒体能够点面结合，起到直接促销的效果。

【教学案例】

"娃哈哈"的媒体组合

"娃哈哈"是一种家喻户晓的儿童营养液，在江浙一带几乎已深入到每一个家庭，然而其在北京的市场占有率并不高。如何使北京人也喜爱娃哈哈呢？聪明的企业家决定使用广告媒体组合的方式打破这个缺口。

"娃哈哈"首先选择报纸媒体进行"巷战"。因为"娃哈哈"是一种营养型口服液，而市场上口服液品种繁多，消费者所需要的是科学性的指导和解说，而报纸应该是首选。他们选择的主要报纸有：《北京日报》、《北京晚报》、《北京广播电视报；健康报》、《医药报》、《妇女报》、《少年儿童报》、《中国科技日报》、《经济日报》。整个活动以《北京晚报》为主，这个媒介在北京拥有读者最多，是最理想的发布媒介。

在消费者对"娃哈哈"有一定了解后，"娃哈哈"把重点放在了电视广告上。他们选择了北京电视台作为主要媒介，其理由是北京市民对市电视台在一定程度上要比其他台有亲近感，收视率高，另外经济合算，收费适中。电视广告播出后，引起强烈反响，收到了预期的效果。

"娃哈哈"对广播媒体也不放过。北京市民收听广播的习惯一直较好，因此可以借助广播电台的力量为我所用。广告分为两则，一则以抒情诉求方式为主，另一则以产品告示诉求方式为主，都取得了良好的效果。

另外，"娃哈哈"还联系了几个地段，树立路牌，做起了户外广告，扩大了产品的影响。

"娃哈哈"的广告媒体组合策略为企业和产品树立了良好的形象，赢得了广大消费者的青睐，"娃哈哈"可以说是隔着门缝吹喇叭——名声在外了。

（摘自《消费品营销策略》）

（四）媒体时机决策

媒体时机的决策是指对广告发布时间和广告使用方式的规划与安排。

1. 广告发布的时间形式

广告发布时间一般可分为：集中式、连续式、间歇式。

（1）集中式是指广告费用集中于一段时间使用，以便在较短时间内形成强大的广告攻势。这种方式常用于开拓新市场、新品上市等情况。如“恒源祥”在推出其羊绒线时在中央电视台频繁做广告，每隔五分钟观众就能听到“羊羊羊”的声音，给人深刻的印象。

（2）连续式是指在一段时间内均匀地安排广告发布时间，使广告反复地出现在观众面前，以逐渐加深消费者对产品的印象。这种方法在对顾客不因季节变化而购买的产品中经常使用。如可口可乐和百事可乐几乎每天都活跃在荧屏上，而且经常变换着广告的形式，日积月累，红色的可口可乐和蓝色的百事可乐在消费者心中已根深蒂固。

（3）间歇式是指做一段时间广告，然后停一段时间，这样反复进行下去。这种方法在季节性产品及广告费用不足时经常使用。比如各种品牌的空调在夏季广告攻势较强，在冬季则很少。

2. 广告发布的使用方式

广告使用方式可分为：水平式、上升式、下降式、交替式。

水平式指均匀使用广告；上升式指开始使用强度小，然后逐渐增强；下降式则指开始使用强度大，然后逐渐减弱；交替式指使用强度交替变化。

图 6-1 清晰地显示了广告发布时间和广告使用方法的组合。

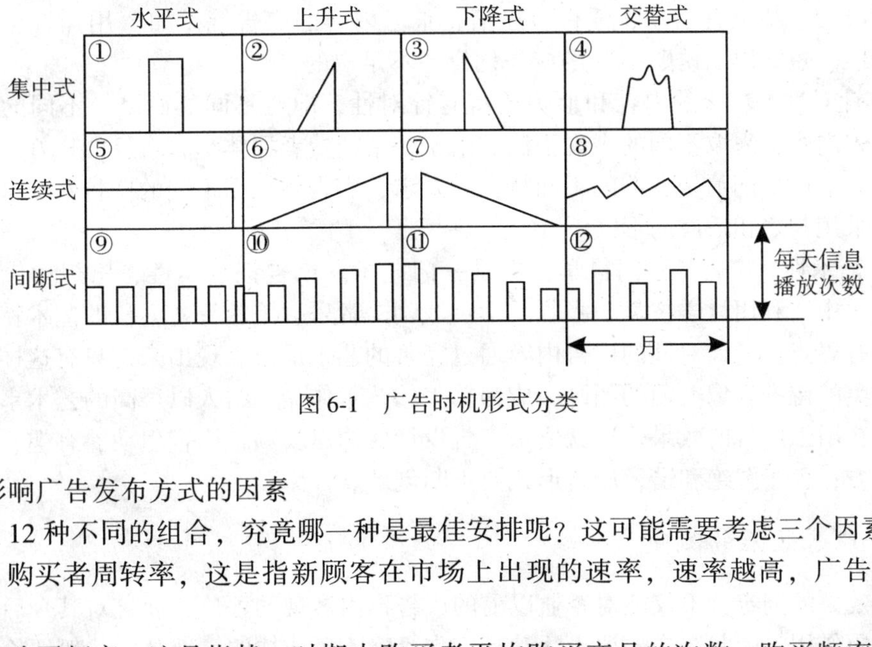

图 6-1　广告时机形式分类

3. 影响广告发布方式的因素

以上 12 种不同的组合，究竟哪一种是最佳安排呢？这可能需要考虑三个因素：

（1）购买者周转率，这是指新顾客在市场上出现的速率，速率越高，广告越应该连续不断。

（2）购买频率，这是指某一时期内购买者平均购买产品的次数，购买频率越高，广告越应该连续。

（3）遗忘率，这是指购买者遗忘某种产品的速率，遗忘率越高，广告越应该连续。因此，一定时期内是均匀地安排广告还是不均匀地安排广告并没有一个定论，一般的选择方式是根据经营者对购买者的认识和经验决定。

三、广告的设计原则

广告效果，不仅取决于广告媒体的选择，还取决于广告设计的质量。高质量的广告必须遵循下列原则来设计。

(1) 真实性。广告的生命在于真实。虚伪、欺骗性的广告，必然会丧失企业的信誉。广告的真实性体现在两方面。一方面，广告的内容要真实，包括：广告的语言文字要真实，不宜使用含糊、模棱两可的言词；画面也要真实，并且两者要统一起来；艺术手法修饰要得当，以免使广告内容与实际情况不相符合。另一方面，广告主与广告商品也必须是真实的，如果广告主根本不生产或经营广告中宣传的商品，甚至连广告主也是虚构的单位，那么，广告肯定是虚构的、不真实的。企业必须依据真实性原则设计广告，这也是一种商业道德和社会责任。

(2) 社会性。广告是一种信息传递。在传播经济信息的同时，也传播了一定的思想意识，必然会潜移默化地影响社会文化、社会风气。从一定意义上说，广告不仅是一种促销形式，而且是一种具有鲜明思想性的社会意识形态。广告的社会性体现在：广告必须符合社会文化、思想道德的客观要求。具体说来，广告要遵循党和国家的有关方针、政策，不违背国家的法律、法令和制度，有利于社会主义精神文明，有利于培养人民的高尚情操，严禁出现带有中国国旗、国徽、国歌标志、国歌音响的广告内容和形式，杜绝损害我国民族尊严的，甚至有反动、淫秽、迷信、荒诞内容的广告等，如“用黑社会交易来反映产品紧俏、短缺以劝诱购买”的广告创意是不足取的。

(3) 针对性。广告的内容和形式要富有针对性，即对不同的商品、不同的目标市场要有不同的内容，采取不同的表现手法。由于各个消费者群体都有自己的喜好、厌恶和风俗习惯，为适应不同消费者群的不同特点和要求，广告要根据不同的广告对象来决定广告的内容，采用与之相适应的形式。

(4) 艺术性。广告是一门科学，也是一门艺术。广告把真实性、思想性、针对性寓于艺术性之中。利用科学技术，吸收文学、戏剧、音乐、美术等各学科的艺术特点，把真实的、富有思想性、针对性的广告内容通过完善的艺术形式表现出来。只有这样，才能使广告像优美的诗歌，像美丽的图画，成为精美的艺术作品，给人以很高的艺术享受，使人受到感染，增强广告的效果。这就要求广告设计要构思新颖，语言生动、有趣、诙谐，图案美观大方，色彩鲜艳和谐，广告形式要不断创新。

四、广告效果的测定

广告效果的测定，不仅能对企业以前的广告作出客观的评价，而且对其今后的广告活动起到指导作用。因此广告的评价活动是广告策略不可或缺的一部分。一般评价活动包括沟通效果评价和销售效果评价，沟通效果的评价可以采用预试的方法，而销售效果的评价，更多地需要考虑实际的市场反应，难度也会大一些。

(一) 沟通效果评价

沟通效果的测试主要是判断广告是否在有效地传播信息。它包括事前和事后测试两种。

1. 事前测试

（1）直接评分法。就是邀请学者、专家或其他有代表性的顾客来评价广告的效果。一般是通过广告评价单来进行测评，即根据广告每一项目评价得分，再根据评分判断是否是好广告（如表 6-2）。

表 6-2　　**广告评价单表**

评价项目和依据	权　数 X	广告打分 Y											评　分 X * Y
		0	1	2	3	4	5	6	7	8	9	10	
因广告引起的立即购买行为	0.2							✓					1.2
对广告宣传重点的认知	0.2											✓	2.0
对广告的好感程度	0.1							✓					0.6
能否知道广告的全部内容	0.1						✓						0.5
广告引起的兴趣程度	0.1										✓		0.9
广告吸引注意的程度	0.2							✓					1.2
广告所唤起的潜在能力	0.1									✓			0.8
合计	1.0												7.2

（2）市场试验法。该方法是选择两个以上试验市场，进行广告效果测定的一种方法。具体做法是选择两个情况基本相同的地区销售同一种产品，一个地区运用甲广告，另一个地区运用乙广告，然后比较两个地区的广告效果，总结经验，扬长避短。该方法的优点在于真实可靠，但耗费大量人力物力。

（3）仪器测定法。广告研究人员利用各种仪器来测量公众对于广告的心理反应，如心跳、血压、瞳孔放大以及流汗情景，这类试验只能测量广告的吸引力，而无法测量公众对广告的信任、态度或意图。

2. 事后评价

（1）广告触及率测定。这里的触及率指的是接触过广告的人数占被测总人数的比例。如某广告发布后，经测定，看过的人数为 5000 人，被测人数为 10000 人，其广告触及率为（5000/10000）×100%＝50%

（2）知名度测定。知名度通常是以广告接受者对企业名称、广告品牌、商标等的记忆程度为测定内容。通过诸如"你看过夏士莲的广告吗?"等问题来统计品牌的知名人数，然后以知名人数占测定人数的比例作为知名度进行测定。

（3）理解度测定。理解度通常以广告接受者对广告内容、产品作用、功能等的了解程度作为测定内容。如某产品经过广告宣传后，经测定，品牌理解人数为 5000 人，被测定人数为 10000 人，则理解度为（5000/10000）×100%＝50%。

理解度可以用问卷的形式加以测定。如：

夏士莲是一种什么产品?

药品□　洗发及护肤用品□　电视□　食品□　酒□

（二）销售效果测定

在现实的市场营销过程中，人们可以发现一个具有好的沟通效果的广告，并不一定就能带来好的沟通效果。很明显，决定市场销售的因素异常复杂，可能来自于广告，也可能来自于产品本身或价格，或销售渠道。一个好的广告可能迅速提高了某一产品的知名度，增加了公众的偏好，但究竟能提高多少销售量，也是一个难以准确回答的问题。一般有两种方法来测试广告的销售效果。

1. 统计法

统计法是运用先进的统计技术，推算广告费用与产品销售比率，以此来测定广告宣传效果的方法。比如，可以用“广告费用/销售额”来计算广告费用比率，广告费用比率越低，广告效果越好；又如，可以用“销售额增加率/广告费用增加率”来计算广告效果比率，广告效果比率越高，广告宣传效果越好；另外还可以用“广告利润效益法”进行测定，广告利润效益=（广告后销售量-广告前销售量）×每件产品利润额-广告费用。广告利润效益越大，广告宣传效果越好，当其为负值时，广告是亏本的。

2. 实验法

实验法，即把市场划分为不同的细分市场，这些细分市场有些是同质的，有些是异质的，研究人员可以在这些同质和异质的细分市场上投资不同量的广告，然后观察细分市场的反应，从而确定哪种广告投资在不同的细分市场上最合适。例如，美国著名的杜邦公司，它的颜料部将 56 个销售区域分成高、中、低三种市场份额的区域。杜邦公司在其中 1/3 区域采用正常数额的广告费；在另一个 1/3 区域花正常数额的 2. 5 倍的广告费；而余下的 1/3 区域中花正常数额的 4 倍的广告费（如表 6-3）。

表 6-3　　**测试三种不同水平的广告支出对市场份额影响的实验设计**

		杜邦公司的广告费用		
		正常数额	2. 5×正常数额	4×正常数额
杜邦公司的市场份额	高			
	中			
	低			

杜邦公司先前认为较高水平的广告支出可创造更多的市场份额。然而，试验的结果却发现，较高的广告支出所产生的销售增长呈递减趋势，即使在原来市场份额较高的区域，较高的广告支出所带来的市场销售增长也很微弱。因此对广告的支出应抱谨慎态度，应把注意力更多地集中于市场的实际反应。

第三节 物流企业内部营销策划

【课前预习思考题】

1. 什么是内部营销？和外部营销有什么差别？
2. 内部营销的本质是什么？重要性体现在哪些方面？
3. 如何设计一份物流企业内部营销策略？

【案例引入】

联邦快递的文化：特殊“法庭”保证员工快乐工作

联邦快递中国区总裁陈嘉良表示，联邦快递的成功部分得力于雇主品牌建设。

李文明可能是联邦快递中国区最“老”的员工之一，他在这家公司工作了将近10年。在这里工作很开心。“10年前，我从基层操作员做起，一步步走到今天。虽然过去也曾接到过不少猎头的电话，但我不愿离开，今后也不打算离开。”李文明对《每日经济新闻》强调，他很喜欢这里的企业文化，而且像他这样的员工，在联邦快递中国区并不少见。

1. 特殊“法庭”与SFA

在接受专访时，联邦快递中国区总裁陈嘉良表示：“经常有人问我联邦快递的成功秘诀，我告诉他们，答案是PSP——People（人）、Service（服务）、Profits（利润），这是公司管理层始终坚持的管理理念，也是我们企业文化的一部分。”

在联邦快递，“以人为本”有一套严格的制度来保障，其中最具特色的一项是员工特殊“法庭”。“如果员工对我有什么不满意，可以向联邦快递亚太区的总裁上诉。”陈嘉良说。

原来，在联邦快递，员工如果认为自己权益受到直接领导的侵犯，可越级向上级领导提起“诉讼”，上级领导必须在7日内开一个“法庭”，公开“审判”，并作出“判决”，以帮助员工维权。如果该员工仍然不服，可以向更高一级领导继续上诉，该领导同样必须在7日内调查此事并作出处理。

在联邦快递，员工还手握一项“重权”，即每年都要给部门经理打分，分数将作为经理们能否获得晋升的重要参考依据。评分结束后，公司会召开专门会议，讨论员工对部门经理提出的建议，得到可行方案后立即加以执行，而且公司每过一个季度都会对这些方案的执行效果进行考核。

这一做法在联邦快递被称为SFA（Survey调查、Feedback反馈、Action执行），它有效地保证了员工与管理层之间的顺畅沟通、紧密合作。

2. 5400万元人民币的培训费

除了在制度上对员工权益加以保障外，联邦快递还投入巨资，加强员工培训。公司规定，每位员工每年都可获得2500美元奖学金，如今联邦快递中国区已有2700多名员工，公司每年要投入约5400万元人民币的培训费用。

早在2001年，李文明就用这笔奖学金读了MBA，当时公司并没有要求他签任何合同，比如今后工作年限必须超过多少年等。

陈嘉良对此评价说："将心比心，公司对员工好，员工就会对公司好，这是一个很简单的道理；其次，员工水平提高，客户才会满意，公司才能得到利润，如果利润能转化为对员工的再投资，就会形成一个良性循环。"

3. 陈嘉良的现身说法

在人事任免方面，为体现公正、公平的原则，公司会定期拿出一定数量的领导岗位在内部公开招聘，凡具有竞争力的员工都可通过招聘上岗。"每个人都可以比较岗位得失，参照自己的能力和价值取向作决定。"李文明说，他正是靠这条公开的路子一步步走到今天。

陈嘉良及其上司都是很好的例子。"我本人就是从一个销售员做到现在这个位置的，目前的亚太区总裁初入联邦快递时，从事的是分拣包裹工作，他的上司早先也曾是一名递送员。"陈嘉良还透露，联邦快递正在中国开展一项经理人培训计划，从一线寻找人才，并对他们进行一年半的培训，再送到国外学习，让他们到不同岗位轮岗，帮助其快速成长，并为公司储备人才。

记者：现在很多公司都已明确提出要让员工"快乐工作"，但我们与CCTV、智联招聘共同进行的"快乐指数"调查结果并不令人乐观，你是怎样理解"快乐工作"的？

陈嘉良：我非常赞同你们这次雇主调查的主题——快乐工作。在联邦快递，我们认为"快乐工作"有三层含义：

其一，一般而言，每个员工每天待在公司的时间会比在家的时间长，如果员工在公司不快乐，就意味着员工一天中大部分的时间都不快乐，这样的状态下如何能够做好工作？

员工不快乐，原因无非两条：薪资达不到预期或者工作环境差。所以，每家公司都应该努力营造一种"家"的氛围，让公司成为员工的第二个家，让员工能在公司得到温暖、快乐与支撑。

其二，如果员工能把公司当成"家"，能够得到快乐，就一定会希望这个"家"获得成功，整个团队会更加努力。

其三，眼下工作压力只会越来越大，因此需要越来越明晰的目标，知道哪些地方需要改善，工作应该如何开展，需要哪些部门配合等。经过大家共同努力所取得的成功，会给每一名员工带来成就感，带来持久的快乐。

（资料来源：中国人力资源开发网，http：//www.chinahrd.net/article/2005/12-07/36522-1.html）

问题：

1. 联邦快递为什么要用特殊"法庭"保证员工快乐工作？

2. 联邦快递要用特殊"法庭"保证员工快乐工作的哲学逻辑是什么？

3. 相比这一方面，国内企业和联邦快递的差距在哪里？

在物流服务营销的"7P"组合中，"人"的要素是比较特殊的一项。对于物流企业来说，人的要素包括两个方面的内容，即服务人员（员工）和顾客。

一、服务人员及内部营销

（一）服务人员

1. 服务人员的地位及服务利润链

在提供物流服务产品的过程中，人（物流企业的员工）是一个不可或缺的因素，尽管有些物流服务产品是由机器设备来提供的，如网上物流服务等，但物流企业的员工在这些服务的提供过程中仍起着十分重要的作用。对于那些要依靠员工直接提供的物流服务，员工因素就显得更为重要。一方面，高素质、符合有关要求的员工的参与是提供物流服务的一个必不可少的条件；另一方面，员工服务的态度和能力水平也是决定顾客对物流服务满意程度的关键因素之一。

通常，一个高素质的员工能够弥补由于物质条件的不足可能使顾客产生的缺憾感，而素质较差的员工则不仅不能充分发挥物流企业拥有的物质设施上的优势，还可能成为顾客拒绝再使用物流服务的主要缘由。考虑到人的因素在服务营销中的重要性，克里斯蒂安·格隆罗斯提出，服务业的营销实际上由三个部分组成（见图 6-2），物流服务也不例外。

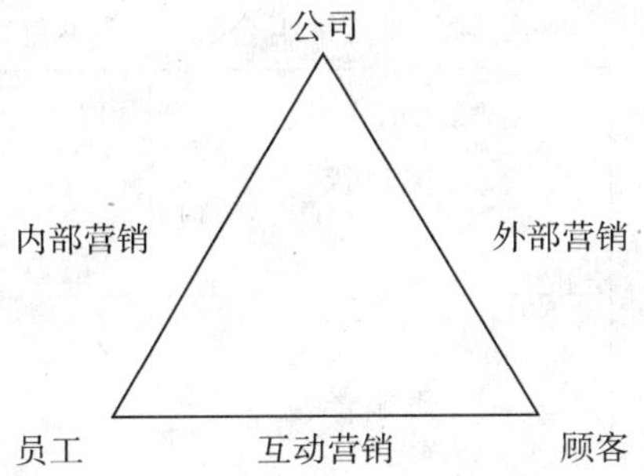

图 6-2　服务业三种类型的营销

其中，外部营销包括企业提供的服务准备、服务定价、促销、分销等内容；内部营销则指企业培训员工及为促使员工更好地向顾客提供服务所进行的其他各项工作；互动营销则主要强调员工向顾客提供服务的技能。图 6-2 中的模型清楚地显示了员工因素在服务营销中的重要地位。

在物流服务营销组合中，处理好人的因素，就要求物流企业必须根据物流服务的特点和服务过程的需要，合理进行物流企业内部人力资源组合，合理调配好一线队伍和后勤工作人员。以一线员工（或称前线员工）为“顾客”，以向顾客提供一流的物流服务为目的，开展好物流企业内部营销工作。顾客对物流企业服务质量评价的一个重要因素是一线员工的服务素质和能力，而要形成并保持一支素质一流、服务质量优异的一线员工队伍，物流企业管理部门就必须要做好员工的挑选和培训工作，同时要使物流企业内部的“二线”、“三线”队伍都围绕着为一线队伍的优质服务提供更好的条件这一中心展开。只有为一线员工创造了良好的服务环境，建立了员工对物流企业的忠诚，进而才能实现员工为顾客服务的热忱，并通过较高的服务质量赢得顾客对企业的忠诚，从而使得企业获取收益。而物流服务利润链对这一思路做出了很好的说明，见图 6-3。

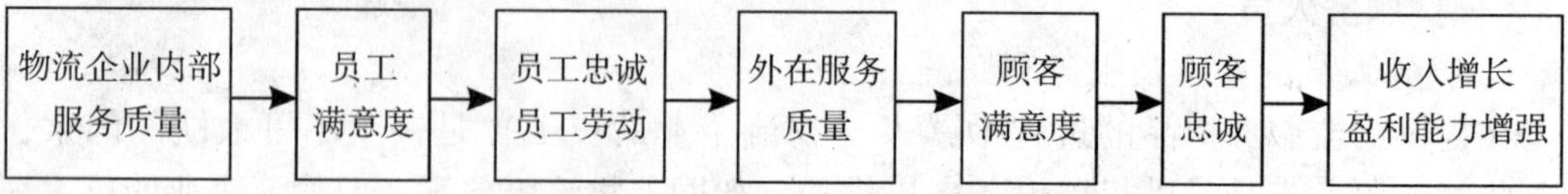

图 6-3 物流服务利润链

物流企业要对员工从事内部营销，对顾客则从事外部营销，而员工之间则交互营销，共同为顾客提供服务。因此，物流企业的营销不仅施之于顾客，而且还要针对于内部员工身上，这不同于有形产品的营销。

2. 服务人员

贾德根据服务人员接触顾客的频繁程度不同和参与常规营销活动的程度不同把服务营销中的人员分为四类（如图 6-4 所示）：接触者、改善者、影响者和隔离者。

	参与常规营销组合	不直接参与营销组合
频繁地或定期地与顾客接触	接触者	改善者
不频繁地或设有与顾客接触	影响者	隔离者

图 6-4 营销人员分类

接触者是物流企业服务的主要传递者，也是企业营销活动的主要执行者。改善者指经常地与顾客接触，但是并不经常参与常规的营销活动的人员，如企业的接待人员、总机接线员等。影响者是指不经常参与顾客接触，但是参与常规的营销活动的人员，如产品设计开发人员等。隔离者是指不经常与顾客接触也不经常参与常规的营销活动的人员，如人事等部门的员工。

物流企业的具体服务人员包括运输、储存、包装、搬运、装卸以及配送和信息处理等这一系列过程中涉及的服务人员。这些人可能有实现生产或操作的任务，但他们也可能是与顾客直接接触的角色，他们的态度对物流服务质量的影响程度和正式顾客业务代表态度的影响程度可说是一样的。因此，高素质的服务人员对物流企业来说尤为重要。在中外运敦豪，高素质的员工始终是其成功的关键，以普通邮递员为例，在以英语为通用工作语言的快递行业，国际化的业务意味着递送员每天要面对来自世界各地的快件和大公司里众多的洋面孔，过硬的英语能力自然成为 DHL 对员工的基本要求之一；此外，作为直接面对顾客的服务人员，真诚自然的服务态度更是不可缺的。同时，随着行业的不断升级，DHL

强调服务人员必须实现 Can do spirit（能够并愿意为客户尽力服务）和 Teamwork（团队协作）两种精神的结合。

在物流服务营销组合中“人”的要素的另一个方面就是顾客。在物流企业的营销活动中，顾客的参与意识越来越强，顾客们之间的关系也会影响对物流服务的看法。一位顾客对某项物流服务量的感受，很可能会受其他顾客意见的影响。顾客总会与其他的顾客谈到物流企业的服务，或者当一群顾客们同时接受一项物流服务时，对服务的满足感往往是由其他顾客的行为间接决定的。因此，每一个顾客都必须受到物流企业的高度重视。

顾客所接受的物流服务通常从技术性质量和功能性质量方面加以评价。技术性质量是指顾客在他与物流企业之间交易后所得到的实质内容。技术性质量可以通过客观方式加以评估，并成为任何顾客对某项物流服务评价的重要依据。功能性质量是指物流服务的技术性要素是如何被移交的。物流服务的功能性要素有两项最重要构成，即过程和物流服务体系中的人。功能性质量虽不易于进行客观地评估，但也是顾客对服务评价的重点。功能性质量包括以下要素：员工的态度、员工的行为、员工间的关系、与顾客有接触经验员工的重要性、服务人员的外观、服务对于顾客的可及性、服务人员对于服务的态度。

（二）内部营销

1. 内部营销的内容构成

内部营销的概念形成于 20 世纪 80 年代，现在越来越多的物流企业认识到它们需要内部营销过程，内部营销已被当作是外部营销成功执行的先决条件。内部营销起源于这样一个观念，即把员工看作是企业最初的内部市场。如果产品、服务和沟通行动在针对内部目标群体时不能很好地市场化，那么，最终针对外部顾客的营销活动也不可能取得成功。

内部营销的主要目的在于鼓励高效的市场营销行为，建立这样一个营销组织，即通过恰当的营销，使内部人员了解、支持外部营销活动，使其成员能够而且愿意为企业创造“真正的顾客”。

内部营销的内容构成如图 6-5 所示。

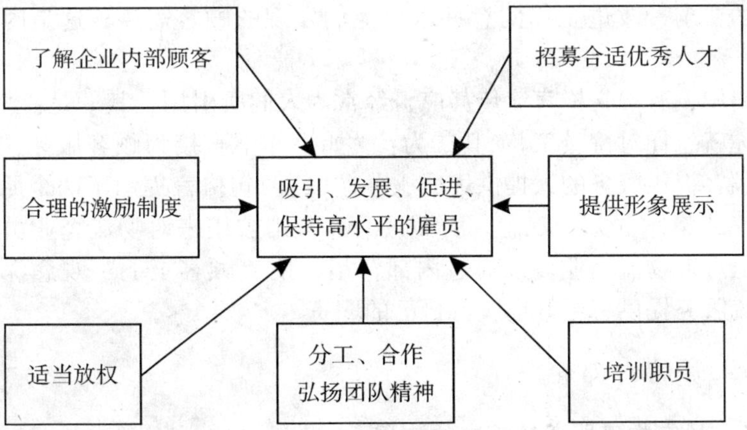

图 6-5　内部营销的内容构成

内部营销是一项管理战略，其核心是发展对员工的顾客意识。在把产品和服务通过营销活动推向外部市场之前，应先对内部员工进行营销。只有进行恰当的内部营销，物流企业在外部市场上进行的经营活动才可能获得最终成功。“有效的服务，要求理解服务观念的员工。”因此，对所经营业务的理解、对企业中员工的期望以及为什么抱有这种期望，这需要经过努力才能达到。

内部营销作为一种管理过程，通过两种方式将物流企业的各种功能结合起来。首先，内部营销能保证物流企业所有级别的员工，理解并体验本企业的业务及各种活动；其次，它能保证所有员工准备并得到足够的激励以服务导向的方式进行工作。内部营销强调的是物流企业在成功达到与外部市场有关的目标之前，必须有效地进行组织与其员工之间的内部交换过程。

2. 内部营销的目标

从策略层次上看，内部营销的目标是：通过制定科学的管理方法、升降有序的人事政策、企业文化的方针指向、明确的规划程序，创造一种内部环境，来激发员工主动为顾客提供服务的意识。从战术层次上看，内部营销的目标是：向员工推销服务、支援服务、宣传并激励营销工作。

在实务上，营销措施就变成广告活动，不但是为了影响顾客，同时也为了要影响员工。它侧重于技能与细节，主要包括定期或不定期地举办培训班、内部相互沟通，召开情况介绍会、座谈会、茶话会；内部全员沟通，如定期出版报纸或快报；情况调查，确认员工需求等。在员工不太情愿销售一种他们本身就不太接受的服务产品的情况下，内部营销就更加重要。

3. 内部营销的管理过程

内部营销意味着两种类型的管理过程：态度管理和沟通管理。首先，员工对顾客意识和服务观念的态度和动机需要进行管理。态度管理经常支配着物流企业内部营销中为取得竞争优势而推行的服务战略。其次，经理、接待员和支持人员需要大量的信息，以使其能执行作为领导或经理或是内部和外部顾客的服务提供者的任务。这些信息可能包括工作计划、产品和服务的特征、对顾客的承诺（例如广告或推销员所做出的）等。他们也需要沟通他们之间的要求、改进工作的意见以及他们发现的顾客需要，这是内部营销的沟通管理。

在服务营销中，有两句格言流传甚广，经常为人们所引用，其一是：“你希望员工怎样对待顾客，你就怎样对待员工。”其二为：“如果你不直接为顾客服务，那么，你最好为那些直接为顾客提供服务的人提供优质服务。”这两句格言提示了两个原则：对人的尊重和树立团队（或集体主义）观念。因而，内部营销被用来对物流企业员工推销服务理念与正确的价值观。物流企业可以通过内部营销，使“顾客至上”观念深入到员工的心坎，从而使物流服务提供者更好地履行自己的职责。

二、服务人员的内部管理

（一）服务人员在物流服务营销中的作用

物流服务是通过物流服务人员与顾客的交往来实现的，物流服务人员的行为对物流企业的服务质量起着决定性作用。因此，在物流服务营销中，物流企业对员工的管理，尤其是一线员工的管理相当重要。服务人员在物流服务中的重要性主要体现在如下关系上：

（1）员工的满意程度与物流企业内部质量相关。

（2）员工的忠诚度与员工的满意度相关。

（3）员工的生产效率与忠诚度相关。

（4）物流服务的价值与员工的生产效率相关。

这一系列的推断说明内部质量是基础，可以通过评价员工对自己的工作、同事和企业的感觉而得到。最主要的是来自于员工对自己工作的评价，而员工对物流企业内其他人的看法和物流企业内部人员互相服务的方式也对内部质量产生影响。换句话说，物流企业内部对人力资源的管理影响着员工的满意程度，从而最终导致物流企业服务价值的实现。

物流企业所有的工作都是由投入、过程、产出三部分组成，在物流企业提供服务的过程中，其上一环节为其提供投入的员工即是该环节的供应者，同时该环节员工又是上一环节的顾客，因为他们得到了上一环节的产出。因此，“提供者—顾客”这对关系不但说明物流企业与最终用户的关系，也说明了物流企业内部各工作环节之间的关系，我们称企业内部的“顾客”为“内部顾客”。

管理人员把自己的手下视为顾客是一种很好的管理方法，当管理人员把手下员工作为自己产出（即管理工作）的顾客时，就会去了解他们的需求，而当管理人员满足员工的需求之后，员工往往能够很好地完成工作。这也是为什么管理人员应把自己作为一名“供应者”去为自己下属服务的最有力根据。

由于顾客在与前线员工接触时，往往把这些员工作为整个物流企业的代表，把与这些员工交往得到的感知服务质量作为整个企业所提供的服务质量。因此，如果在物流企业内部存在这么一个良好的机制，那么，前线的员工一定会尽力给顾客留下良好的印象，并提供优质服务。

（二）“顾客和员工关系反映”分析

“组织—员工—顾客”给我们的另一重要启示是“顾客和员工关系反映”，即对于服务组织来说，顾客关系反映了员工关系，即组织（尤其是管理人员）如何对待员工，员工就将怎样去对待顾客。正如一份研究报告指出的那样：如果管理人员帮助员工解决问题，员工也就会为顾客解决问题。

1. 关心员工遇到的问题并帮助解决

这并不意味着管理人员无条件地去关注其下属的所有问题，管理人员应关心影响员工工作的问题，包括公事也包括私事。要做到这一点，管理人员不妨从以下几方面加以考虑：（1）定期举行与基层员工的会议，可以使高层管理人员从这些普通员工中得到建议。（2）为员工提供一些福利性的帮助，比如说通过赞助援助员工的计划和为员工作信用担保等方式以表示对员工需求的关心。（3）制订一些支持员工的计划，包括提供服务、职位阶梯和分享企业利润。

要记住管理人员在与下属交往时应尽量避免显示自己的权威性，同时可采取一些显而易见的措施。比如，办公室不设门或办公时间敞开门，能使员工感觉如果有难题可以随时直接找管理人员。

2. 使员工了解组织内部发生的事

使员工了解组织内部发生的事，如关于销售、利润、新产品、服务和竞争的综合情况；其他部门的活动；关于企业在实现目标上的最新发展及完成任务的情况。

如果每个员工都了解组织内部发生的事，会使物流企业在对顾客的服务过程中得到好处。因为，如果在物流服务中有一时无法处理的情况发生，员工会很快找到答案或让能处理的员工来完成对顾客的服务。

3. 树立组织的整体观念，增强员工责任感

培养员工共同的责任感应始于新员工加入时，新员工需要学会的是对顾客和对其他员工的责任感。要使这项工作持续进行还需要关注顾客对负责任的员工的反馈信息，经常回顾工作中员工表现出责任感的行为以及对那些很好地为顾客服务的员工进行当众表扬。

4. 尊重员工

当员工感觉不到被上司或同事尊重时，他在对顾客提供物流服务的过程中往往显得易于急躁，管理人员在与员工的交往中应注意自己的言行，处处体现出对员工的尊重：(1) 及时表扬出色完成工作的员工。(2) 记住下属的名字。(3) 尽量避免当众指责员工。(4) 为员工提供干净、适用的设备。(5) 注意礼貌用语。(6) 认真倾听并尽力去理解员工的看法。

5. 给予员工决定的权力并支持员工做决定

管理人员对员工给予充分的支持会令员工做得更好，下放一部分权力会使员工更加主动、积极地为顾客提供服务。可以从以下的几个方面来理解“支持”：(1) 为员工提供应该配备的人员、资源及相关知识等以使员工更有效地工作。(2) 合理的加薪计划。(3) 为下属所犯错误承担相应责任。(4) 在其他人面前为自己的下属作辩护。(5) 把注意力集中在解决问题上，而不是一味地责备。

当然，支持员工是在一定范围内的，比如说在为下属所犯的错误承担相应领导责任的同时，也应对下属员工进行一定的责罚。

（三）管理人员对员工的管理

“把员工作为自己的顾客”和“顾客和员工关系反映”指出了管理人员如何在平时的工作交往中加强对员工的管理。管理人员所要面对的员工各不相同，并非每个员工都能很好地完成自己的工作。在这种情况下，管理人员应学会帮助员工改变做法，做好工作。而对于员工来说，为了更好地服务顾客，他们往往需要知道自己做得怎样，他们需要来自管理人员的反馈信息，无论这种信息是正面的还是负面的。因此，管理人员应及时评价员工的工作并帮助他们改正错误。所有的这些无非就是加强沟通。联邦快递的经理75%的时间花在路上，为什么跑来跑去，就是要跟员工多碰面、多对话、多了解，了解经理们的一些困难，把一些理念跟他们讲，到员工工作的地方去跟他们谈话。其经理现在几乎每个月都在跟不同地方的员工交流，此外每半年他会跟所有的经理召开一次电话会议，每年所有的经理也会被召集在一起开一个会，这样确保沟通得很顺畅，能及时了解各地员工的需要，从而达到良好的管理。

对员工在工作中取得的成绩，管理人员应及时给予表扬，无论是对员工还是对顾客都

将产生巨大的效果。但作为管理人员也不能滥用表扬，应把对员工的表扬用在较为关键的方面：当员工的行为超过企业所要求的行为标准时；当员工的行为一直都符合标准时；当员工取得进步时（无论进步的大小）；当员工面对挑剔的顾客保持冷静时；当员工采取灵活措施帮助顾客时。

但是，当员工的工作出现差错时，管理人员应该如何对待？管理人员应以谨慎的态度对待员工的差错，员工在这时的心态是很敏感的，如果管理人员处理不当，可能会适得其反。管理人员的谨慎首先表现在他对待员工错误的态度上，管理人员应对员工错误持理解的态度，在帮助其改正的实施过程中应避免触发员工的敌对情绪（因为员工在犯错误之后的心态是敏感的，而这敏感容易转化为敌对情绪）。

管理人员应做到的是：考虑员工的感受；冷静地分析每一种可能的情况；表现出相信员工有改变的能力；仔细向员工解释所犯错误的本质及管理人员期望的改正效果；在私下里批评员工；向员工描述未来可能发生的错误带来的后果，并坚持不断地做这样的描述；公平地对待每一个员工；当错误发生后，迅速给予关注；表明员工惩罚措施的目的；迅速对所有违反规则的行为做出处理。

管理人员应该避免的是：讽刺犯错误的员工；发脾气；由此而轻视犯错误的员工；用带有侮辱性的语气说话；在其他员工面前批评犯错误的员工；对员工进行欺骗或威胁；表现出个人喜好；对员工所犯错误迟迟不进行处理；采取过分严厉的惩罚措施；改正错误的措施执行不够有连续性。

企业还要加强制度上的保证。例如联邦快递公司设有“员工公平对待条例”，员工受到处分如觉得不合理，可以在 7 天以内投诉到他上司的上司那里，他上司的上司要在 7 天内开一个“法庭”来判定员工对还是经理对，如果员工还是不满意，还可以继续往上告，确保员工得到公平的对待。在联邦快递很多原管理阶层的决定都是通过这个“法庭”推翻的，在公司里没有人可以一手遮天。

三、物流服务人员的培训

（一）人员招聘

在选择前线员工时，不能像招聘普通员工那样只看重经验和技能，而更应考察态度、资质和个性等能为物流服务人员带来成功的因素。一般的招聘方法不适用于选择前线员工，因为在这些招聘过程中，招聘人员的决定常常只是由他们直觉和应聘者的书面材料产生。调查资料显示，60%的简历中有不真实资料，大多数推荐信只提供正面的意见，面试也不是一种可靠的方法，招聘人员通过面试只能了解应聘者的外表及在面试中的表现。因此，选择物流服务的前线员工需要更科学的方法。

通过计算机化的问卷测试来进行人员选择，具体步骤如下：

（1）研究人员决定一个合格的前线员工所应有的素质。这项工作是通过与管理人员的交谈以及通过对原有的顾客满意度研究进行总结，大致勾勒出符合物流企业需要的有利于顾客服务的方面。例如，通过交流和经验总结，DHL 认为雇员对企业文化的认同是影响员工服务态度的一个非常重要的因素，因此，个人价值观与企业文化存在明显的冲突是不可能成为 DHL 的雇员的。

（2）从中选出对物流企业成功有重大影响的行为，针对这些行为制定标准化的测试内容。DHL全球统一的经理人甄选标准化的测试内容包括计划、团队管理、自我激励、沟通能力等10种核心能力。

（3）在物流企业内选几个工作出色的员工进行测试，对测试结果进行分析，选出得分高的条款综合而成最终的测试内容。

（二）员工培训

员工招聘只是物流企业人力资源管理的开始，如何使新员工成为符合物流企业要求的服务提供者，这是物流企业内部培训要解决的问题。许多物流企业为培训员工开办了专门的学校，这些学校为本企业的员工培训制订专门的培训计划，配置专门的培训人员。学校的一切活动都围绕着培训企业需要的人，只要是企业的需要，哪怕是细微的方面也会配合以精心的计划。例如联邦快递公司每一个员工每年都有2500美金作为学习津贴，有了这2500美金，大家就有机会去学习、改善自己。

这些机构的主要任务之一是对员工进行技能培训（针对某些特定的事务）。这些培训内容主要是一些行为准则，一般是针对那些新加入公司的员工。进行这样的培训是为了让新员工能在今后的工作中以符合标准的行为高效地完成本职工作，并与其他员工取得协调，更好地工作。DHL员工在上岗之前都要接受正规、严格的入职培训。每个新员工会依次进入所有部门进行轮岗实习，以确保在正式上岗之前对公司的所有业务环节都有直接的体验，对所有的专业知识都有了解，这样一方面提高了员工的专业水平，同时为相互尊重、共同协作的工作态度奠定了坚实的基础。

物流企业除了对员工进行技能培训外，还应对员工进行交往培训。由于员工在与顾客交往中可能遇到的问题难以预先料到，因此很难在培训中对这些问题加以模拟解决。所以，在物流服务组织的培训中，交往技巧的培训在某种程度上比技能培训更困难。许多航空公司对乘务员进行事件分析培训，以帮助乘务员在意想不到的情形下处理好顾客提出的苛刻要求。还有一些物流企业把角色扮演、创造性技巧和冲突的模拟作为培训方法。联邦快递公司很注重对员工的培养，每一个岗位都有一个培训计划；对于新人，公司不仅对他们进行专业的培训，还会对他们进行管理的培训、怎样做人的培训如怎样跟人家沟通，让员工清楚公司文化，自己未来的发展怎么样，在公司里做得成功是怎么样的。

培训的第三个作用在于向员工灌输企业的价值观，并使员工对一些与企业发展有关的事给予更多的关注，这是有关企业文化的培训内容。对企业文化不仅是物流企业制定战略方针的思想指导，对物流企业员工的日常工作也起着指导行为的作用。

为员工精心设计的培训计划对整个企业的运作会产生深远、积极的影响。如果这样的培训计划设计得合理并与企业的特点相适应，如果这样的培训计划被当作系统的一个整体部分而不是只被当作一些空洞的教条，那么对员工的培训将是服务组织最好的工具。

在设计内部员工培训计划过程中，首先应考虑的是物流企业内不同层次的业务需要，这里所说的业务需要指的是物流企业各级部门的工作目的，工作内容及所应达到的要求等。在分析各级部门业务需要的基础上制订培训计划以满足这些需要。在制订培训计划时还应注意对不同部门的员工，不同职能和不同地区的部门及组织内不同级别之间相互影响、相互联系的领域进行研究，使制订出的培训计划增进彼此间的联系，并在公司遇到的问题与业务流程方面建立起员工之间、部门之间、地区之间的理解。

（三）“由上而下的培训”

对基层员工的培训是重要的，那么管理人员是否也应培训呢？答案是肯定的。每个人都需要知道该做些什么和怎样去做，而且每个人都需要得到他人的鼓励与肯定，总裁也不例外。物流企业内部全面的培训一般在以下四个层面展开：

（1）最高管理层。对最高管理层的培训以宏观的管理为特色内容，主要在于如何制订、实施以顾客为导向的物流管理战略。高层管理人员还应学会如何加强管理并以身作则，以建立以服务为导向的企业文化。

（2）经理和主管。一般的管理人员需要在下放权力、团队建设、做手下员工的顾问等方面学习如何扮演好自己的角色。管理人员还应掌握必要的技巧使整个组织的计划相互协调以形成整体。这样的培训在许多组织中几乎是强制性措施，是每一位管理人员必须学会的。

（3）与顾客接触的前线员工。前线员工在培训中应学会有关帮助顾客，为顾客做出安排，把顾客需要放在第一位的看法、战略和技巧。前线员工最常犯的错误就是对顾客的“打扰”(事实上接待顾客的“打扰”正是前线员工的工作）感到厌烦，而当这种感觉反映到态度和行为中时就会把顾客吓跑。

（4）物流企业的其他员工。培训计划应使这些员工知道优质服务给企业、给他们自己的事业所带来的好处，并使他们意识到自己在服务提供过程中的重要性，同时帮助他们理解“内部顾客”的含义，最重要的在于使这些员工学会如何在工作中支持、帮助前线员工。

在这四个层面的培训中，经理和主管以及前线员工这两个层面较为重要。物流服务组织中经理和主管的培训与其工作特点密切相关，员工对顾客提供服务的过程不仅受管理人员如何对待员工的影响，而且也受到管理人员如何对待顾客的影响。管理人员都应该理解自己的行为对下属具有怎样的影响力，同时也应了解在建立以服务为导向的企业文化中自己应扮演的角色和应有的行为。管理人员在平时的工作中要具有表率作用意识，他们应以顾客为中心，在作决定时考虑的因素，管理人员还应学会如何培训和发展自己手下的员工同样关心顾客。

有资料表明，物流组织采用的培训来源：培训录像占61%，培训公司占55%，大学占42%，咨询公司占375，地区学院占36%，其他形式占22%，基于Web培训占12%。

第四节　公共关系管控

【课前预习思考题】

1. 什么是公共关系？
2. 公共关系是如何影响市场营销的？
3. 有哪些常见的公共关系策略？
4. 公共关系管控对物流企业来说有无必要？请陈述你的理由。

【案例引入】

解读顺丰速运遭央视 3 · 15 曝光后的危机公关文案

一年一度的 3 · 15 晚会已经结束，央视曝光了苹果手机、周大生黄金、江淮同悦汽车、宽带运营商、网易邮箱等多家知名企业，引发网友热议。

而部分知名企业的官方微博纷纷在最短的时间内发表了声明，展开了危机公关。

顺丰速运对于其快递暴力分拣被曝光的事件仿佛早有准备，其官方微博第一时间发布了比较正式的新闻稿，而从稿件的措辞来看，足以显示其危机公关的能力，文案到位。

首先，表明对事件的高度重视，这是老套路。而关键的是文章一开始就把矛头仅指向了深圳地区彩田中转场，并直接描述为彩田中转场事件，给消费者传递了一个重要信息，这仅仅是个案。

然后，三步走地传达了其对此事件的态度，思路清晰。

第一，承认错误，必然需要整改，但措辞显然也十分考究。称“将对出现问题的中转场”进行全面有效的整改，消费者读到这里，一般从承上启下的思维方式理解出现问题的就是彩田中转场，而不会联想到顺丰速运整个品牌。因此，达到了缩小事件波及范围的目的。

第二，转移视线，推出“全自动分拣系统”，引导消费者将注意力转移到这种高科技产品上来，一方面赢得了消费者的好奇心，另一方面也传递一种“人为不可控，我就用机器”的理念，相信会博得不少消费者的认可。

第三，对于存在的问题认知并发表了处理态度，最后用的是老掉牙的套路，谢谢关注、谢谢关心，深表歉意，我们会努力的，加油加油加油！虽然老套，但确实屡试不爽。

如今的电子商务环境下，相信绝大部分人都跟顺丰速运有过接触，当了解到自己的包裹受到如此暴力对待，你肯定气得冒烟。但读罢此文，你是不是或多或少都会消掉一点气呢？是的，出现问题，企业首先要摆出一个解决问题的好姿态，再通过措辞的巧妙引导，以达到危机公关的目的。

（摘自《央视新闻》）

问题：

1. 危机公关是什么意思？
2. 危机公关重要吗，为什么？
3. 结合顺丰的危机公关案例分析，成功的危机公关应具备哪些要素？
4. 查找我国物流行业危机公关失败的案例，并分析原因。

一、公共关系概述

公共关系作为一种客观存在着的社会关系和社会现象，有着悠久的历史，但它作为一项专业活动，形成一门独立的学科体系，却只有近百年的历史。要认识公共关系对于当代市场营销的作用，就要从了解公共关系的起源入手，认识公共关系的涵义及其功能。

（一）公共关系起源

现代意义上的公共关系起源于美国。19世纪下半叶，美国经济开始从自由竞争走向垄断，垄断财团一方面占有着社会的绝大部分财富，另一方面封锁企业的各种信息，既排斥工人，也排斥新闻媒介。企业内部发生的各种丑闻加剧了资本家与工人的对立，也激起公众与新闻界的不满。

20世纪初，著名的记者艾维·李提出“公众必须被告知”，他认为，一个企业、一个组织要获得良好的声誉，不是依靠向公众封锁消息或者以欺骗来愚弄公众，而是必须把真实情况披露于世，把与公众利益相关的所有情况都告诉公众，以此来争取公众对组织的信任。1903年，艾维·李开设了世界上第一家宣传顾问事务所，提供传播和宣传服务。在艾维·李等专业人士的帮助下，杜邦、洛克菲勒等财团，先后改变了对公众保持沉默的做法，变消极防御为主动沟通，逐步摆脱了困境。艾维·李因将“公共利益与诚实”带进公共关系领域而被称为“公共关系之父”。在公共关系史上，第一个用科学来指导公共关系工作的是爱德华·伯内斯。1923年，他出版的论述公共关系理论的著作《舆论明鉴》成为公共关系学的第一部经典之作。他主张公共关系的重要职责不仅是向社会作宣传，而且要向工商业组织提供政策咨询，使其行为符合社会利益，即“投公众所好”构成了伯内斯公共关系思想的重要内核。

公共关系在美国兴起的同时，也迅速传入英国，而后在第二次世界大战以后推广至欧洲大陆与亚洲。1955年，国际公共关系协会在英国伦敦成立，标志公共关系作为一项世界性的独立行为而存在。随着事业的发展，公共关系也逐渐引用了最新的科技手段，如计算机、通信卫星等。

（二）公共关系涵义

1. 公共关系的定义

斯坦利将公共关系定义为：公共关系是一种管理功能，它判断公众的态度和意见，让组织的政策符合公众的利益，制定并执行行动方案，以赢得公众的理解和善意。

公共关系学会给出了更简洁的定义：公共关系是慎重而有计划地在组织与其公众之间，建立并不断保持相互理解的关系。

从定义可以看到公关的核心内容即寻求组织与公众之间的相互理解，意思是组织需要了解外部世界及内部员工对它的看法，然后努力通过公关，确保这些看法符合自己所期望的形象和要实现的目标。达到这一目的最基本的方式是双向交流。

这个定义的另一个重点是对于“公众”一词的理解。广告的最基本用途通常是告知消费者或潜在消费者。公关则定义了一个更广义的目标受众，有的受众与公司之间没有直接交易关系，因此，公关包含了广泛的交流需求与目标，目标不一定局限于最终销售。广告当然也可以被当成一种公关工具，但它对许多公众和目标受众来讲，并不是最好的交流方法。

公关的实质意味着需要对一系列公关活动进行有效的管理，这些活动旨在树立并保持组织在关注它的公众形象和特征。这些活动包括以下几个方面。

（1）树立并保持公司的地位和形象；

（2）通过赞助艺术、体育运动、慈善活动、社区服务等活动，来改善公司作为企业公民的地位；

（3）通过举办形式多样的活动，对外宣传公司的理念与目标；

（4）媒体关系，其目的是发布好消息、进行危机管理，减少损害；

（5）加强与主要供货商和顾客的沟通，增强公司在市场内部的影响力和知名度。

（6）加强与股东和投资方的沟通，增强信任和理解，促进公司目标的实现；

（7）加强内部信息沟通，充分调动公司员工的积极性，增强公司凝聚力。

2. 公众的定义

公众是任何有某些共同特征的、某组织需要与之交流的集体。因为每个公众需要的信息不同，且与组织有着不同的关系，对组织发布的信息也有不同的理解。因此对不同的公众存在着不同的沟通问题。

（1）商业团体。

商业团体指任何与公司有业务关系的人或与之竞争的人。因此，顾客、供货商和竞争者显然属于这一团体。这部分公关的主要任务是与其他以销售为导向的营销活动（如广告和上门推销）等手段配合使用。公关的重点在于发布产品信息，表明组织的态度和建议，对产品提供保证，或更广泛地宣传良好的公司形象。

（2）内部团体。

内部团体由公司内部工作的人员组成，包括管理层、行政人员、生产人员和工会。内部公关极其重要，应当通过多种形式的公关活动，让员工知晓公司正在做什么，增强他们的主人公意识，使他们产生归属感，这有助于建立预期的企业文化。

3. 利益团体

这一团体在公司内有经济利益，包括股东、潜在投资者、银行和更广泛的经济团体。公关可增加他们对公司的信任，保证现有投资者不撤资，潜在投资者更多参与投资，银行在融资方面有更多的弹性。

4. 管理部门

管理部门是有能力影响公司行为方式的团体和机构，这种权利可以是法定的，如中央和地方政府和法定机构，也可以是自发的，如商会。与这些团体保持良好关系，可以使公司在协商起草有关规定时，有更大的发言权，至少在紧急事件发生前得到预警，以使公司有充足的时间做充分准备，并有机会对管理部门进行游说。

5. 媒体

媒体是个重要团体，媒体包括电视、广播、全国和地方报刊、商业和专业报刊，组成一个既代表自身权益又是公关工具的公众。不管组织是想向公众发布好消息，还是想在危机中减少敌意媒体的反应，与媒体之间保持良好关系都是最基本的。

6. 一般公众

一般公众包括当地社区、特殊利益集团，特别是舆论制造者和引导者。组织需要被看成是一个好的企业公民，需要在社区中扮演一个适当的角色。组织可以通过赞助当地公益活动来积极宣传自己，减少与各种压力集团的公开冲突。

在组织眼中，不是所有公众都具有相同的重要性。有些被视为批评性的，而成为公关活动的优先目标，其他的则只需暂时搁置一旁。随着组织情况的变化，每个公众的优先地位也得不断重新评估。

即使是在那些最不引人注意的稳定行业中，每个公众的地位也会随时间的推移而不断改变，他们的需求和优先权也在不断变化。这些变化要求人们不断更新态度和观念，因此，应尽早认清当前和未来的压力点，并消除或控制那些压力。

（三）公共关系的效用

一家美国超市经理曾经这样说：每当他看到一位满脸愤怒的顾客，马上就会想到又要有50000美元从他的店中溜走。为什么呢？因为每个顾客平均每周大约要消费100美元，一年就是5000美元。他在这一地区生活10年，就要消费50000美元。一次不满意就可能使顾客转向其他超市消费。如果再加上向其他人传播该超市的坏话而造成顾客流失，损失就更为惨重。所以他给店员定下两条必须遵守的法则：（1）顾客永远是正确的；（2）如果顾客错了，参照法则（1）。

从这则例子中，我们不难悟出顾客至上的道理。其背后是一个取代“生产者为导向”的“消费者导向”时代的诞生。

以上只是一个有关企业与顾客之间关系的例子。企业通过一系列的活动建立起来的公共关系，不仅可以解除顾客的疑虑和不满，而且可以树立企业及产品品牌的信誉和形象，从而实现商品销售和保持良好公共关系的目的。这些公共关系，给企业的经营活动带来了巨大的效用。

1. 销售效用

从心理学角度来看，影响顾客购买行为的因素很多。包括顾客所处的文化、社会和组织环境，个人因素、行为因素及人际因素等，但起决定作用的应是个人因素和行为因素。而企业可针对顾客的疑虑和不满开展公共关系活动，以协调与顾客的关系，解除疑虑，达成交易。通过协调关系既发展了新顾客，也有利于保留老顾客。

2. 网络效用

公司利用针对顾客的公共关系活动可以建立营销网络。通过网络平台，公司可以获取大量的市场信息，以利于公司及时、准确地做出决策。同时，利用信息网，公司可以发布与传播企业信息；通过销售网络，有利于公司高效、经济地销售商品；通过运输网络，公司可以及时、安全、准确地把货物运达顾客手中；通过服务网络，公司可以稳定市场，扩大销售。以美国尿布生产厂家金百利公司为例，为增加市场份额，该公司花费一亿美元建立了一个包括75%的美国孕妇的资料库，根据这些资料，孩子还没有生下来，公司的营销工作就开始了。孕妇们会按时收到公司寄来的信件和杂志，主要是传授如何保育婴儿的知识。当小孩一降生，带有金百利公司条码的优惠券就会立即送到产妇手中，折价供应纸尿布等妇婴用品。公司还可以利用这些优惠券，追踪哪一位母亲购买了公司的产品，通过零售网的信息系统，还可以继续追踪顾客持续使用该产品的变化情况。

3. 关联效用

在当前买方市场条件下，市场上每类产品都有成千上万个品牌，若想找一个“虚位以待”的空隙，机会非常少。要想把自己的新产品成功地定位于消费者心目中，企业可以将自己的品牌用某种方法与其他品牌的位置发生关联，从而将产品定位于消费者的心目中。这种将自己的品牌同著名品牌相提并论，抑或是将新观念与老观念相对照，使本公司与同行业的老大产生关联，建立和谐的关系，以提高本公司或产品的信誉。如“中国的皮尔·卡丹——雅戈尔”，就是借着皮尔·卡丹的信誉，圆了雅戈尔的名牌梦。

4. 协同效用

制造商与分销商应彼此信任，在信任中建立良好的关系，从中获取更高的利益，称为协同效用。瑞士国际学院的一个实证研究表明，能够与经销商保持良好依赖关系的制造商可以获取更多的竞争优势。该研究是将零售商对制造商的信任度分成高低两类。结果发现，在寻找新的供应货源，销售商对制造商的信用兑现，销售商销售制造商的产品线宽度以及由制造商评估的零售商业绩方面，因信任关系不同有较大差异。

5. 互补效用

企业营销伙伴成员之间，可以实现资源共享与能力互补，称为互补效用。企业在长期的经营中，各自具有不同的优势，就是说伙伴成员之间可以互相借用企业能力。另外由于企业能力的不可知性，企业能力的内部培育往往是不可能的，与其他有用资源不同的是，它遵循知识产品的收益递增规律，而非收益递减，而企业与企业之间良好的公共关系，提供了这一可能性，成员之间可以分享对方的企业能力，以实现企业的收益递增。

（四）公共关系的功能

公共关系的功能反映为公共关系作用于公众以实现组织目标的过程中所显示出来的效能。

1. 监测功能

公共关系的监测功能就是指组织通过对信息的采集、处理和反馈来对公共关系的主体和客体的行为态度作出监视和预测。

公共关系对其主体的监测，亦称对内监测，它指公关人员根据对组织内部和外部各种变化信息的掌握，对组织运行状态和组织目标的实现的可行性进行监测。如一个空调机制造厂，由于到了空调机使用的高峰季节，如寒冬或酷暑，市场上产品供不应求，生产部门偏重于产量的提高而忽视了质量控制，同时顾客使用空调出现故障的频率提高又使维修人员短缺，企业公关人员监测到这些情况后，迅速将问题调查清楚，将信息反馈到决策层，高层经理人员即可据此来协调生产部门的工作，加强质量控制，同时要求销售服务部门增加力量，确保为用户提供及时的维修服务。

公共关系对其客体的监测，称为对外监测，它主要是利用各种信息传播媒介来监测公众对组织的态度及其趋向。如不少企业经常组织消费者调查、消费者座谈会、设立投诉电话、征询消费者的意见与建议，以求改进不足，为产品更新换代提供指南，强化消费者对产品的认同与购买行为。企业还特别重视广播、电视、报纸杂志对有关企业及其产品的报道，因为大众传播媒介传播快、覆盖面广、影响大，因此对于有利于企业的报道，如产品获奖、受消费者好评，要予以鼓励、支持，而对于不利信息的传播，如产品对消费者构成伤害等，则要及时了解事实真相，迅速作出积极反应，以免企业处于被动。

2. 凝聚功能

公共关系旨在“内求团结、外求发展”，企业员工关系构成企业最重要的公共关系。所谓公共关系的凝聚功能即是对组织内部而言的，对于企业，就是要增强员工的向心力，不仅通过经济利益来构筑彼此关系，而且借助于情感沟通和心理认同，使企业员工能够为实现组织目标而团结起来，群策群力。在市场营销方面成功的企业往往非常重视开展针对企业营销人员的公共关系活动，使之对企业有归属感、对产品有自信感、对自己有自豪感。

3. 调节功能

组织是一定外部环境与内部条件综合作用的产物，于企业而言，亦是如此。因此企业总处于与外部环境的不断矛盾之中，其内部也无时无刻地存在各种摩擦与冲突，企业公关人员为此而承担着协调企业内外关系的重任。就企业内部而言，公关人员要尽力避免各种摩擦产生，做好上情下达与下情上达工作，并为各部门之间沟通做好“桥梁”工作；就企业外部而言，要积极争取公众对企业的理解与信任。一旦出现矛盾与纠纷，就要设法及时阻止矛盾扩大，消除不良后果，尽力降低对企业造成的危害，无论是企业内部出现工伤事故，还是顾客投诉产品损害消费者利益，都要在查清事实的基础上，充分与公众交流沟通，寻求企业运行机制的改善。

4. 应变功能

任何社会组织要在复杂多变的环境中生存与发展，都必须尽力把握各种环境因素的变化，然而事实上，作为承担监测环境职能的公共关系部门，也不可能始终准确预见所有有关影响组织运行的情况发生，所以公共关系部门还要承担应变功能，即当一个意外事件发生，而它又确实使组织形象遭受损害时，公关部门就要尽力予以弥补。这种意外事件在企业中一般可分为以下两种情况。

（1）确实是本企业行为不当造成，如饮料厂瓶装充气饮料爆炸造成顾客受伤，就应主动承担责任，并在调查的基础上，尽早公布处理结果与矫正措施，以期获取公众谅解，挽回不良影响。

（2）由于沟通不够而遭误解甚或遭敌意贬损，如名牌优质产品被人仿冒等，此时公关人员不应采取与公众对立的态度，甚或粗暴指责公众，而是应帮助公众认清事实，以客观证据说话，并充分利用大众传播媒介来表达企业的诚意，必要时也可运用行政、法律手段来捍卫企业形象。

（五）公共关系的内容

对于企业而言，公共关系的主要外部客体由顾客、新闻媒介、金融机构、政府、竞争者、供应商、中间商等组成。其中，企业与顾客、供应商和分销商以及竞争者之间的关系直接影响着企业活动的各个方面。同时，现代企业的经营目标已经改变了一味追求交易利益的最大化，而更看重长远的、整体利益的最大化。

1. 顾客关系

在市场经济的条件下，企业生存和发展的关键就在于其产品能否卖出去。因此，许多企业把“顾客是上帝”奉为经营宗旨。顾客成了上帝，相对企业就成了仆从，这种上帝和仆从的关系并不是理想的企业与顾客的关系。在企业和顾客之间，存在着共同的利益，顾客购买企业的产品，自身的需要得到满足；企业把产品卖出去，收回资金并获得利润，双方的愿望得以实现。由此可见，企业和顾客之间存在着一种合作和依赖的关系。企业为顾客提供了满意的产品和服务，从而使顾客对产品，进而对企业产生信赖感，成为企业的忠诚顾客，顾客对企业的忠诚是企业的无形资产，是一笔重要的财富。顾客的忠诚感可以使其成为企业的忠诚顾客，使企业有一个相对稳定的顾客群。研究表明，寻找新顾客的成本要比维持现有顾客的成本高5倍多。顾客忠诚使其产生重复购买行为，还会在自身的群体中产生传播效应，这是每一个企业都求之不得的。

2. 供应商、分销商关系

对于多数企业来说，它不可能也没有必要从原料的生产到产品的销售完全独立完成，较为普遍的模式是从供应商到企业，再到分销商，直至最终顾客的传统模式，即企业从供应商那里获取原材料，通过分销商销售产品。因为供应商提供原材料的费用和产品由分销商销售产生的分销费用构成了企业产品的成本，因此，一般认为，供应商和分销商会使企业的收益降低，企业与供应商、分销商之间存在着竞争。但实际上，企业和供应商、中间分销商之间也有共同的利益。在信息经济的条件下，竞争不仅仅是公司之间的竞争而是网络间的竞争。借助于先进的信息系统，供应链中的所有参与者都运用最新的现货销售信息。就是说，供应链中所有参与者成为信息伙伴，他们实现了信息共享和利益分享。这样形成的从供应商到企业，再到分销商之间的关系，不仅有竞争，更重要的是合作。这种合作使各方之间均获益最大。

3. 竞争者关系

中国有句俗语，叫“同行是冤家”。同行竞争者之间通常把商场比作战场。事实上竞争者之间可以建立起双赢的关系，而不一定都是“战争”关系。竞争者之间实施恶性竞争，到头来，只能是两败俱伤。曾有人做过形象的比喻，市场是一块蛋糕，吃的人越多，每个人分到的就越少。但换个角度，如果吃蛋糕的人合作起来，共同把蛋糕做大，则可以使每个人分到更多的蛋糕。事实上，竞争者合作，可以使合作各方获得更多的利益。从合作形式上可以是在某一特定营销活动内容上的水平合作，如两个或几个企业联合开发某一新产品；也可以是在不同营销活动内容上，分别承担某一营销活动，最终均赢的垂直合作。竞争者之间的合作还可以通过签订协议，实行特许经营，也可以通过组建企业集团来实现。

【教学案例】

奔驰公司失败的危机公关

沸沸扬扬的“砸奔事件”在国内外凡响不小。不久前，一家国际著名的公关公司总监在接受记者采访时认为，这是一个完全失败的危机公关案例，危机公关中的几大忌讳，奔驰几乎都犯了。

而在3月25日，梅赛德斯——奔驰（中国）有限公司总裁麦基乐对他的失败公关做出检讨：“与客户沟通缺乏技巧。”

公关界人士对奔驰公关败笔有诸多评论，如反应迟缓、态度傲慢、渠道错误和国情不通等，但认为最不能容忍的失误是：对用户无端指责和威胁，使公司很快在公众中形成难以磨灭的傲慢自负的形象。

在“砸奔事件”中，奔驰公司的所有声明都有对消费者的指责，并给予它令人难以接受甚至反感的定性。第一辆奔驰被砸后，奔驰公司的声明是：“极端的、没有必要的行为”、“非理性的而且无意义的举动”、“不必要且侵害我公司的权益的行为”。几顶大帽子盖下，又没有实质性的解决措施，连旁观者都看不下去。

在第二辆奔驰被砸后，奔驰的指责几乎升级为外交恐吓：“希望王先生的行为不会给正在进行国际化的中国造成不良影响。”此时，奔驰给人的联想只有店大欺客和蛮横自负，结果使自己为解决这一事件做的很多努力都付诸东流。

其实，公关业人士在讥笑奔驰的处理不当时，也对这种结果丝毫不感到意外，甚至认为“这是迟早要发生的事”。因为说来令人难以置信：这个世界顶级品牌的汽车公司，在中国居然没有聘用一家专业的公关公司，当然就更没有“危机处理小组”和“危机对策中心”之类的机构。

由于没有专业公关代理，没有与媒体的长期联系，以至出现这种尴尬景象：大笔的公关费投下去，危难之际竟无一家媒体援手，这当然是由于记者的良心和正义或民族情绪或舆论压力，以致不愿或不便出手，但如真有心帮忙也会干着急——因为奔驰的应对措施乏善可陈。

奔驰公关的错误一目了然。首先是制度的刻板导致反应的迟缓，德国公司大多如此，稍大点儿的事要报总部层层审批，新闻稿和采访稿都要斟字酌句。

另外，奔驰公司显然是技术替代公关、律师替代公关，这是奔驰公关败笔最根本原因。在奔驰的每次表态中，技术和律师都是主角，技术专家讲一通谁也听不懂的名词，律师再来一通不是每个人都能懂的术语，这些话可能都没有错，但别人听了却不是滋味。奔驰可能没有意识到，让那些严谨而较真的律师取代公关真是一种灾难，因为他们对法律的忠诚和信仰真可以到什么都不管不顾的地步。

（摘自《人民网—市场报》）

二、营销公关策略

公共关系的目标与功能是通过具体的公共关系活动来实现的。公共关系对市场营销有一定的促进作用，因此作为促销组合策略的四个组成方面之一。然而，以公共关系活动作为促销手段，一般难以起到立竿见影的效果，它往往立足于长远，对顾客购买导向具有“润物细无声”的功力。

（一）调研活动

企业可以通过民意调查、报刊检索等多种方式来收集企业内部与外部环境的变化信息，了解公众对企业生产、经营、产品质量、功能、价格及销售方式等诸多方面意见和建议，并及时按改进后的情况告知公众，如此可跟踪消费者需求趋势，尽力满足消费者及其他公众要求，保持企业与公众之间良好的沟通关系。

（二）举办或参加专题活动

当遇到较为重大的事件或纪念日，公关人员就要策划、组织诸如新闻发布会、厂庆纪念会、庆功会等专题活动，以将企业重大事项迅速传播至各类公众，强化与各有关公众之间的信息与情感联络。至于组织展销会、博览会、新技术新产品展示会等更具有直接介绍、推荐产品的作用，宜与营销部门合作举办而发挥整体优势。

（三）对外联络协调工作

企业要设法建立同政府、银行、新闻界、行业协会、消费者协会等社会各界人士的稳定的沟通关系，主动定期或经常性地向这些公众介绍企业状况，以征求其意见与建议，争取其理解与支持，这样既可避免误解而造成不必要的麻烦，又可使企业一旦陷入困境而易于挽救不良后果，顺利克服困难。

（四）媒介事件策划

所谓媒介事件就是指专为新闻媒介进行报道而策划的事件。企业公关人员应利用一些可能有助于提高企业知名度与美誉度的事件，经过富有创意的设计，来吸引新闻舆论的注意，进而借助大众传播媒介而广泛吸引其他公众的注意，以此推广企业影响。此方面日本电通广告公司曾有一经典之作，电通公司在其66周年纪念日之时，将办公地址由原来的银座旧办公楼迁往新落成的筑地新厦，为此公司组织2000多名员工在当日由旧办公地点游行至新办公地点，一路挥舞彩旗，高呼口号，彩旗与口号充满“感谢”、“欢迎赐教”之类的词语，引得路人驻足，新闻记者跟踪采访，一时举国上下，人人皆知。此举既有效地向公众宣告了公司迁址，又让公众记住其具有66周年的悠久历史，更让公众感受其公司团结奋发的精神面貌而留有良好深刻的印象。

（五）赞助和支持公益事业

企业作为社会成员之一，表现为对社会义务与责任的承担的一个重要方面，就是热心支持社会公益事业，如向福利机构、教育单位、体育、艺术活动提供资助等，这有利于赢得公众对企业的好感，进而有助于潜在顾客对产品的认同。

（六）其他日常活动

公共关系工作还包括许多日常活动的组织与安排，如礼宾接待、企业内部沟通、企业内部文稿与宣传资料的编撰、制作等，企业公关人员作为企业决策层的重要参谋人员，还要主动向决策人员提供各种意见、建议和决策方案，积极参与决策。

三、公关宣传策略

公关经理可以采用多种技巧和活动，但最重要的是宣传部门和新闻界关系，这是公关职责范围内的一个主要内容。然后要考虑的是对外交流和内部公关。

（一）公关宣传及与新闻界的关系

宣传是用来达到组织公关总目标，即与各种公众建立或保持良好关系的重要手段之一，它可以使公司用最低的成本来获得媒体支持。

各种大众媒体都可被用做宣传之用。在广播媒体内，除了新闻和时事节目外，大部分宣传是通过专访、消费者聊天和特别节目等形式来实现的。印刷媒体也可起到广泛的宣传作用。全国性和地方性的报纸覆盖了一般的商业新闻，专业刊物可以满足特定公众的特定兴趣需求。各种媒体之间的宣传内容常常可以互相引用，全国性的报刊和电视台可能从地方媒体或专业媒体收集新闻，以提供给更广泛的观众。

1. 制造好的口碑

宣传可能是“不请自来的”，媒体经常会追踪新闻热点，准备宣传的也许是公司不愿意公开的事件。为了减少不利宣传的危险，大多数公司都与媒体之间建立良好关系，并尽量为媒体提供对公司有利的“好消息”。

（1）发布新闻稿。

正常情况下，组织会主动、定期地向媒体提供新闻稿，简单介绍关于某一事件的基本情况，有时新闻稿中还会附上图片和音像资料，以鼓励媒体去编写新闻。

如果公司的消息对新闻机构有吸引力，而且手头又有现成的资料来充实新闻内容，新闻机构通常会给该公司更多的宣传机会。但是从总体上来看，新闻稿的采用率是比较低的，大多数新闻稿最终被丢进了新闻编辑的垃圾箱里。要提高新闻稿的采用率，需要公司的公关宣传人员具有足够的新闻敏锐性，尽量切合公众的兴奋点，激发新闻编辑的兴趣和想象力。

（2）新闻发布会。

当公司有重要信息发布，或者爆发了危机，或必须让媒体了解公司的最新情况的时候，采用新闻稿的方式来进行宣传就显得力度不够，这时需要公司要与媒体进行更广泛、更个人化的联系，以期能给公众留下更深的印象。

举办新闻发布会时，公司会将记者们聚集到一起发送相关资料并回答提问，以便能够解释或澄清某一事件的细节，并通过记者编辑的手将情况及时向公众传播。政府部门也会使用新闻发布会的形式对外发布最新出台的政策，介绍正在进行活动的背景情况。

（3）记者招待会。

记者招待会一般气氛会显得比较轻松。它是与媒体保持良好关系的一种重要手段，一般企业只是有选择地邀请部分全国性或商业界的、与企业关系比较密切的媒体成员参加某种形式的聚会，借此组织的管理人员与记者可以进行非正式的交流。事实证明，让媒体参与发布新闻稿或以其他形式为媒体提供信息，确实能起到良好的作用，如果让媒体更多地参与正在发生的事件，收获可能更大，但这可能需要支付更高的成本。

2. 公关宣传与广告的比较

媒体本身既是一种公众，同时又是公司（或其他组织）与其他公众交流的第三方渠道。可以说，作为交流工具，广告只将好消息传播给广大群众，而与之相比，公共宣传具有另外一些优点。

（1）可信度。

广告是要付费的，因此公众对广告内容的引导倾向抱有某种程度的怀疑。而公共宣传被认为是免费的，来自中立的第三方，因此具有更大的可信度。一则广告可能告诉你，一辆特制的轿车具有特别良好的运行性能，你可以选择相信或不相信它。但如果是一家报纸的汽车专栏记者说该车性能良好，那分量就要高很多。

（2）覆盖范围。

要确定广告是否尽可能地覆盖了最广泛的受众，需要采取多媒体战略，并要支付极端昂贵的费用。而一个具有想象力并在印刷和广播媒体上同时占有大量篇幅的公关故事，则可能只需支付小部分费用，便能收到令人难以置信的效果，而且更有可能吸引平常不看或不关注广告的部分受众。

（3）兴奋点。

公关宣传，从定义上讲是关于新闻的。正在宣传的不管是什么，都是当前人们所关注的，并因此而制造出它们自己的兴奋点。一旦一个故事开始展开，它就可以刺激各媒体制造出更多内容，所谓的媒体热炒某事件就是指这种情况。

除了以上的优点，公关宣传也有不尽如人意之处，最大缺点就是其不可控制性。广告给予广告商说什么、何时说、如何说、在哪里说的完全控制权。而对公共宣传的控制权，则掌握在媒体手中。公司可以为媒体提供资料，但不能保证媒体会采用这些资料，而且也无法决定他们如何制作资料。结果，最坏的可能是根本没有产生鼓励作用，或者是没能覆盖希望中的目标受众。甚至有时媒体会对提供的资料进行歪曲。

（二）其他对外沟通的方法

其他形式的对外沟通也可被用于公关。

1. 广告

作为公关工具的广告，界于广告与公关之间，是两种职能的结合。这里所说的广告类型，不是指推销或促销某一特定商品或某一系列商品的广告，而是集中宣传公司的名称或特色的公司形象广告。这种形式可能缺少了宣传的客观性，增加了广告的功利性，但它对于组织来讲可以加以控制。它可以成为树立或改良公司形象的有效手段，可以通过大众媒体而覆盖大多数公众。

2. 举办大型活动

一个组织可以为公关目的而举办或参加各种大型活动。比如，公司可以借一个重大事件为主要股东、雇员、顾客和供应商举行一次聚会，公司的年度股东大会是针对股东和金融媒体的一次重要论坛，对于那些在组织里有经济利益的重要公众群体来说，股东大会是向他们进行公关活动的最佳时机和重要场合，高效的会议管理和自信的表现有助于增加公司可信度。当然，这类活动需要能够引起媒体足够的兴趣。

3. 出版物

企业（或其他组织）可以制作各种印刷品或音像资料，送给潜在消费者或客户，从而使他们了解组织的活动。如大多数大学都有一段关于招生的录像，送给中学或者是专科学校。这与只寄招生简章相比，能使考生对学校有更全面的了解。在大学就业办公室，则会堆满需要毕业生的公司送来的宣传资料。

（1）年报。

公司的年报是一份重要出版物，主要分发给股东和金融媒体，但通常也会送给对公司感兴趣的其他人。像年度股东大会一样，年报是展示公司积极形象，并对公司已取得的成就和未来发展方向进行公开展示的重要窗口。

（2）公司历史介绍。

作为企业文化的重要组成部分，公司可以将自己奋斗成长的历程汇编成册，出版公司的“自传”，并以此作为对内对外宣传的重要材料。

（3）游说。

游说是一个非常专业的领域，需要有专业人士来从事这项工作。游说旨在发展和影响与“管理部门”之间的关系，为组织争取尽可能宽松的发展环境。游说通过让决策者知晓一个组织对待某种问题所持有的观点，目的在于影响政策的发展与实施。

（三）内部沟通

公司对自己的雇员和其他内部公众，也需要专门的、很好的沟通，这样才能在事件传到外界媒体之前知道正在发生的事件的更多细节；另外，对于公司所面临的环境，应该强调让公司的员工有知情权，这反映出业主对雇员重视的态度。这也是对员工激励的重要手段。良好的内部沟通可以营造一个高效率的工作环境，形成积极向上的企业文化。

1. 内部期刊和简讯

企业自己编辑出版的报纸或杂志是内部交流的最主要形式。它有助于公司，尤其是大公司，将各个分散部门联系在一起，强化员工的归属感。内刊不仅可以记录和报道出现在员工身边的日常琐事，也可以用于进行重要的管理交流。统计数字表明，大多数员工对公司要闻以及公司状况报道非常关心。

2. 员工通气会

员工通气会可为管理层和员工之间提供面对面接触，增加员工参与及授权的机会。在通气会上，既可以充分讨论经营问题，也可以将有关问题通过公司向下传达。更高级的管理者可以通过更大规模、更加正式的会议形式对员工发表讲话，报告经营结果和战略计划，并可直接回答问题。内部员工通气会是危机管理中的重要而有效的工具。

【教学案例】

"联邦熊猫快递号"国际公关案例

美国联邦快递公司是全球最大的速递公司，成立于1973年，经过30年的发展，其业务已覆盖全球215个国家，雇员逾138000人，服务机场365个，堪称世界运输业的领头羊，而其在中国近期的发展速度更是令人瞩目。中国的改革开放政策，吸引了世界各国的投资者，美国联邦快递是较早看准中国这个庞大市场的外资公司之一。联邦快递公司于1984年进入中国，经过20年的时间，公司业务发展迅速，一年一个台阶，取得了骄人的业绩，创造了诸多业界之最。从最初进入中国的每周两个航班增加到现在每周有11个航班进出中国，是拥有直飞中国航班数目最多的国际快递公司；快递服务城市1996年只有60个，现在发展到224个城市，在未来五年内计划再新增100个服务城市。1999年11月，联邦快递与天津大田集团在北京成立合资企业大田-联邦快递有限公司，目前双方合作顺利，配合默契，为中外企业合资树立了新风。

联邦快递自进入中国以来，做了许多增进同中美人民友情的义举。联邦快递于1996年和1997年先后两次赞助心连心国际组织，义务为中国四川的贫困地区运送药物。它还曾多次在中国遭受水灾等灾害时挺身而出，为运送物资和医疗设备。2000年5月，联邦快递为中国2000年特奥世纪行项目捐款50万元人民币。同年，从中国运送两只大熊猫到美国的斯密桑宁国家动物园。2003年4月7日，它又资助中美两国政府间关于动物保护以及研究计划，用饰一新的麦道-11型专机"联邦熊猫快递号"，无偿将来自上海的四岁的雄大熊猫"乐乐"和来自北京的两岁的雌大熊猫"丫丫"从北京运送到美国田纳西州的孟菲斯动物园落户。两只大熊猫将在美国生活十年，成就了熊猫作为“外交大使”的名气。同时，也促进了中美之间的科技、文化交流，增进了中美人民的友谊，同时提升了联邦快递富有亲和力的良好企业公民形象，也让重情义的中国人民更好地接纳了这个原本很陌生的洋公司。

一、目标

1. 进一步使人们认识联邦快递在提供快捷可靠速递服务方面所处的全球地位；突现中美间快递服务的亮点。

2. 以大熊猫运送强调联邦快递无人可及的可靠服务，完善的追踪系统，以及运送特殊稀贵货物的控能力。

3. 强化联邦快递对中国市场所做的努力和对中国市场的长期承诺。

4. 展现并提升联邦快递资助此次运送大熊猫项目以及其在中美两国所做的其他社会公益项目，为联邦快递树立良好的企业公民形象。

二、战略

1. 提前一个月在北京召开新闻发布会，公开宣布联邦快递即将运送大熊猫到美国的活动，以引起媒体对于大熊猫运送活动的关注。凯旋先驱邀请了颇具响力的全国的商业/经济、行业和广受公众喜爱的媒体参加此次新闻发布会。

2. 把电视传播确定为此次活动宣传的一个重要方面。这不仅是因为大熊猫在镜头前的友善形象，还在于体现联邦快递有能力运送像大熊猫这样的在世界上濒临灭绝的物种。与此同时，电视传播能迅速构筑起中美两国间牢固的交流纽带，并充分利用视觉效果确保地球的两端能紧密联系在一起。

3. 电视传播也被确定为吸引美国公众关注此项活动的一个基本途径，从中国将影像资料通过卫星传送到美国。这意味着在大熊猫被运送出境之前，有关电视节目已经在美国播出了。

4. 在北京机场组织大型的欢送仪式，届时邀请一些国内外重要的新闻媒体，在最大程度上吸引媒体对此事的关注并进行大篇幅报道。

5. 借联邦快递亚太地区总裁简力行及当时的中国及中太平洋区副总裁陈嘉良出席在机场的欢送仪式，安排重要媒体与两位公司高级行政人员进行专访。对外传播的主要集中于联邦快递加强中国市场业务的承诺；运送特殊贵重货物时所表现的超凡能力；公司在中国的良好企业公民形象以及公司对正在受侵袭的中国所表示出的信心，公司坚信中国将挺过这次危机。

6. 开设专门网站对大熊猫的运送情况进行追踪报道，以在活动中不间断地吸引公众的关注，并以此证明联邦快递高超的货件追踪能力。通过访问此网站，公众可以了解到运送大熊猫的最新情况，并且在 4 月 7 日全天能随时追踪到大熊猫的行程。

三、事前新闻发布会

1. 在运送大熊猫前一个月在北京举办一次新闻发布会，提前宣布联邦快递运送大熊猫至美国的活动，吸引媒体对此事的关注。

2. 除邀请在北京的全国及北京地方媒体参加此次新闻发布会外，还专门邀请了上海和广州的极具响力的媒体出席新闻发布会，以此扩大联邦快递运送大熊猫到美国的影响力。

3. 在北京、上海、广州及深圳发布有关活动的新闻稿，提前透露消息，引起媒体对此次活动的关注，并加强宣传联邦快递对社会的承诺，以及公司在运送特殊稀贵货物时所表现出的超凡的协调及运输能力。

4. 在新闻发布会正式开始之前，不断播放联邦快递2000年12月将中国两只大熊猫运送至国家动物园的拍摄片断，以引起媒体的兴趣，并进一步强化联邦快递欲传递的主要形象，表现公司长期以来对中国业务市场的承诺。

5. 时任联邦快递中国及中太平洋地区副总裁的陈嘉良先生在发言中强调联邦快递对此项目的慷慨资助以及以往联邦快递公司作为企业公民所参与的社会公益活动。

四、大熊猫启程欢送会

1. 联邦快递在北京首都国际机场举行了简短而热烈的欢送活动，欢送大熊猫“乐乐”和“丫丫”到美国生活。美驻华大使、中国高级官员，以及中国动物园协会，美国孟菲斯动物园官员与联邦快递公司高级行政人员共同向两只大熊猫告别。

2. 由于机场的安全及场地限制，凯旋先驱精心挑选了24家最具响力的30余名中外记者参加了欢送会，在停机坪前目睹大熊猫登上联邦快递为他们准备的专机——“联邦熊猫快递号”。

3. 在欢送仪式结束后，抓紧时间在“联邦熊猫快递号”前为联邦快递的两位高级行政人员安排了与重要媒体的专访，以便更有效地阐述联邦快递在运送特殊物品方面的超凡能力及联邦快递对中国市场的重视等主要内容。

4. 在大熊猫抵达美国后，凯旋先驱与联邦快递公关负责人积极与在美国的团队联系，在最短的时间内得到大熊猫抵达美国的图片。在第一时间内将图片发给国内的媒体，以便他们对此活动进行后续报道。

五、电视传播

1. 凯旋先驱协助联邦快递的国际电视拍摄小组策划将联邦快递运送大熊猫的全过程摄制下来，以供不能到活动现场的电视媒体使用。主要画面包括：熊猫在北京动物园的画面，运送车开往机场的场景，欢送会和飞机起飞的过程。

2. 在大熊猫启程欢送会结束后，安排联邦快递高级行政人员与电视台多个频道进行专访，突出联邦快递在运送特殊物品方面的超凡能力及联邦快递对中国市场的重视。

六、效果评估

1. 联邦快递运送大熊猫的行动，引起了大量的高质量的媒体报道和社会的广泛关注，联邦快递公司从中受益匪浅。共有73家中国报纸和商业类刊物刊登了有关此项活动的报道。与此同时，26家主要的新闻网站向公众介绍了联邦快递运送大熊猫的全过程。

2. 在媒体报道中，有大量的联邦快递“联邦熊猫快递号”的图片与文字一同发表。图片在视觉方面对读者的冲击，使联邦快递的形象更加深入人心。

3. 除在国内进行媒体宣传外，凯旋先驱还通过与亚太区重点国家的公关团队的合作，将联邦快递运送大熊猫的消息向亚太地区的知名媒体广泛发布。在亚洲，对此项活动的电视报道的次数在41次以上，至少有1.19亿名受众观看了报道。在美国，新闻报道也是铺天盖地。

4. 在所有的新闻报道中，有70%提到了联邦快递传播的关键。

5. 在所有的新闻报道中，有超过30%在文章标题中提到了联邦快递的名字。

6. 除了1.19亿名电视受众，还有26554192人通过其他媒体报道得知了相关消息。

七、媒体报道精选

1. 新浪网（2003年3月18日）

新浪独家全程跟踪报道联邦快递运送大熊猫赴美。新浪用了大篇幅介绍联邦快递将如何把两只大熊猫运往美国。文中还穿插了两只大熊猫的照片及“联邦熊猫快递号”的图片。

2. 人民日报（2003年3月20日）

联邦快递将运送我大熊猫安家美国？4岁的雄大熊猫“乐乐”和2岁的雌大熊猫“丫丫”，将于4月7日搭乘联邦快递的麦道11型专机“联邦熊猫快递号”跨越太平洋，落户美国田纳西州孟菲斯动物园。

3. 空运商务（2003年3月20日）

联邦快递热心中国公益事业/联邦快递将从北京专机运送大熊猫到美国孟菲斯。该杂志用一整页介绍联邦快递在运送大熊猫赴美之前所做的精心准备。文中还提到联邦快递进入中国以来所做的其他社会公益活动。

4. 美联社（2003年4月7日）

中国机场将载有大熊猫的集装箱装载入联邦快递为两只大熊猫准备的专机上。

5. 大公报（2003年3月20日）

美国联邦快递宣布将于今年4月7日，利用专机运送中国两只大熊猫至田纳西州孟菲斯市动物园。

6. 社台北（2003年3月18日）

大陆两只大熊猫四月赴美进行专题研究计划。4岁的雄大熊猫“乐乐”和2岁的雌大熊猫“丫丫”，将于4月7日起程赴美国田纳西州孟菲斯动物园，他们预计在美国生活十年，进行专题研究计划。这两只熊猫搭乘“联邦熊猫快递号”前往美国，为避免长达15小时长时间飞行，联邦快递在空中运输、地面运输及物流方面做了精心准备，确保两只熊猫的安全和舒适。

（资料来源：邮递网，http：www.youdi.com/infor/7397/）

【案例分析】

［案例1］

物流广告策划需要考虑的因素

根据大众传播的原理，物流广告策划要从以下几个方面来考量。

1. 广告目标是什么（WHY TO SAY）

广告的目标是首先要解决的问题，这个目的必须要反映行销策略，且要与行销的目标紧密结合。成功的广告策略必须有明确的目标：是要在短时间提高销量，还是要改变消费者对品牌的印象；是要深挖市场提高市场占有率，还是要扩大销售区域；是要对消费者诱之以利，还是要满足消费者的虚荣心。

广告的主要目标有创牌目标、保牌目标、竞争目标和公共宣传目标。一般而言，物流企业进行广告宣传要达到以下目标或效果：

——宣传购买物流服务的好处；

——劝说尝试物流服务；

——对物流服务加以区别；

——保持顾客的忠诚；

——纠正错误的感觉；

——给物流服务定位；

——记忆；

——支持营销人员的推销。

2. 目标受众是谁（WHOM TO SAY）

不要希冀一个广告能打动所有的人，必须找出目标消费者，唯有认清沟通对象，并有针对性地选择沟通策略，设计沟通语言，才能有效提高沟通效率。

3. 广告要说什么（WHAT TO SAY）

广告犹如孔雀开屏，要把商品最美丽的一面展现给消费者，但弱水三千，仅能取一瓢饮，就电视广告而言，短短三十秒所能传递的产品信息是有限的。广告“说什么”比“怎么说”更重要，如果诉求的内容缺乏吸引力，单在表现形式上耍花枪，很难影响消费者。

4. 广告发布的时机（WHEN TO SAY）

选择广告时机是营销策略最重要的一环，广告先行抑或提前铺货，要具体问题具体分析。广告发布的时机与其他市场营销手段息息相关：在什么时候发布新品广告，如何利用竞争对手的失误扩大自己的市场占有率，适时地利用和把握机会，可以令广告效果事半功倍。研究表明：消费者对商品兴趣高昂时，刊播广告最为有效。集市上的小商小贩都知道：客流涌来的时候要大声吆喝！因此，企业往往在销售旺季大打广告，淡季时则削减广告力度，以节省资金；也有的企业采取反季节宣传方式，在别人沉默的时候高声讲话，目的是减少同类产品的干扰，凸显自己的品牌，抢占市场先机。

（资料来源：豆丁网，http：//www.docin.com/p-581308187.html）

问题：

1. 广告策划需要考虑的因素是什么？

2. 广告的主要目标有哪些？

3. 物流产品在广告策划时存在哪些难点？

4. 分析一下，你所知道的经典的物流广告，判断其是否满足广告策划的基本原则。

［案例 2］

UPS 的形象策划

尽管 UPS 始终保持着世界首要的包裹投送公司的位置，但是，我们的新商标应当反映出人们对 UPS 的期待不仅仅是包裹而是便利于环球贸易所具备的多项功能和新颖卓见。

——麦克爱斯克 UPS 总裁兼董事长

新的 UPS 商标应当继续代表 UPS 的精华，作为全球领先的包裹投送公司所创立的优秀的服务精神。但是，它的涵义也应当延伸以反映现在扩展的客户服务业务。

——约翰贝斯特内 UPS 主管国际市场的资深副总裁

众所周知，每一天 UPS 的业务涉及世界上的千百万人，当看到这在人们实际生活中的重要性才意识到我们许多地方的直观形象的确是需要改变的。

——加里马斯托 UPS 负责招商和产品经销的副总裁

一、扩展的实力

树立起这样远大的目标，更新 UPS 的直观标志也将成为历史上一项最大的公司改换商标的记录。那并非简单之举。在与世界产品经销和商标设计的权威性公司 Future Brand 合作近两年的时间，UPS 进行了经营策略研究和细节的策划从而到达了今天这个关键时刻。在整个过程中，首先着眼于公司的“标志”，因为它已无法反映公司的经营策略、其扩展了的业务项目、其跻于环球性公司之列以及其科技先驱的形象。即使公司已经营了大量的环球运输和产品供给的服务，甚至正在计划将 Mail Boxes Etc. 这样的零售店纳入 UPS，但是公众的观念依旧是投送包裹。这明确了只有适时改换公司的标志才能与公司的业务发展相符。然而这种改换将涉及公司的一切，从 UPS 的商标和术语到包装、空运和陆运甚至内部的业务单据。

二、UPS 的商标

UPS 始建于 1907 年，其商标上的盾牌图形一直沿用至今。盾牌反映出诚实和可靠，这不只代表了公司也代表了公司所有的雇员：司机、经理、包裹出纳员以及如今其他上千名在 UPS 工作的顾问和车间经理。即便是过去的商标已无法反映 UPS 现代的业务功能，现在的改换也不是为了抛弃公司的业务宗旨而关键的是要表现出公司的演进。最终的结果是新盾牌图形继续保持过去的象征，只是赋予了更多的活力。从前在盾牌上边的包裹和绳结被去掉了，增加了商标的空间以表达 UPS 当今诸多的业务职能。新商标给人更强的视觉效果。颜色的涂布是为了更醒目，同时也加大了 UPS 的字样，为了更加夺目盾牌增添了立体感。

三、UPS 的含义

“协调世界贸易” Future Brand 的结论指出，没有什么现成的术语可以形容当今 UPS 独特的客户服务，那就是发挥经济杠杆的效应集商品投送网络与资产实力为一体统筹商品、信息和资金的流动。为此“协同贸易”被用来阐明 UPS 在市场竞争中的涵义。“协调世界贸易”将出现在 UPS 的飞机、货车、包装及其他资产上，它将提醒客户一个提供广泛经营项目的公司——UPS。

四、保持棕色

唯人鲜知是当 UPS 最初使用机动货车投送货物时，那些货车被漆成不同的颜色以向公众表示公司有不止一辆的货车。在 1916 年棕色被用做公司的制服和货车的颜色，到 1929 年，整个 UPS 系统都使用了棕色。UPS 选择的棕色是用于普尔曼式客车厢上的颜色，它代表了典雅和职业化，另外的原因是制服和货车上的尘土也不易显现。UPS 曾经注册了两种棕色商标，其中之一是为了避免另一家投送公司使用在他们的货车和服装上。过去许多年里，UPS 的招商董事们曾灵机一动地想到将熟悉的巧克力棕色送货车的颜色改换成黄褐色、青铜色、银色或者五颜六色。连卡其装也曾被考虑过一次。但是，对客户和 UPS 雇员的民意调查却总是强调要棕色。在不改变基色的前提下，UPS 正在给公司的主调色板添加不同的颜色——红色、蓝色甚至鲜绿色。这些新鲜色彩为一系列的 UPS 商标设计提供了相应的灵活性能够赋予多种印刷图形活力。

五、计划实施的挑战

看起来只是简单地更换商标。可是对于 UPS 来讲更换商业标志如同涟漪一样会波及上百万元的公司业务项目和全世界上千个营业点。如果没有周密的谨慎的策划，公司将会付出惊人的代价。每一天里 UPS 的盾牌将在多少地方或者多少次出现是无法计算的。仅是印有 UPS 商标的内部和对外的表格就有 2100 种。一旦高级管理部门作出实施决定，一个强有力的职能班子包括业务专家、机械师、航空技师、财会管理、技工以及通信管理人员既被召集起来以保证计划实施的成功。这个班子要在六个月的期限内规划出如何将新商标表现在 UPS 所有的产品上，并且怎样协调地、同步地从内到外地公布于众。从一开始公司已决定所有改换程序要尽量保密以显示更大的挑战。为了明确哪些部门和什么时候需要进行更换，一开始便是劳人的审计工作。那些需要集力解决的核心部门被确定后就会组成专职组着手实施。这些专职组要策划具体的方案怎样将新商标放置在适当的位置从软件的包装到打印出的单据以至货车和飞机。

1. 货车：UPS 的车队包括厢式货车、卡车和长途运载挂车等 88000 多辆。仅此一项就需要车辆管理部门与责任工程师之间周密的合作，设法将 1300 多辆重新装饰的货车在第一天秘密地送达营业点。

2. 飞机：更新 UPS 飞机的外观需要几个月的喷涂试验，从一架闲置的波音 727 货机开始逐渐使 UPS 的各种机型配上相应的图案。一项艰巨的工作是将新的立体商标图案张贴在机尾部。为了达到这种视觉感，设计者在商标外表敷上一层蜂巢状面膜可以显示三维效果。

（资料来源：全国物流信息网，http：//www. 56888. net/news. 20111112/276265257. html）

问题：

1. UPS 为什么要更换商标？

2. UPS 在设计新的商标时要考虑哪些因素？

3. UPS 更换商标计划实施过程中做了哪些工作，为什么要这么做？

[案例 3]

物流品牌突围之道

在市场经济日益发展的今天，消费者对效率和服务愈加重视的情况下，物流业得到了前所未有的飞速发展。然而在物流尤其是快递行业获得快速成长的同时也面临着诸多问题和挑战，例如翻倍增长的成本与日趋白热化的终端价格竞争，消费者对服务的更高要求和物流行业粗放特性的矛盾，高效率的核心竞争力亟待培养与交通管制程序的繁杂，等等。如何面对这些发展中错综复杂的状况，实现在行业竞争中的突围，无疑成了当下物流业要慎重思考的关键问题。

如何打造消费者心中一流的物流品牌，并培养出极高的消费者忠诚度，是每一个企业的终极目标。当下中国物流业还处在价格混战阶段，或者说是白刃战，既耗费企业资源，同时消费者又体验不到更高品质的服务，长此以往极易使众多企业陷入恶性竞争的怪圈，无法自拔。如何令物流行业驶入蓝海，品牌塑造可以说是物流业的突围之道。

任何一个行业都要经历产品阶段、品牌阶段、标准阶段这三个过程，而中国物流业基本还处于产品阶段，表现为附加值低、忠诚度低、抗风险能力差、竞争力弱等现状。物流行业竞争同质化严重的情形下，价格成了消费者选择服务时的唯一衡量标准，这种情况导致行业在发展过程中问题重重，而解决以上问题的关键就是打造品牌。对于物流业而言，产品是把所要销售的东西放在市场上，而品牌则是把所要销售的东西放在消费者心中，让消费者在选择的时候考虑的不单单是价格，更是服务、速度、安全、品牌形象、客户投诉等综合考量。物流行业的营运模式可以说是寄生虫模式，很多时候都是其他行业发展之后的表现形式，所以品牌塑造意识还很落后，但是在行业利润及发展空间的诱惑下，众多企业参与到了物流业竞争之列，一度出现井喷之势，与此同时，行业竞争的日益激烈也加速了物流业品牌化进程。笔者认为物流业品牌建立之道可以通过以下三种途径。

一、市场细分

梳理企业本身的资源特点，通过品牌区隔来定位自己的 USP（独特的销售主张）。拿汽车行业类比，如“宝马塑造的是驾驭的快感，速度和激情”、“奔驰塑造的是乘坐的舒适”、“奥迪塑造的是精密的仪器”等等。物流行业想要塑造高端的品牌也是一样，现在大家都在一窝蜂做一样的业务，提供一样的服务，市场竞争同质化严重，而通过市场细分以后，企业可以建立独属于自己的专业市场。很多企业错误地认为做了市场细分就意味着缩小了市场，但实际上却有了扩大市场的可能，这也就是我们经常会说的“也许放弃会得到更多”。从大市场里的小鱼虾米到小市场的大鳄是一个质的变化，没有哪一个品牌在所有方面都是强者，但要想在市场生存就必须至少有一项是独一无二、唯我独尊的。

市场细分在品牌塑造中同样也为了满足消费者的不同心理需求，越是小众越是大众，当下的物流企业不是要在价格战场上拼个你死我活，而是寻求如何在小众市场上做到鹤立鸡群。每一项客户需求都有可能提炼成为企业的核心竞争力，就物流行业而言，这其中包括“安全、速度、服务、诚信”等等。

二、跨界合作

产业布局已成了物流业品牌崛起之大势所趋，利用物流业自身行业特点参与相关利益布局合作。集团化运营这种方式不仅能够降低成本，还能开辟新的利润渠道，同时也能增强企业抗风险能力，在此方面已经崭露头角的相关行业有电子商务、农业等。

物流网络是物流业的基础建设，近年来因各地政府的大力支持，物流园区、空港等建设都得到了规模发展，同时也给了众多物流企业进入“工业地产”的机会，从而进一步扩大了物流业的资本力量。此外，网络渠道的建设也给仓储和运输提供了更有力的平台，缩短了物流运输时间，提高了运作效率，从而也降低了企业成本。“工业地产”作为物流业的一种形式，其本身的经营也是一笔巨大的财富，无论是土地增值，还是仓储租金、管理费用、配套服务等都可以为物流企业增加利润。因此，无论是物流企业本身还是电子商务、物流园区，它们都是利益相关者，可以通过品牌整合，建立多品牌战略，精细化产业布局形成较为完整的企业帝国，就如同快消品行业的“宝洁”、汽车业的“GE”模式等。这种多品牌策略在战略安排上更具防守性，不一定所有品牌都有好利润，因为他们有可能承担的是阻滞对手的责任，在当下物流业竞争同质化的情况下，多品牌策略无疑是“敌无我有，敌有我新”的战术选择。

三、科技创新

电子商务的出现可以说给物流业带来了一次新的革命，把物流业华丽地推向了公众视野，让其更加接近消费者，更加直接面对消费者评价的抢夺。现代物流是一项资金、技术密集的产业，特别是现代电子信息技术、通讯技术，如 GPS、RF、EOS、Internet 等已逐渐成为物流的必要技术——全球品牌网——手段。一般传统行业向现代行业升级的过程中，科技的力量是至关重要的，谁能创新，就能占领市场，赢得消费者。

“苹果”的乔布斯走了，但他却把众多企业带入深思，让“创新和科技”给中国企业一记重击，这一击不但激起了中国消费者对“苹果”的疯狂追捧，同时也激起了中国企业的“创新和科技”之路。当下中国物流业品牌突围战到底该怎么打，笔者认为，面对同质化、恶性价格战、粗放的管理模式，物流企业的品牌之路可以说是任重而道远，但“创新与科技”绝对是物流业的突围之剑，在错综复杂的竞争中，不断挣脱对手的围困，迎来消费者的青睐。当然在此之前，物流行业的大规模洗牌是必然的，经过这轮洗牌，一些小型物流企业必将首先出局，这本身就是一次大鱼吃小鱼的游戏，优胜劣汰，适者生存。经过这轮混战，物流行业会进一步走向专业化、细分化、资本化和科技化。

品牌阶段是标准的前度，企业为了坚守品牌必然会不断对其行为进行量化管理，这就会带领行业进入精细化时代也即标准时代。不只是物流行业，任何一个行业都需要有行业领袖去制定标准，而行业成员能够在此标准下各自舞蹈。有了标准也就说明了这个行业拥有了真正意义上的发展，同时也为消费者提供了更加清楚明晰的衡量指标，只有这样，整个行业才会良性竞争，长足发展。

（资料来源：九九物流网，http：//www.9956.cn./）

问题：

1. 打造物流品牌的目的是什么？物流品牌的打造与有形产品的品牌打造有何不同？

2. 本案例中，作者认为可以通过哪几种途径建立物流品牌？你认同吗？为什么？

3. 如何理解“市场细分”可以帮助企业建立品牌？

[案例 4]

随着开学铃声的响起，热闹的荧屏暑期档暂告一个段落，扎堆其间的百余档真人秀节目也纷纷进入冲刺阶段。2015 年 8 月 28 日，深圳卫视《极速前进》第二季刚刚结束了非洲岛国毛里求斯的第八站赛程，在距离总冠军揭晓只剩两站的情况下，居高不下的收视率已经基本宣告了这档真人秀运作成功。

和节目收视率一起飙升的，还有首次“触电”的物流品牌日日顺。

日日顺品牌是海尔电器集团的渠道综合服务业务品牌，定位为互联网时代用户体验引领的开放性平台。日日顺品牌核心业务是四网融合的平台型业务，单元包括：日日顺渠道业务、日日顺物流业务、日日顺服务业务、日日顺其他辅助渠道业务。通过在全国三级和四级市场建立渠道分销网点，成为中国三级和四级市场领先渠道综合服务商，并于 2011 年 11 月 30 日获纳入 MSCI 全球标准指数（MSCI 中国指数）。2012 年日日顺的营业收入已经超过 500 亿元。2013 年 10 月 13 日以 120. 66 亿元的品牌价值入围第 19 届中国最有价值品牌榜，成为首个品牌价值超百亿的互联网品牌。

从宣布联手深圳卫视共同打造新一季的《极速前进》开始，媒体便从日日顺的曝光率中闻出了“年轻化”的味道，很显然，频频出现在以年轻人为主要受众的真人秀节目中，日日顺正在用时代感鲜明的营销手法改变以往人们对物流品牌的传统认知。其实就像阿里、腾讯这些互联网企业告诉我们的：起风时，谁先站在风口，谁就能飞得更远。

在很长的时间里，谈起物流，我们就会想到疾驰在公路上的大货车、郊区庞大而忙碌的产业园、多如牛毛的企业，以及竞争激烈的价格战。直到现在，能够真正形成营销理念的物流品牌在整个行业中也只是凤毛麟角。

但是，出现在《极速前进》中的日日顺彻底颠覆了这种印象。每到周五晚上，日日顺的卡通形象“闪电哥”都会准时亮相，拉开《极速前进》的大幕，整个节目期间，“闪电哥”的身影几乎无处不在。虽然观众对娱乐节目中类似的品牌软植入早已习以为常，但是对于物流行业而言，这却是一次全新的尝试。

在此之前，物流界传统大佬德邦和顺丰被公认为营销上“有一套”，可见成功的营销在任何行业都是“万金油”。早期的德邦是典型的货柜物流企业，也是业内最早实施品牌化的企业之一，它用规范化运作逐渐形成口碑效应。近年来，为了顺应互联网思维，德邦开始进军快递市场，为了打开突破口，它采取的方法是在北京、上海、深圳 3 个一线城市的地铁线集中投放大量广告，同时在地铁站开展公益活动，以此提升品牌关注度。

顺丰在快递界同样采取了服务营销手法，实际上，顺丰很少发起品牌宣传，这点业内都清楚，它主要依靠的是“内功”，即大力推行统一的服务标准，慢慢将自身提高到快递业标杆，然后以此来牵动媒体的神经。比如，顺丰在前几年快递业价格大战时，突然宣布提价，一时间成为媒体关注的焦点。

总体说来，物流行业似乎更习惯于埋头挣钱，即便是德邦和顺丰这样的成功品牌，也鲜有时代感的案例可借鉴，所以日日顺和《极速前进》的合作，从某种意义上来讲，是具有开拓性的，在交互性极强的互联网时代，品牌战略必定要向这方面靠拢。

“没有成功的企业，只有时代的企业。”这句话曾启发了很多努力向互联网转型的品牌。日日顺的“触电”行为，外界关注的是其特殊的物流品牌身份，而在业内，同样对它的品牌效应产生了巨大影响。

从表面上看，《极速前进》节目中的植入和反复提及扩大了日日顺的声量，但是这只能算是表层工作，作为一个深谙互联网特性的平台型企业，日日顺投入大量精力用于幕后工作，一方面与《极速前进》节目组遥相呼应，合力提升网络声量，另一方面，顺势推动粉丝运动，定制话题性极强的交互活动，形成多赢的局面。

分析日日顺的做法，几乎都是围绕一个“快”字在做文章，网上持续发酵的话题“不快不痛快”，动用了视频、海报、段子等各种常见的网络手法，不断吸引网友前来吐槽。而每期节目前后的场景借势，都被日日顺巧妙地植入品牌信息，非常符合各路粉丝的调性，从而达到了强化认知的目的。

通过密集而合理的资源利用，日日顺不仅在综艺节目品牌社交媒体指数排行中成功进入前五，而且目标用户的印象也在悄然发生转变，从为人熟知的大件物流品牌领导者，逐渐细化至极速送达的年轻化极形象。

其实，日日顺并不算是一个年轻品牌，经过二十多年的快速增长，它已经拥有了全国领先的物流版图，90 多个枢纽中心、3000 多条物流专线、2600 多个区/县送达到户的服务能力，的确不是一个浅资历企业所能为，但是从《极速前进》的案例中，我们不难看出日日顺对话题营销的老练，正如前面提到的，要想成为时代的企业，又怎能缺少一颗年轻的心？

（资料来源：大辽网，http：//ln. qq. com/）

问题：

1. 你以前听过“日日顺”这个品牌吗？
2. 请问你是如何看待“日日顺”品牌的“触网行动”的？
3. 传统的物流品牌推广方式有哪些？
4. “日日顺”品牌的“触网行动”实现了哪几个目标？
5. 请谈谈“日日顺”品牌的“触网行动”给你带来的启示。

[案例 5]

日本快递业印象：温柔 细致 厚道

在快递业发达的日本，细致体贴、规范化、赔偿到位的服务值得借鉴。

一、温柔装卸啥都能寄

在东京街头，不时能看到大和运输、佐川急便等快递公司的厢式货车停在路边，司机兼投递员小心翼翼地搬下货物，用小平板车推到客户门口。旅日多年，记者迄今为止还没有看到过一次野蛮装卸的情景。由华侨创办的中国通讯社营业部长姜德春也指出，从他日常接触的范围来讲，比如机场、长途巴士以及日常快递等，都没有看到过暴力分拣的。

在日本，快递的货物可谓五花八门，鱼类、西瓜、葡萄酒、牛奶等都可以快递，还有专门的冷藏服务。在日华人鲁蓬人说，在日本不仅可以快递易碎品，而且还分常温件和食品冷藏件，当然冷藏车的运费要高一些。

二、细致周到注重包装

记者的日语老师庄野杏子认为，日本的快递公司服务很周到，针对易碎品会非常细致地包装，不仅贴上易碎品标志，甚至葡萄酒还会标出方向，确保酒瓶口一直朝上。在日华人曹晓民介绍，快递员在发送时对邮件的保护很是细致，如果邮件标注模糊会仔细询问，易出危险的邮件会分门别类并贴上易碎或者精密仪器等标志。一名在日本公司工作的华人根据自己的亲身体验说，快递公司下雨天会给货物包上塑料包装纸；若发现寄来的东西易碎，还会拿胶带纸等包好；快递员到公司取货，担心公司包装不结实、不安全，还会重新包装。

三、厚道赔偿主动担责

多年前，鲁蓬人从北京往东京寄工艺瓷瓶，快递员把东西送到家里后告诉他，里面的东西出了问题，请他立刻开箱验货，并且还带来了相机。快递员与他共同确认损坏的程度。最终双方确认 4 个瓶子已碎，快递员马上照相取证，让鲁蓬人填写表格。因为当时没有瓷瓶的发票，最后按照整个行李总价值的 40% 赔偿。本来应该一周至 10 天之内兑现，结果第 8 天赔偿金就到账户了，期间没有任何多余的交涉和拖延，这件事给他留下深刻印象。

鲁蓬人介绍，快递赔偿分加强保险和普通保险及随意小件。出人意料的是日本机场常常给别的国家野蛮装卸背黑锅，替别国赔偿。就算一些货物的损坏肯定不是在日本造成的，但当有人在成田机场发现问题找快递方理论时，对方也绝对会征求顾客的意见，商量赔偿。

（资料来源：新华网，http：//www.news.cn/）

问题：

1. 谈谈你对服务质量与品牌关系的看法。
2. 请谈谈此案例给你带来的启发。

【知识拓展】

中国品牌到底缺啥？商品平均价值只有世界的 1/6

北京大学的一项调查显示，中国在 2006 年生产的商品平均价值，只有全球平均商品价值的 1/6。今年 3 月底，中国饮料市场一场突如其来的“娃哈哈”品牌争夺战，无意间拉开了人们对品牌的新一轮争论和关注。

《中国经济周刊》获悉，目前，国际巨头达能集团已经启动法律程序，欲向合作方娃哈哈集团讨回唯一合法使用“娃哈哈”品牌的公道，而娃哈哈集团创始人宗庆后也坚决将“娃哈哈”荣誉维持到底。

已经有人对“娃哈哈”商标开出了不低于10亿元的无形资产估值。分析人士认为，姑且不论孰对孰错，对于国内知名品牌的争夺近年来可谓屡见不鲜，“宝马”、“第一楼”、“五合国际”等各行各业内知名品牌不断遭遇侵权诉讼挑战，对品牌背后的价值争夺心态昭然若揭。

然而，时至今日，品牌在中国的发展和认知仍然存在较大落差，北京大学经济管理学院一项统计显示，中国在2006年生产的商品平均价值，只有全球平均商品价值的1/6，用北大经济学院副院长曹和平的话来说：“这就代表中国每生产一件商品，从价值上看是买一送五。”

中国商品的附加值流失，已经成为中国经济进一步发展的瓶颈之一，而这其中有很大一部分是商品所涵盖的品牌价值。

一、中国商品缘何“买一送五”

长期研究中国经济的北京大学经济学院副院长曹和平向记者列举了部分数据：去年中国的GDP总量约为2.6万亿美元，这一价值相当于全球总量45.8万亿美元的5.6%，这是价值上的数据；而中国去年究竟生产了多少数量的产品呢？

曹和平介绍，中国去年生产了全球51%的水泥，33%的钢材，合计约占全球42%的建筑业材料份额；生产了全球38%的服装，其中纺织品份额为35%左右；鼠标等电脑配件仅苏州一地，产量就占全球63%份额；鞋袜、打火机等轻工产品，在浙江早已是全球产量之冠；家电等电子产品保守估计在35%以上，为全球之首……

在如此大的产品生产份额中，中国企业又获得了多少价值呢？曹和平认为，以5.6%份额除以最保守的35%占比，得出中国商品价值仅为全球平均价值的1/6。究其原因，曹和平坦言：“当前，全球产业化的制造业基地正在向中国加速转移，而在国内，大部分企业还处在乐于‘简单加工产品’的阶段，缺乏创新，这正是中国商业价值处于低位的原因。电视机中的牡丹、白菊、西湖，汽车中的切诺基，酒类中的孔府、酒鬼等这些稍微老一点的自主品牌都不见了，而新兴的品牌还有待市场和时间的考验。”曹和平认为：“在经济发展最好的上海，一个自主品牌都没有，突出地显示了中国品牌发展的现实状况。”

二、零品牌价值案例

据北京大学联泰供应链研发中心（下称联泰研发中心）在2006年的研究显示，2003年，中国东莞市和其他几个南方市、县使用贴牌方式（OEM）生产了三大主要男用品牌衬衫40%的世界市场份额。一件衬衫的出口价格是50多元人民币，约合7~8美元。

但这些品牌衬衫，在美国的零售价格是每件70~120美元。中国企业生产了该件产品100%的物质形态，在最终价值的实现上却不到9%。换句话说，占据了40%的世界市场份额，在价值实现上占不到世界份额的3.6%。

2005 年，联泰研发中心在苏州调查时，获知某个厂家生产了全世界 63%的鼠标，一个鼠标的出口价格在 25~30 元人民币，在美国的销售价格是 28 美元左右。差距几乎和服装业产品无几。

中国产品在欧洲的情况也不乐观。据《环球时报》报道，一双标有“中国制造”、售价为 299 瑞典克朗（1 瑞典克朗约合 1 元人民币）的女式皮鞋，鞋店老板、皮鞋进口商支付给中国生产商的价格只有 70 克朗左右。而中国生产商称，这种鞋每双的利润只有 5 元或 6 元人民币。

三、寻找中国“定价”能力

伴随改革开放多年来制造业的长足发展，服务业的滞后，形成第一、第二产业偏重，第三产业偏轻的布局，在品牌意识上的缺位正在减弱中国商品的“定价”能力。

对此，国资委研究中心副主任李保民认为，品牌是中国经济发展到一定阶段的产物，对于大量中国企业在未来的研发建设，国家应该给予一定程度的政策支持，甚至资金支持，这样才能使我国的商业品牌价值追赶上发达国家。

国家发改委综合改革司司长孔泾源也认为，在目前的情况下，大力发展中国企业、商品的品牌适逢其时。事实上，品牌是生产出来的物质在技术形态上的溶解，是生产企业的一种名片，其本质背后是一种对诚信体制的追求。

已经举办了首届亚洲品牌 500 强的亚洲品牌盛典组委会执行主席兼秘书长王建功，正在紧张地忙碌着第二届亚洲品牌 500 强的各项准备工作。为了比首届更有规模，组委会组成了专业阵容最为庞大的有公信力的专家测评体系。

王建功认为，历史上，亚洲并不缺世界性品牌。最高的珠穆朗玛峰和最低的死海，这都是自然的品牌；世界文明古国中国、印度和古巴比伦，这是文化的品牌；创造了世界三大宗教，那是精神的品牌；万里长城、故宫和泰姬陵，那是建筑奇迹的品牌……

“然而，21 世纪是世界经济的世纪，是亚洲经济的世纪，需要的是商品品牌。目前，亚洲经济的发展速度，令全世界为之瞩目，虽然积累了一些财富，然而，亚洲人心里最清楚，这些财富大多是我们辛勤‘打工’得来的。亚洲人不缺少勤劳、智慧的品质，亚洲最缺少支撑经济发展的商品品牌。”

据了解，去年亚洲品牌 500 强中，前十位几乎全部是日本、韩国耳熟能详的品牌，如丰田、松下、三星等，入围前十名的唯一中国品牌是“海尔”。

王建功认为：“中国商品品牌的落后，归根结底是思想意识的不先进。亚洲有很多企业管理者还缺少品牌意识，所以才有盲目生产、重复建设、急功近利、知识侵权，甚至假冒伪劣。所以，亚洲的企业在全世界的企业中是属于成长比较慢的一类。这都是企业管理者缺乏品牌意识的表现。”

当前中国经济在世界经济分工中所扮演的角色是所谓的“世界车间”。中国作为“世界加工中心”，已经成为世界经济增长的发动机，但是中国的企业和居民从中得到了什么样的好处？贸易上的“高进低出”的现状，意味着中国的这个加工中心是赔本的，是“穷国补贴富国”。一个主要原因是中国在国际市场上没有商品的定价权。

商务部研究院研究员梅新育表示：国际市场定价权之所以重要，是因为它决定了国际经贸关系的分配格局。也就是说，定价权的背后是巨大的经济利益，而实现定价的一个途径就是品牌的快速建设发展。

“企业、商品的品牌建设，不仅仅是对品牌的创立、维护，而更多需要的是在企业运营的全过程中，营销体系、物流体系、售后体系以及金融保证等体制上的配套完善。”曹和平表示。

LG、三星、现代……越来越多的韩国品牌正在跻身世界品牌之列。

四、韩国经验：大力扶持品牌企业

20 年前，中国和韩国的信息产业发展站在同一条起跑线上；但 20 年后的今天，韩国信息产业在某些领域已大大领先于中国。韩国政府促进 IT 产业发展的实践，尤其是大力辅助品牌企业的发展，值得中国借鉴。

韩国 IT 产业形成了以几家大公司为龙头的完整的“技术创新链条”和“产业链条”，部分电子信息产品在国际市场上的占有率处于领先地位，并具有较强的竞争力，韩国电子信息产品产值从 1990 年的 127 亿美元，上升到 2004 年的 2128 亿美元，年平均增长率达到 22%。

在韩国 IT 产业发展过程中，伴随着产业竞争力的提升，成长起了一批具有国际竞争力的大企业。也正是这些大企业的成长，有力地支撑了韩国 IT 产业的发展壮大和国际竞争力的显著提升。

韩国 IT 产业得以飞速发展，是政府多年培育和发展 IT 大公司的结果。1997 年韩国遭遇了严重的金融危机，制造业等传统行业处于低迷状态。为了加快经济的复苏，提高产业的竞争能力，韩国政府加大了对 IT 产业的推动和投入。政府在法律政策、投资补贴、税收贷款、市场引导等方面进行宏观调控和引导，并取得了巨大的成功。

韩国 IT 产业近年来快速发展的经验证明，相比于传统意义上的产业政策手段，以推进信息化建设为产业的发展提供市场空间，能尽可能地避免对产业和企业运作的直接干预，通过创造最终需求来培育产业的发展能力，从而激发产业和企业自身的快速、持续成长，对产业发展的促进效果更为显著。

为适应向信息社会迈进的形势，从 20 世纪 90 年代开始，韩国政府开始推进电信服务市场私有化改革，持续推动 IT 产业的市场竞争和私人投资；1990 年、1994 年和 1995 年在电信市场引入竞争导致 IT 产业结构性变革；1998 年开始实施管理电信产业的一系列法律生效，并于 1999 年和 2000 年两次修改，这些政策措施有效地刺激了电信服务市场的竞争，促使电信服务提供商的数量和规模都大幅增长。

韩国政府对 IT 企业进行了大量包括资金、政策在内的市场扶持，这种扶持持续多年，直到其本土企业可以和国外竞争对手完全抗衡的时候，韩国才向国外企业完全开放市场。但韩国这种扶持不是简单的封锁，它仍然向国外开放部分市场，只要这种开放对韩国本土企业发展有利。从韩国 IT 产业的发展过程，可以看到一种现实主义市场经济。

（资料来源：青岛新闻网，http：//www. qingdaonews. com/big5/content/2007-06/04/content-7765766. htm）

品牌4人谈

一、国资委研究中心副主任李保民：“中国品牌走向没落”的恐慌大可不必

品牌是一种劳动成果的体现，是一个企业或商品的商誉、商标，是在劳动基础上形成的无形资产。以美国NIKE商标为例，凭借其品牌营销策略，准确地把握市场判断，产品风行全球。

其实，品牌背后更为重要的是一种诚信理念，这对企业来说尤为重要。

目前像海尔等国内品牌企业都将“精品售后”放在首位，例如海尔在前几年就开始登门维修，并且自带鞋套、不喝不拿客户任何东西，逐渐形成了自己的品牌。

由此可以看到，品牌的建设不是一朝一夕可以完成的，而是要通过整个企业的系统化管理，包括对细节的管理。

中国也有自己的百年老字号企业，例如北京一些很有名的小吃商号等，但以现代的眼光看，这还谈不上品牌，因为现代企业需要良好的企业组织制度，从而用制度保证企业成为知名企业。老字号更多的是对一些特定群体而言，而知名品牌是在公开的范围内具有很高的认可度；老字号是传统的，而知名品牌需要与时俱进。

如今，中国的企业在很多领域中生产的商品无疑已经进入了一个相对过剩的阶段，这就需要我们更多的企业走出去，然而在品牌方面的意识欠缺，一方面使得商品的附加值无法实现；另一方面，低价格销售策略也使得中国商品在海外屡屡碰壁。

很多人喜欢NIKE系列的运动鞋有两个原因，一个是因为穿起来感觉舒服；另一个是因为NIKE品牌的标记是一个转折的弯钩形状，寓意人生往下可能只在一瞬间，但往上则需要很艰辛的路程。

这说明NIKE公司拥有运营品牌策略的文化和一整套对于商品附加值的开发理念，这是中国企业急需转型的方向。

前段时间强生收购大宝，引发市场热烈讨论，有人说国有品牌都被国际品牌收购了，事实并非如此。作为充分竞争的化妆品行业，一个品牌的持有与出售都是非常正常的事情，卖与不卖是企业主的个人行为，对“中国品牌走向没落”的恐慌担忧大可不必。

另一方面，中国企业也应该不畏惧与国际品牌进行竞争，20年前海尔只是一个小工厂，在它面前，松下、索尼早就重压在肩，而后来海尔迎来自己的发展空间，这说明品牌是需要充分竞争的。

作为政府等管理部门，未来也将大力扶持国内企业品牌建设与发展，首先是对企业品牌、商品品牌设计研发的支持，包括各种政策类扶持；其次是资金方面的支持。例如开辟二板市场，让一些亟待发展的企业能够获得银行、资本市场的融资等。

综合来看，中国企业品牌发展落后韩国等发达国家约30—40年，中、日、韩三国在亚洲的发展优势不尽相同，中国迎头赶上既需要加快建设，也需要摆正心态。

二、ABAS（亚洲品牌测评体系）专家委员会执行主席王亚星：ABAS还原亚洲品牌价值

进入品牌竞争时代，企业越来越重视品牌管理活动，而品牌价值评估则是品牌管

理中一个重要的环节，直接决定了企业品牌管理的质量，从而决定了企业生存与发展的水平。正因为如此，运用一定的评估技术对品牌价值进行科学、合理的测度显得尤为重要。

本次亚洲品牌500强的评选主要从四大维度对全亚洲范围内的强势企业进行全面性的测评打分。四个维度包括企业在市场上的综合表现、在未来的发展潜力、产品的质量水平以及经营效益等财务指标。世界财富500强评价体系的财务指标只是作为整个评价体系的一个有机组成部分，而非全部。同时，世界品牌500强评价体系的三项指标在我们的评价体系中也有所体现。

在四个维度中，ABAS测评体系又包括十项细分指标：品牌年龄、国际化程度、营销组合、品牌知名度、资产总额增长率、创新能力、售后服务、质量水平、营业收入、净利润。这四大维度、十项具体指标的加权使本次亚洲品牌的评选更具综合性和客观性。

在首届亚洲品牌500强评选中，日本松下以ABAS综合评分（总10000分）9989的高分位居榜首。第2至10名分别是：丰田、三星、东芝、本田、索尼、海尔、中国香港上海汇丰银行、LG和尼桑。排名第7的海尔是中国大陆唯一进入前10名的企业。500强排行榜的第500名，也就是最后一名是“中国医药”，即“中国医药集团总公司”，进入门槛的最低分数是3820分。

质量是品牌在市场上的重要话语权，质量水平的高低决定了品牌能否在激烈的市场竞争中长久地生存下去。高质量不一定能造就成功的品牌，但成功的品牌一定需要高质量产品来支持。作为衡量品牌的量化指标，我们将企业是否通过ISO9000、ISO14000等全球性认证，以及不同行业内的权威性评比、认证作为品牌考核指标之一。

售后服务水平体现了企业对待产品和顾客的态度，是产品的重要组成部分，是影响消费者品牌忠诚度的主要因素之一，同时对消费者之间的口碑传播也产生很大的影响。售后服务水平的高低可以从服务网点的分布、售后服务的方式、消费者的反馈等方面来考核。

效益水平是一项定量指标，客观地反映了企业的实力和规模。这一指标具体从企业的营业收入和净利润两方面来考察。营业收入反映了企业在本行业中的规模；净利润则反映了企业的盈利能力。但本指标侧重在同行业企业横向比较，以淡化行业差距。因此，效益水平也是本次评价体系中不可或缺的组成部分之一。

以上各项指标满分均为10000分，按不同权重加权求和得出综合评分。

此次进行的品牌排名，品牌的行业主要选取与消费者生活息息相关的家电、房产、家居、食品、烟酒、金融等16个行业，个别行业有所延伸。

品牌的地域分布主要集中在日本、韩国、东南亚、中国大陆及港澳台地区。

随着产品同质化现象的日益严重，企业间的竞争已逐渐由产品的质量竞争、技术竞争转向销售手段竞争、服务竞争和品牌竞争。

一个企业的产品要想成为国际知名品牌，首先在本国市场就须叫响，赢得国内消费者的信任和支持。

其次，要有长期的品牌战略。在中国，有些企业家总是秉持一种浮躁心理，希望能在尽可能短的时间内把企业做大做强。事实上，树立一个国际品牌往往需要10年、20年甚至上百年的时间。

最后，要充分利用国际资源。大凡成功的企业，都会利用国际上的市场资源、资金资源、自然资源和人力资源等。

三、海尔张瑞敏："世界名牌就是我们的目标"

海尔，作为亚洲品牌500强唯一进入前十名的中国品牌。它是从一个"废墟"上发展起来的民族企业，一个属于中国人的自主品牌，仅用了短短20年的时间，即从强手如林的竞争环境中脱颖而出，率先实现了中国企业进军世界级品牌的梦想——海尔用自身的发展历程，描述了一个中国品牌在20年间被国际市场认可的神话。

1984年，海尔公司销售收入只有348万元，资不抵债147万元，海尔从几百个人的街道小工厂开始，现在收入达到了数百亿元，是1984年的万余倍。海尔的成功见证了中国品牌的成长历程。

"海尔在不到20多年的时间里，能够比较健康、快速的发展，主要靠的是创新精神。海尔价值观的核心就是创新，世界名牌就是我们的目标。"海尔首席执行官张瑞敏如是说。

回顾海尔的品牌发展历程，从1984年到1991年是其第一阶段。海尔当时的主打产品是冰箱，海尔希望通过冰箱这个载体，不仅做冰箱，而是做海尔这个品牌，在这个环节中，海尔紧紧抓住质量与服务来满足消费者的需求。在这个阶段里，有一个广为人知的故事，就是1985年的"砸冰箱"事件，在张瑞敏的带领下，海尔一共砸了76台质量不合格的冰箱，在许多海尔人看来，那锤子不仅砸在冰箱上，更砸在了海尔人心里。

第二个阶段从1992年到1998年，是海尔多元化战略阶段，主要走的是兼并重组的道路，海尔先后以"吃休克鱼"为理论根据，兼并了18家亏损企业，这其中海尔主要投入的是企业文化。在这个阶段中，海尔走的不是"东方不亮西方亮"的路子，而是要求"东方亮了再亮西方"，将一个行业做深、做透，再去做另一个行业，要体现一个企业规模的竞争力，给用户提供一系列家电完整的解决方案。

而这之后至今的第三阶段，海尔全面进入国际化战略阶段。海尔希望将自己的竞争力、整合资源的能力扩展到全球各地，从企业的国际化转变成为一个国际化的企业。

海尔创立国际品牌之路，总的原则是先有市场，后有工厂，先播种，再扎根方能开花结果。海尔在海外市场大多先以缝隙产品进入，在取得当地大连锁的认可后，就可以得到很多订单，通过订单可以实现制作、销售、设计三位一体，从而从单纯产品输出过渡到品牌输出。

张瑞敏认为，品牌的建设发展离不开企业文化，海尔的基因是创新，要把创新基因植入到每一个人身上。海尔文化最外层是物质文化，再往里是制度文化，最核心的是价值观，海尔的价值观是创新，但如何创新，就要形成一个氛围，使每个人具有这种文化。

兼并青岛红星电器和安徽黄山电视机厂之后，海尔是用海尔的文化和海尔的管理模式把这两个企业盘活，进入了哈佛大学的MBA教学案例当中，这是第一家被写入哈佛大学企业案例的中国企业。

漫画是海尔企业文化表达的一个方式，企业文化有一些理念比较抽象，有的员工用他自己的理解画一幅漫画，在海尔画了很多，有的理念几个人来画，画得最好的、表达最清楚的拿出来大家共享。

发展一批跨国大企业、大集团，打造一批世界级的品牌，是这个时代的需要，是振兴民族经济的需要，也是增强核心竞争力、国际竞争力的迫切要求。海尔的实践证明，创造世界品牌并非遥不可及。正如海尔曾经和仍然面临许多强劲对手一样，只要我们不怕困难、坚持开拓、不断创新，就一定会实现创造世界名牌的目标。

四、著名品牌战略专家、品牌竞争力学派创始人李光斗：中国是世界品牌的最后一块处女地

20世纪60年代初，日本的品牌在美国还是地摊货的水平。1968年的东京奥运会开辟了日本的全球品牌扩张之路，日本的索尼和松下等品牌开始向全世界进攻。1988年，三星还在给索尼打工，做OEM，做最基础的加工生产，1998年已经闯进了世界的舞台。在全球100个最有价值的品牌排行榜上，韩国品牌三星（SAMSUNG）也已榜上有名。2008年奥运会，当全世界都瞩目中国的时候，正是中国企业品牌建设的最佳机会。从1968年到1988年再到2008年，正好过了两个20年，中国已经到了建设品牌的时候了。

如今，该是中国企业开始实现自己世界品牌梦想的时候了。品牌竞争力是国家竞争力的重要源泉，品牌崛起是国家崛起，品牌的流行是国家文化流行的标志。中国已经走上了品牌之路。

中国是世界品牌最后一块处女地。在历史上的不同时期，每一个国家的崛起都与一批著名品牌的成长密切相连。中国的市场很大，拥有很多有潜质的企业。中国的经济总量也很大，但是中国还缺乏世界级的品牌。全球最有价值的100个品牌中美国有52个，韩国1个，日本6个，剩下的都是欧洲的，没有一个是中国的。

我们到世界各地都会发现，无论到哪儿都会买到“中国制造”的产品，但中国的名牌在全世界却很难找到，很多国际名牌都是在中国国内生产、加工的，之后贴上国外名牌的标志，卖到世界各地，成为人们竞相追逐的焦点。

随着我国经济的迅速发展、加入WTO组织、国外企业和资本的不断涌入，中国经济的全球化进程在加快。全球化对中国品牌而言，是机遇更是挑战。所谓机遇，是因为中国品牌能够吸引更多的外资进行建设，在更广阔的舞台上大展身手；所谓挑战，是因为中国市场成了世界各大品牌的兵家必争之地。中国市场上刮起了“外资并购本土品牌或者变相并购本土品牌”的龙卷风。

跨国公司整合中国市场的利器就是品牌。在中国销量颇大的捷达汽车，其品牌JETTA（捷达），并不归合资公司所有，而归德国大众汽车所有，跨国公司的深谋远虑可见一斑。

跨国公司对中国本土品牌的策略历来都是：“打得赢就打，打不赢就买，买了之

后就束之高阁。”

在这弱肉强食、优胜劣汰的全球化市场竞争中，中国企业只有不断投入品牌建设，不断提高品牌的竞争力，才能在这场战争中立于不败之地。

（资料来源：亚洲品牌网，http：//old. asiabrand. cn/experts/1339. html）

【复习思考】

一、简答题

1. 品牌的含义是什么？

2. 如何进行品牌的建设？

3. 品牌的建设和维护包含哪些活动？

4. 简述广告设计的相关原则。

5. 请问物流产品品牌策划包含哪些内容？

6. 请简述内部营销的逻辑。

二、讨论题

1. 你是如何看待品牌与营销的关系的？

2. 请谈谈你对品牌的看法和理解。

3. 请谈谈物流服务产品品牌建设存在哪些难点，该如何进行品牌建设。

4. 请谈谈你对广告的看法和理解。

5. 请对比中外经典广告，分析广告的差别。

6. 请谈谈内部营销对你的启发。

7. 解释为什么有很多人对品牌产品愿意支付较高的价格，从这个事实你可以看出产品品牌化的价值体现在哪些地方。

【实习与实训】

1. 请找五条经典的物流广告语，并分析其经典的原因。

2. 为某项物流产品设计一份广告创意。

3. 承接上一章的实习与实训 3，请为你们虚拟物流企业的服务产品制定一套完整、合理、可行的品牌推广方案。

第七章　物流企业营销控制

☞知识目标

1. 理解物流营销计划、组织与控制的基本概念。
2. 掌握物流市场营销计划的编制过程和方法。
3. 掌握物流企业市场营销控制的方法。

☞能力目标

1. 具备中、小型物流营销计划的编制能力。
2. 具备组织、实施中、小型物流营销方案的能力。
3. 具备小型物流营销团队的管控能力。

市场营销计划需要借助一定的组织系统来实施，营销组织也不是一成不变的，需要根据市场变化调整，而在营销计划实施过程中可能会发生许多意外情况，营销部门必须连续不断地监督和控制各项营销活动。

第一节　物流企业营销计划

【课前预习思考题】

1. 制订物流企业营销计划的目的是什么？
2. 物流企业营销计划包含哪些要素？
3. 请写一份物流企业或物流服务产品营销方案。

【案例引入】

中国企业营销计划的现状

1. 小公司营销计划的现状

现状一：80%的小公司没有营销计划。

现状二：即使有，也称不上营销计划。

2. 成长型公司营销计划的现状

现状一：70%的高速成长型公司的营销计划过于简单。

现状二：部分成长型公司的营销计划并不完整。在公司营销计划中，4P、4S、

4R 这些品牌价值营销的概念并非全有。

3. 成熟型公司营销计划的现状

现状一：60%的成熟型公司的营销计划不符合实际。例如，公司的销售额本来可以达到比较高的水平，但营销计划却把销售额定得很低，营销计划过于保守。

现状二：本来制订好的营销计划，但是其中 80%的计划到年底会变得面目全非。

（摘自《中国营销》）

问题：

1. 为什么大多数国内的企业的营销计划都或多或少存在缺陷？

2. 谈谈营销计划的重要性。

一、物流企业营销计划的含义

物流企业营销计划是物流企业为物流营销活动目标所制订的一系列对未来营销活动的安排和打算。计划包括目标和实现目标的手段两方面内容。计划必须从企业总体经营的战略高度来编制。企业的营销战略明确了企业的任务和目标，目标的实现有赖于一系列计划的制订与实施，物流市场营销计划是物流企业总体计划的一个组成部分，它在物流企业各项计划的制订和执行过程中起着十分重要的作用。

二、物流企业营销计划的构成要素

物流企业营销计划同其他行业各企业的营销计划大体一致。物流营销计划主要内容有以下几个方面。

（一）概要

计划书一开始，便应对本计划的主要目标及执行方法和措施做扼要的概述，要求高度概括，用词准确，表达充分。这部分的主要目的是让高层主管很快掌握了解计划的核心内容，并据以检查、研究和初步评价计划的优劣。

（二）背景和现状

这是正式计划中的第一个主要部分。这个部分的主要内容是对当前市场营销情况的分析，也就是对企业市场处境的分析。这个部分内容包括以下几个方面。

（1）市场形势。主要提供的是目标市场的数据。如物流市场的规模、营业增长率、各细分市场的营业额，以及客户的需求状况、观念和购买行为的趋势。

（2）服务产品状况。对物流而言是每种物流服务形式的营业额、价格、边际收益以及净利润。

（3）竞争状况。明确主要的竞争对手，并就它们的规模、目标、市场份额、服务质量、营销战略以及其他能帮助了解它们的意图与行为的特征加以阐述。

（4）分销状况。主要提供有关各分销渠道规模与重要性的数据。如各分销渠道的近期营业额及发展趋势等。

（5）宏观环境形势。主要包括与营销前景有某种联系的客观环境的主要趋势，如法律因素、经济因素、技术因素等的发展趋势。

（三）威胁与机会

要求营销控制人员对服务产品的威胁和机会作出预测，并加以具体描述。这样做的目的是使企业管理人员可预见到那些将影响企业兴衰的重大事态的发展变化，以便采取相应的营销手段或策略，趋吉避凶，求得更顺畅的发展。为此，营销控制人员应尽可能列出可以想象出来的市场机会和威胁，以便加以分析检验，并考虑采取哪些具体行动。

（四）营销目标

在分析了服务产品的威胁和机会之后，接着便应确定企业的目标，并应对影响这些目标的某些问题加以考虑和论证。已经确定的企业目标，还要进一步用具体的指标表现出来。一般有两类目标要确定。

（1）财务目标。每个物流企业都有一定的财务目标，如确定长期投资收益率或年利润收益等。

（2）营销目标。财务目标必须转化为营销目标，可以运用量—本—利分析法去揭示如何通过营销目标实现企业的财务目标。

（五）营销策略

营销策略就是物流企业为达到营销目标所采用的市场营销策略，主要包括目标市场、营销因素组合、营销费用等各种具体策略。

（1）目标市场。在营销战略中应首先明确企业的目标市场，找到正确为之服务的对象，并要了解细分市场的特征、机会以及所对应的相关策略。

（2）营销因素组合。该组合就是在计划有关营销因素组合的各种具体策略，如产品策略、价格策略、分销策略、促销策略以及人员、有形展示、过程策略等，并说明策略运用理由。

（3）营销费用。确定科学的营销费用去满足营销策略的费用预算，费用的高低同营业额应成正比，但不同的产品是存在差异的。

（六）行动方案

营销战略为实现营销目标指明了需要运用的主要营销策略。而营销策略还必须转化成具体的行动方案。这些行动方案大致围绕下列问题的答案来制定：要完成什么任务？什么时候完成？由谁负责执行？完成这些任务需花多少费用？以上问题的每项活动都需要列出详细的行动方案，以便于执行和检查，使行动方案循序渐进地执行。

（七）预算

前述的市场营销目标、策略及行动方案拟订之后，企业就应制定一个保证该方案实施的预算，这种预算实际上就是一份预计损益表。

（八）控制

计划的最后一部分为控制，用此来监督检查整个计划进度。目标和预算都应该按月或季度分别制定，这样，企业高层主管就可以审查每一时期企业各部门的成绩，并及时发现未完成目标的业务，督促未完成任务的部门改进工作，确保营销计划的实现。

三、编制营销预算

（一）营销预算的含义

营销预算是物流企业综合预算的重要内容，是企业投入市场营销活动的资金使用计划。它包括了营销期内企业从事营销活动所需的经费总额、使用范围和使用方法，是企业营销方案能否顺利实施的保证。物流企业如何科学地编制营销预算，是物流企业市场营销计划的重要内容。

（二）影响营销预算的因素

物流营销预算同其他产业一样，主要受以下几种因素的影响：服务产品因素、竞争因素、策略因素和其他因素。

1. 服务产品因素

服务产品因素主要表现在服务产品特点和产品生命周期两个方面：

（1）服务产品特点。不同的产品，其营销费用的投入会有很大差别，有的产品需要大量投入营销费用，才会产生效果，而有的产品却不需要较高的投入便可获得较稳定的利润。而对于物流行业，正处于发展时期，物流理念、物流特点、物流优势等的发展都需要较大的营销费用的投入，才能得到大众的认可。因此，对于物流营销预算，物流企业必须加强重视程度。

（2）产品生命周期。根据产品生命周期的理论，不同的产品生命周期、营销费用的投入也会产生不同的需要。在投入期或成长期，一个物流服务解决方案是需要维持较高的营销费用预算的，以便巩固市场和拓展市场。对于这一点，物流企业必须有一个清醒的认识。

2. 竞争因素

市场竞争状况会影响到行业预算水平。从两个方面考虑：

（1）竞争的激烈程度。竞争越激烈，客观上就要求企业投入到营销的费用需要越高。对物流企业而言，虽然大部分还处于低水平竞争上，但这种竞争却使企业对营销费用的投入要求较高。另外，物流行业的快速发展，也要求物流行业的单位营销费用不断提高。

（2）行业预算水平。这主要是从行业本身的竞争者状况去考虑，视竞争对手对营销费用投入情况而变化，以利于本企业的市场占有率。

3. 策略因素

策略因素主要是针对营销策略对营销费用预算的影响。有以下几个方面：

（1）经过精心策划的营销活动其营销费用投入相对较少。一个现代的物流企业，对营销的策划应该做出科学的安排，这样就会提高营销费用的有效性，而减少不必要的浪费。

（2）经过系统策划的营销费用也会投入较少。用系统的眼光去运作企业，去运作产品，会得到企业或产品的最优组合，营销费用也会相对减少，同时可以发挥综合叠加效应，而物流企业对系统观的运用程度又显得更为重要和强烈。

（3）精确的营销策划会减少营销费用。现代物流企业需要完善的营销策划，将恰当的理念，推向恰当的市场，会得到事半功倍的效果。因此，物流企业在现代的市场条件下应精心设计营销策划。

4. 不可控制的其他因素

不可控制的其他因素主要是针对影响营销预算的其他不可控制或意外的因素。

（三）营销预算的内容

在编制营销预算时，为了能够使计划完善，很重要的问题是预算内容的确定。营销预算的内容主要有固定费用和变动费用。

1. 固定费用

固定费用是指与营业额变化无直接联系的费用，包括：

（1）劳务费。物流企业营销人员的工资和有关营销的其他劳务费用，可参考过去总额来定。

（2）折旧费。与营业有关的固定资产的折旧，视固定资产总值和折旧率而定。

（3）其他费用。直接用于营销服务过程的相对固定的费用，如差旅费等，可参照企业过去费用而定。

2. 变动费用

变动费用是指随着营业额的变化而变动的费用，包括：

（1）营业条件费，是指要保证一定的营销服务条件所需要支付的费用，它与营业额的变化是成正比的关系。

（2）扩大销售费，是指因产品营销服务扩大（如增加运输线路、增加停靠地点等）而相应增加的销售费用。

（3）材料费，是指因营业额增加而多消耗的材料的费用。

（4）促销费，是指在运作具体的营销策略、推动物流产品销售过程中所产生的费用，其预算有自己的很多途径。

（四）营销预算的方法

编制营销预算，不仅要分析影响因素，还必须采用正确的方法。营销预算编制的方法有销售百分比法、竞争均势法、目标任务法。

1. 销售百分比法

销售百分比法是物流企业以一定日期内营业额的一定比率算出营销费用总额的方法。运用该方法时，应注意营销预算要富有弹性。

2. 竞争均势法

竞争均势法是指根据竞争对手的营销费用开支来确定本企业营销预算的方法。运用此法要做到“知己知彼”，要切实了解竞争对手的重要指标，并根据彼此的比较状况，确定自己采取何种营销预算。

3. 目标任务法

目标任务法就是将营销目标分解成具体的任务，再计算出完成这些任务所需的投入资金，来作为实施营销方案的费用预算。目标任务法是较为科学的一种营销预算方法，在运用时，要注意市场和产品的调研，保证数据的准确。

第二节 物流企业营销组织

【课前预习思考题】

1. 建立营销组织的基本原则有哪些？
2. 请画出物流企业常见的营销组织结构图，并做分析对比。

【案例引入】

A 的 烦 恼

A在物流企业管理一个有9人的物流客户服务团队，组织结构为扁平化（这种结构已经维持了三年多）。有约一半的人工龄达到或者超过3年，其中有两个工龄超过6年，其余的工龄在一年左右或者不足1年。随着业务发展的需求，为了将现有的组织结构搭建得更完善，同时提供给员工一定的发展空间，A改变了现有的扁平化结构，分离出三个相对独立的功能组，有两个功能组设主管岗位，另一个功能组设专员，三个岗位直接向上级汇报。经过详细的人力资源评估，一个超过6年的颇有能力的员工会升为主管，带领新招的成员，另外一个超过三年的员工作为专员。其余的所有人都会向另外一个主管汇报。这个主管要管理六七个员工，对其素质要求较高，现在没人员适合，于是公司打算从外面招一个。这样一来，原来直接向A汇报的六七个人就好像降级了（他们绝对会有这样的感受），而且其中有一个年资超过6年，2个年资超过3年的员工表现还算不错，可能原来有一定的期望，将来也会受到打击。这样的结构将在三个月内实施。

（摘自《物流企业管理》）

问题：

A的问题是，如何与这些员工沟通这种变化，有哪些可行的方法，在何种情况下去沟通，是应该提前沟通，还是等将主管招进来后再沟通？怎样做才能将负面影响降到最低？

营销组织是物流企业营销控制人员系统组合，协同行动的结合体，是企业实现其经营目标的核心职能部门，是营销计划有效实施的重要保证。

一、建立营销组织的原则

建立营销组织要遵守以下原则：

（1）与环境相适应的原则。市场营销的组织就是要在外部环境中得以展现，它与环境关系更密切。

（2）目标原则。就是营销组织机构的设置与规模，要同所承担的任务与规定达到的目标一致。

（3）责、权、利相统一原则。这一原则，能促使营销组织积极、主动、有效地完成各项任务。

（4）统一领导原则。强调机构要实行统一领导，必须是一个统一的有机整体。

（5）精简原则。强调组织机构设置要齐备，但要精简，划分得当、层次合理，运作流畅。

（6）灵活性原则。营销组织应具有一定灵活、权变性，能够使企业迅速捕捉有利机会，求得更大发展。

二、营销组织模式

随着情况的变化发展，营销部门组织模式也在不断演化、进步。影响营销组织模式变化的因素包括：宏观环境和国家经济体制；企业的市场营销观念；企业自身所处的发展阶段、经营范围、业务特点；企业规模、物流产品、市场特点和人员素质等。但总体来讲，所有的营销组织都必须与如下基本营销活动相适应，即职能的、地域的、产品的和市场的营销活动。与其他类型企业一样，物流企业的营销组织模式也有下几种基本的组织模式。

（一）职能式组织模式

这是传统的也是较普遍的营销组织形式。它是根据市场营销组织需要完成的工作或职能来设立机构，属于直线职能制，根据职能设立部门，各部门的经理通常由一些专家担任，直接对营销副总经理报告，而营销副总经理主要负责协调职能部门之间的活动，如图 7-1 所示。

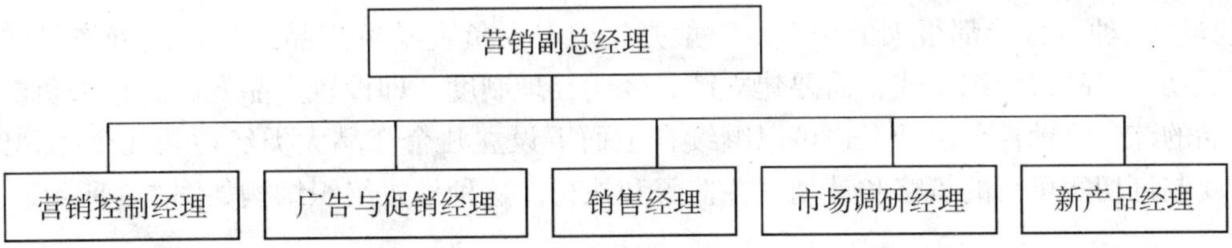

图 7-1　职能式组织模式

除了图中所列的职能外，职能部门的设置随需要可增减或合并。职能型营销组织的主要优点是层次简化，分工明确，管理集中性高，可以大大简化行政管理。但是，随着产品的增多和市场的扩大，其弱点也会暴露显现，失去其有效性。这种模式拓展到具体的产品或每一个市场时，其责任和权力不清，在利益面前各方互相争执，内部协调性差。

（二）地区式组织模式

一般适用于规模较大，市场分布区域广泛的企业。它将销售人员按地域划分，层层负责，以大概小。这种形式比较符合物流企业，与物流企业的特点较相符。物流企业的网点往往比较分散，连接又较紧密，需要一套自上而下的流畅机构。该模式结构简单，分工明确，便于考核营销人员的业绩；但存在费用高、机构分散、各布点间不易协调的缺点。该模式如图 7-2 所示。

（三）产品式组织模式

产品式组织模式就是按物流产品或产品系列划分物流企业的营销组织机构。它适宜产

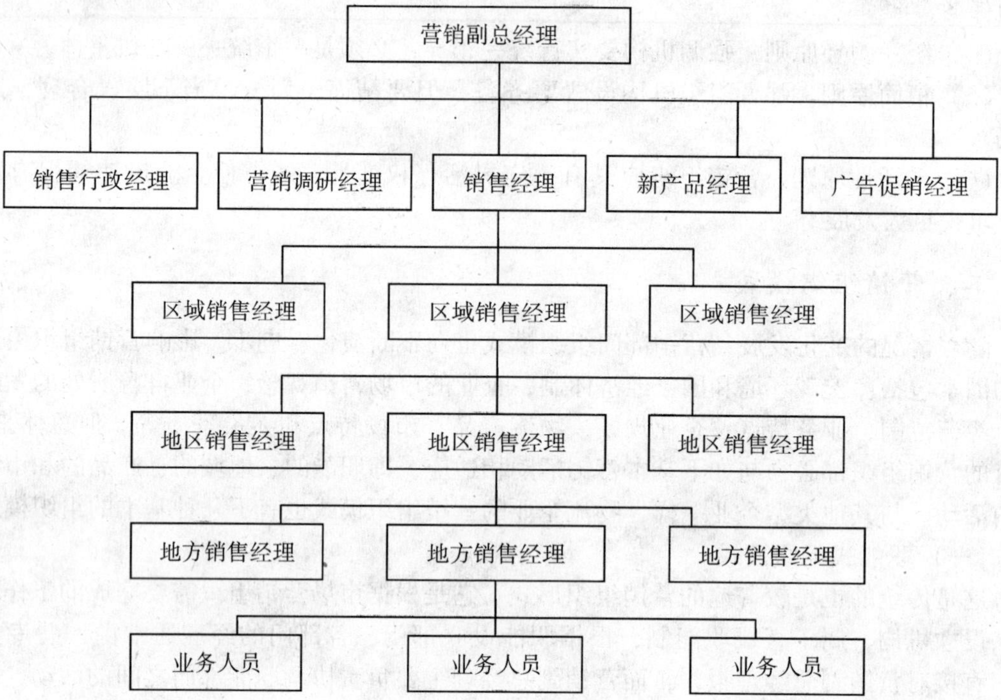

图 7-2　地区式组织模式

品差异、品种、数量都很大的企业。一般是指定专人负责某项产品或某一品牌产品的综合营销活动。产品式组织模式，需要建立产品经销经理制度，即设置产品专职经理来负责这一类产品的综合营销控制活动，也可以继续自上而下设立几个产品大类经理和几个品牌经理，但需要制订切实可行的策略和计划，并监督和执行。这种模式组织结构如图 7-3 所示。

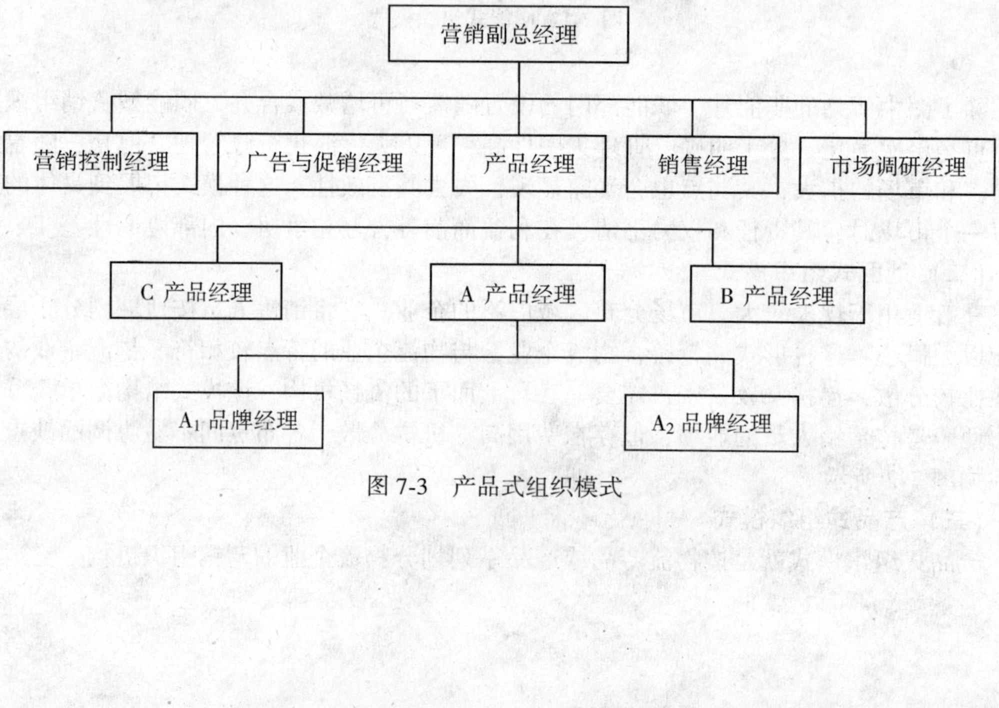

图 7-3　产品式组织模式

产品经理的任务是：制订物流产品的长期发展战略；制订产品年度销售计划和进行销售预测；采取相应措施实施计划，包括激励机制、销售鼓励和协调能力等；时刻关注市场环境变化，运用市场调研等方法去了解新情况、新问题和存在的不足，以便抓住机会，改革产品，满足市场需求。

产品式组织模式的优点：可以协调开发产品市场的各方面力量，并对市场变化快速做出反应；专人负责，兼顾周全，专业打造会加速能力的培养。其缺点：由于经理权利有限，必须依靠其他部门的合作，工作范围有限，不利于综合能力的提高；另外，费用高、连续性差也是该模式的不足之处。

（四）市场式组织（又称顾客式组织）模式

市场式组织（又称顾客式组织）模式是指由专人负责管理不同市场的营销业务，企业按照物流产品的不同服务市场设置营销机构。当客户可以按购买行为或产品偏好划分类别时，应该运用市场式组织模式。对于物流企业，市场式组织模式比较适合。市场式组织模式如图 7-4 所示。

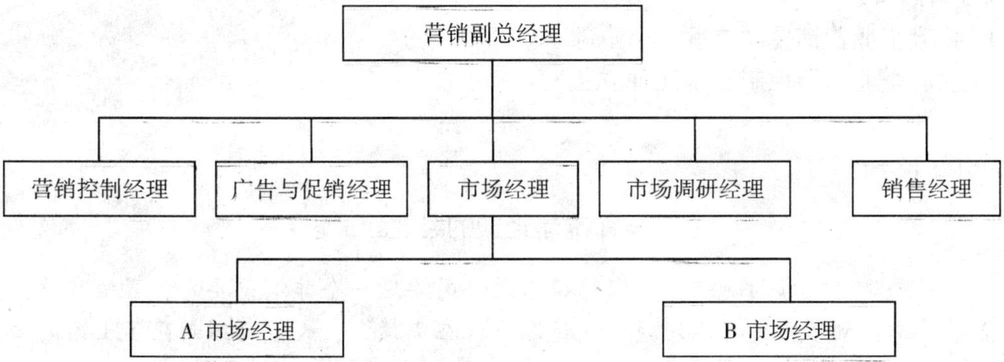

图 7-4　市场式组织模式

市场式组织模式的优点是：便于全面了解客户需要，并及时组织目标市场紧俏产品的营销活动；同时，也有利于培养新客户，扩大市场的覆盖面。其缺点与产品式组织模式类似。

（五）事业部式组织模式

事业部式组织模式是指企业的部门按照产品（或服务）的类别来设立市场营销组织机构，多用于规模大、部门多的企业。企业设立不同的事业部，各事业部再设置自己的职能部门和服务部门，就可建立自成体系的事业部营销组织结构。其职能也分散到各事业部。采用这种组织形式，总公司应在市场营销方面有效控制程度上予以权宜。其主要取决于以下因素：最高决策者的管理水平；最高决策层使用市场营销导向作为经营思想的程度；总公司市场营销参与部门的人员组成及其综合水平等。其模式如图 7-5 所示。

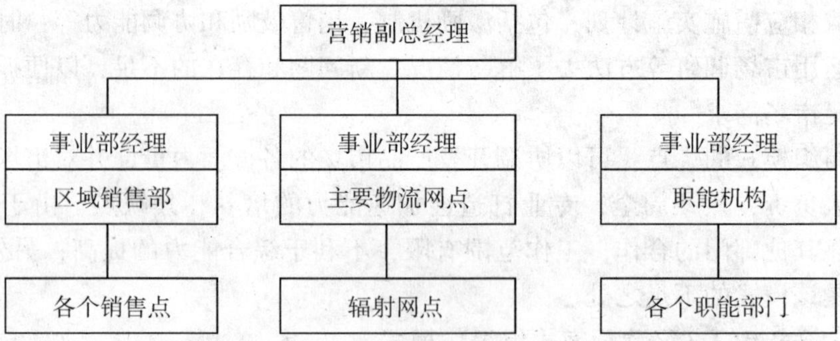

图 7-5　事业部式组织模式

第三节　物流企业营销控制

【课前预习思考题】

1. 物流企业营销控制有哪几个步骤？
2. 物流企业营销控制有哪几种方法？

【案例引入】

一个非常经典的经理面试题

一个风雪交加的晚上，一家特快专递公司要送一个非常重要的包裹给客户，送包裹的员工快到客户家时才发现，这位客户住在山顶上，大雪已经封死了上山的必经之路，而约定包裹送达的最后期限马上就要到了！于是这位员工当机立断，在没有请示公司的情况下自己作主雇了一架直升机，并且自费支付了所有费用，把包裹送了上去。客户感动万分，马上向当地媒体通报了这件事，于是这家公司声名大振。

（摘自《面试技巧》）

问题：

1. 请评价这位员工的行为。
2. 分析这个案例中折射出的该公司管理文化与制度。
3. 如果你是经理，如何评价此事？

一、营销控制的含义

管理是确保企业按照管理目标或预期目标运行的过程。营销控制是对物流企业营销活动的实际过程进行检查，通过考察实际情况与编定计划的偏差，分析原因，采取措施，保证营销目标的实现。

物流企业营销部门的工作是计划、执行、领导和控制物流营销活动。因为营销计划在实施过程中会发生许多意想不到的事情，所以，物流营销部门必须对营销活动进行管理，以利于及早发现问题，并采取相应的措施，避免不利情况发生。

二、物流企业营销控制的基本程序

物流企业进行营销控制的目的在于确保执行结果与计划目标相一致。物流企业营销控制的基本程序有四个步骤。

（1）管理者要确定年度计划中的月份目标或季度目标。

（2）管理者要监督营销计划的实施情况。

（3）如果营销计划在实施中有较大的偏差，则需要找出发生的原因。

（4）采取必要的补救或调整措施，以缩小计划与实际之间的差距。

年度计划控制的内容主要是对销售额、市场占有率、费用率等进行控制。

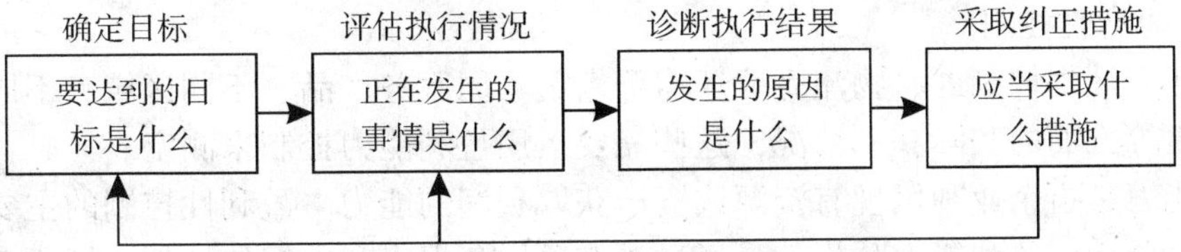

图 7-6　年度计划控制过程

三、物流企业营销控制的方法

物流企业营销控制的方法关系到控制工作的质量，控制方法是一个不断更新和发展的过程。根据控制的目的、侧重点和运用范围的不同，营销控制方法主要有年度计划控制、盈利性控制和战略控制三种。

（一）年度计划控制

年度计划控制是一种短期控制形式，目的在于确保企业实现年度计划中预定的营业额、利润和其他目标，一般通过制定标准、绩效测量、因果分析和改正行动四个步骤来完成，其主要内容是对营业额、市场占有率、营销费用率、顾客态度等进行控制。

1. 营业分析

营业分析是指对照营业目标检查和评价营销实际来进行控制，具体可分为差距分析和个别分析两种。

（1）差距分析，是指检查不同因素对营业实绩同计划指标相比产生的偏差及相对影响。

（2）个别分析，就是在上述分析的基础上，对引起差异的各因素进行分类考察。

2. 市场占有率分析

通过市场占有率分析，可以考察出企业在竞争中的经营业绩。如果企业的市场占有率升高，表明它优于其竞争者的经营；反之，则说明相对于竞争者而言其绩效可能差一些。市场占有率有三种具体度量指标，即总体市场占有率、可达市场占有率和相对市场占有率。

3. 营销费用率分析

年度营销计划控制，要求确保公司为达到销售目标的费用不能超支。营销费用率主要有五种比率：营销人员费用与营业额之比；广告费用与营业额之比；促销费用与营业额之比；市场调查费用与营业额之比；销售管理费用与营业额之比。企业要监控这些费用比率，监控它们的波动，对超常波动要特别注意，对失控费率比，必须查找问题的原因。

4. 客户满意度分析

客户满意度分析是指通过建立专门机构，用以追踪客户、中间商以及营销系统中其他参与者的态度。其属于定性的营销控制手段。如果发现客户对本企业开发的产品或提供的服务态度发生了变化，企业管理者就应尽早采取行动，变被动为主动。客户满意度分析主要是采取服务质量典型调查，定期的客户走访，以及收集客户的意见和建议等方式来进行。它主要是通过客户的反应态度来评价企业营销绩效。

（二）盈利性控制

除了年度计划控制外，物流企业还需要衡量不同服务产品、不同区域、不同渠道和不同促销规模等方面的实际获利情况，这些需要运用盈利能力控制来测定。

盈利能力是指企业利用现有资源或资产获取利润的能力。盈利性控制的主要环节是进行盈利能力分析。盈利能力分析就是通过对有关财务报表和数据的处理，把所获利润划分到产品、地区、渠道、顾客等方面以便比较每个因素对企业最终获利的贡献大小以及其获利能力的高低，主要是用销售利润率、总资产报酬率、资本收益率、物流服务周转率等指标来衡量。

（三）战略控制

战略控制是指在年度计划控制、利润控制以外的带有企业全局性营销活动意义的控制。其目的是确保企业营销战略和计划与动态变化的市场营销环境相适应，促进企业协调稳定发展。其控制的主要手段是市场营销审计或市场营销稽核。

市场营销审计是对企业或业务单位的营销环境、目标、战略、组织等多方面进行的一种带有整体性、系统性、独立性和定期性特点的检查评比方法，以发现营销机会，找出营销的薄弱环节，提出改善营销工作的行动计划，提高企业的营销成效。营销审计通常由企业外部一个相对独立的、富有经验的营销机构客观进行，经过一定程序，最后提交终审报告。市场营销审计大致有以下七个方面。

（1）市场营销环境审计。营销环境的审计包括宏观环境和微观环境审计。宏观环境审计包括经济发展趋势、经济政策、法律制度、对企业发展的影响以及中间商对企业的态度等。微观审计包括有关产品、竞争者等相关因素及其对企业的影响等。

（2）市场营销组织审计。审计营销组织与营销计划的一致性。

（3）市场营销系统审计。主要评估信息系统、计划系统、控制系统和产品开发系统的协调一致性。

（4）市场营销年度计划审计。主要审核年度营销计划的实现情况。

（5）市场营销盈利水平审计。主要进行成本和利润方面的分析。

（6）市场营销职能审计。主要对市场营销组合的各种因素进行效果分析。

（7）市场营销战略审计。主要分析企业的战略决策是否适应外部环境变化。

第四节　销售队伍管理

【课前预习思考题】

1. 如何招聘物流企业的销售人员？
2. 销售人员的主要工作有哪些？
3. 如何考核物流销售人员？

【案例引入】

一老太太去买菜，路过四个水果摊。四家卖的苹果相近，但老太太并没有在最先路过的第一家和第二家买苹果，而是在第三家买了一斤，更奇怪的是在第四家又买了两斤。

1. 摊主一

老太太去买菜，路过水果摊，看到卖苹果的摊主，就问道："苹果怎么样啊？"

摊主回答："我的苹果特别好吃，又大又甜！"。

老太太摇摇头走开了。（只讲产品卖点，不探求需求，都是无效介绍，做不了单。）

2. 摊主二

老太太又到一个摊子，问："你的苹果什么口味的？"

摊主措手不及："早上刚到的货，没来得及尝尝，看这红润的表皮应该很甜"。

老太太二话没说扭头就走了。（对产品了解一定是亲自体验出的，亲自体验感受出的才是卖点。）

3. 摊主三

旁边的摊主见状问道："老太太，您要什么苹果，我这里种类很全！"

老太太："我想买酸点的苹果"。

摊主："我这种苹果口感比较酸，请问您要多少斤？"

老太太："那就来一斤吧"。（客户需求把握了，但需求背后的动机是什么？丧失进一步挖掘的机会，属于客户自主购买，自然销售不能将单值放大。）

4. 摊主四

这时她又看到一个摊主的苹果便去询问："你的苹果怎么样啊？"

摊主："我的苹果很不错的，请问您想要什么样的苹果呢？"（探求需求）

老太太："我想要酸一些的。"

摊主："一般人买苹果都是要大的甜的，您为什么要酸苹果呢？"（挖掘更深的需求）

老太太："儿媳妇儿怀孕了，想吃点酸的苹果"。

摊主："老太太您对儿媳妇儿真是体贴啊，将来您媳妇儿一定能给您生一个大胖孙子。（适度恭维，拉近距离）几个月以前，附近也有两家要生孩子的，她们就来我这里买苹果（讲案例，第三方佐证），您猜怎么着？这两家都生了个儿子（构建情景，引发憧憬)，你想要多少?”(封闭提问，默认成交，适时逼单，该出手时就出手。)

老太太：“我再来两斤吧。”

老太太被摊主说得高兴了（客户的感觉有了，一切都有了)。摊主又对老太太介绍其他水果。

摊主：“橘子也适合孕妇吃，酸甜含有多种维生素，特别有营养（连单，最大化购买，不给对手机会)，您要是给媳妇儿来点橘子，她肯定开心！(愿景引发）”

老太太：“是嘛！好那就来三斤橘子吧。”

摊主：“您人可真好，媳妇儿要是摊上了您这样的婆婆，实在太有福气了！”(适度准确拍马屁，不要拍到马蹄子上。)

摊主称赞着老太太，又说他的水果每天都是几点进货，天天卖光，保证新鲜(将单砸实，让客户踏实)，要是吃好了，让老太太再过来。

（摘自《营销案例》）

问题：

1. 分析四个摊主，说说哪一个摊主更优秀？为什么？

2. 通过这个案例，你有何启发？

一、销售队伍建立

企业或公司在确定了销售队伍的结构、规模和报酬之后，应着手推销人员的招聘、挑选、训练、指导、激励和评价。

（一）推销员的招聘与挑选

销售工作要获得成功，关键是选择优秀的推销人员去进行高效率的工作。

1. 优秀推销员应该具备的基本条件

（1）从思想素质来讲，一名优秀的推销人员必须具有高度的事业心和敬业乐业的精神，要具备创业精神和崇高的道德品质，要遵守国家的法律和有关政策，并切实从用户利益出发，为他们提供优良的服务。

（2）从身体、个性、语言等方面的素质来看，要求推销员具有身体健康、年富力强、精力充沛的条件，特别是要具有适应外出工作的能力和家庭条件；推销员要具有仪表端庄、举止大方、态度和蔼、作风正派的外表条件，能给用户一种亲切、愉快和满意的感觉；要有较强的语言表达能力，善于针对不同的性别、年龄、文化、籍贯、职业等类型的用户，灵活地选用不同的语言和讲话技巧。

（3）就智力和工作能力方面的素质而言，要求推销员有比较广泛的兴趣爱好和文化科学知识，具备企业的生产技术和产品方面的基本知识，对市场营销的理论和经验要充分予以掌握，另一方面也要有一定的经济和管理方面的知识，要善于收集及研究市场的信息情报，掌握市场的变化动态，提出自己的市场营销建议。

2. 推销人员的招聘和选择

在确定了招聘人员的基本条件之后，企业管理层就可以开始着手具体的招聘和选拔工作。招聘人员的途径很多：可以刊登广告诚招；可以接触相关的大专院校；可以委托就业辅导或其他中间机构；也可以通过各种途径的推荐；还可以从企业或公司的其他部门，甚至是在同行业中进行招聘。

挑选推销员的程序可简可繁。最简单的方法只需进行一次面谈；复杂的则需要进行卷面测验、面试，甚至在考核高级销售主管时，还得进行情景模拟，进一步测验其实际推销和管理能力。从简单到复杂，各企业可以根据自己的实际情况及应聘人员的情况具体加以选择。

（二）推销员的训练

许多公司在挑选了推销员以后，即提供他们样品、订单，然后让他们马上上岗推销。然而，这样做的结果往往效果不好，因为虽然这些经过挑选的人员，可能潜质不错，但他们毕竟还缺乏对许多专业知识的了解，准备不够充分，难免出现一些差错，因此必须加以培训。

培训的内容主要应包括以下几部分：

（1）推销员要了解企业并明了公司各方面的情况。一般我们把训练的第一部分主要用于介绍公司的历史和经营目标；组织机构设置和权限情况；主要的负责人员；公司的财务状况和措施；主要的产品和销售量。

（2）推销员应学习和掌握产品的基本知识。这些知识包括产品的品质、性能和主要特点，以及使用和维护知识。

（3）推销员要深入了解本公司各类顾客和竞争对手的特点。推销员要了解各种类型的顾客和他们的购买动机、购买习惯，要了解本公司和竞争对手的策略和政策。

（4）推销员要熟练地掌握销售技巧和展示技巧。他们要接受推销术的基本训练，要学会揣摩用户的心理，用最有效的手段去说服客户。

（5）推销员要懂得推销日常工作的程序和责任。推销员要了解怎样在现有客户和潜在客户间分配时间、合理支配费用，如何撰写报告、拟定有效推销路线。

从培训的方式来讲，可以进行课堂讲授，角色扮演，观看有关销售技术的录像带，以及参观和跟班实习等方法。在整个培训过程中，要特别强调理论与实践相结合，可以组织优秀的销售人员现身说法，或者相互之间进行经验交流，来提高整个培训的效果。

（三）对推销人员的指导

在企业或公司为推销员分配了销售地区，提供了必要的培训，制定了报酬政策之后，并不是可以放任自流，还必须不断地给推销员以指导，希望通过这种指导能帮助和鼓励推销员把工作做得更为出色。

各企业可以根据管理推销员的基本制度、推销员自身的能力以及环境变化的情况，实行不同的指导。一般情况下应该包括以下的内容。

（1）制订现有客户目标和访问标准。可以依据客户的销售量、盈利水平、成长潜力等因素把客户进行分类，例如 A、B、C 三类，从而按照 A、B、C 三类客户的不同情况分别确定需要的访问次数，而确定访问次数的标准，一方面必须考虑到可能增长的销售额和利润额，以及销售成本的上升；另一方面也必须对竞争对手的策略给予高度的重视。

（2）制订潜在客户目标和访问标准。如果我们不明确要求，推销员很可能考虑到去访问潜在新客户劳而无功，访问现有客户多少会有收获而不再去开拓新的市场。所以企业或公司完全有必要规定推销员必须用多少工作时间去与潜在客户接触，并且对在开发新客户方面表现突出的推销员给予奖励。

（3）提高推销员使用时间的效率。如何善于用其有限的时间，发挥最高的效率，对于每一个推销员都十分重要。其基本工具之一就是制订一个全年客户访问的计划，明确各月份应该访问多少数量的现有客户和潜在客户，并且要认真地执行这一计划。另一种思路是对推销员进行“时间与任务分析”。一般来说，推销员的时间除了用于推销的本职工作之外，还必须用于多种非推销性质的工作和事情，例如差旅、等候、餐饮、休息，以及文书事务等，实际应用于推销的时间或许总共只占他全部工作时间的15%。若能把这种比例提高到20%，则意味着推销工作的时间已提升了1/3。

（四）推销员的激励

从对推销员的激励而言，一般的方法可以分成两部分，一部分是物质鼓励，另一部分是精神鼓励。就物质鼓励来讲，主要是指推销员的薪金和佣金。

精神鼓励，在当今对人力资源管理的工作中所起的作用正越来越大。对推销员的精神激励可以从以下三方面着手。

（1）创造一个重视推销工作和推销员，并有利于推销员充分发挥才干的组织氛围。这主要可表现在企业或公司的领导对推销工作、推销员的表现给予极大的关心，充分考虑推销人员的意见，并能经常主动地与推销员保持沟通和联系，到现场访问或参加他们的销售会议，给表现突出的推销员以肯定，给尚处下游的推销员以指导和鞭策。

（2）应该制定科学合理的销售定额。一般这种定额会略高于销售预测，这样可以促使销售经理和推销员尽最大的努力去工作。

（3）采取公开的正面的精神鼓励措施。例如，在定期的销售会议上表扬优秀推销员；每年评选最佳推销员；开展销售竞赛；提供更多的晋升机会等。

（五）推销员的考核

对推销员进行有效的监督和指导的前提，就是必须对推销员进行考核，正确评估推销人员的绩效，给予及时的控制和反馈。

1. 考核销售人员的基本思路

建立一套正规的考核推销员的标准，可以帮助管理者拥有明确的标准去判断推销员的绩效；同样也可以使企业或公司的推销员，在公平的制度下与上级主管共同讨论，提出其本身绩效的说明。

（1）销售人员之间的相互比较。在企业或公司内部，按照推销员的业绩由高到低排定座次，从而鼓励先进，鞭策后进。这种思路的操作简便易行，但问题是由于推销所面临的形势不尽相同，简单的排名可能会有失公平。

（2）将推销员现在的业绩与其前期的业绩进行比较。这一比较可以直接显示推销员本身的进步。将比较期限拉长，更可观察推销员销售额及利润额的趋向。

（3）考核一名销售人员不能局限某一两方面的指标，而应全面加以考虑。我们考核销售人员决不能仅仅看其销售额的情况，同时也应该注意其销售利润的情况、费用的增长情况、新客户的开发情况、资金的回笼情况、市场占有率情况，以及服务质量等指标，从而能准确反映推销员的工作。

2. 考核推销员的具体指标

（1）销售定额完成率=实际销售额/推销定额×100%；

（2）访问次数完成率=实际访销次数/计划访销次数×100%

（3）新客户销售率=新客户销售量/总销售量×100%；

（4）新客户访销率=对新客户访销时间/总访销时间×100%；

（5）销售利润率=销售利润/销售收入×100%；

（6）市场占有率=本公司某产品在某市场的销售额/该类产品在产品市场的总销售额×100%；

（7）资金周转次数；

（8）销售服务质量。

以上这些指标的考核，可以通过工作报告制度，也可以通过定期的成绩比较，还可以通过突击检查等方式。同时，要求主持考核的人员对顾客情况、市场情况及推销工作情况都有比较深入的了解。有些指标可以定量计算，也有一些指标需要进行定性的调查研究。因此，考核销售人员业绩的信息渠道来源可以分成许多种，包括销售报告、顾客的信件或其他形式的反馈，消费者的调查以及同其他销售人员的交谈等。

二、销售技巧培训

人员推销的历史非常古老，人员推销的技巧也十分丰富。成功的推销员是能够把基本的推销原理与自己的实际情况加以结合，并创新出自己的准则充分加以发挥的那一部分推销员。

（一）寻找潜在顾客并鉴定他们的资格

如何发现潜在的客户是整个推销过程中的第一步。一般有以下途径可以得到这方面的信息。

（1）查阅各种二手资料，包括各种工商名录，电话号码簿，专业杂志、资料，先前的各种销售记录、走访报告，从中去发现顾客。

（2）通过各种市场调查的手段去发现顾客，包括邮件、电话查询、实地访问等方法。

（3）通过各种人员的介绍，这些人员可能是你的亲戚朋友，也有可能是你的上级主管或有经验的老推销员，还有可能是一些偶然向公司打听情况的人或其他类型的社会人士。通过人员介绍发现顾客，往往能为后面的推销工作打下良好的基础，与客户保持良好的关系。

（4）通过展示会、展览会、产品陈列等方法去发现潜在的顾客。

（5）通过对现有顾客的询问去发现潜在顾客。

（6）调查有关竞争对手的情况，可能会有很大的收获。

以上发现顾客的途径并非就是全部的渠道，它需要推销员在日常的工作中做有心人，注意平时的市场情况变化和许多细节。更为重要的是，推销员必须懂得如何淘汰那些没有价值的线索。对潜在的顾客，可以通过研究他们的财务能力、业务量、具体的需求、地理位置和连续进行业务的可能性，来衡量他们的资格，从中发现潜在顾客中最有希望的那部分，然后进行更深入的接触。

（二）推销前的准备

为了提高推销的命中率，使效率更高，推销人员在实施推销计划之前，需要进行大量的准备工作，一般应包括以下几项内容。

（1）充分了解国家宏观环境对潜在顾客产生的影响。因此，推销员应仔细研究国家大环境中的各种因素，包括政治、经济、社会、科技、自然等环境，然后对这些因素可能引起的社会走向加以分析，从而对潜在顾客的可能行为做到心中有数。

（2）应尽可能多地了解潜在顾客的情况。首先是有关企业或公司，以及个人的总体情况，包括经济状况、经营状况和信誉状况等，并充分考虑发展的前景和潜力。其次是了解潜在顾客的购买决策程序和采购人员的背景，从而能了解潜在客户的购买特点和风格。

（3）制订详细的推销策略和计划。在了解潜在客户背景的基础上，制订正确的推销策略，确定推销的目标。比如确定哪些潜在客户可以作为自己重复的推销对象，其中哪些有希望在近期达成交易，又有哪些应从建立关系开始，逐步推进。同时必须制订详细计划，从中确定访销路线和方法，它可能是一种私人拜访、电话访问或信函访问。另外还需要选择访问的时机，因为许多潜在客户在一定的时间内十分繁忙，时机可能对推销的成败有很大的影响。

（三）如何接近客户

在进行了充分的准备工作之后，推销员即要开始设法接近潜在的客户。为了最终能够达成交易，为了使客户能很好地接受推销员的推销，首先必须使客户能接受推销员。所以，第一次与客户的见面就异常的重要，这会使双方的关系有一个良好的开端。这一切与推销员的仪表、开场白以及随后谈论的内容都有直接的关系。

许多成功推销员的经验告诉我们，为了能够顺其自然地接近客户，并为客户所接受，最初的接触不宜紧紧围绕所要推销的事物，反过来我们应该把谈话的重点摆在双方都有兴趣的事情上，例如客户所喜好的音乐或体育之类轻松的话题，当双方都感到气氛较融洽，彼此已基本接纳时，再转入正题。

（四）讲解与示范

1. 推销讲解

面对琳琅满目的商品和外界各种引诱，客户最终要做出有利于推销员的选择并非是一件容易的事情。为了能让客户充分地了解公司和公司的产品，推销员需要进行讲解和示范来提高推销的成功率。由于一般客户购买某一产品都有一个产生注意、兴趣、欲望和付诸行动的过程，所以推销员在整个过程中应以产品性能为依据，着重说明产品对顾客所能带来的各种利益。推销讲解一般有三种方式。

（1）固定法。推销员将讲解过程中的要点熟记，然后再通过使用正确的刺激性语言、图片、条件和行动等说服顾客购买，期望得到客户的反应。

（2）公式化方法。推销员事先要争取了解买主的切实需要和购买风格，然后同时运用一套公式化的方法向该类顾客推销介绍，说明产品将如何满足顾客的需要。

（3）需要—满足法。通过与客户的详细交谈了解他们的真正需要，这种方法要求推销员善于倾听别人意见并能解决实际问题，推销工作的出发点并不是简单地去赚钱，更重要的是帮助客户赚钱。显然，这种推销方法需要推销员做大量细致的调研工作，制订总体的推销计划加以实施并控制。它是一种具有长远眼光的推销术。

陈述某一事实与证实某一事实不能划等号。做示范是向顾客证实你所提供的产品确实具有某些优点的极好方法，而熟练地示范你推销的产品能吸引顾客的注意力，使他们对产品直接产生兴趣。如果某些产品不宜随身携带或操作，则可以借助一些宣传资料、图片、幻灯片或其他一些工具，向客户宣传介绍你的产品。凡有可能，让顾客亲眼看一看，亲手摸一摸，亲口尝一尝，这比其他任何一种方法都具有说服力。

2. 推销示范

为了更好地达到示范的目的，在示范之前依然要求推销员能切实了解客户的困难和需要，从而使示范更有针对性。一般情况下示范应遵循以下五条基本要求。

(1) 尽可能地普遍地做示范。即不管顾客是否熟悉你的产品都应做示范，示范得越早，效果越好，这是达成交易的一种保证。产品性能越复杂，越需要通过示范使其具体化。

(2) 注重产品使用过程中的示范以及示范过程的新颖性。仅仅向顾客介绍产品的外观形态是不够的，在条件允许的情况下，推销员应向顾客介绍怎样使用你所推销的产品，说明有哪些实际功能和特点。

(3) 让顾客亲自参与示范。在条件允许的情况下，让顾客参与示范，要比推销员自己单独示范更能引起顾客的兴趣。顾客会在心里产生一种参与感、实在感。

(4) 要突出重点，集中示范。做示范不要太繁琐，不要太长，不要面面俱到，时间一长会使顾客厌倦。而且，示范的动作要规范且熟练潇洒，避免过于紧张小心，造成慌乱。

(5) 明确示范目的，使顾客从示范中得出正确的结论。每次示范之前要告诉客户此次示范的目的，做完之后应该检查一下客户的反应，了解示范是否成功和对产品的信服程度，从而能对客户进行正确有效的引导。

在整个推销产品的过程中，推销员不仅应该讲解和示范产品的性能和优点，而且也要宣传公司的信誉和经验。要善于捕捉对方的好恶，投其所好，把双方的关系建立在互利互惠的基础之上。

（五）达成交易并做好后续工作

前面一系列的工作，都是为了最后的冲刺——达成交易。推销员必须懂得如何从顾客那里发现可以达成交易的信号，包括顾客的动作、语言、评论和提出的问题。推销员应该有充分的信心，要求客户订货。

签订合同或达成交易之后，并不是推销工作的终点。推销员在达成交易后，就应着手履约的各项具体工作：交货时间、购买条件及其他事项。推销员应制定一个工作日程表，以保证顾客能适当地安装好，及时提供指导和服务。这种后续工作可以发现存在的问题，使客户相信推销员的承诺，减少可能出现的任何认识上的不一致，增加客户的满意程度。

【案例分析】

[案例1]

营销组织结构扁平化

马士基航运组织结构分三个层次：总部、地区分部和地区办事处。总部负责制订重大的决策和策略，但不涉及日常的船舶营运、市场营销等具体事务；地区分部负责制定预算，为各办事处定立具体目标，如船舶营运、集装箱管理、运力控制、市场营销以及日常管理等；各地的办事处只是一个成本控制中心，负责日常的营销事务工作。市场营销组织结构的扁平化解决了多重利益的矛盾，有利于提高市场营销的成功率。

（摘自《马士基物流》）

问题：

1. 为什么说扁平化是企业组织结构的发展趋势？

2. 谈谈你对物流企业设立组织结构的看法。

[案例2]

联邦快递——FedEx的12条管理原则

- 1971年，联邦快递公司（FedEx）成立。
- 1995年，联邦快递获得直飞中国的货机经营权。
- 1998年，联邦快递向中国注入巨资，拥有了自己直飞中国的MD-11s航班，并在中国建立了自己的基础设施；同年，联邦快递高瞻远瞩，力排众议，斥巨资收购了世界上最大的飞虎航空公司，从而获得了来往于日本和中国之间航线的经营权。
- 2001年，经过近30年的持续发展，联邦快递终于跻身于世界500强之列。
- 2001年10月，联邦快递位于上海浦东国际机场的快件处理中心（中国国内最大规模的快件处理中心）正式投入运营。
- 2002年6月3日，联邦快递（中国）公司宣布：未来5年内，联邦快递将在中国国内202个城市网点的基础上再增加100个网点。
- 2002年6月底，联邦快递公司宣布：公司财政年度第四季度的营业额为51.2亿美元，较2001年同期增长5.5%。

近几年来，每月两次，总有许多来自世界各地的商业人士愿意支付250美元（约合人民币2000元）、花上几个小时去参观联邦快递公司的营业中心——超级中心（Super Hub）。这些来自世界各地的人士有着一个共同的目的：实地探索这个快递巨人在30年间成长为行业领袖的秘密。成功的企业大体雷同，不幸的企业却各有各的不幸。优秀的企业往往表现为整体性优秀，并且在某些方面还有着鲜明的、与众不同的个性！仅仅30年的时间，联邦快递便发展成为行业领袖并成功跻身于世界500强之列，这实在是一个奇迹。人们努力从不同的角度来分析、解剖联邦快递，并在联邦快递以下12条管理原则上达成共识。

1. 建立开放式平台

公司创始人、主席兼行政总监弗雷德·史密斯创建的扁平式管理结构不仅得以向员工授权赋能，而且扩大了员工的职责范围；与很多公司不同，联邦快递的员工敢于向管理层提出质疑，例如，员工可以根据公司的“公平待遇保证程序”(Guaranteed Fair Treatment Procedure) 来处理与经理人员之间的争执；公司还耗资数百万美元建立了一个“联邦快递电视网络”(FXTV)，这使得世界各地的管理人员和员工之间可随时进行联系，这充分体现了公司快速、坦诚、全面、互动的交流方式。

2. 良好的培训和职业生涯设计

联邦快递的员工都有良好的职业生涯设计。公司坚持认为：要使员工有良好的发展机会就必须为其提供升迁机会，同时还要不断提升其素质。对于每一个进入公司的新员工，公司都会为他们提供很多培训。以中国为例，一位递送员在正式投入工作之前会得到40个小时的课堂培训，主要目的是让他们了解整个服务的过程，怎样满足客户的需求。公司为每位员工每年提供约2500美元的培训经费。以联邦快递（中国）公司为例，公司制订了一个详细的经理培训计划，每年大概有15名一线员工会获得为期15个月的培训。在这15个月内他们需要在不同的岗位上开展工作，以此来全面了解整个公司的业务流程。同时，公司还为他们提供很多课堂培训，使他们不仅具备实际工作经验，还具备一定的理论基础。此外，公司还把员工送到不同的地方进行培训，比如美国、新加坡等，使他们具备一定的国际视野。

3. 注重团队协作

在20世纪90年代初期，联邦快递打算建立一个服务于亚洲的超级中心站，负责亚太地区的副总裁琼·麦卡提在苏比克选中了一块很好的地皮。当时，日本担心联邦快递在亚洲的存在会影响到它自己的运输业，因而试图阻挠联邦快递通过苏比克进入日本快递市场。在此情况下，联邦快递的美国主要法律顾问肯·马斯特逊和政府事务副总裁多约尔·克罗帝联手行动，争取到了美国政府的支持；与此同时，在琼·麦卡提的带领下，联邦快递在日本发起了一场大胆而又广泛的公关活动，这次公关行动使联邦快递获得了巨大的成功，日本人终于接受了联邦快递连接苏比克湾与日本的业务拓展计划。

4. 奖励至关重要

联邦快递经常让员工和客户对工作做评估，以便恰当表彰员工的卓越业绩。其中几种比较主要的奖励有：祖鲁奖（Bravo Zulu），用来奖励超出标准的卓越员工表现；开拓奖（Finders Keepers），给每日与客户接触、给公司带来新客户的员工提供额外奖金；最佳业绩奖（Best Practice Pays），对贡献超出目标的团队提供一笔奖励现金；金鹰奖（Golden Falcon Awards），奖给那些由客户或公司管理层提名表扬的优秀员工；明星/超级明星奖（The Star/Superstar Awards），这实际上是“最佳工作表现奖”，获奖者可获得相当于自身薪水2%~3%的一张支票。

5. 融合多元文化

联邦快递拥有自己的大文化，同时也有各种局域文化（子文化）。在超级中心站，子文化主要表现为时间观念；在软件开发实验室和后勤服务部门，子文化主要表现为创新和创意；而在一线，子文化主要强调顾客满意。负责美国和加拿大业务的高级副总裁马丽·爱丽斯·泰勒指出："我们的文化之所以有效，是因为它与我们的宗旨紧密相连，即提供优秀品质来服务于我们的顾客。"

6. 激励胜于控制

联邦快递的经理会领导属下按工作要求做出相应的调整，以创造一流业绩。马丽在她的一份报告中曾经这样说过："我们需要加强地面运作。我想，如果让每个员工专注于单一目标，我们就能在整体上达到一定的水平。正因为如此，我们才引入最佳业绩奖。它使我们能把50000名员工专注于'提高生产效率'和'服务于客户'。我们达到了以前无法想象的一个又一个高峰——工作绩效接近100%，而成本却降到最低水平。"公司设计了考核程序和培训计划，以确保经理知道如何做出正确的榜样，公司的高级经理就是下级经理的榜样。

7. 首要规则是改变规则

联邦快递曾因采用"固定价格体系"来取代"邮区和容量定价体系"而在货运业引起了巨大轰动，这一改变不仅大大简化了联邦快递的业务流程，而且也使客户能够准确预测到自己的运输费用；在弗雷德·史密斯说服国会使美国民航管理委员会（the Civil Aeronautics Board）解除了对航空快运的限制后，联邦快递开辟了隔夜送达货运业务（Overnight Cargo Transportation Business），这不仅使自己大大受益，也使对手公司也受益不少——整个行业的利润增加了约10倍。

8. 问题也有好的一面

联邦快递始终把客户的问题当作自己的挑战和潜在的商业机会。联邦快递曾接到一家全球性女装零售商兼家居饰品商的业务请求，该客户打算自己经营产品储运和批发业务，要求联邦快递为其提供系统的订单跟踪、库存检查、发货安排等服务，从而使其能在48小时内实现接单、送货的全程业务。联邦快递很热心地为这位客户提供了相关支援，并从中获利不少。联邦快递的"超级中心"之所以能发展到如此巨大，这与许多公司不断向他们请求帮助是密不可分的。

9. 积极利用技术软件

联邦快递的成功经验证明：在这个信息时代，一家公司所创造和整理的信息的价值不局限于公司内部。比如，公司开发了一种百威发运系统，该系统具备承接定单、跟踪包裹、收集信息和提供账单等功能，联邦快递约2/3的运输业务是通过该系统或者"联邦快递发运电子运输系统"来完成的。1994年，联邦快递建立了自己的网址，客户可以登录公司的网站并通过公司的主页了解相关信息，同时，客户还能打开联邦快递的COSMOS数据库；为帮助客户发展电子商务，联邦快递为他们提供了专门的软件——"联邦快递发运系统"，从而使客户的运输过程实现了自动化；此外，联邦快递还创建了自己的内部网，供公司内部专用。

10. 犹豫就会失败（但必须看准才动）

尽管公司的顾问们担心弗雷德·史密斯计划提供的"隔日下午送达业务"（Next-day Afternoon Delivery）可能会影响到公司的其他服务项目（如优先服务、经济送达等），弗雷德·史密斯坚持认为新的服务不仅会给公司带来利润，还能消除"早晨优先送达"(Priority Morning Delivery) 和"经济送达"(Economy Run) 之间的闲置期。他的决策最终被证明是正确的，联邦快递因此而得到了实实在在的利益——两天到达的业务增长不断，隔夜到达的优先服务也获得了持续的增长。在整个联邦快递公司都非常尊重经理们的直觉。

11. 倡导冒险精神

有时，自己的直觉和从报表中得到的趋势可能都不准确。联邦快递采用新技术——专递邮件 (Zap Mail) 来开展业务的尝试就是一个典型的失败案例，公司试图通过卫星连接、传真文件、送货上门的新尝试来开展业务，但最终因低成本的传真机充斥商业市场而被迫宣告失败。不过，这算不了什么。联邦快递从一开始就把冒险作为公司的重要精神之一。由于公司积极倡导"冒险精神"，许多看上去不太合理的举措获得了成功，如第一个辐射式发运系统、专用运输机队、联邦快递技术的电视广告，等等。

12. 努力决定形象

良好的企业形象需要经过持续的努力才能最终形成。它需要经过周密的计划和积极、持续的努力才能逐步形成。经过多年的努力，公众已经把"交给联邦快递"这句话同"遵守诺言"等同起来，这种心理定位是联邦快递所取得的最重要的因素之一；人们往往会由"联邦快递"联想到创新——因为联邦快递总是在尝试各种独特的方法来满足或预测顾客的需求。联邦快递总是激励员工去树立良好的公司形象——努力塑造一种既为客户，也为自身的企业形象，这种精心树立起来的形象有益于保持并扩大公司的市场份额。可以说，成功的广告节目加强了公司的声誉，员工对工作的热爱及引以为豪同样也使公司的声誉得到了倍增。

(摘自《联邦快递的中国策略》)

问题：

1. 联邦快递的哪些管理原则与营销队伍管理有关?
2. 联邦快递是如何对员工进行销售培训的?
3. 联邦快递是如何打造和管理公司品牌的?

[**案例 3**]

物流销售经理 B 的升职

A 物流公司的北京分公司销售经理 B，2008 年的销售业务中业绩为零，总部领导原计划年底予以除名，分公司总经理也同意。但是，由于 B 在 2008 年基本没有上过班 (由于身体问题)，他专门维护分公司的一位女领导，并且和其余 3 名女同事关系非常好 (经常带领女同事吃喝玩乐，并赠送礼品)。此女领导能够和董事长有专门的"绿色通道"进行业务沟通。

结果在年底进行业务评定时，由于分公司业务完成不好，董事长和总经理接受女领导的建议，准备罢免分公司总经理，并将全部的责任推到总经理的身上。而且同意进行"民选"。此时，分公司只有 7 人 (4 名女士负责文职工作，B、总经理、销售人员)。经过该女士的桌下运作，B 以 5：2 当选分公司总经理。总经理予以确认。

（摘自《销售物流》）

问题：

1. 请大家帮忙分析一下其中的内涵以及总经理本身是否具有管理才能。

2. 谈谈你对此案例的感受。

[案例 4]

到底谁是最有价值的人?

本文将通过企业中普遍存在的两个故事，深入分析究竟谁才是对企业最有价值的人。

「故事一」

李元为浙江某物流企业新上任的副总，分管国际货代业务营销工作。第一年，销售额从连续三年徘徊在 5000 万元左右一跃上升到 2 个亿，总经理年底表扬了他；但李元认为总经理是在讥讽他，因为他曾经听说有人在总经理那里这样评价他：2 个亿的销售额都是业务员做的，李元连英语都不会说，怎么可能是他的功劳？而总经理对此评价的态度不置可否。

「故事二」

赵明是某物流集团公司下属华南地区子公司的总经理，有一次，遇到经济危机导致的销售策略问题，他觉得很迷茫，想了很久也不知该如何决策，只好请教他的上级——分管销售的集团副总裁。

副总裁跟他讲了一分钟的话，告诉赵明如果是他本人在这个位置上，他会如何做。赵明听了茅塞顿开，立即按照上级的意见调整销售策略。没多久，业绩开始上升。经过一年的努力，完成了年初既定目标，赵明负责的华南地区子公司也受到嘉奖。

这时，赵明的上级得到了晋升，成为该集团的总裁，有人对赵明说：这很不公平，他只会动动嘴皮子，而你才是实干家呀，他一分钟说的话怎抵得上你一年的实际行动，在经济危机的情况下你还能取得这么好的成绩，该晋升的应该是你啊。

如果你是赵明，你会如何看待这个问题？

（摘自《销售策略》）

问题：

1. 故事一的评价到底对不对？为什么？

2. 故事二中，如果你是赵明，你会如何看待这个问题？

【知识拓展】

如何巧用社交媒体做销售?

互联网是一个大舞台，你可以在这里展示自己，也可以在这里展示自己的产品、信息以及服务，而且有可能在这里获得来自世界各地的消费者和客户。

当然在互联网上进行销售也有一定的挑战。成千上万个商家都试图在互联网上推广产品和服务。如果你选错了渠道，没能让消费者看到你的产品，或是没有让他们听到你的故事，那么你就把机会留给了别人。

如何才能够在社交媒体上有效地进行销售？创业者如何引起消费者的兴趣，让浏览者变成购物者？

关于如何在社交媒体上讲述品牌故事、制订销售战略以及吸引用户付费，以下有一些注意事项需要你仔细研究。

1. 制订详细的计划

在使用社交媒体进行销售之前，你需要先在公司内部进行一次演习，并且制订详细的计划。你要找到自己想要讲述的品牌故事，以及你是想要在社交媒体上推广某一个产品，还是想要让社交媒体变成客户与你进行互动和沟通的工具。

不要想当然地以为你的潜在和已有客户对产品价值的认知会与你一模一样。例如你是一位咨询师，你经常会使用博客和 Twitter 来发表专业内容，向人们展示你的专业水平。但是不要忘了，客户找你帮忙，除了是看中你的专业知识之外，他们还有另一个重要的诉求，那就是希望你能够帮他们节省时间和资金，或是为他们创造价值。

你还需要留意消费者自己在社交媒体上发布的内容。你要在社交媒体上关注潮流和动向，寻找一切蛛丝马迹，让自己知道人们为什么喜欢或是需要你的产品。你要认真做笔记，然后有针对性地对自己的内容进行改进。研究（而不是推测）是一个关键因素，要想把社交媒体上的浏览者转化为购买者，你需要非常了解你的客户。

不要以为只要能戳中用户的痛点，你就能让他们购买你的产品。

如果你的现有客户遇到了一些问题或困难，你要针对这些困难发表有目的性的内容，为他们提供 3~5 种解决问题的方式。要把你自己想象成一座桥，让客户在你的帮助下走向成功。

你最主要的工作不是忽略他们的痛点，也不是同情他们的痛点，而是专注于帮他们找到解决方式。

2. 发布内容

不要再一成不变地使用定点自动发布了。并不是说这种方式很差，而是它不够好。你需要针对一些特定的事件发布实时内容，并且与关注者进行互动。在网络世界上，人们希望在网线另一端与自己交流的是个活生生的人，而不是一台机器。

在分享或是推广产品的同时，不要忘了针对关注用户发布内容。与粉丝互动，是好的方式之一。

不要只记得在社交媒体上推广产品或是一味地在社交媒体上拉拢新客户，尤其是在你此前没有接触过他们的情况下。

找到那些曾经与你有过互动的消费者，他们是你的超级粉丝。你要多与他们互动，甚至为他们、他们的朋友和家人提供奖励。在与推广伙伴的合作方面，你要主动询问他们是否需要帮助。在他们帮助你进行推广之前，你就应该让他们知道你愿意为他们给予帮助。

3. 留住消费者

不要以为社交媒体就是将在线用户转换成卖家的地方。很多时候即使你成功让他们购买了你的产品，如果你做得不够好，他们依然会转身离去。

社交媒体是一个与他人建立联系与信任感的地方。你要制订一个与消费者保持良好关系的战略，在他们点击了你发布的链接并且完成购买之后，你仍然需要继续为他们提供帮助和服务。

不要一次又一次地发布相同的促销内容。

无论多好的促销活动，都有结束的一天，只有这样你才能够对活动做出评估和改进。

不要忘了让分析师告诉你哪个社交媒体平台给你的网站带来了最多的流量。

对于那些在你这里购买了产品的消费者，你要对他们进行持续跟踪。给他们发一个电子感谢信；给他们提供优惠券，让他们在下一次购买的时候使用；也可以直接在社交网站上感谢他们。在你做了这些之后，他们将更愿意把你的产品分享给其他人。你也可以邀请他们对你的产品进行分享和推荐。

在社交媒体上进行销售，首先你要建立的就是“存在感”，让别人知道你在这里，然后邀请潜在消费者对你进行更深的了解。他们何时购买产品并不是你说了算的，这要看他们自己的意思。无论如何，你要让他们知道，无论他们是否愿意购买你的产品，你都乐于为他们提供帮助。

（资料来源：搜外论坛，http：//bbs. seowhy. com/thread-53292876-1-1. html）

销售人员的选择与引导

我听到很多跨国公司的高管抱怨说中国的销售人员不够积极，无法完成规定的销售额。在他们看来，中国的销售人员太注重关系，从而无法说服消费者买单。然而同时，我也见过很多中国的销售人员，他们从一开始就针对我的腰包，试图说服我掏钱买单。与前者相比，他们确实积极多了。我相信大多数在跨国公司中国地区分部工作的高管对这些销售人员的表现都不满意。更糟糕的是，很多高管不懂得如何分配、安排工作，或者无法为销售人员提供适当的指导以帮助其取得工作上的成功。实际上，一份调查报告显示：在失败的案例中，近65%的销售人员凭借自己的能力本是可以取得成功的；对于农民来说，发展长期客户是他们获取成功不可缺少的本领，而对于猎人来说，只有19%可以有效地做到这一点；而从成功猎人的角度考虑，拨打陌生电话是他们的特长，但是不到15%的农民可以做到这一点；总之，50%的销售失败的原因都是由于工作分配上的失误，即让猎人做了农民的工作，或是让农民做了猎人的工作。简而言之，“走什么样的路，选什么样的马”，这对于您的销售底线至关重要。

1. 猎人 vs 农民

通常，开拓新业务的销售人员被称为“猎人”，而发展老客户关系的销售人员被称为“农民”。猎人的工作动力在于自尊、成就感，当然还有金钱。有些猎人还迫切寻求升职机会，想要担任管理层职位。猎人喜欢挑战，并把结果视为成功的唯一标